MÉTHODE DE PORTUGAIS

Librairie Paul OLLENDORFF
28 bis, RUE DE RICHELIEU, PARIS.

MÉTHODE OLLENDORFF

POUR APPRENDRE A LIRE, A ÉCRIRE ET A PARLER UNE LANGUE
EN **SIX MOIS**, appliquée :

A l'allemand, 1re partie, 1 vol. in-8, broché **5** fr. ; relié **6** fr.
— 2e partie, 1 vol. in-8, broché **5** fr. ; relié **6** fr.
A l'anglais, 1 vol. in-8 .... broché **10** fr. ; relié **11** fr.
Le même ouvrage en **5** livraisons à.................. **2** fr.
A l'espagnol, 1 vol in-8 .... broché **10** fr. ; relié **11** fr.
Le même ouvrage en **5** livraisons à.................. **2** fr.
A l'italien, 1 vol. in-8 .... broché **10** fr. ; relié **11** fr.
Le même ouvrage en **5** livraisons à.................. **2** fr.
Au latin, 1 vol. in-8 .... broché **10** fr. ; relié **11** fr.
Le même ouvrage en **5** livraisons à.................. **2** fr.
Au russe, 1 vol. in-8............ broché **10** fr. ; relié **11** fr.
Clef ou Corrigé des thèmes de chaque modèle, 1 v. in-8, broché **3** fr. ;
relié... **3** fr. **75**
Introduction à la Méthode d'allemand ou *Déclinaison allemande déterminée*, 1 vol. in-8, cartonné............ **2** fr.
Introduction à la Méthode de latin ou *Déclinaison latine déterminée*, 1 vol. in-8, broché.................. **2** fr.

ANGERS, IMPRIMERIE BURDIN ET Cie, RUE GARNIER, 4

NOUVELLE MÉTHODE

POUR APPRENDRE

A LIRE, A ÉCRIRE ET A PARLER

UNE LANGUE EN SIX MOIS

APPLIQUÉE AU PORTUGAIS

OUVRAGE ENTIÈREMENT NEUF

A L'USAGE

DE TOUS LES ÉTABLISSEMENTS D'INSTRUCTION, PUBLICS ET PARTICULIERS
DE L'UN ET DE L'AUTRE SEXE

PAR

LE Dr H.-G. OLLENDORFF

PARIS
PAUL OLLENDORFF, ÉDITEUR
28 bis, rue de Richelieu, 28 bis.

TOUS DROITS RÉSERVÉS.

L'auteur et les éditeurs de cet ouvrage se réservent le droit de le traduire ou de le faire traduire en toutes les langues. Ils poursuivront, en vertu des lois, décrets et traités internationaux, toutes contrefaçons ou toutes traductions faites au mépris de leurs droits.

Le dépôt légal de ce volume a été fait à Paris, au Ministère de l'Intérieur, et toutes les formalités prescrites par les traités seront remplies dans les divers États avec lesquels la France a conclu des conventions littéraires.

Chaque exemplaire porte son numéro et la signature de l'Auteur.

N

Angers. — Imp. Burdin et Cie, rue Garnier, 4.

O ESTORNINHO SAGAZ

Estava com muita sêde um estorninho, quando encontrou uma garrafa cheia d'agua; procurou immediatamente beber, porem o liquido apenas chegava ao collo do vaso e o bico do passaro não podia alcançal-o.

Poz-se logo a espicaçar a garrafa para furar o vidro; porem este era muito grosso e os esforços do passarinho ficaram baldados.

Então quiz dar com ella no chão para derramar a agua; porem não pôde fazel-o, porque era muito pesada.

Finalmente teve uma lembrança feliz, a qual realisou a seu proposito; deitou na garrafa tantas pedrinhas, que a agua subio gradualmente ao nivel, que o seu bico podia alcançar e logo matou a sêde.

Quando faltão as forças, convem valer-se da arte; a paciencia e a reflexão tornão facillimas muitas cousas, que pareciam impossiveis a primeira vista.

THE SEA-COMPASS.

"How is the wind, Jack?" asked the captain of a ship, addressing the steersman. "North-east-by-north, sir," was the instantaneous answer of the tar. A jocular monk, who was a passenger, drew near the sailor. "My son," said he to him, "I heard thee swear like a demon during the storm; dost thou know thy prayers as well as thy sea compass? "No," replied Jack, " for I can tell you, father, that I know my sea-compass a great deal better than even *you* know your prayers." — " Thou art joking, son." — " Quite in earnest, father." — Upon this, our tar began thus: — "North-north-west-by-north — North-north-west," and so on, till he had gone round and got to the North again. " Now, father," said Jack, " 'tis your turn." The monk recited his *Pater noster* in a very ready manner. " That is clever," observed the son of Neptune; " 'tis mine now." Then he went on, " North-north-east-by-north — North-

north-east, etc.," till he had come to the word again. "Well, father," said he, with a grin, "give us your prayer backward." — "Backwards I can't, boy: I have never learnt it but in one way; it is not necessary." "Then," observed the triumphant sailor, "I know my sea-compass better than you know your prayers, for I can tell it in a thousand ways,"

※※※

Jack has just told us how a language ought to be learnt and known.

PRÉFACE

Mon système est fondé sur ce principe que chaque question contient presque complètement la réponse qu'on doit ou qu'on veut y faire. La légère différence entre la question et la réponse est toujours expliquée dans la leçon, immédiatement avant la question. L'élève n'éprouve donc pas la moindre difficulté, soit à répondre, soit à s'adresser de semblables questions, à lui-même. Cette parité entre la question et la réponse a un autre avantage : quand le maître énonce la première, il frappe l'oreille de l'élève qui naturellement a plus de facilité à reproduire les sons par ses propres organes. Ce principe est évident, il ne faut qu'ouvrir le livre pour se convaincre qu'il y domine. Le maître et l'élève ne perdent point de temps : l'un lit la leçon, l'autre suit avec ses réponses ; l'un corrige, l'autre assiste en répondant. Tous deux parlent sans cesse. Enfin, durant tout le cours du volume, les questions suivent une marche progressive, c'est-à-dire de la phrase la plus simple de toutes à la période tout entière ; chaque leçon se rattache à la précédente par un mot ou un principe de grammaire dont l'élève sent déjà d'avance le besoin, voit la place, et désire la possession, ce qui, excitant sans cesse la curiosité, ajoute encore un vif intérêt à l'étude. Du reste, la phrase se développe sous les trois formes, interrogative, négative et positive, de telle sorte que l'élève ne fait sans cesse que reprendre le principe premier d'où il est parti, en y adaptant toujours des mots et des principes nouveaux, jusqu'à ce qu'il arrive à la connaissance parfaite de la langue qu'il étudie.

Depuis fort longtemps sollicité par des demandes nombreuses qu'on m'a faites de la Méthode de portugais, et fondé d'ailleurs sur les résultats heureux qu'a obtenus mon système, je me flatte que mes efforts pour faciliter l'étude des langues étrangères en France, seront cette fois encore couronnés de succès. Puisse ce nouvel ouvrage, fruit de tant d'années de travaux, ajouter un service de plus à ceux que j'ai déjà rendus à l'enseignement et mériter les suffrages que l'opinion publique n'a cessé de m'accorder ! Ce sera ma plus douce récompense.

AVIS. — Les idiotismes et les expressions qui s'écartent du français soit dans leur construction, soit dans leur tournure, sont marqués ainsi : †

DE LA PRONONCIATION

L'alphabet portugais se compose du même nombre de lettres que l'alphabet français. Presque toutes les lettres qui le constituent se prononcent comme les lettres de l'alphabet français; cinq seulement en diffèrent sensiblement, comme prononciation, ce sont: e, s, u, x et z.

L'e a souvent un son intermédiaire entre e et i. Au Brésil on prononce cette lettre presque toujours et presque dans tous les cas comme un i.

La lettre s se prononce comme un ch doux à la fin d'une syllabe ou d'un mot, et devant une consonne. Cependant cette prononciation n'est spéciale qu'aux Portugais, les Brésiliens prononçant l's comme en français.

La diphtongue française ou est la configuration exacte de la voyelle portugaise u.

La lettre x se prononce de quatre manières différentes:

Le plus ordinairement comme ch. Ex: *Baixella*, vaisselle ; — *Alexandre*, Alexandre; — *enxofre*, soufre: — *enxotar*, chasser, etc.

Comme c dans *excepção*, exception, — *excepto*, excepté, etc.

Comme os dans *axioma*, axiome ; — *annexo*, annexe, et dans les dérivés de ce mot.

Comme un z, enfin, dans les mots ci-après: *exactidão*, exactitude ; — *exemplo*, exemple ; — *exaltar*, exalter, etc.

A la fin d'un mot la lettre z doit se prononcer comme ch, si elle n'est pas suivie d'une voyelle ou de la lettre u. Ainsi elle se prononcera comme ch, mais légèrement, dans les mots *rapáz*, *capáz*, mots dans lesquels la voyelle a précède z. Mais le z se prononcera toujours comme un z dans tous les mots où il sera placé devant la voyelle, comme, par exemple, dans les mots *zelo*, *zenith*, *zephyro*, *zinco*, *zodiaco*, *zumbáia*, *zymologia*, etc.

La lettre c suivie d'un t est toujours muette, à moins cependant qu'une ambiguïté ne soit possible. Dans ce cas, alors, il faut la prononcer comme on le fait en français : c'est ce que l'on fait, d'ailleurs, dans le mot *pacto*, pacte, pour ne pas le confondre avec *pato*, canard.

Dans quelques cas la lettre p est également muette devant le t.

La prononciation des diphtongues portugaises est difficile ; il est difficile aussi, pour ne pas dire presque impossible, de la figurer d'une façon exacte. Cependant pour aider autant que possible les élèves à prononcer les mots dans lesquels se trouvent ces diphtongues, nous allons essayer de représenter le plus exactement que nous pourrons la prononciation non de toutes, mais des plus importantes.

La diphtongue *ão* doit se prononcer avec le nez. Prononcez-la comme si à la place de *ão* il y avait oxou. Prononcez, par exemple, *consideraçon* ou le mot *consideração*, considération. Les analogues en *ões* ont également une prononciation nasale. Pour la représenter il faut joindre ICH à ON: *nações*, nations, prononcez: *naçon-ich*.

CH se prononce comme en français. Ex: *Achar*, trouver, — *chúva*, pluie, — *chapéo*, chapeau, etc., doivent se prononcer: *Achár, chúva chapéo*, etc. Mais on doit prononcer le CH comme K dans tous les mots qui dérivent du grec: *Chimica*, chimie; — *patriarcha*, patriarche; — *chimera*, chimère; — *chaos*, chaos; — *cherubim*, chérubin, etc.; prononcez comme s'il y avait: *kimica, patriarka, kimera*, etc.

Le GN fait entendre le son dur de G suivi de N: *Magnánimo*, magnanime; — *magnetisár*, magnétiser; — *magnetismo*, magnétisme; — *magnifico*, magnifique, prononcez: *mag-nánimo, mag-netisár, mag-netismo*, etc.

La diphtongue NH se prononce comme GN français: *Senhór* monsieur; — *companhéiro*, compagnon; — *dinhéiro*, argent, prononcez: *segnor, compagnéiro, dignéiro*.

DES ACCENTS ET DE L'ACCENT TONIQUE OU PROSODIQUE.

Nous nous bornerons à indiquer les principes généraux de la prosodie portugaise et nous ferons suivre cette courte étude d'un tableau de mots avec leur accent tonique.

1° Il y a en portugais deux accents: l'accent aigu qui ouvre l'E et l'O sur lequel il se trouve, et l'accent circonflexe qui ferme ces deux voyelles: *Sé*, cathédrale, prononcez: *cè*; — *gósto*, plaisir, prononcez l'ó comme *haut*; — *gósto*, j'aime, prononcez o comme dans *porte*.

Quand un mot a deux syllabes, on doit placer l'accent tonique sur la voyelle de la première syllabe, si la seconde n'est pas surmontée d'un accent aigu ou circonflexe.

Dans la plupart des mots qui ont plus de deux syllabes, l'accent tonique porte sur l'avant-dernière syllabe: mais si la dernière syllabe est surmontée d'un accent, elle devient tonique.

Un grand nombre de mots de quatre syllabes et certains mots de trois ont l'accent tonique sur l'antépénultième syllabe.

Presque tous les mots en AL, AR, AZ, EL, EM, EN, EZ, IL, IM, OL, OM, ON, OR, OZ, UL, UM, UR, ont l'accent tonique sur la dernière syllabe. — Il en est de même de tous les infinitifs et futurs des verbes.

Dans les mots en IA, l'accent tonique est placé tantôt sur l'i, tantôt sur la syllabe qui précède.

Dans les superlatifs en ISSIMO et en ERRIMO il faut placer l'accent tonique sur la lettre qui précède les ss et les RR.

EXERCICE DE PRONONCIATION [1].

Facil, facile ; — agil, agile ; — ira, colère ; — hontem, hier ; — jovem jeune, — caliz, calice ; — feliz, heureux ; — martyr, martyr ; — benção, bénédiction ; — orgão, orgue, organe ; — sotão, soupente ; — reo, accusé ; — louvavel, louable ; — difficil, difficile ; — soluvel, soluble ; — Setubal, Sétubal ; — imagem, image ; — amaram, ils aimèrent ; — carregaram, ils chargèrent ; — amigo, ami ; — ferrugem, rouille ; — cortinas, rideaux ; — tapete, tapis ; — machina, machine ; — medicina, médecine ; — batata, pomme de terre ; — cadaver, cadavre ; — cadaveres, cadavres ; — caracter, caracter ; — caracteres, caractères ; — franceza, française ; — borrasca, bourrasque ; — ornamento, ornement : — assucar, sucre ; almiscar, musc ; — cantei, je chantai ; — andei, je marchai ; — assembléa, assemblée ; — comeria, je mangerais ; — chapeo, chapeau ; — negocio, commerce ; — negoceio, je négocie ; — annuncio, annonce ; — annuncias, tu annonces ; — seria, je serais ; — seria, sérieuse ; — serie, série ; — continuo, je continue ; — continuo, continuel ; — continuar, continuer ; — alegria, joie ; — geometria, géométrie ; — economia, économie ; — academia, académie ; — gloria, gloire ; — victoria, victoire ; — reliquia, relique ; — historia, histoire ; — philosophia, philosophie ; — philosopho, philosophe ; — ephemero, éphémère ; — cathedra, chaire ; — cerebro, cerveau ; — feretro, cercueil ; — cantharida, cantharide ; — purpureo, de pourpre ; terreo, terrestre : sulfureo, de soufre ; — miserrimo, très malheureux ; — illustrissimo, très illustre ; — avós, aïeux ; — corações, cœurs ; — tambem, aussi ; — amanhã, demain ; — porém, mais ; — adem, canard sauvage ; — àquem, en deçà ; — irmão, frère ; — vintem, sou ; — comerão, ils mangeront ; — canapé, canapé ; — imbecil, imbécile ; — varonil, mâle ; — gentil, gentil ; — caracol, limaçon ; — sacerdotal, sacerdotal ; — castiçal, flambeau, etc.

---

[1] L'accent tonique porte sur les lettres en italiques.

PREMIÈRE LEÇON (1).

Primeira Lição.

ARTICLE DÉFINI.

MASCULIN SINGULIER

Nominatif.	le.	*Nom.*		o.
Gén.	du.	*Gén.*		do.
Dat.	au.	*Dat.*		ao.
Accus.	le.	*Accus.*		o.

Rem. En français nous disons *du* pour *de le* et *au* pour *à le*, lorsque le mot suivant commence par une consonne. C'est ce qu'on appelle contraction. Cette contraction a lieu aussi en portugais, et on dit *do* au lieu de *de o* et *ao* au lieu de *a'o*, soit que le mot suivant commence par une consonne, soit qu'il commence par une voyelle. Ex. : *A fidelidade* do *cão*, la fidélité du chien ; *ir* ao *theatro*, aller au théâtre.

Avez-vous ?	Tem Vossemecê (2) ?
Oui, Monsieur, j'ai.	Sim, senhor, tenho (3).

---

(1) AVIS AUX PROFESSEURS. — Chaque leçon sera dictée aux élèves, et ceux-ci devront prononcer chaque mot à mesure qu'on le leur dictera. Il faut ensuite que le professeur exerce les élèves en leur posant les questions dans tous les sens possibles. Chaque leçon comprend trois opérations : on commence par examiner le devoir de quelques-uns des élèves les plus attentifs, en leur adressant les questions telles qu'elles sont marquées dans les thèmes ; puis on leur dicte la leçon suivante ; enfin on a soin de leur poser de nouvelles questions sur toutes les leçons qui ont précédé. On peut, suivant le degré d'intelligence des élèves, partager une leçon en deux, ou deux en trois, ou bien réunir deux leçons en une seule.

(2) En français, pour parler à une seule personne, nous disons par politesse *vous* au lieu de *tu*. En portugais, on se sert d'un de ces mots, *Vossemecê, Vossa Excellencia, o Senhor, Vossé, Vos*. Avec les quatre premiers on met le verbe à la troisième personne ; avec le dernier (*Vos*), à la seconde du pluriel. Nous recommandons l'emploi de *Vossemecê, Vossa Excellencia* et *o Senhor* ; ces formules sont les plus usitées parmi les gens bien élevés. Au Brésil on se sert généralement de *Vossé* ; *vos* n'est usité que parmi les paysans de quelques provinces du Portugal.

(3) Les pronoms personnels *eu, tu, elle*, etc., je, tu, il, etc., indispensables en français, se peuvent omettre en portugais, quand la phrase ne présente pas d'ambiguïté.

MÉTH. PORTUG.

PREMIÈRE LEÇON

Le.	*O.*
Le chapeau.	O chapeu.
Avez-vous le chapeau ?	Tem vossemecê o chapeu ?
Oui, Monsieur, j'ai le chapeau ?	Sim, senhor, tenho o chapeu.
Le pain.	O pão.
Le sel.	O sal.
Le savon.	O sabão.
Le sucre.	O assucar.
Le papier.	O papel.
Mon chapeau.	(O) Meu chapeu (1).
Votre pain.	(O) Seu pão.
Avez-vous mon chapeau ?	Tem vossemecê o meu chapeu ?
Oui, Monsieur, j'ai votre chapeau.	Sim, senhor, tenho o seu chapeu.
Avez-vous votre pain ?	Tem vossemecê o seu pão ?
J'ai mon pain.	Tenho o meu pão.
Quel ?	*Que ?*
Quel chapeau avez-vous ?	Que chapeu tem vossemecê ?
J'ai mon chapeau.	Tenho o meu chapeu.
Quel pain avez-vous ?	Que pão tem V. ?
J'ai votre pain.	Tenho o seu pão.

THÈME.

1.

Avez-vous le pain ? — Oui, Monsieur, j'ai le pain. — Avez-vous votre pain ? — J'ai mon pain. — Avez-vous le sel ? — J'ai le sel. — Avez-vous mon sel ? — J'ai votre sel. — Avez-vous le savon ? — J'ai le savon. — Avez-vous votre savon ? — J'ai mon savon. — Quel savon avez-vous ? — J'ai votre savon. — Avez-vous votre sucre ? — J'ai mon sucre. — Quel sucre avez-vous ? — J'ai votre sucre. — Quel papier avez-vous ? — J'ai mon papier. — Avez-vous mon papier ? — J'ai votre papier. — Quel pain avez-vous ? — J'ai mon pain. — Quel sel avez-vous ? — J'ai votre sel (2).

---

(1) En portugais on met l'article devant l'adjectif possessif. Ex. : Mon livre, *o meu livro*, c'est-à-dire, *le mon livre* ou *le mien livre*.

(2) Les élèves désireux de faire des progrès rapides, peuvent composer beaucoup plus de phrases que nous ne leur en avons donné dans les thèmes; mais il faut qu'ils les récitent à haute voix, en les écrivant. Ils devront se faire des listes séparées de substantifs, d'adjectifs, de pronoms et de verbes, à mesure que ces mots se trouvent dans les leçons, pour les retrouver plus facilement en faisant les thèmes.

DEUXIÈME LEÇON.

Segunda Lição.

Le.	*O* (pronom).
Avez-vous mon chapeau?	Tem V^ce (1) o meu chapeu?
Oui, Monsieur, je l'ai.	Sim, senhor, tenho-o.

Bon,-ne.	Bom, boa
Mauvais,-e.	Mau, mà.
Joli,-e.	Lindo, linda.
Beau, belle.	{ Bello, formoso. { Bella, formosa.
Vilain,-e.	Feio, feia.
Vieux, ancien.	{ Velho, antigo.
Vieille, ancienne.	{ Velha, antiga.
Le drap.	O pano.
Le soulier.	O sapato.

La.	*A.*
Le bois.	† A madeira, a lenha, o pau.
Le bas.	† A meia.
Le fil.	O fio, a linha.
Le chien.	O cão.
Le cheval.	O cavallo.
Avez-vous le joli chien?	Tem V^ce o cão bonito?

Ne — pas.	*Não.*
Je n'ai pas.	Não tenho.
Je n'ai pas le pain.	Não tenho o pão.
Non, Monsieur.	Não, senhor.
Avez-vous mon vieux chapeau?	Tem V^ce o meu chapeu velho?
Non, Monsieur, je ne l'ai pas.	Não, senhor, não o tenho.

Quel?	*Que?*
Quel papier avez-vous?	Que papel tem V^ce?
J'ai le bon papier.	Tenho o bom papel.
Quel chien avez-vous?	Que cão tem V^ce?
J'ai mon beau chien.	Tenho o meu bello cão.

---

(1) Abréviations. V^ce, V^mce, V. M. pour Vossemecê ou Vossa Mercê; V. Ex. ou V. E. pour vossa Excellencia. O Snhr. O. Senhor.

DEUXIÈME LEÇON

De.	De.
Le bas de fil.	A meia de linho.
Le chapeau de papier.	O chapeu de papel.
Le fusil.	A espingarda.
Le cuir.	O coiro.
Le fusil de bois.	A espingarda de pau.
Le soulier de cuir.	O sapato de coiro.
Quel fusil avez-vous?	Que espingarda tem V^{ce}?
J'ai le fusil de bois.	Tenho a espingarda de pau.
Quel bas avez-vous?	Que meia tem V^{ce}?
J'ai mon bas de fil.	Tenho a minha meia de linho.
Avez-vous mon soulier de cuir?	Tem V^{ce} o meu sapato de coiro?
Non, Monsieur, je ne l'ai pas.	Não, Senhor, não o tenho.

THÈME.

2.

Avez-vous mon beau cheval?— Oui, Monsieur, je l'ai. — Avez-vous mon vieux soulier? — Non, Monsieur, je ne l'ai pas. — Quel chien avez-vous? — J'ai votre joli chien. — Avez-vous mon mauvais papier? — Non, Monsieur, je ne l'ai pas. — Avez-vous le bon drap? — Oui, Monsieur, je l'ai. — Avez-vous mon vilain fusil? — Non, Monsieur, je ne l'ai pas. — Quel fusil avez-vous? — J'ai votre beau fusil. — Quel bas avez-vous? — J'ai le bas (*a meia*) de fil. — Avez-vous mon bas de fil? — Je n'ai pas votre bas de fil. (*a sua meia de linho*). — Quel fusil avez-vous? J'ai le fusil de bois. — Avez-vous mon fusil de bois? — Non, Monsieur, je ne l'ai pas. — Avez-vous le vieux pain (*o pão duro*)? — Je n'ai pas le vieux pain. — Quel soulier avez-vous? — J'ai mon beau soulier de cuir. — Quel savon avez-vous? — J'ai mon vieux savon. — Quel sucre avez-vous? — J'ai votre bon sucre. — Quel sel avez-vous? — J'ai le mauvais sel. — Quel chapeau avez-vous? — J'ai mon mauvais chapeau de papier. — Avez-vous mon vilain soulier de bois? — Non, Monsieur, je ne l'ai pas.

TROISIÈME LEÇON.

Lição terceira.

Quelque chose.	Alguma coisa.
Avez-vous quelque chose ?	Tem V^ce alguma coisa ?
J'ai quelque chose.	Tenho alguma coisa.
Ne. — Rien.	Não. — Nada.
Je n'ai rien.	Não tenho nada.
Le vin.	O vinho.
Mon argent.	O meu dinheiro. / A minha prata (1).
L'or.	O ouro.
Le cordon.	O cordão.
Le ruban.	A fita, o galão.
Le ruban d'or.	O galão d'ouro.
Le bouton.	O botão.
Le café.	O café.
Le fromage.	O queijo.
L'habit; la robe.	O casaco; o vestido.
Mon habit.	O meu casaco.
Le chandelier d'argent.	O castiçal, *ou* o candieiro de prata.

Avez-vous faim ?	Tem V^ce fome ?
J'ai faim.	Tenho fome.
Je n'ai pas faim.	Não tenho fome.
Avez-vous soif ?	Tem V^ce sêde ?
J'ai soif.	Tenho sêde.
Je n'ai pas soif.	Não tenho sêde.
Avez-vous sommeil ?	Tem V^ce somno ?
J'ai sommeil.	Tenho somno.
Je n'ai pas sommeil.	Não tenho somno.

Quelque chose de bon.	*Alguma coisa boa.*
Avez-vous quelque chose de bon ?	† Tem V^ce alguma coisa boa ?

Rem. La préposition *de* se supprime en portugais dans ce cas et dans une foule de circonstances dont il sera question plus loin.

---

(1) *Argent* se dit *dinheiro* quand il est question de *monnaie*, et *prata* quand il s'agit du *métal*.

TROISIÈME LEÇON

Ne. — Rien de mauvais.	*Não. — Nada mau.*
Je n'ai rien de bon.	Não tenho nada mau.
Avez-vous quelque chose de joli?	† Tem V^{ce} alguma coisa bonita?
Je n'ai rien de joli.	† Não tenho nada bonito.

Que? Quoi?	*Que?*
Qu'avez-vous?	Que tem V^{ce}?
Qu'avez-vous de bon ?	Que tem V^{ce} bom?
J'ai le bon café.	Tenho o bom café.

THÈME.
3.

Avez-vous mon bon vin ? — Je l'ai. — Avez-vous l'or? — Je ne l'ai pas. — Avez-vous l'argent ? — Je l'ai. — Avez-vous le ruban d'or? — Non, Monsieur, je ne l'ai pas. — Avez-vous votre chandelier d'argent ? — Oui, Monsieur, je l'ai. — Qu'avez-vous ? — J'ai le bon fromage. J'ai mon habit de drap. — Avez-vous mon bouton d'argent?— Je ne l'ai pas. — Quel bouton avez-vous ? — J'ai votre bon bouton d'or. — Quel cordon avez-vous ? — J'ai le cordon d'or. — Avez-vous quelque chose ? — J'ai quelque chose. — Qu'avez-vous ? — J'ai le bon pain. J'ai le bon sucre. — Avez-vous quelque chose de bon *(alguma coisa boa)* ? — Je n'ai rien de bon *(nada bom)*. — Avez-vous quelque chose de beau *(alguma coisa bella)* ? — Je n'ai rien de beau *(nada bello)*. J'ai quelque chose de vilain. — Qu'avez-vous de vilain? — J'ai le vilain chien. — Avez-vous quelque chose de joli? — Je n'ai rien de joli. J'ai quelque chose de vieux. — Qu'avez-vous de vieux? — J'ai le vieux fromage. — Avez-vous faim? — J'ai faim. — Avez-vous soif? — Je n'ai pas soif. — Avez-vous sommeil? — Je n'ai pas sommeil. — Qu'avez-vous de beau? — J'ai votre beau chien. — Qu'avez-vous de mauvais ? — Je n'ai rien de mauvais. — Quel papier avez-vous ? — J'ai votre bon papier. — Avez-vous le beau cheval ? — Oui, Monsieur, je l'ai. — Quel soulier avez-vous ? — J'ai mon vieux soulier de cuir. — Quel bas avez-vous ? — J'ai votre beau bas de fil.

QUATRIÈME LEÇON.
Lição quarta.

Ce, celui-ci.	*Este.*
Ce livre.	Este livro.

Du.	*Do.* (Voy. *Rem.* Leç. I.)
Du chien.	Do cão.
Du tailleur.	Do alfaiate.
Du boulanger.	Do padeiro.
Du voisin.	Do vizinho.

Celui de, Celle de.	*O de, A de.*
Celui du voisin.	O do vizinho.
Celui du boulanger.	O do padeiro.
Celui du chien.	O do cão.

Ou.	*Ou.*
Avez-vous mon livre ou celui du voisin?	Tem V^{ce} o meu livro ou o do vizinho?
J'ai celui du voisin.	Tenho o do vizinho.
Avez-vous mon pain ou celui du boulanger?	Tem V^{ce} o meu pão ou o do padeiro?
J'ai le vôtre.	Tenho o de V^{ce}.
Je n'ai pas celui du boulanger.	Não tenho o do padeiro.

Nom. *Acc.*	Le mien,	O meu.
Gén.	Du mien,	Do meu.
Nom. *Acc.*	Le vôtre,	O de V^{ce}, o seu, o vosso.
Gén.	Du vôtre,	Do de V^{ce}, de seu, do vosso.

Avez-vous chaud?	Tem V^{ce} calor (1)?
J'ai chaud.	Tenho calor.
Je n'ai pas chaud.	Não tenho calor.
Avez-vous froid?	Tem V^{ce} frio?
Je n'ai pas froid.	Não tenho frio.
Avez-vous peur?	Tem V^{ce} medo?
J'ai peur.	Tenho medo.
Je n'ai pas peur.	Não tenho medo.

(1) *Littéralement* : Avez-vous chaleur?

QUATRIÈME LEÇON
DÉCLINAISON DE L'ARTICLE DÉFINI
Masculin et féminin singulier.

Nom.	l'.	Quand le nom	Nom.		o, a.
Gén.	de l'.	commence par	Gén.		do, da.
Dat.	à l'.	une voyelle ou	Dat.		ao à (1).
Acc.	l'.	un h muet.	Acc.		o, a.

L'homme.	O homem.
L'ami.	O amigo.
Celui de l'homme.	O do homem.
De l'ami.	Do amigo.
Celui de l'ami.	O do amigo.
Le bâton.	O bastão, a bengala.
Le dé.	O dedal.
Le charbon.	O carvão.
Mon frère.	O meu irmão.
Celui de mon frère.	O do meu irmão.
Celui de votre ami.	O do seu amigo.

THÈMES.
4.

Avez-vous ce livre? — Non, Monsieur, je ne l'ai pas. — Quel livre avez-vous? — J'ai celui du (*o do*) voisin. — Avez-vous mon bâton ou celui de mon ami? — J'ai celui de votre ami (*o do seu amigo*). — Avez-vous mon pain ou celui du boulanger? — Je n'ai pas le vôtre (*o de V*ce); j'ai celui du (*o do*) boulanger. — Avez-vous le cheval du voisin? — Non, Monsieur, je ne l'ai pas. — Quel cheval avez-vous? — J'ai celui du boulanger. — Avez-vous votre dé ou celui du tailleur? — J'ai le mien. — Avez-vous le joli cordon d'or de mon chien? — Je ne l'ai pas. — Quel cordon avez-vous? — J'ai mon cordon d'argent. — Avez-vous mon bouton d'or ou celui du tailleur? — Je n'ai pas le vôtre (*o de V*ce); j'ai celui du (*o do*) tailleur. — Avez-vous l'habit de mon frère ou le vôtre? — J'ai celui (*o*) de votre frère. — Quel café avez-vous? — J'ai celui du voisin. — Avez-vous votre chien ou celui (*o*) de l'homme? — J'ai celui (*o*) de l'homme. — Avez-vous l'argent de votre ami? — Je ne l'ai pas. — Avez-vous froid? — J'ai froid. — Avez-vous peur? — Je n'ai pas peur. — Avez-vous chaud (*calor*)? — Je n'ai pas chaud (*calor*). — Avez-vous sommeil? — Je n'ai pas sommeil; j'ai faim. — Avez-vous soif? — Je n'ai pas soif.

---

(1) Contraction de la prép. *à* et de l'art. fém. *a*.

QUATRIÈME LEÇON

5.

Avez-vous mon habit ou celui du (*o do*) tailleur? — J'ai celui du tailleur. — Avez-vous mon chandelier d'or ou celui du voisin? — J'ai le vôtre. — Avez-vous votre papier ou le mien? — J'ai le mien. — Avez-vous votre fromage ou celui du boulanger? — J'ai le mien. — Quel drap avez-vous? — J'ai celui du tailleur. — Quel bas avez-vous? — J'ai le mien. — Avez-vous le vieux bois de mon frère? — Je ne l'ai pas. — Quel savon avez-vous? — J'ai le bon savon (*o bom savão*) de mon frère. — Avez-vous mon fusil de bois ou celui de mon frère? — J'ai le vôtre (*o de V*^{ce}). — Quel soulier avez-vous? — J'ai le soulier de cuir de mon ami. — Avez-vous votre bas de fil ou le mien? — Je n'ai pas le vôtre; j'ai le mien. — Qu'avez-vous? — Je n'ai rien. — Avez-vous quelque chose de bon (*alguma coisa boad*, Rem., Leç. III)? — Je n'ai rien de bon. — Avez-vous quelque chose de mauvais? — Je n'ai rien de mauvais. — Qu'avez-vous de joli? — J'ai le joli chien de mon ami. — Avez-vous mon beau ou mon vilain bâton? — J'ai votre vilain bâton. — Avez-vous faim ou soif?

CINQUIÈME LEÇON.
Lição quinta.

Le marchand.	O negociante.
Du cordonnier.	Do sapateiro.
Le garçon.	O menino, o rapaz; o moço (1).
Le crayon.	O lapis.
Le chocolat.	O chocolate.

Avez-vous le bâton du marchand ou le vôtre?	Tem V^{ce} a bengala do negociante ou a sua.
Ne — ni.	Não. — nem.
Ni.	Nem.
Je n'ai ni le bâton du marchand ni le mien.	Não tenho nem a bengala do negociante nem a minha.
Avez-vous faim ou soif?	Tem V^{ce} fome ou sêde?
Je n'ai ni faim ni soif.	Não tenho nem fome nem sêde.
Avez-vous chaud ou froid?	Tem V^{ce} calor ou frio?
Je n'ai ni chaud ni froid.	Não tenho nem calor nem frio.
Avez-vous le vin ou le pain?	Tem V^{ce} o vinho ou o pão?
Je n'ai ni le vin ni le pain.	Não tenho nem o vinho nem o pão
Je n'ai ni le vôtre ni le mien.	Não tenho nem o de V^{ce} nem o meu.
Je n'ai ni mon fil ni celui du tailleur.	Não tenho nem a minha linha nem a do alfaiate.

Le bouchon.	A rolha.
Le tire-bouchon.	O saca-rolhas.
Le parapluie.	O guardachuva.
Le miel.	O mel.
Le coton.	O algodão.
Le français.	O francez.
Du charpentier.	Do carpinteiro.
Le marteau.	O martello.
Le fer.	O ferro.
Le clou.	O prego.
Le clou de fer.	O prego de ferro.

---

(1) *Menino* se dit d'un enfant, un petit garçon; *rapaz*, d'un garçon; *moço*, d'un domestique, un garçon de café, etc.

CINQUIÈME LEÇON

Qu'avez-vous?	Que tem V^{ce}?
Ne — rien.	*Não — nada.*
Je n'ai rien.	Não tenho nada.
Avez-vous quelque chose?	Tem V^{ce} alguma coisa?
Je n'ai rien.	Nada tenho.

THÈMES.
6.

Je n'ai ni faim ni soif. — Avez-vous mon soulier ou celui du (*do*) cordonnier? — Je n'ai ni le vôtre ni celui du (*o do*) cordonnier. — Avez-vous votre crayon ou celui du (*o do*) garçon (*menino*)? — Je n'ai ni le mien ni celui du garçon (*do menino*). — Quel crayon avez-vous? — J'ai celui du marchand. — Avez-vous mon chocolat ou celui du marchand? — Je n'ai ni le vôtre ni celui du marchand; j'ai le mien (*o meu*). — Avez-vous le miel ou le vin? — Je n'ai ni le miel ni le vin. — Avez-vous votre dé ou celui du tailleur? Je n'ai ni le mien (*o meu*) ni celui du (*o do*) tailleur. — Avez-vous votre tire-bouchon ou le mien? — Je n'ai ni le vôtre ni le mien; j'ai celui du marchand. — Quel bouchon avez-vous? — J'ai celui du voisin. — Avez-vous le clou de fer ou le clou d'argent? — Je n'ai ni le clou de fer ni le clou d'argent; j'ai le clou d'or. — Avez-vous chaud (*calor*) ou froid? — Je n'ai ni chaud (*calor*) ni froid; j'ai sommeil. — Avez-vous peur? — Je n'ai pas peur. — Avez-vous mon marteau ou celui du charpentier? — Je n'ai ni le vôtre ni celui du charpentier. — Quel clou avez-vous? — J'ai le clou de fer. — Quel marteau avez-vous? — J'ai le marteau de bois du charpentier. — Avez-vous quelque chose (*alguma coisa*)? — J'ai quelque chose. — Qu'avez-vous? — J'ai quelque chose de beau (*alguma coisa bella*). Qu'avez-vous de beau? — J'ai le beau parapluie du Français. — Avez-vous le bas de coton ou le bas de fil? — Je n'ai ni le bas de coton ni le bas de fil.

7.

Avez-vous mon fusil ou le vôtre (*o de V^{ce}*)? Je n'ai ni le vôtre ni le mien (*o meu*). — Quel fusil avez-vous? — J'ai celui de mon ami. — Avez-vous mon ruban de coton ou celui de mon frère? — Je n'ai ni le vôtre ni celui de votre frère. — Quel cordon avez-vous? — J'ai le cordon de fil de mon voisin. — Avez-vous le livre du Français ou celui du marchand? — Je n'ai ni celui du Français ni celui du marchand. — Quel (*que*) livre avez-vous? — J'ai le mien. — Qu'avez-vous? — Rien. — Avez-vous quelque chose? — Je n'ai rien. — Avez-vous froid? — Je n'ai pas froid; j'ai chaud (*calor*). — Avez-vous le drap ou le coton? — Je n'ai ni le drap ni le coton. — Avez-vous quelque chose de bon ou de mauvais (*alguma coisa boa ou má*)? — Je n'ai rien de bon ni de mauvais. — Qu'avez-vous? — Je n'ai rien.

SIXIÈME LEÇON.
Lição sexta.

Le bœuf (animal).	O boi.
Le bœuf (viande).	A carne de vacca.
Le biscuit.	O biscoito.
Du capitaine.	Do capitão.
Du cuisinier.	Do cozinheiro.

Ai-je?	Tenho eu?
Vous avez.	V^{ce} tem.
Vous n'avez pas.	V^{ce} não tem.
Ai-je faim?	Tenho eu fome?
Vous avez faim.	V^{ce} tem fome.
Vous n'avez pas faim.	V^{ce} não tem fome.
Ai-je peur?	Tenho mêdo?
Vous avez peur.	V^{ce} tem mêdo.
Vous n'avez pas peur.	V^{ce} não tem mêdo.
Ai-je honte?	Tenho vergonha?
Vous n'avez pas honte.	V^{ce} não tem vergonha.
Avez-vous honte?	Tem V^{ce} vergonha.
J'ai honte.	Tenho vergonha.

Ai-je tort?	{ Ando mal? Faço mal?
Vous avez tort.	† V^{ce} anda (ou faz) mal.
Vous n'avez pas tort.	† V^{ce} não anda (ou faz mal).
Ai-je raison?	{ Tenho razão? † Ando bem?
Vous avez raison.	V^{ce} tem razão.
Vous n'avez pas raison.	V^{ce} não tem razão.
Ai-je le clou?	Tenho o prego?
Vous l'avez.	V^{ce} o tem.
Vous ne l'avez pas.	V^{ce} não o tem.
Ai-je quelque chose de bon?	† Tenho alguma coisa boa?
Vous n'avez rien de bon.	†V^{ce} não tem nada bom.
Vous n'avez rien de bon ni de mauvais.	V^{ce} não tem nada bom nem mau.
Qu'ai-je?	Que tenho eu?
Ai-je le marteau du charpentier?	Tenho eu o martello do carpinteiro?
Vous ne l'avez pas.	V^{ce} não o tem.
L'avez-vous?	Tem-o V^{ce}?

SIXIÈME LEÇON

Je l'ai.	Tenho-o
Je ne l'ai pas.	Não o tenho.
L'ai-je?	Tenho-o eu?
Le beurre.	† A manteiga.
Le mouton.	O carneiro.
Le couteau.	A faca.
Lequel?	*Qual?*
Celui du capitaine.	O do capitão.
Celui du cuisinier.	O do cozinheiro.
Le beau.	O bello.
Le vilain.	O feio.

Ai-je raison ou tort?	Faço bem ou mal?
Vous n'avez ni raison ni tort.	V^{ce} não faz bem nem mal.
Vous n'avez ni faim ni soif.	V^{ce} não tem fome nem sêde.
Vous n'avez ni peur ni honte.	V^{ce} não tem mêdo nem vergonha.
Ai-je votre beurre ou le mien?	Tenho a sua manteiga ou a minha?
Vous n'avez ni le vôtre ni le mien.	V^{ce} não tem a sua nem a minha.

THÈMES.

8.

Je n'ai ni le chien du boulanger ni celui de (*nem o do*) mon ami. — Avez-vous honte? — Je n'ai pas honte. — Avez-vous peur ou honte? — Je n'ai ni peur ni honte. — Avez-vous mon couteau? — Lequel (*qual*)? — Le beau. — Avez-vous mon bœuf (*carne de vacca*) ou celui du cuisinier? — Je n'ai ni le vôtre ni celui du cuisinier. — Lequel (*qual*) avez-vous? — J'ai celui du capitaine. — Ai-je votre biscuit (*o biscoito de V^{ce}*)? — Vous ne l'avez pas. — Ai-je faim ou soif? — Vous n'avez ni faim ni soif. — Ai-je chaud (*calor*) ou froid? — Vous n'avez ni chaud ni froid. — Ai-je peur? — Vous n'avez pas peur. Vous n'avez ni peur ni honte. — Ai-je quelque chose de bon (*alguma coisa boa*)? — Vous n'avez rien de bon. — Qu'ai-je? — Vous n'avez rien. — Quel crayon ai-je? Vous avez celui du Français. — Ai-je votre dé ou celui du tailleur? — Vous n'avez ni le mien ni celui du tailleur. — Lequel (*qual*) ai-je? — Vous avez celui de votre ami. — Quel parapluie ai-je? — Vous avez le mien. — Ai-je le bon pain du boulanger? — Vous ne l'avez pas. — Quel miel ai-je? — Vous avez le vôtre. — Avez-vous mon fusil de fer? — Je ne l'ai pas. — L'ai-je? — Vous l'avez. — Ai-je votre mouton ou celui du cuisinier? — Vous n'avez ni le mien ni celui du cuisinier. — Ai-je votre couteau? — Vous ne l'avez pas. — L'avez-vous? — Je l'ai. — Quel biscuit ai-je? — Vous avez celui du capitaine. — Quel drap ai-je? — Vous avez celui du marchand. — Avez-vous mon café ou celui de mon garçon (*menino*)? — J'ai celui de votre bon garçon. — Avez-vous votre bouchon ou le mien (*a minha*)? — Je n'ai ni le vôtre ni le mien. — Qu'avez-vous? — J'ai le bon chandelier de mon frère.

9.

Ai-je raison? — Vous avez raison. — Ai-je tort ? — Vous n'avez pas tort. — Ai-je raison ou tort? — Vous n'avez ni raison ni tort; vous avez peur. — Vous n'avez pas sommeil. — Vous n'avez ni chaud ni froid. — Ai-je le bon café ou le bon sucre? — Vous n'avez ni le bon café ni le bon sucre. — Ai-je quelque chose de bon ou de mauvais? — Vous n'avez rien de bon ni de mauvais. — Qu'ai-je? — Vous n'avez rien. — Qu'ai-je de joli? — Vous avez le joli chien de mon ami. — Quel beurre ai-je? — Vous avez celui de votre cuisinier. — Ai-je votre tire-bouchon ou celui du marchand? — Vous n'avez ni le mien ni celui du marchand. — Quel chocolat avez-vous? — J'ai celui du Français. — Quel soulier avez-vous? — J'ai le soulier de cuir du cordonnier. — Lequel ai-je? — Vous avez celui du vieux boulanger. — Lequel avez-vous? — J'ai celui de mon vieux (*velho*) voisin. — Qu'avez-vous? — J'ai peur. — Ai-je quelque chose? — Vous n'avez rien.

SEPTIÈME LEÇON.
Lição setima.

Qui?	Quem?
Qui a?	Quem tem?
Qui a le crayon?	Quem tem o lapis?
L'homme a le crayon.	O homem tem o lapis.
L'homme n'a pas le crayon.	O homem não tem o lapis.
Qui l'a?	Quem o tem?
Le garçon l'a.	O rapaz tem-o.
Le garçon ne l'a pas.	O rapaz não o tem.

Le poulet.	O frango.
Le coffre.	O cofre, o bahu.
Le sac.	O sacco.
Le gilet.	O collete.
Le vaisseau, le bâtiment.	A embarcação, o navio.
Le jeune homme.	O joven, o mancebo.
L'adolescent.	O adolescente.

Il.	Elle.
Il a.	Elle tem.
Il a le coffre.	Elle tem o cofre.
Il n'a pas le coffre.	Elle não tem o cofre.
Il l'a.	Elle tem-o.
Il ne l'a pas.	Elle não o tem.

A-t-il?	Tem elle?
A-t-il le couteau?	Tem elle a faca?
L'homme a-t-il?	† Tem o homem?
L'ami a-t-il?	† Tem o amigo?

Le boulanger a-t-il?	† Tem o padeiro?
Le jeune homme a-t-il?	† Tem o joven?

L'homme a-t-il faim?	† Tem fome o homem?
Il a faim.	Tem fome.
Il n'a ni faim ni soif.	Não tem fome nem sêde.
Votre frère a-t-il chaud ou froid?	O seu irmão tem calor ou frio?
L'homme a-t-il peur ou honte?	Tem o homem mêdo ou vergonha
L'homme a-t-il raison ou tort?	† Faz o homem bem ou mal?
Le garçon a-t-il le marteau du charpentier?	Tem o rapaz o martello do carpinteiro?

SEPTIÈME LEÇON

Le boulanger l'a-t-il?	† Tem-o o padeiro?
L'ami qu'a-t-il?	Que tem o amigo?

Le riz.	O arroz.
Le paysan.	O aldeão.
Le domestique.	O criado.

Son soulier.	Seu, o seu sapato.
Son chien.	Seu, o seu cão.
Le balai.	† A vassoura.
L'oiseau.	O passaro.
Son pied.	O seu pé.
Son œil.	O seu olho.
Son argent.	O seu dinheiro.

Le sien.	*O seu.*
Le domestique a-t-il son coffre ou le mien?	Tem o criado o seu cofre ou o meu?
Il a le sien.	Tem o seu.
Quelqu'un.	*Alguem.*
Quelqu'un a-t-il mon livre?	† Tem alguem o meu livro?
Quelqu'un l'a.	Alguem o tem.
Qui a mon bâton?	Quem tem o meu pau.
Personne. — Ne.	*Ninguem.*
Personne n'a votre bâton.	Ninguem tem seu o pau (de V.).
Personne ne l'a.	Ninguem o tem.

THÈMES.

10.

Qui a mon coffre? — Le garçon (*o menino*) l'a. — A-t-il (*tem*) soif ou faim? — Il n'a (*não tem*) ni soif ni faim. — L'homme a-t-il (*tem o homem*) le poulet? — Il l'a. — Qui a mon gilet? — Le jeune homme (*o joven*) l'a. — Le jeune homme (*o joven*) a-t-il mon vaisseau? — Le jeune homme ne l'a pas. — Qui l'a? — Le capitaine l'a. — L'adolescent qu'a-t-il? — Il a le beau poulet. — A-t-il le couteau? — Il ne l'a pas. — A-t-il peur? — Il n'a pas peur. — A-t-il peur ou honte? — Il n'a ni peur ni honte. — L'homme a-t-il raison ou tort (*faz o homem bem ou mal*)? — Il n'a ni raison ni tort (*bem nem mal*). — A-t-il chaud ou froid? — Il n'a ni chaud ni froid. — Qui a le riz du paysan? — Mon domestique l'a. — Votre domestique (*criado*) a-t-il mon balai ou le sien? — Il n'a ni le vôtre ni le sien. — Quel balai a-t-il? — Il a celui de son voisin. — Qui a mon vieux soulier? — Votre cordonnier l'a. — Votre ami qu'a-t-il? — Il a son bon argent. — A-t-il mon or? — Il ne l'a pas. — Qui l'a? — Le boulanger

SEPTIÈME LEÇON

l'a. — Votre boulanger a-t-il (*tem*) mon oiseau ou le sien (*o seu*)? — Il a le sien. — Qui a le mien? Le charpentier l'a. — Qui a froid? — Personne (*ninguem*) n'a froid. — Quelqu'un a-t-il chaud (*tem calor*)? — Personne n'a chaud (*ninguem tem calor*). — Quelqu'un a-t-il (*tem*) mon poulet? — Personne (*ninguem*) ne l'a. — Votre domestique a-t-il votre gilet ou le mien? — Il n'a ni le vôtre ni le mien. — Lequel (*qual*) a-t-il? — Il a le sien.

11.

Quelqu'un a-t-il mon fusil? — Personne ne l'a. — L'adolescent a-t-il mon livre? — Il ne l'a pas. — Qu'a-t-il? — Il n'a rien. — A-t-il le marteau ou le clou? — Il n'a ni le marteau ni le clou. — A-t-il mon parapluie ou mon bâton? — Il n'a ni votre parapluie ni votre bâton. — A-t-il mon café ou mon sucre? — Il n'a ni votre café ni votre sucre; il a votre miel. — Le garçon a-t-il le biscuit de mon frère ou celui du Français? — Il n'a ni celui de votre frère ni celui du Français; il a le sien. — Ai-je votre sac ou celui de votre ami? — Vous n'avez ni le mien ni celui de mon ami; vous avez le vôtre. — Qui a le sac du paysan? — Le bon boulanger l'a. — Qui a peur? — Le garçon du tailleur a peur. — A-t-il sommeil? — Il n'a pas sommeil. — A-t-il froid ou faim? — Il n'a ni froid ni faim. — Qu'a-t-il? — Rien. — Le paysan a-t-il mon argent (*dinheiro*)? — Il ne l'a pas. — Le capitaine l'a-t-il (*o tem o capitão*)? — Il ne l'a pas. — Qui l'a? — Personne (*ninguem*) ne l'a. — Votre voisin a-t-il quelque chose de bon? — Il n'a rien de bon. — Qu'a-t-il de vilain? — Il n'a rien de vilain. — A-t-il quelque chose? — Il n'a rien.

12.

Le marchand a-t-il mon drap ou le sien? — Il n'a ni le vôtre ni le sien. — Quel drap a-t-il (*tem*)? — Il a celui de mon frère. — Quel dé le tailleur a-t-il (*tem o alfaiate*)? — Il a le sien. — Votre frère a-t-il son vin ou celui du voisin? — Il n'a ni le sien ni celui du voisin. — Quel vin a-t-il? — Il a le sien. — Quelqu'un a-t-il (*tem alguem*) mon ruban d'or? — Personne ne l'a. — Qui a mon cordon d'argent? — Votre bon garçon (*bom menino*) l'a. — A-t-il mon cheval de papier ou mon cheval de bois? — Il n'a ni votre cheval de papier ni votre cheval de bois; il a le cheval de cuir de son ami. — Quelqu'un a-t-il tort (*alguem faz mal*)? Personne n'a tort (*ninguem faz mal*). — Qui a le bon chocolat du Français? — Le marchand l'a. — L'a-t-il? — Oui, Monsieur, il l'a. — Avez-vous peur ou honte? — Je n'ai ni peur ni honte. — Votre cuisinier a-t-il son mouton? — Il l'a. — Avez-vous mon pain ou mon fromage? — Je n'ai ni votre pain ni votre fromage. — Ai-je votre sel ou votre beurre? — Vous n'avez ni mon sel ni mon beurre. — Qu'ai-je? — Vous avez votre mouton. — Quelqu'un a-t-il mon bouton d'or? — Personne ne l'a (*ninguem o tem*).

HUITIÈME LEÇON.

Lição oitava.

Le matelot.	O marinheiro.
Son arbre.	† Sua arvore.
Son miroir.	Seu espelho.
Son portefeuille.	† Sua carteira.
Son matelas.	Seu colchão.
Le pistolet.	† A pistola.
L'étranger.	O estrangeiro.
Le jardin.	O jardim.
Son gant.	† A luva.

Ce bœuf.	Este boi.
Ce foin.	Este feno.
Cet ami.	Este amigo.

Cet homme.	Este homem.
Cet âne.	Este burro, este asno.

Rem. Il y a en portugais trois pronoms démonstratifs : *este, esse, aquelle; este,* celui-ci, désignant une chose rapprochée de celui qui parle; *aquelle,* celui-là, désignant une chose éloignée; et *esse,* mot qui n'a pas de correspondant en français, désignant une chose qui n'est ni trop près ni trop loin de la personne qui parle. Les pronoms démonstratifs s'accordent, comme les autres pronoms, en genre et en nombre avec les noms ou substantifs. Ils forment leur pluriel masculin en ajoutant un *s*. La terminaison du féminin est en *a*.

Ce livre-ci.	*Este livro.*
Ce livre-là.	*Aquelle livro.*

Avez-vous ce livre-ci ou celui-là ?	Tem V.ce este livro ou aquelle?
J'ai celui-ci, je n'ai pas celui-là.	Tenho este, não tenho aquelle.

Celui-ci, celui-là.	*Este, aquelle.*
Ai-je celui-ci ou celui-là ?	Tenho este ou aquelle.
Vous avez celui-ci, vous n'avez pas celui-là.	V. tem este, não tem aquelle?
L'homme a-t-il ce chapeau-ci ou celui-là ?	† Tem o homem este chapeu ou aquelle?

HUITIÈME LEÇON

Mais.	*Mas.*
Il n'a pas celui-ci, mais il a celui-là.	Elle não tem este, mas tem aquelle.
Il a celui-ci, mais il n'a pas celui-là.	Elle tem este, mas não tem aquelle.
Il a celui-ci, mais non celui-là.	Elle tem este, mas não aquelle.

Le billet.	O bilhete, a ordem de pagamento.
Le grenier.	O celleiro.
Le grain.	O grão.
Avez-vous ce billet-ci ou celui-là ?	Tem V. este bilhete ou aquelle ?
Je n'ai pas celui-ci, {Mais j'ai celui-là. / Mais celui-là.	En não tenho este, {mas tenho aquelle. / mas aquelle.
J'ai celui-ci, {Mais je n'ai pas celui-là. / Mais non celui-là.	En tenho este, {mas não tenho aquelle. / mas não aquelle.
Le voisin a-t-il ce miroir-ci ou celui-là ?	Tem o vizinho este espelho ou aquelle ?
Il a celui-ci, mais il n'a pas celui-là.	Tem este, mas não tem aquelle.
Le fer de cheval.	† A ferradura.

Que.	*Que.*
Avez-vous le billet que mon frère a ?	Tem V^{ce} o bilhete que meu irmão tem ?
Je n'ai pas le billet que votre frère a.	Eu não tenho o bilhete que seu irmão tem.
Avez-vous le cheval que j'ai ?	Tem V^{ce} o cavallo que eu tenho ?
J'ai le cheval que vous avez.	En tenho o cavallo que V^{ce} tem.

Celui que.	*O que.*
Je n'ai pas celui que vous avez.	Eu não tenho o que V^{ce} tem.
Je n'ai pas celui qu'il a.	Eu não tenho o que elle tem.
Ai-je le gant que vous avez ?	Tenho eu a luva que V^{ce} tem ?
Vous n'avez pas celui que j'ai.	V^{ce} não tem a que eu tenho.

THÈMES.
13.

Quel foin l'étranger a-t-il (*tem o estrangeiro*)? — Il a celui du (*o do*) paysan. — Le matelot a-t-il (*tem*) mon miroir? — Il ne l'a pas. — Avez-vous ce pistolet-ci ou celui-là (*ou aquella*)? — J'ai celui-ci. — Avez-vous le foin de mon jardin ou celui du vôtre? — Je n'ai ni celui de votre jardin ni celui du mien; mais j'ai celui de l'étranger. — Quel gant avez-vous? — J'ai celui du matelot. — Avez-vous son matelas? — Je l'ai. — Quel portefeuille le matelot a-t-il? — Il a le sien. — Qui a mon bon billet? — Cet homme l'a. — Qui a ce pistolet? — Votre ami l'a. — Avez-vous le grain de votre grenier (*celleiro*) ou celui du mien? — Je n'ai ni celui de votre grenier (*celleiro*) ni celui du mien; mais j'ai celui de mon marchand. — Qui a mon gant? — Ce domestique l'a. — Votre domestique qu'a-t-il? — Il a l'arbre de ce jardin. — A-t-il le livre de cet homme-là? — Il n'a pas le livre de cet homme là; mais il a celui de ce garçon-ci. — Le paysan a-t-il ce bœuf-ci ou celui-là? — Il n'a ni celui-ci ni celui-là; mais il a celui qu'a son garçon. — Cet âne a-t-il son foin ou celui du cheval? — Il n'a ni le sien ni celui du cheval. — Quel cheval ce paysan-ci a-t-il? — Il a celui de votre voisin. — Ai-je votre billet ou le sien? — Vous n'avez ni le mien ni le sien; mais vous avez celui de votre ami. — Avez-vous le foin de ce cheval-ci? — Je n'ai pas son foin; mais son fer. — Votre frère a-t-il mon billet ou le sien? — Il n'a ni le vôtre ni le sien; mais il a celui du matelot. — L'étranger a-t-il mon oiseau ou le sien? — Il a celui du capitaine. — Avez-vous l'arbre de ce jardin-ci? — Je ne l'ai pas. — Avez-vous faim ou soif? — Je n'ai ni faim ni soif; mais j'ai sommeil.

14.

Le matelot a-t-il cet oiseau-ci ou celui-là? — Il n'a pas celui-ci, mais celui-là. — Votre domestique a-t-il ce balai-ci ou celui-là (*esta vassoura ou aquella*)? — Il a celui-ci (*esta*); mais non celui-là (*aquella*). — Votre cuisinier a-t-il ce poulet-ci (*este*) ou celui-là (*aquelle*). — Il n'a ni celui-ci ni celui-là; mais il a celui de son voisin. — Ai-je raison ou tort? — Vous n'avez ni raison ni tort; mais votre bon garçon a tort. — Ai-je ce couteau-ci (*este*) ou celui-là (*aquelle*)? — Vous n'avez ni celui-ci ni celui-là. — Qu'ai-je? — Vous n'avez rien de bon; mais vous avez quelque chose de mauvais. — Avez-vous le coffre que j'ai? — Je n'ai pas celui que vous avez. — Quel cheval avez-vous? — J'ai celui de votre frère. — Avez-vous l'âne qu'a mon ami? — Je n'ai pas celui qu'il (*o que elle*) a; mais j'ai celui que (*o que*) vous avez. — Votre ami a-t-il le miroir que vous avez ou celui que j'ai? — Il n'a ni celui que vous avez ni celui que j'ai; mais il a le sien (*tem o seu*).

15.

Quel sac le paysan a-t-il? — Il a celui qu'a son garçon. — Ai-je votre chandelier d'or ou votre chandelier d'argent? — Vous n'avez ni mon chandelier d'or ni mon chandelier d'argent; mais vous avez mon chandelier de fer. — Avez-vous mon gilet ou celui du tailleur? — Je n'ai ni le vôtre ni celui du tailleur. — Lequel (*qual*) avez-vous? — J'ai celui que mon ami a. — Avez-vous froid ou chaud (*calor*)? — Je n'ai ni froid ni chaud; mais j'ai soif. — Votre ami a-t-il peur ou honte? — Il n'a ni peur ni honte; mais il a sommeil. Qui a tort (*Quem faz mál*)? — Votre ami a tort. — Quelqu'un a-t-il (*tem*) mon parapluie? — Personne ne l'a (*ninguem o tem*). — Quelqu'un a-t-il honte? — Personne n'a honte; mais mon ami a faim. — Le capitaine a-t-il le vaisseau que vous avez ou celui que j'ai? — Il n'a ni celui que vous avez ni celui que j'ai. — Lequel (*qual*) a-t-il? — Il a celui de son ami. — A-t-il raison ou tort? — Il n'a ni raison ni tort. — Le Français a-t-il quelque chose de bon ou de mauvais? — Il n'a rien de bon ni de mauvais; mais il a quelque chose de joli. — Qu'a-t-il de joli? — Il a le joli poulet. — A-t-il le bon biscuit? — Il ne l'a pas; mais son voisin l'a.

NEUVIÈME LEÇON.

Lição nona.

DÉCLINAISON DE L'ARTICLE DÉFINI AU PLURIEL
MASCULIN ET FÉMININ
DEVANT UNE CONSONNE OU UNE VOYELLE.

PLURIEL. Masculin et féminin.		PLURAL. Masculino et féminino.	
Nom.	les.	Nom.	os, as.
Gén.	des.	Gén.	dos, das.
Dat.	aux.	Dat.	aos, às.
Acc.	les.	Acc.	os, as.

FORMATION DU PLURIEL.

Les noms et les adjectifs terminés par une voyelle forment leur pluriel par l'addition d'un *s*. Ex.: *o livro, os livros; a meia, as meias*.

Les noms terminés en *ão* forment leur pluriel de trois manières : 1° En *ãos* : *o grão*, le grain, *os grãos*, les grains; *o irmão*, le frère, *os irmãos*, les frères; 2° en *ães* : *o cão*, le chien, *os cães*, les chiens; *o capitão*, le capitaine, *os capitães*, les capitaines. 3° Les noms en *ão* changent quelquefois cette terminaison en *ões* : *a lição*, la leçon, *as lições*; *o os coração*, le cœur, *os corações*. L'usage fera connaître la formation du pluriel des noms en *ão* mieux que les règles.

Les noms terminés en :

AL, OL, UL changent *l* en *es*: *o sal*, le sel, *os saes*; *o pharol*, le phrare, *os pharoes*; *o azul*, le bleu, *os azues*;

EL, IL (bref) forment le pluriel en *eis* : *o papel*; *os papeis*; *facil, faceis*;

IL (aigu) changent *l* en *s* : *fumil*, entonnoir, *fumis*;

M changent cette terminaison en *ns* : *homem, homens*;

R, Z en ajoutant *es* : *luz*, lumière, *luzes*;

S ne changent pas au pluriel, excepté *deus*, dieu (dans le sens mythologique), *deuses*.

NEUVIÈME LEÇON

Les livres.	Os livros.
Les bons livres.	Os bons livros.
Des bons livres.	Dos bons livros.
Les bâtons.	As bengalas.
Les bons bâtons.	As boas bengalas.
Des bâtons.	Das bengalas.
Les voisins.	Os vizinhos.
Les bons voisins.	Os bons vizinhos.
Les amis.	Os amigos.
Les bons amis.	Os bons amigos.
Des amis.	Dos amigos.
Des voisins.	Dos vizinhos.

Les bas.	† As meias.
Les bois.	† As madeiras, os bosques.
Les Français.	Os Francezes.
L'Anglais, les Anglais.	O Inglez, os Inglezes.
Le nez, les nez.	O nariz, os narizes.

Les chapeaux.	Os chapeus.
Les oiseaux.	Os passaros.
Le lieu, les lieux.	O sitio, os sitios.
Le feu, les feux.	O fogo, os fogos.
Le bijou, les bijoux.	A joia, as joias.

Les chevaux.	Os cavallos.
Le travail, les travaux.	Od trabalho, os trabalhos.

Les bâtiments.	Os edificios.

Les gants.	† As luvas.

Mes livres.	Os meus livros.
Vos livres.	Os seus livros (de V.).
Avez-vous mes petits couteaux ?	† Tem V^{ce} as minhas faquinhas (1) ?
Je n'ai pas vos petits couteaux.	Não tenho as suas faquinhas.
Mais j'ai vos grands couteaux.	Mas tenho os seus facões (2).

---

(1) Les diminutifs se forment en portugais à l'aide d'une des terminaisons suivantes : *ete, eta; ilho, ilha; ito, ita; ote, oto, ota; inho, inha, zinho, zinha*.

(2) Les augmentatifs se forment à l'aide des terminaisons *ão, az; aço*.

NEUVIÈME LEÇON

Singulier masculin et féminin.	Pluriel pour les deux genres.	Sing. masculin et féminin.	Pluriel masculin et féminin.
Mon, ma.	Mes.	Meu, minha.	Meus, minhas.
Votre.	Vos.	Vosso, vossa.	Vossos, vossas.
Son, sa.	Ses.	Seu, sua.	Seus, suas.
Notre.	Nos.	Nosso, nossa.	Nossos, nossas.
Leur.	Leurs.	Seu, sua.	Seus, suas.

Ses livres.	Seus livros.
Notre livre, nos livres.	Nosso livro, nossos livros.
Leur livre, leurs livres.	Seu livro, seus livros.

Quels livres ?	Que livros ?
Lesquels ?	Quaes ?

Ces livres.	Estes livros.

L'œil, les yeux.	O olho, os olhos.
Les ciseaux.	As tesouras.

Quels chevaux avez-vous ?	Que cavallos tem V^{ce} ?
J'ai les beaux chevaux de vos bons voisins.	Tenho os bellos cavallos de seus bons vizinhos.
Ai-je ses petits gants ?	Tenho eu as suas luvinhas ?
Vous n'avez pas ses petits gants, mais vous avez ses grands chapeaux.	V^{ce} não tem as suas luvinhas ; mas tem os seus chapelões.
Quels gants ai-je ?	Que luvas tenho eu ?
Vous avez les jolis gants de vos frères.	V^{ce} tem as bonitas luvas de seus irmãos.
Avez-vous les grands marteaux des charpentiers ?	Tem V^{ce} os martellões dos carpinteiros ?
Je n'ai pas leurs grands marteaux, mais j'ai leurs grands clous.	Eu não tenho os seus martellões, mas tenho os seus pregões.
Votre frère a-t-il mes fusils de bois ?	† Tem seu irmão as minhas espingardas de pau ?
Il n'a pas vos fusils de bois.	Não tem as suas espingardas de pau.
Lesquels a-t-il ?	Quaes tem ?
Avez-vous les beaux parapluies des Français.	Tem V^{ce} os bellos guardachuvas dos Francezes ?
Je n'ai pas leurs beaux parapluies, mais j'ai leurs beaux bâtons.	Eu não tenho os seus bellos guardachuvas, mas tenho os seus bellos paus.

NEUVIÈME LEÇON

Les bœufs.	Os bois.
Les ânes.	Os burros, os asnos.
De mes jardins.	Dos meus jardins.
De vos bois.	Das suas madeiras.
Avez-vous les arbres de nos jardins ?	Tem V. as arvores de nossos jardins ?
Je n'ai pas les arbres de vos jardins.	Eu não tenho as arvores dos seus jardins.

De mes jolis jardins.	Dos meus bonitos jardins.
Avez-vous mes souliers de cuir?	Tem V^{ce} os meus sapatos de coiro?
Je n'ai pas vos souliers de cuir, mais j'ai vos habits de drap.	Eu não tenho os seus sapatos de coiro, mas tenho os seus casacos de pano.
Le pain, les pains.	O pão, os pães.

THÈMES.

16.

Avez-vous les gants? — Oui, Monsieur, j'ai les gants. — Avez-vous mes gants? — Non, Monsieur, je n'ai pas vos gants. — Ai-je vos miroirs? — Vous avez mes miroirs. — Ai-je vos jolis portefeuilles (*carteiras*)? — Vous n'avez pas mes jolis portefeuilles (*carteiras*). — Quels (*que*) portefeuilles ai-je? — Vous avez les jolis portefeuilles de vos amis. — L'étranger a-t-il nos bons pistolets? — Il n'a pas nos bons pistolets; mais nos bons vaisseaux. — Qui a nos beaux chevaux? — Personne n'a vos beaux chevaux; mais quelqu'un a vos beaux bœufs. — Votre voisin a-t-il les arbres de vos jardins? — Il n'a pas les arbres de mes jardins; mais il a vos beaux bijoux. — Avez-vous le foin des chevaux? — Je n'ai pas leur foin; mais leurs fers (*suas ferraduras*). — Votre tailleur a-t-il mes beaux boutons d'or? — Il n'a pas vos beaux boutons d'or; mais vos beaux fils d'or. — Le matelot qu'a-t-il? — Il a ses beaux vaisseaux. — A-t-il mes bâtons ou mes fusils? — Il n'a ni vos bâtons ni vos fusils. — Qui a les bons gilets du (*do*) tailleur? — Personne n'a (*ninguem tem*) ses gilets; mais quelqu'un a ses boutons d'argent (*prata*). — Le garçon du Français a-t-il mes bons parapluies? — Il n'a pas vos bons parapluies, mais vos bons ciseaux. — Le cordonnier a-t-il mes souliers de cuir? — Il a vos souliers de cuir. — Le capitaine qu'a-t-il? — Il a ses bons matelots.

17.

Quels matelas le matelot a-t-il? — Il a les bons matelas de son capitaine. — Quels jardins le Français a-t-il? — Il a les jardins des

Anglais. — Quels domestiques l'Anglais a-t-il?—Il a les domestiques des Français. — Votre garçon qu'a-t-il? — Il a ses jolis oiseaux. — Le marchand qu'a-t-il? — Il a nos jolis coffres. — Le boulanger qu'a-t-il? — Il a nos beaux ânes. — A-t-il nos clous ou nos marteaux? — Il n'a ni nos clous ni nos marteaux; mais il a nos bons pains. — Le charpentier a-t-il ses marteaux de fer? — Il n'a pas ses marteaux de fer; mais ses clous de fer. — Quels biscuits le boulanger a-t-il? — Il a les biscuits de ses amis. — Notre ami a-t-il nos beaux crayons? — Il n'a pas nos beaux crayons. — Lesquels (*quaes*) a-t-il? — Il a les petits crayons de ses marchands. — Quels balais votre domestique a-t-il? — Il a les balais de ses bons marchands. — Votre ami a-t-il les petits couteaux des marchands? — Il n'a pas leurs petits couteaux (*suas faquinhas*); mais leurs chandeliers d'or. — Avez-vous ces bijoux? — Je n'ai pas ces bijoux; mais ces couteaux d'argent. — L'homme a-t-il ce billet-ci ou celui-là? — Il n'a ni celui-ci ni celui-là. — A-t-il votre livre ou celui de votre ami? — Il n'a ni le mien ni celui de mon ami; il a le sien. — Votre frère a-t-il le vin que j'ai ou celui que vous avez? — Il n'a ni celui que vous avez, ni celui que j'ai. — Quel vin a-t-il? — Il a celui de ses marchands. — Avez-vous le sac qu'a mon domestique? — Je n'ai pas le sac que votre domestique a. — Avez-vous le poulet que mon cuisinier a, ou celui que le paysan a? — Je n'ai ni celui que votre cuisinier a, ni celui que le paysan a. — Le paysan a-t-il froid ou chaud? — Il n'a ni froid ni chaud.

DIXIÈME LEÇON.
Lição decima.

Ceux.	*Os.*
Avez-vous mes livres ou ceux de l'homme?	Tem V^{ce} os meus livros ou os do homem?
Je n'ai pas les vôtres; j'ai ceux de l'homme.	Eu não tenho os de V^{ce}; tenho os do homem.

Ceux que.	*Os que.*
Avez-vous les livres que j'ai?	Tem V^{ce} o livro que eu tenho?
J'ai ceux que vous avez.	Tenho os que V^{ce} tem.
L'Anglais a-t-il les couteaux que vous avez, ou ceux que j'ai?	† Tem o Inglez as facas que V^{ce} tem, ou as que eu tenho?
Il n'a ni ceux que vous avez, ni ceux que j'ai.	Nem tem as que V^{ce} tem, nem as que eu tenho.
Quels couteaux a-t-il?	Que facas tem elle?
Il a les siens.	Tem as d'elle (as suas).

Singulier.	Pluriel.	Singulier.	Pluriel.
Le mien.	Les miens.	O meu.	Os meus.
Le vôtre.	Les vôtres.	O de V., o vosso.	Os de V., os vossos.
Le sien.	Les siens.	O seu (d'elle, d'ella).	Os seus.
Le nôtre.	Les nôtres.	O nosso.	Os nossos.
Le leur.	Les leurs.	O seu.	Os seus.

Ces livres-ci.	Estes livros.
Ces livres-là.	Aquelles livros.
Avez-vous ces livres-ci ou ceux-là?	Tem V^{ce} estes livros ou aquelles?
Je n'ai ni ceux-ci ni ceux-là.	Eu não tenho nem estes nem aquelles.

Ceux-ci.	*Estes.*
Ceux-là.	*Aquelles.*

Rem. En portugais, *este, estes,* servent également à désigner l'objet qui a été nommé le dernier; et *aquelle, aquelles,* celui dont il a été question auparavant.

Ai-je ceux-ci ou ceux-là?	† Tenho eu estes ou aquelles?
Vous avez ceux-ci; vous n'avez pas ceux-là.	Tem estes; não tem aquelles.

Ai-je les miroirs des Français ou ceux des Anglais?	Tenho eu os espelhos dos Francezes ou os dos Inglezes?
Vous n'avez ni ceux-ci ni ceux-là.	V^{ce} não tem nem estes nem aquelles.

L'homme a-t-il ces bijoux-ci ou ceux-là?	† Tem o homem estas joias ou aquellas?
Il a ceux-ci mais il n'a pas ceux-là.	† Elle tem estas mas não tem aquellas.
Avez-vous vos fusils ou les miens?	Tem V^{ce} as suas espingardas ou as minhas?
Je n'ai ni les vôtres ni les miens, mais j'ai ceux de nos bons amis.	Não tenho nem as de V^{ce} nem as minhas, mas tenho as dos nossos bons amigos.

THÈMES.

18.

Avez-vous ces billets-ci ou ceux-là? — Je n'ai ni ceux-ci ni ceux-là. — Avez-vous les chevaux des Français ou ceux des Anglais? — J'ai ceux des Anglais; mais je n'ai pas ceux des Français. — Quels bœufs (*bois*) avez-vous? — J'ai ceux des étrangers. — Avez-vous les coffres que j'ai? — Je n'ai pas ceux que vous avez; mais ceux que votre frère a. — Votre frère a-t-il vos biscuits ou les miens (*os meus*)? — Il n'a ni les vôtres ni les miens. — Quels biscuits a-t-il? — Il a les siens. — Quels chevaux votre ami a-t-il? — Il a ceux que j'ai. — Votre ami a-t-il mes livres ou les siens? — Il n'a ni les vôtres ni les siens; mais il a ceux du capitaine. — Ai-je vos gilets ou ceux des (*ou os dos*) tailleurs? — Vous n'avez ni ceux-ci ni ceux-là. — Ai-je nos ânes? — Vous n'avez pas les nôtres; mais ceux de nos voisins. — Avez-vous les oiseaux des matelots? — Je n'ai pas leurs oiseaux; mais leurs beaux bâtons. — Quels bijoux votre garçon a-t-il? — Il a les miens. — Ai-je mes souliers ou ceux des (*dos*) cordonniers? — Vous n'avez pas les vôtres; mais les leurs (*os d'elles*).

19.

Quel papier l'homme a-t-il? — Il a le nôtre. — A-t-il notre café? — Il ne l'a pas. — Avez-vous nos habits (*casacos*) ou ceux des étrangers? — Je n'ai pas les vôtres; mais les leurs (*os d'elles*). — Votre charpentier a-t-il nos marteaux ou ceux de nos amis? —

Il n'a ni les nôtres ni ceux de nos amis. — Quels clous a-t-il? — Il a ses bons clous de fer. — Quelqu'un a-t-il les vaisseaux des Anglais? — Personne n'a ceux des (*os dos*) Anglais; mais quelqu'un a ceux des Français. — Qui a les poulets du cuisinier? — Personne n'a ses (*seus*) poulets; mais quelqu'un a son beurre. — Qui a son fromage? — Son garçon l'a. — Qui a mon vieux fusil? — Le matelot l'a. — Ai-je le sac de ce paysan-là *aquelle* (*aldeão*)? — Vous n'avez pas son sac; mais son grain. — Quels fusils l'Anglais a-t-il? — Il a ceux (*os*) que vous avez. — Quels parapluies le Français a-t-il? — Il a ceux (*los*) que son ami a. — A-t-il nos livres? — Il n'a pas les nôtres; mais ceux que son voisin a. — Le garçon du marchand a-t-il faim? — Il n'a pas faim; mais soif. — Votre ami a-t-il froid ou chaud? — Il n'a ni froid ni chaud. — A-t-il peur? — Il n'a pas peur; mais honte. — Le jeune homme a-t-il les balais de nos domestiques? — Il n'a pas leurs (*suas*) balais; mais leur (*seu*) savon. — Quels crayons a-t-il? — Il a ceux de ses (*os dos seus*) vieux marchands. — Avez-vous quelque chose de bon ou de mauvais? — Je n'ai rien de bon ni mauvais; mais quelque chose de beau. — Qu'avez-vous de beau? — J'ai le beau bœuf de nos cuisiniers. — N'avez-vous pas leur beau mouton? — Non, monsieur, je ne l'ai pas.

ONZIÈME LEÇON.

Lição undecima.

Le peigne.	O pente.
Le verre.	O copo.
Avez-vous mes petits peignes?	Tem V. os meus pentinhos?
Je les ai.	Tenho-os.

Les.	*Os, as.*
A-t-il mes beaux verres?	Tem elle os meus bellos copos?
Il les a.	Tem-os.
Les ai-je?	Tenho-os eu?
Vous les avez.	V. tem-os.
Vous ne les avez pas.	V. não os tem.
L'homme a-t-il mes beaux pistolets?	† Tem o homem as minhas bellas pistolas?
Il ne les a pas.	Elle não as tem.
Le garçon les a-t-il?	† Tem-as o rapaz?
Les hommes les ont.	Teem-as os homens.
Les hommes les ont-ils?	† Os homens teem-as?

Ils.	*Elles.*
Ils les ont.	Elles teem-as.
Ils ne les ont pas.	Não as teem.
Qui les a?	Quem as tem?

Les Allemands.	Os Allemães.
Les Turcs.	Os Turcos.

Les Allemands les ont.	Teem-as os Allemães.
Les Italiens.	Os Italianos.
Les Français.	Os Francezes.

Du vin.	† Vinho.
Du pain.	† Pão.
Du beurre.	† Manteiga.
Du lait.	† Leite.
Des livres.	† Livros.
Des boutons.	† Botões.
Des couteaux.	† Facas.
Des hommes.	† Homens.

ONZIÈME LEÇON

De l'argent.	† Dinheiro.
De l'or.	† Ouro.
Des amis.	† Amigos.

Rem. L'article partitif français *du, de la, des*, ne s'exprime pas en portugais. Il en est de même de la particule *en*, au lieu de laquelle, dans la réponse, on répète le substantif, si cela est nécessaire.

Avez-vous du vin ?	† Tem V^{ce} vinho ?
J'ai du vin.	† Tenho vinho.
Cet homme a-t-il du drap ?	† Este homem tem pano ?
Il a du drap.	† Tem pano.
A-t-il des livres ?	† Tem livros ?
Il a des livres.	† Tem livros.
Avez-vous de l'argent ?	† Tem V. dinheiro ?
J'ai de l'argent.	† Tenho dinheiro.
Ne — pas de.	*Não.*
Je n'ai pas de vin.	† Eu não tenho vinho.
Il n'a pas d'argent.	† Elle não tem dinheiro.
Vous n'avez pas de livres.	† V. não tem livros.
Ils n'ont pas d'amis.	† Elles não teem amigos.

De bon vin.	† Bom vinho.
De mauvais fromage.	† Mau queijo.
D'excellent vin.	† Excellente vinho.
D'excellent café.	† Excellente café.
De bons livres.	† Bons livros.
De jolis verres.	† Bonitos copos.
Du vieux vin.	† Vinho velho.

Rem. On ne fait pas non plus usage en portugais de l'article partitif *de*. Concluons donc de cette remarque et de la précédente qu'il n'y a pas, à proprement parler, d'article partitif en portugais.

Avez-vous de bon beurre ?	† Tem V^{ce} boa manteiga ?
Je n'ai pas de bon beurre, mais j'ai d'excellent fromage.	† Não tenho boa manteiga, mas tenho excellente queijo.
Cet homme a-t-il de bons livres ?	† Tem este homem bons livros ?
Il n'a pas de bons livres.	† Não tem bons livros.
Le marchand a-t-il de jolis gants ?	† Tem o negociante bonitas luvas ?
Il n'a pas de jolis gants, mais il a de jolis bijoux.	† Não tem bonitas luvas, mas tem bonitas joias.

Qu'a le boulanger?	Que tem o padeiro?
Il a d'excellent pain.	† Tem excellente pão.
Le peintre.	O pintor.
Le tableau.	O quadro.
Du charbon.	† Carvão.

THÈMES.

20.

Avez-vous mes beaux verres? — Je les ai. — Avez-vous les beaux chevaux des Anglais? — Je ne les ai pas. — Quels bâtons avez-vous? — J'ai ceux des étrangers. — Qui a mes petits peignes (*pentinhos*)? — Mes garçons les ont. — Quels couteaux avez-vous? — J'ai ceux de vos amis. — Ai-je vos bons fusils? — Vous ne les avez pas; mais vos amis les ont. — Avez-vous mes jolis pistolets ou ceux de mes frères? — Je n'ai ni les vôtres, ni ceux de vos frères; mais les miens. — Quels vaisseaux les Allemands ont-ils? — Les Allemands n'ont pas de vaisseaux. — Les matelots ont-ils nos beaux matelas? — Ils ne les ont pas. — Les cuisiniers les ont-ils? — Ils les ont. — Le capitaine a-t-il vos jolis livres? — Il ne les a pas. — Les ai-je? — Vous les avez. Vous ne les avez pas. — L'Italien les a-t-il? — Il les a. — Les Turcs ont-ils nos beaux fusils? — Ils ne les ont pas. — Les Espagnols les ont-ils? — Ils les ont. — L'Allemand a-t-il les jolis parapluies des Espagnols? — Il les a. — Les a-t-il? — Oui, Monsieur, il les a. — L'Italien a-t-il nos jolis gants? — Il ne les a pas. — Qui les a? Le Turc les a. — Le tailleur a-t-il nos gilets ou ceux de nos (*nossos*) amis? — Il n'a ni ceux-ci ni ceux-là. — Quels habits (*casacos*) a-t-il? — Il a ceux qu'ont les Turcs. — Quels chiens avez-vous? — J'ai ceux qu'ont mes voisins.

21.

Avez-vous du bois? — J'ai du bois. — Votre frère a-t-il du savon? — Il n'a pas de savon. — Ai-je du mouton? — Vous n'avez pas de mouton; mais vous avez du bœuf. — Vos amis ont-ils de l'argent (*dinheiro*)? — Ils ont de l'argent. — Ont-ils du lait? Ils n'ont pas de lait; mais ils ont d'excellent beurre. — Ai-je du bois? — Vous n'avez pas de bois; mais vous avez du charbon. — Le marchand a-t-il du drap? — Il n'a pas de drap; mais de jolis bas. — Les Anglais ont-ils de l'argent (*prata*)? — Ils n'ont pas d'argent; mais ils ont d'excellent fer. — Avez-vous de bon café? — Je n'ai pas de bon café; mais d'excellent vin. — Le marchand a-t-il de bons livres? — Il a de bons livres. — Le jeune homme a-t-il du lait? — Il n'a pas de lait; mais d'excellent chocolat. — Les Français ont-ils de bons gants? — Ils ont d'excellents gants. — Ont-ils des oiseaux? — Ils n'ont pas d'oiseaux; mais ils ont de jolis bijoux. — Qui a les beaux ciseaux des Anglais? — Leurs amis les ont. — Qui a les bons biscuits des boulangers? — Les matelots de nos capitaines les ont. — Ont-ils nos portefeuilles (*carteiras*)? — Oui, Monsieur, ils les ont. — Les Italiens qu'ont-ils? — Ils ont de beaux tableaux. — Les Espagnols, qu'ont-ils? — Ils ont de beaux ânes. — Les Allemands qu'ont-ils? — Ils ont d'excellent grain.

22.

Avez-vous des amis? — J'ai des amis. — Vos amis ont-ils du feu? — Ils ont du feu. — Les cordonniers ont-ils de bons souliers? — Ils n'ont pas de bons souliers; mais d'excellent cuir. — Les tailleurs ont-ils de bons gilets? — Ils n'ont pas de bons gilets; mais d'excellent drap. — Le peintre a-t-il des parapluies? — Il n'a pas de parapluies; mais il a de beaux tableaux. — A-t-il les tableaux des Français ou ceux des Italiens? — Il n'a ni ceux-ci ni ceux-là. — Lesquels (*quaes*) a-t-il? — Il a ceux de ses bons amis. — Les Russes ont-ils quelque chose de bon? — Ils ont quelque chose de bon. — Qu'ont-ils de bon? — Ils ont de bons bœufs (*bois*). — Quelqu'un a-t-il mes petits peignes (*pentinhos*)? — Personne ne les a. — Qui a les beaux poulets des paysans? — Vos cuisiniers les ont. — Les boulangers qu'ont-ils? — Ils ont d'excellent pain. — Vos amis ont-ils du vin vieux? — Ils n'ont pas de vin vieux; mais de bon lait. — Quelqu'un a-t-il vos chandeliers d'or? — Personne ne les a.

DOUZIÈME LEÇON.
Lição duodecima.

En. | D'elle, d'ella, d'elles, d'ellas, d'isso, d'ahi, de lá, o, a, os, as.

Rem. Nous verrons plus tard les cas particuliers dans lesquels il est fait usage des équivalents que nous donnons pour la particule *en*; remarquons ici seulement que, la plupart du temps, la particule *en* ne se rend pas.

Avez-vous du vin?	† Tem V^{ce} vinho?
J'en ai.	† Tenho.
Avez-vous du pain?	† Tem V^{ce} pão?
Je n'en ai pas.	† Não tenho.
Avez-vous de bon vin?	† Tem V^{ce} bom vinho?
J'en ai de bon.	† Tenho-o bom.
Ai-je de bon drap?	† Tenho eu bom pano?
Vous n'en avez pas de bon.	† V^{ce} não o tem bom.
Le marchand a-t-il du sucre?	† Tem assucar o negociante?
Il a du sucre.	† Tem assucar.
Il en a.	† Tem.
Il n'en a pas.	† Não tem.
A-t-il de bon sucre?	† Tem bom assucar?
Il en a de bon.	† Tem-o bom.
Il n'en a pas de bon.	† Não o tem bom.
Ai-je du sel?	† Tenho eu sal?
Vous avez du sel.	† V^{ce} tem sal.
Vous n'avez pas de sel.	† V^{ce} não tem sal.
Vous en avez.	† V^{ce} tem.
Vous n'en avez pas.	† V^{ce} não tem.
Avez-vous des souliers?	† Tem V^{ce} sapatos?
J'ai des souliers.	† Tenho sapatos.
Je n'ai pas de souliers.	† Não tenho sapatos.
J'en ai.	† Tenho.
Je n'en ai pas.	† Não tenho.
L'homme a-t-il de bons chevaux?	† Tem o homem bons cavallos.
Il en a de bons.	† Tem-os bons.
Il n'en a pas de bons.	† Não os tem bons.
A-t-il de jolis couteaux?	† Tem bonitas facas?
Il en a de jolis.	† Tem-as bonitas.

DOUZIÈME LEÇON

Il n'en a pas de jolis.	† Não as tem bonitas.
A-t-il de l'argent?	† Tem dinheiro?
Il en a.	† Tem.
Il n'en a pas.	† Não tem.
Nos amis ont-ils de bon beurre?	† Teem os nossos amigos boa manteiga?
Ils en ont de bon.	† Teem-a boa.
Ils n'en ont pas de bon.	† Não a teem boa.
Avez-vous de bons ou de mauvais livres?	† Tem V^{ce} bons ou maus livros?
J'en ai de bons.	† Tenho-os bons
Avez-vous de bon ou de mauvais papier?	† Tem V^{ce} bom ou mau papel?
J'en ai de bon.	† Tenho o bom.
Qui a de mauvais vin?	† Quem tem mau vinho?
Notre marchand en a.	† Tem-o o nosso negociante.
Quel pain le boulanger a-t-il?	† Que pão tem o padeiro?
Il en a de bon.	† Tem-o bom.
Quels souliers le cordonnier a-t-il?	† Que sapatos tem o sapateiro?
Il en a de bons.	† Tem-os bons.
Le chapelier.	† O chapeleiro.
Le menuisier.	† O marceneiro.

Un.	*Um.*

DÉCLINAISON DE L'ARTICLE INDÉFINI.

Masculin.		Masculino.	
Nom.	Un.	*Nom.*	Um.
Gén.	D'un.	*Gén.*	De um, d'um.
Dat.	A un.	*Dat.*	A um.
Acc.	Un.	*Acc.*	Um.

Un cheval.	Um cavallo.
Avez-vous un livre?	Tem V^{ce} um livro?
J'ai un livre.	Tenho um livro.
Avez-vous un verre?	Tem V^{ce} um copo?
Je n'ai pas de verre.	Não tenho copo.
J'en ai un.	† Tenho um.
Avez-vous un bon cheval?	Tem V^{ce} um bom cavallo?
J'ai un bon cheval.	Tenho um bom cavallo.
J'en ai un bon.	† Tenho um bom.
J'en ai deux bons.	† Tenho dous bons.

DOUZIÈME LEÇON

J'ai deux bons chevaux.	Tenho dous bons cavallos.
J'en ai trois bons.	† Tenho tres bons.
Ai-je un fusil?	Tenho eu uma espingarda?
Vous avez un fusil.	V^{ce} tem uma espingarda.
Vous en avez un.	† V^{ce} tem uma.
Vous en avez un bon.	† V^{ce} tem uma boa.
Vous en avez deux bons.	† V^{ce} tem duas boas.
Votre frère a-t-il un ami?	† Tem o seu irmão um amigo?
Il a un ami.	Tem um amigo.
Il en a un.	† Tem um.
Il en a un bon.	† Tem um bom.
Il en a deux bons.	† Tem dous bons.
Il en a trois bons.	† Tem tres bons.
Quatre.	Quatro.
Cinq.	Cinco.
Votre ami a-t-il un joli couteau?	† Tem o seu amigo uma faca bonita?
Il en a un.	† Tem uma.
Il n'en a pas.	† Não tem.
Il en a deux.	† Tem duas.
Il en a trois.	† Tem tres.
Il en a quatre.	† Tem quatro.
Avez-vous cinq bons chevaux?	Tem V^{ce} cinco bons cavallos?
J'en ai six.	† Tenho seis.
J'en ai six bons et sept mauvais?	† Tenho seis bons e sete maus.
Qui a un beau parapluie?	Quem tem um bello guarda chuva?
Le marchand en a un.	O negociante tem um.

THÈMES.

23.

Avez-vous du sel? — J'en ai. — Avez-vous du café? — Je n'en ai pas. — Avez-vous de bon vin? — J'en ai de bon. — Avez-vous de bon drap? — Je n'ai pas de bon drap; mais j'ai de bon papier. — Ai-je de bon sucre? — Vous n'en avez pas de bon. — L'homme a-t-il de bon miel? — Il en a. — A-t-il de bon fromage (*bom queijo*)? — Il n'en a pas. — L'Américain a-t-il de l'argent? — Il en a. — Les Français ont-ils du fromage? — Ils n'en ont pas. — Les Anglais ont-ils de bon lait? — Ils n'ont pas de bon lait; mais ils ont d'excellent beurre. — Qui a de bon savon? — Le marchand en a. — Qui a de bon pain? — Le boulanger en a. — L'étranger a-t-il du bois? — Il en a. — A-t-il du charbon? —

DOUZIÈME LEÇON

Il n'en a pas. — Quel riz avez-vous? — J'en ai de bon. — Quel foin le cheval a-t-il? — Il en a de bon. — Quel cuir le cordonnier a-t-il? — Il en a d'excellent. — Avez-vous des bijoux? — Je n'en ai pas. — Qui a des bijoux? — Le marchand en a. — Ai-je des souliers? — Vous avez des souliers. — Ai-je des chapeaux? — Vous n'avez pas de chapeaux. — Votre ami a-t-il de jolis couteaux? — Il en a de jolis. — A-t-il de bons bœufs? — Il n'en a pas de bons. — Les Italiens ont-ils de beaux chevaux? — Ils n'en ont pas de beaux. — Qui a de beaux ânes? — Les Espagnols en ont.

24.

Le capitaine a-t-il de bons matelots? — Il en a de bons. — Les matelots ont-ils de bons matelas? — Ils n'en ont pas de bons. — Qui a de bons biscuits? — Le boulanger de notre bon voisin en a. — A-t-il du pain? — Il n'en a pas. — Qui a de beaux rubans (*fitas*)? — Les Français en ont. — Qui a d'excellents clous de fer? — Le charpentier en a. — A-t-il des marteaux? — Il en a. — Quels marteaux a-t-il? — Il en a de fer. — Votre frère (*o seu irmão de V^{ce}*) qu'a-t-il? — Il n'a rien. — A-t-il froid? — Il n'a ni froid ni chaud. — A-t-il peur? — Il n'a pas peur. — A-t-il honte? — Il n'a pas honte. — Qu'a-t-il? — Il a faim. — Qui a de beaux gants? — J'en ai. — Qui a de beaux tableaux? — Les Italiens en ont. — Les peintres ont-ils de beaux jardins? — Ils en ont de beaux. — Le chapelier a-t-il de bons ou de mauvais chapeaux? — Il en a de bons. — Le menuisier a-t-il de bon ou de mauvais bois? — Il en a de bon. — Qui a de jolis portefeuilles? — Les garçons de nos marchands en ont. — Ont-ils des oiseaux? — Ils n'en ont pas. — Avez-vous du chocolat? — Je n'en ai pas. — Qui en a? — Mon domestique en a. — Votre domestique a-t-il des balais? — Il n'en a pas. — Qui en a? — Les domestiques de mon voisin en ont.

25.

Avez-vous un crayon? — J'en ai un. — Votre garçon a-t-il un bon livre? — Il en a un bon (*um bom*). — L'Allemand a-t-il un bon vaisseau? — Il n'en a pas. — Votre tailleur a-t-il un bon habit (*bom casaco*)? — Il en a un bon. Il en a deux bons. Il en a trois bons. — Qui a de beaux souliers? — Notre cordonnier en a. — Le capitaine a-t-il un beau chien? — Il en a deux. — Vos amis ont-ils de beaux chevaux? — Ils en ont quatre. — Le jeune homme a-t-il un bon ou un mauvais pistolet? — Il n'en a pas de bon. Il en a un mauvais. — Avez-vous un bouchon? — Je n'en ai pas. — Votre ami a-t-il un tire-bouchon? — Il en a deux. — Ai-je un ami? — Vous en avez un bon. Vous avez deux bons amis. Vous en avez trois bons. Votre frère en a quatre bons. — Le charpentier a-t-il un clou de fer? — Il a six clous de fer. Il en a six bons et sept mauvais. — Qui a de bon bœuf (*carne de vacca*)? — Notre cuisinier en a. — Qui a cinq bons chevaux? — Notre voisin en a six — Le paysan a-t-il du grain? — Il en a. — A-t-il des fusils? — Il n'en a pas. — Qui a de bons amis? — Les Turcs en ont. — Ont-ils de l'argent (*dinheiro*)? — Ils n'en ont pas. — Qui a leur argent (*seu dinheiro*)? — Leurs amis l'ont. — Leurs amis ont-ils soif? — Ils n'ont pas soif; mais faim. — Le menuisier a-t-il du pain? — Il n'en a pas. — Votre domestique a-t-il un bon balai? — Il en a un. — A-t-il ce balai-ci ou celui-là? — Il n'a ni celui-ci ni celui-là. — Quel balai a-t-il? — Il a celui qu'a votre domestique. — Les paysans ont-ils ces sacs-ci ou ceux-là? — Ils n'ont ni ceux-ci ni ceux-là. — Quels sacs ont-ils? — Ils ont les leurs. — Avez-vous un bon domestique? — J'en ai un bon. — Qui a un bon coffre? — Mon frère en a un. — A-t-il un coffre de cuir ou un de bois? — Il en a un de bois.

TREIZIÈME LEÇON
Lição decima terceira.

Combien de ? (devant un substantif).	Quanto, a, os, as?
Combien de pain ?	† Quanto pão ?
Combien d'argent ?	† Quanto dinheiro ?
Combien de couteaux ?	† Quantas facas ?
Combien d'hommes ?	† Quantos homens ?
Combien d'amis ?	† Quantos amigos ?
Ne — que.	Não — senão, no — mais que, sómente, só, apenas.
Je n'ai qu'un ami.	† Não tenho mais que um amigo.
Je n'en ai qu'un.	† Não tenho senão um.
Je n'ai qu'un bon fusil.	† Não tenho mais que uma boa espingarda.
Je n'en ai qu'un bon.	† Não tenho senão uma boa.
Vous n'en avez qu'un bon.	† V^{ce} não tem mais que um bom.
Combien de chevaux votre frère a-t-il ?	† Quantos cavallos tem o irmão de V^{ce} ?
Il n'en a qu'un.	† Só tem um.
Il n'en a que deux bons.	† Só tem dous bons.
Beaucoup de (devant un nom).	Muito, a, os, as. (S'accorde avec le substantif en genre et en nombre.)
Beaucoup de pain.	† Muito pão.
Beaucoup de bon pain.	† Muito bom pão.
Beaucoup d'hommes.	† Muitos homens.
Avez-vous beaucoup d'argent ?	† Tem V. muito dinheiro ?
J'en ai beaucoup.	† Tenho muito.
Avez-vous beaucoup de bon vin ?	† Tem V^{ce} muito vinho bom ?
J'en ai beaucoup.	† Tenho muito.
Trop de (devant un substantif).	De mais, demasiado, a, os, as. (S'accorde avec le substantif.)
Vous avez trop de vin.	† V^{ce} tem demasiado vinho.
Ils ont trop de livres.	† Elles teem demasiados livros.

TREIZIÈME LEÇON

Assez de (devant un substantif).	*Bastante, bastantes* (s'accorde avec le substantif en nombre seulement).
Assez d'argent.	† Bastante dinheiro.
Assez de couteaux.	† Bastantes facas.

Peu de (devant un nom).	*Pouco, a, os, as* (s'accorde avec le substantif en genre et en nombre).
Un peu de (devant un nom).	*Um pouco.*
Un peu de drap.	Um pouco de pano.
Un peu de sel.	Um pouco de sal.

Ne — guère de (pas beaucoup de) devant un substantif.	*Não, — muito, não mais que um pouco.*
Je n'ai guère d'argent.	† Não tenho muito dinheiro.

Du cœur (du courage).	*Coragem (valor).*
Vous n'avez guère de cœur.	† V^{ce} não tem muito valor.
Nous n'avons guère d'amis.	† Não temos muitos amigos.

Avons-nous?	Temos nós?
Nous avons.	Temos.
Nous n'avons pas.	Não temos.

Du poivre.	Pimenta.
Du vinaigre.	Vinagre.
Avons-nous du vinaigre?	† Temos vinagre?
Nous en avons.	† Temos.
Nous n'en avons pas.	† Não temos.

Avez-vous beaucoup d'argent?	† Tem V^{ce} muito dinheiro?
Je n'en ai guère.	† Não tenho muito.
Vous n'en avez guère.	† V^{ce} não tem muito.
Il n'en a guère.	† Elle não tem muito.
Nous n'en avons guère.	† Não temos muito.
Avez-vous assez de vin?	† Tem V^{ce} bastante vinho?
Je n'en ai guère, mais assez.	† Não tenho muito, mas bastante.

Huit.	Oito.
Neuf.	Nove.
Dix.	Dez.

TREIZIÈME LEÇON

Et. | *E.*

THÈMES.

26.

Combien d'amis (*quantos amigos*) avez-vous? — J'ai deux bons amis. — Avez-vous huit bons coffres? — J'en ai neuf. — Votre domestique a-t-il trois balais? — Il n'en a qu'un bon. — Le capitaine a-t-il deux bons vaisseaux? — Il n'en a qu'un. — Combien de marteaux le charpentier a-t-il? — Il n'en a que deux bons. — Combien de souliers le cordonnier a-t-il? — Il en a dix. — Le jeune homme a-t-il neuf bons livres? — Il n'en a que cinq. — Combien de fusils votre frère a-t-il? — Il n'en a qué quatre. — Avez-vous beaucoup de pain? — J'en ai beaucoup. — Les Espagnols ont-ils beaucoup d'argent? — Ils n'en ont guère. — Votre voisin a-t-il beaucoup de café? — Il n'en a qu'un peu. — L'étranger a-t-il beaucoup de grain? — Il en a beaucoup. — L'Américain qu'a-t-il? — Il a beaucoup de sucre. — Le Russe qu'a-t-il? — Il a beaucoup de sel. — Le paysan a-t-il beaucoup de riz? — Il n'en a pas. — A-t-il beaucoup de fromage? — Il n'en a guère. — Qu'avons-nous? — Nous avons beaucoup de pain, beaucoup de vin et beaucoup de livres. — Avons-nous beaucoup d'argent? — Nous n'en avons guère; mais assez. — Avez-vous beaucoup de frères? — Je n'en ai qu'un. — Les Français ont-ils beaucoup d'amis? — Ils n'en ont guère. — Notre voisin a-t-il beaucoup de foin? — Il en a assez (*bastante*). — L'Italien a-t-il beaucoup de fromage? — Il en a beaucoup. — Cet homme a-t-il du cœur (*valor*)? — Il n'en a pas. — Le garçon du peintre a-t-il des crayons? — Il en a.

27.

Avez-vous beaucoup de poivre? — Je n'en ai guère. — Le cuisinier a-t-il beaucoup de bœuf (*carne de vacca*)? — Il n'a guère de bœuf; mais il a beaucoup de mouton. — Combien de bœufs l'Allemand a-t-il? — Il en a huit. — Combien de chevaux a-t-il? — Il n'en a que quatre. — Qui a beaucoup de biscuits? — Nos matelots en ont beaucoup. — Avons-nous beaucoup de billets? — Nous n'en avons guère. — Combien de billets avons-nous? — Nous n'en avons que trois jolis. — Avez-vous trop de beurre? — Je n'en ai pas assez. — Nos garçons ont-ils trop de livres? — Ils en ont trop. — Notre ami a-t-il trop de lait? — Il n'en a guère; mais assez. — Qui a beaucoup de miel? — Les paysans en ont beaucoup. — Ont-ils beaucoup de gants? — Ils n'en ont pas. — Le cuisinier a-t-il assez (*bastante*) de beurre?

— Il n'en a pas assez. — A-t-il assez de vinaigre ? — Il en a assez.
— Avez-vous beaucoup de savon ? — Je n'en ai qu'un peu. — Le
marchand a-t-il beaucoup de drap? — Il en a beaucoup. — Qui
a beaucoup de papier? — Notre voisin en a beaucoup. — Notre
tailleur a-t-il beaucoup de boutons? — Il en a beaucoup. — Le
peintre a-t-il beaucoup de jardins ? — Il n'en a pas beaucoup. —
Combien de jardins a-t-il? — Il n'en a que deux. — Combien
de couteaux l'Allemand a-t-il? — Il en a trois. — Le capitaine
a-t-il de beaux chevaux? — Il en a de beaux; mais (*mas*) son frère
n'en a pas. — Avons-nous des bijoux? — Nous en avons beaucoup. — Quels bijoux avons-nous ? — Nous avons des bijoux
d'or. — Quels chandeliers nos amis ont-ils? — Ils ont des chandeliers d'argent (*prata*). — Ont-ils des rubans (*galão*) d'or? —
Ils en ont.

28.

L'adolescent a-t-il de jolis bâtons? — Il n'a pas de jolis bâtons;
mais de beaux oiseaux. — Quels poulets notre cuisinier a-t-il ?—
Il a de jolis poulets. — Combien en a-t-il ? — Il en a six. — Le
chapelier a-t-il des chapeaux? — Il en a beaucoup. — Le menuisier a-t-il beaucoup de bois? — Il n'en a pas beaucoup; mais
assez. — Avons-nous les chevaux des Français ou ceux des
(*os dos*) Allemands ? — Nous n'avons ni ceux-ci ni ceux-là. —
Quels chevaux avons-nous ? — Nous avons les nôtres. — Le
Turc a-t-il mes petits peignes (*pentinhos*)? — Il ne les a pas.
— Qui les a ? — Votre garçon les a. — Nos amis ont-ils beaucoup
de sucre ? — Ils ont peu de sucre ; mais beaucoup de miel. — Qui a
nos miroirs ? — Les Italiens les ont. — Le Français a-t-il ce
portefeuille-ci ou celui-là?—Il n'a ni celui-ci ni celui-là? — A-t-il
les matelas que nous avons ? — Il n'a pas ceux que nous avons ;
mais ceux que ses amis ont. — A-t-il honte? — Il n'a pas honte;
mais peur.

QUATORZIÈME LEÇON
Lição decima quarta.

Quelques livres.	Alguns livros.
Avez-vous quelques livres?	Tem V. alguns livros?

Quelques-uns.	*Alguns.*
J'en ai quelques-uns.	† Tenho alguns.
Vous en avez quelques-uns.	† V^{ce} tem alguns.
Il en a quelques-uns.	† Elle tem alguns.

Je n'ai que quelques livres.	Não tenho senão alguns livros.
Vous n'avez que quelques livres.	V^{ce} só tem alguns livros.
Il n'a que quelques sous.	Elle não tem senão alguns soldos.
Je n'en ai que quelques-uns.	† Eu não tenho senão alguns.
Vous n'en avez que quelques-uns.	† V^{ce} não tem senão alguns.
Il n'en a que quelques-uns.	† Elle só tem alguns.

Un sou,	*Plur.* des sous.	Um soldo,	*Plur.* Soldos.
Un franc,	des francs.	Um franco,	Francos.
Un écu,	des écus.	Um escudo,	Escudos.

Autre.	*Outro, a, os, as.*
Un autre sou.	Outro soldo.
D'autres sous.	Outros soldos.

Avez-vous un autre cheval?	Tem V. outro cavallo?
J'en ai un autre.	Tenho outro.

Ne — pas d'autre cheval.	Não — outro cavallo.
Je n'ai pas d'autre cheval.	Não tenho outro cavallo.
Je n'en ai pas d'autre.	† Não tenho outro.
Avez-vous d'autres chevaux?	Tem V^{ce} outros cavallos?
J'en ai d'autres.	† Tenho outros.
Je n'en ai pas d'autres.	Não tenho outros.

Le bras.	O braço.
Le cœur.	O coração.
Le mois.	O mez.
L'ouvrage.	A obra.
Le volume.	O volume, o tomo.

Quel jour du mois {est-ce ? / avons-nous ?}	A quantos estamos do mez?
	Quantos são hoje?
C'est le premier.	† A um, no primeiro.
Nous avons le premier.	† Estamos a um.
C'est le deux.	† A dous.
Nous avons le deux.	† Estamos a dous.
C'est le trois.	† A tres.
Nous avons le trois.	† Estamos a tres.

C'est le onze.	† A onze.
Nous avons le onze.	Estamos a onze.
Quel volume avez-vous ?	Que volume tem V^{ce}?
J'ai le quatrième.	Tenho o quarto.

DES NOMBRES OU ADJECTIFS ORDINAUX.

Les nombres ou adjectifs ordinaux servent à indiquer l'ordre dans lequel sont rangés les objets.

Le féminin et le pluriel des adjectifs ordinaux se forment de la même manière que les autres adjectifs. Ex.: *primeiro*, premier, *primeira, primeiros, primeiras.*

On se sert en portugais des noms de nombres ordinaux en parlant des souverains. Ex. *Carlos segundo*, Charles II.

Singulier.	*Pluriel.*	*Singular.*	*Plural.*
Le premier,	les premiers.	O primeiro,	os primeiros.
Le deuxième,	les deuxièmes.	O segundo,	os segundos.
le second,	les seconds.		
Le troisième,	les troisièmes.	O terceiro,	os terceiros.
Le quatrième,	les quatrièmes.	O quarto,	os quartos.
Le cinquième,	les cinquièmes.	O quinto,	os quintos.
Le sixième,	les sixièmes.	O sexto,	os sextos.
Le septième,	les septièmes.	O setimo,	os setimos.
Le huitième,	les huitièmes.	O oitavo,	os oitavos.
Le neuvième,	les neuvièmes.	O nono,	os nonos.
Dix, le dixième,	les dixièmes.	Dez, o decimo,	os decimos.
Onze, le onzième,	les onzièmes.	Onze, o undecimo, os undecimos.	
Douze, le douzième, les douzièmes.		Doze, o duodecimo, os duodecimos.	
Treize, le treizième, les treizièmes.		Treze, o decimo terceiro, os decimos terceiros.	
Quatorze, le quatorzième, les quatorzièmes.		Quatorze, o decimo quarto, os decimos quartos.	

QUATORZIÈME LEÇON

Quinze, le quinzième, les quinzièmes.	Quinze, o decimo quinto, os decimos quintos.
Seize, le seizième, les seizièmes.	Dezeseis, o decimo sexto, os decimos sextos.
Dix-sept, le dix-septième, les dix-septièmes.	Dezesete, o decimo setimo, os decimos setimos.
Dix-huit, le dix-huitième, les dix-huitièmes.	Dezoito, o decimo oitavo, os decimos oitavos.
Dix-neuf, le dix-neuvième, les dix-neuvièmes.	Dezenove, o decimo nono, os decimos nonos.
Vingt, le vingtième, les vingtièmes.	Vinte, o vigesimo, os vigesimos.
Vingt et un, le vingt et unième, les vingt et unièmes.	Vinte e um, o vigesimo primeiro, os vigesimos primeiros.
Vingt-deux, le vingt-deuxième, les vingt-deuxièmes.	Vinte e dous, o vigesimo segundo, os vigesimos segundos.
Vingt-trois, le vingt-troisième, les vingt-troisièmes.	Vinte e tres, o vigesimo terceiro, os vigesimos terceiros.
Trente, le trentième, les trentièmes.	Trinta, o trigesimo, os trigesimos.
Trente et un, le trente et unième les trente et unièmes.	Trinta e um, o trigesimo primeiro, os trigesimos primeiros.
Trente deux, le trente-deuxième, les trente-deuxièmes.	Trinta e dous, o trigesimo segundo, os trigesimos segundos.

Rem. Les nombres cardinaux suivants serviront aux élèves pour la formation des nombres ordinaux.

Quarenta.	Setenta e sete.
Quarenta e um.	Setenta e oito.
Quarenta e dous.	Setenta e nove.
Cinquenta.	80, oitenta.
Cinquenta e um.	81, oitenta e um.
Cinquenta e trez.	82, oitenta e dous.
Sessenta.	89, oitenta e nove.
Sessenta e um.	90, noventa.
Sessenta e quatro.	91, noventa e um.
Sessenta e nove.	92, noventa e dous.
Setenta.	97, noventa e sete.
Setenta e um.	98, noventa e oito.
Setenta e dous.	99, noventa e nove.
Setenta e trez.	100, cem.

QUATORZIÈME LEÇON

101, cento e um.
102, cento e dous.¹
120, cento e vinte.
121, cento e vinte um.
122, cento et vinte dous.
200, duzentos.

1,000, mil.
10,000, dez mil.
100,000, cem mil.
1,000,000, um milbão (1).
2,000.000, dous milhões.
3,000,000, trez milhões (2).

Avez-vous le premier ou le deuxième (le second) livre ?	Tem V. o primeiro livro ou segundo ?
J'ai le troisième.	Tenho o terceiro.
Quel volume avez-vous ?	Que tomo tem V^ce ?
J'ai le cinquième.	Tenho o quinto.
N'avez-vous pas le quatrième volume de mon ouvrage ?	Não tem V^ce o tomo quarto da minha obra ?
Non, Monsieur, je ne l'ai pas.	Não, senhor, não o tenho.

THÈMES.

29.

Avez-vous beaucoup de couteaux? — J'en ai quelques-uns (*alguns*). — Avez-vous beaucoup de crayons? — Je n'en ai que quelques-uns (*alguns*). — L'ami du peintre a-t-il beaucoup de miroirs ? — Il n'en a que quelques-uns. — Votre garçon a-t-il quelques (*alguns*) sous ? — Il en a quelques-uns. — Avez-vous quelques francs ? — Nous en avons quelques-uns. — Combien (*quantos*) de francs avez-vous? — J'en ai dix. — Combien (*quantos*) de sous l'Espagnol a-t-il ? — Il n'en a guère, il n'en a que cinq. — Qui (*quem*) a les beaux verres des Italiens ? — Nous les avons. — Les Anglais ont-ils beaucoup de vaisseaux ? — Ils en ont beaucoup. — Les Italiens ont-ils beaucoup de chevaux? — Ils n'ont pas beaucoup de chevaux ; mais beaucoup d'ânes. — Les Allemands qu'ont-ils ? — Ils ont beaucoup d'écus (*escudos*). — Combien (*quantos*) d'écus ont-ils ? — Ils en ont onze. — Avons-nous les chevaux des Anglais ou ceux des Allemands? — Nous n'avons ni ceux-ci ni ceux-là. — Avons-nous les parapluies (*guarda chuvas*) des Espagnols ?— Nous ne les avons pas ; mais les Américains les ont. — Avez-vous beaucoup de beurre ? — Je n'en ai guère ; mais assez. — Les matelots ont-ils le matelas que nous avons ? — Ils n'ont pas ceux que nous avons ; mais

---

(1) *Um comto*, si on parle de monnaie.
(2) Les élèves devront désormais mettre la date en tête de leurs devoirs.

ceux que leur capitaine a. — Le Français a-t-il beaucoup de francs ? — Il n'en a que quelques-uns ; mais il en a assez. — Votre domestique a-t-il beaucoup de sous ? — Il n'a pas de sous ; mais assez de francs.

30.

Les Russes ont-ils du poivre ? Ils n'ont guère de poivre ; mais beaucoup de sel. — Les Turcs ont-ils beaucoup de vin ? — Ils n'ont guère de vin ; mais beaucoup de café. — Qui a beaucoup de lait ? — Les Allemands en ont beaucoup. — N'avez-vous pas d'autre fusil ? — Je n'en ai pas d'autre. — Avons-nous d'autre fromage ? — Nous en avons d'autre (*outro*). — N'ai-je pas d'autre (*outra*) pistolet ? — Vous en avez un autre (*outra*). — Notre voisin n'a-t-il pas d'autre cheval ? — Il n'en a pas d'autre. — Votre frère n'a-t-il pas d'autres (*outros*) amis ? — Il en a d'autres. — Les cordonniers n'ont-ils pas d'autres souliers ? — Ils n'en ont pas d'autres (*outros*). — Les tailleurs ont-ils beaucoup d'habits (*casacos*) ? — Ils n'en ont que quelques-uns, ils n'en ont que quatre. — Combien de bas (*cuantas meias*) avez-vous ? — Je n'en ai que deux. — Avez-vous d'autres biscuits ? — Je n'en ai pas d'autres. — Combien de tire-bouchons le marchand a-t-il ? — Il en a neuf. — Combien de bras cet homme-ci a-t-il ? — Il n'en a qu'un, l'autre est de bois. — Quel cœur votre garçon a-t-il ? — Il a un bon cœur. — N'avez-vous pas d'autre domestique ? — J'en ai un autre. — Votre ami n'a-t-il pas d'autres oiseaux ? — Il en a d'autres. — Combien d'autres oiseaux a-t-il ? — Il en a six autres. — Combien de jardins avez-vous ? — Je n'en ai qu'un ; mais mon ami en a deux.

31.

Quel volume avez-vous ? — J'ai le premier (*primeiro*). — Avez-vous le second volume de mon ouvrage ? — Je l'ai. — Avez-vous le troisième ou le quatrième livre ? — Je n'ai ni celui-ci ni celui-là. — Avons-nous les cinquièmes (*quintos*) ou les sixièmes (*settos*) volumes ? — Nous avons les cinquièmes volumes ; mais nous n'avons pas les sixièmes. — Quels volumes votre ami a-t-il ? — Il a les septièmes volumes. — Quel jour du mois avons-nous ? — Nous avons le huit. — N'avons-nous pas le onze ? — Non, Monsieur, nous avons le dix. — Qui a nos écus ? — Les Russes les ont. — Ont-ils notre or ? — Ils ne l'ont pas. — L'adolescent a-t-il beaucoup d'argent (*dinheiro*) ? — Il n'a guère d'argent ; mais beaucoup de courage. — Avez-vous les clous des charpentiers ou ceux des menuisiers ? — Je n'ai ni ceux des charpentiers, ni ceux des menuisiers ; mais ceux de mes marchands. — Avez-vous ce gant-ci ou celui-là ? — Je n'ai ni celui-ci ni celui-là. — Votre ami a-t-il ces billets-ci ou ceux-là ? — Il a ceux-ci ; mais non ceux-là. — L'Italien a-t-il quelques sous ? — Il en a quelques-uns. — A-t-il quelques francs ? — Il en a cinq. — Avez-vous un autre bâton ? — J'en ai un autre. — Quel autre bâton avez-vous ? — J'ai un autre bâton de fer. — Avez-vous quelques bons chandeliers ? — Nous en avons quelques-uns. — Votre garçon a-t-il un autre chapeau ? — Il en a un autre. — Ces hommes ont-ils du vinaigre ? — Ces hommes n'en ont pas; mais leurs (*seus*) amis en ont. — Les paysans ont-ils d'autres sacs ? — Ils n'en ont pas d'autres. — Ont-ils d'autre pain ? — Ils en ont d'autre.

QUINZIÈME LEÇON

Lição decima quinta.

Le tome.	O tomo.
Avez-vous le premier ou le deuxième tome de mon ouvrage?	Tem V.ce o primeiro ou o segundo tomo da minha obra?
L'un et l'autre.	† *Ambos, um e outro.*
J'ai l'un et l'autre.	Tenho um e outro.
Avez-vous mon livre ou mon bâton?	Tem V.ce o meu livro ou o meu pau?
Je n'ai ni l'un ni l'autre.	Não tenho nem um, nem outro.
Les uns et les autres.	† *Uns e outros.*
Votre frère a-t-il mes gants ou les siens?	† Tem o seu irmão as minhas luvas ou as suas (as d'elle)?
Il a les uns et les autres?	Tem umas e outras.
A-t-il mes livres ou ceux des Espagnols?	Tem os meus livros ou os dos hespanhoes?
Il n'a ni les uns ni les autres.	Não tem nem uns nem outros.

L'Écossais.	O escocez.
L'Irlandais.	O irlandez.
Le Hollandais.	O hollandez.
Le Russe.	O russo.

Encore.	*Mais, ainda.*
Encore du vin.	Mais vinho.
Encore de l'argent.	Mais dinheiro.
Encore des boutons.	Mais botões.

Avez-vous encore du vin?	† Tem V.ce mais vinho?
J'ai encore du vin.	† Tenho mais vinho.
J'en ai encore.	† Tenho mais.
A-t-il encore de l'argent?	† Tem mais dinheiro?
Il en a encore.	† Tem mais.
Ai-je encore des livres?	† Tenho eu mais livros?
Vous en avez encore.	† V.ce tem mais.

MÉTH. PORTUG.

QUINZIÈME LEÇON

Ne — plus.	*Não — mais, já — não.*
Je n'ai plus de pain.	† Eu não tenho mais pão.
Il n'a plus d'argent.	† Elle não tem mais dinheiro.
Avez-vous encore du beurre?	† Tem V^ce mais manteiga?
Je n'en ai plus.	† Não tenho mais.
Nous n'en avons plus.	† Não temos mais.
A-t-il encore du vinaigre?	† Tem elle mais vinagre?
Il n'en a plus.	† Não tem mais.
Nous n'avons plus de livres.	† Nós não temos mais livros?
Nous n'en avons plus.	† Não temos mais.
Il n'a plus de chiens.	† Elle não tem mais cães.
Il n'en a plus.	† Elle não tem mais.

Ne — plus guère.	*Não muito, a, os, as mais.*
Avez-vous encore beaucoup de vin?	† Tem V^ce muito mais vinho?
Je n'en ai plus guère.	† Não tenho muito mais.
Avez-vous encore beaucoup de livres?	† Tem V^ce muitos mais livros?
Je n'en ai plus guère.	† Não tenho muitos mais.

Encore un livre.	Um livro mais.
Encore un bon livre.	Um bom livro mais.
Encore quelques livres.	Alguns livros mais.
Avez-vous encore quelques francs?	Tem V^ce alguns francos mais?
J'en ai encore quelques-uns.	† Tenho mais alguns.
Ai-je encore quelques sous?	Tenho eu mais soldos?
Vous en avez encore quelques-uns.	† V^ce tem alguns mais.
Nous en avons encore quelques-uns.	† Temos alguns mais.
Ils en ont encore quelques-uns.	† Elles teem alguns mais.

THÈMES.

32.

Quel volume de son ouvrage avez-vous ? — J'ai le premier. — Combien de tomes cet ouvrage a-t-il ? — Il en a deux. — Avez-vous mon ouvrage ou celui (*o de*) de mon frère?—J'ai l'un et l'autre. — L'étranger a-t-il mon peigne ou mon couteau ? — Il a l'un et l'autre. — Avez-vous mon pain ou mon fromage ? — Je n'ai ni l'un ni l'autre. — Le Hollandais a-t-il mon verre ou celui de mon ami ? — Il n'a ni l'un ni l'autre. — L'Irlandais a-t-il (os) nos chevaux ou nos (os nossos) coffres ? — Il a les uns et les autres. — L'Écossais a-t-il (tem) nos souliers ou nos bas ? — Il n'a ni les uns ni les autres. — Qu'a-t-il ? — Il a ses bons fusils de fer. — Les Hollandais ont-ils nos vaisseaux ou ceux des Espagnols ? — Ils n'ont ni les uns ni les autres. — Quels vaisseaux ont-ils (teem elles) ? — Ils ont les leurs. — Avons-nous encore du foin ? — Nous en avons encore. — Notre marchand a-t-il encore du poivre ? — Il en a encore. — Votre ami a-t-il encore de l'argent ? — Il n'en a plus. — A-t-il encore des bijoux ? — Il en a encore. — Avez-vous encore du café ? — Nous n'avons plus de café; mais nous avons encore (mais) du chocolat. — Le Hollandais a-t-il encore du sel ? — Il n'a plus de sel; mais il a encore du beurre. — Le peintre a-t-il encore (mais) des tableaux ? — Il n'a plus de tableaux; mais il a encore (mais) des crayons. — Les matelots (marinheiros) ont-ils encore (mais) des biscuits ? — Ils n'en ont plus. — Vos garçons ont-ils encore des livres ? — Ils n'en ont plus. — Le jeune homme a-t-il encore des amis ? — Il n'en a plus.

33.

Notre cuisinier a-t-il (tem) encore beaucoup (muita) de bœufs (carne de vacca)? — Il n'en a plus guère. — A-t-il (tem) encore (mais) beaucoup (muitos) de poulets ? — Il n'en a plus guère. — Le paysan a-t-il (tem) encore beaucoup (muito mais) de lait (leite) ? — Il n'a plus guère de lait ; mais il a encore beaucoup de beurre. — Les Français ont-ils encore beaucoup de chevaux ? — Ils n'en ont plus guère. — Avez-vous encore beaucoup de papier ? — J'en ai encore beaucoup. — Avons-nous encore beaucoup de miroirs? — Nous en avons encore beaucoup. — Avez-vous (tem V^{ce}) encore (ainda) un livre (um livro) ? — J'en ai encore un. — Nos voisins ont-il encore un jardin ? — Ils en ont encore un. — Notre ami a-t-il encore un parapluie ? — Il n'en a plus. — Les Écossais ont-ils encore quelques livres ? — Ils en ont encore quelques-uns. — Le tailleur a-t-il encore quelques boutons ? — Il n'en a plus. — Votre charpentier a-t-il encore quelques clous? — Il n'a plus de clous; mais il a encore quelques bâtons. — Les Espagnols ont-ils encore quelques sous ? — Ils en ont encore quelques-uns. — L'Allemand a-t-il encore quelques bœufs ? — Il en a encore quelques-uns. — Avez-vous encore quelques francs? — Je n'ai plus de francs; mais j'ai encore quelques écus. — Qu'avez-vous encore ? — Nous avons encore quelques vaisseaux et quelques bons matelots. — Ai-je encore un peu d'argent ? — Vous en avez encore un peu. — Avez-vous encore du courage ?

— Je n'en ai plus. — Avez-vous encore beaucoup de vinaigre ? — Je n'en ai plus guère; mais mon frère en a encore beaucoup.

34.

A-t-il assez de sucre ? — Il n'en a pas assez. — Avons-nous assez de francs ? — Nous n'en avons pas assez. — Le menuisier a-t-il assez de bois ? — Il en a assez. — A-t-il assez de marteaux ? — Il en a assez. — Quels marteaux a-t-il ? — Il a des marteaux de fer et de bois. — Avez-vous assez de riz ? — Nous n'avons pas assez de riz; mais nous avons assez de sucre. — Avez-vous encore assez de gants ? — Je n'en ai plus guère. — Le Russe a-t-il un autre vaisseau ? — Il en a un autre. — A-t-il un autre sac ? — Il n'en a pas d'autre. — Quel jour du mois est-ce ? — C'est le six. — Combien d'amis avez-vous ? — Je n'ai qu'un bon ami. — Le paysan a-t-il trop de pain ? — Il n'en a pas assez. — A-t-il beaucoup d'argent? — Il n'a guère d'argent; mais assez de foin. — Avons-nous les bas de fil ou les bas de coton des Américains? — Nous n'avons ni leurs bas de fil ni leurs bas de coton. — Avons-nous les jardins qu'ils ont ? — Nous n'avons pas ceux qu'ils ont; mais ceux que nos voisins ont. — Avez-vous encore du miel ? — Je n'en ai plus. — Avez-vous encore (*mais*) des bœufs (*bois*) ? — Je n'en ai plus.

SEIZIÈME LEÇON
Lição decima sexta.

Plusieurs.	*Varios.*
Plusieurs hommes.	Varios homens.
Plusieurs enfants.	Varios meninos.
Plusieurs couteaux.	Varias facas.

Le père.	O pai.
Le fils.	O filho.
L'enfant.	O menino.
Le gâteau.	O bolo.
Du thé.	Chá.

Autant.	*Tanto, a, os; as.*
Autant que.	*Tanto, a, os, as — como.*
Autant de pain que de vin.	† Tanto pão, como vinho.
Autant d'hommes que d'enfants.	† Tantos homens, como meninos.

Avez-vous autant d'or que d'argent?	† Tem V^{ce} tanto ouro como prata?
J'ai autant de celui-ci que de celui-là.	Tenho tanto d'esta como d'aquelle.
J'ai autant de l'un que de l'autre.	Tenho tanto d'um como da outra.
Avez-vous autant de souliers que de bas?	† Tem V^{ce} tantos sapatos como meias?
J'ai autant de ceux-ci que de ceux-là.	Tenho tanto d'estas como d'aquelles.
J'ai autant des uns que des autres.	Tenho tanto de umas como dos outros.

Tout autant.	*Outro (a, os, as) tanto (a, os, as).*
J'ai tout autant de celui-ci que de celui-là.	Tenho outro tanto d'esta como d'aquelle.
Tout autant de l'un que de l'autre.	Outro tanto de um como do outro.
Tout autant de ceux-ci que de ceux-là.	Outros tantos d'estes como d'aquelles.
Tout autant des uns que des autres.	Outros tantos d'uns como dos outros.

Un ennemi, des ennemis.	Um inimigo, inimigos.
Le doigt.	O dedo.
Mon nez.	O meu nariz.

Plus de.	*Mais.*
Plus de pain.	† Mais pão.
Plus d'hommes.	† Mais homens.

Que.	*Que.*
Plus de pain que de vin.	† Mais pão que vinho.
Plus de couteaux que de bâtons.	† Mais facas que paus.
Plus de celui-ci que de celui-là.	Mais d'este que d'aquelle.
Plus de l'un que de l'autre.	Mais d'um que d'outro.
Plus de ceux-ci que de ceux-là.	Mais d'estes que d'aquelles.
Plus des uns que des autres.	Mais d'uns que d'outros.
J'ai plus de votre sucre que du mien.	Tenho mais assucar seu que meu.
Il a plus de nos livres que des siens.	Tem mais livros nossos que d'elle.

Moins de.	*Menos que, não tanto como.*
Moins de vin que de pain.	† Menos vinho que pão.
† Moins de couteaux que de bâtons.	† Menos facas que paus.

Moins que moi.	Menos que eu.
Moins que lui.	Menos que elle.
Moins que nous.	Menos que nós.
Moins que vous.	Menos que V^{ce} (*ou* V^{cs} *au pluriel*).
Moins qu'eux.	Menos que elles.

Eux.	Elles.
Qu'eux.	Que elles.
Autant que vous.	Tanto como V^{ce}.
Autant que lui.	Tanto como elle.
Autant qu'eux.	Tanto como elles.

SEIZIÈME LEÇON

THÈMES.

35.

Avez-vous un cheval? — J'en ai plusieurs. — A-t-il plusieurs habits? — Il n'en a qu'un. — Qui a plusieurs miroirs? — Mon frère en a plusieurs. — Quels miroirs a-t-il? — Il en a deux beaux. — Qui a mes bons gâteaux? — Plusieurs hommes les ont. — Votre ami a-t-il un enfant? — Il en a plusieurs. — Avez-vous autant de café que de thé? — J'ai autant de l'un que de l'autre. — Cet homme-ci a-t-il un fils? — Il en a plusieurs. — Combien de fils a-t-il? — Il en a quatre. — Combien d'enfants nos amis ont-ils? — Ils en ont beaucoup, ils en ont dix. — Avons-nous autant de pain que de beurre? — Vous avez autant de l'un que de l'autre. — Cet homme-ci a-t-il autant d'amis que d'ennemis? — Il a autant des uns que des autres. — Avons-nous autant (*tantos*) de souliers (*sapatos*) que (*como*) de bas (*meias*)? — Nous avons autant (*tantos*) des uns que (*como dos*) autres (*outros*). — Votre père a-t-il autant d'or que d'argent? — Il a plus de celui-ci que de celui-là. — Le capitaine a-t-il autant de matelots que de vaisseaux? — Il a plus de ceux-ci que de ceux-là. Il a plus des uns que des autres.

36.

Avez-vous autant (*tantos*) de fusils que moi (*como eu*)? — J'en ai tout autant. — L'étranger a-t-il autant de courage que nous? — Il en a tout autant. — Avons-nous autant de bon que de mauvais papier? — Nous avons autant de l'un que de l'autre. — Nos voisins ont-ils autant de fromage que de lait? — Ils ont plus de celui-ci que de celui-là. — Vos fils ont-ils autant de gâteaux que de livres? — Ils ont plus de ceux-ci que de ceux-là, plus des uns que des autres. — Combien de nez l'homme a-t-il? — Il n'en a qu'un. — Combien de doigts a-t-il? — Il en a plusieurs. — Combien de pistolets avez-vous? — Je n'en ai qu'un; mais mon père en a plus que moi, il en a cinq. — Mes enfants ont-ils autant de courage que les vôtres? — Les vôtres en ont plus que les miens. — Ai-je (*tenho eu*) autant (*tanto*) d'argent (*dinheiro*) que (*como*) vous? — Vous en avez moins que moi. — Avez-vous autant de livres que moi? — J'en ai moins que vous. — Ai-je autant d'ennemis que votre père? — Vous en avez moins que lui. — Les Russes ont-ils autant d'enfants que nous? — Nous en avons moins qu'eux. — Les Français ont-ils autant de vaisseaux que nous? — Ils en ont moins que nous. — Avons-nous autant de bijoux qu'eux? — Nous en avons moins qu'eux. — Avons-nous moins de couteaux que les enfants de nos amis? — Nous en avons moins qu'eux.

SEIZIÈME LEÇON

37.

Qui a moins d'amis que nous? — Personne (*ninguem*) n'en a moins (*menos*). — Avez-vous autant de votre vin que du mien? — J'ai autant du vôtre que du mien. — Ai-je autant de vos livres que des miens? — Vous avez moins des miens que des vôtres. — Le Turc a-t-il autant de votre argent que du sien? — Il a moins du sien que du nôtre. — Votre boulanger a-t-il moins de pain que d'argent? — Il a moins de celui-ci que de celui-là. — Notre marchand a-t-il moins de chiens que de chevaux? — Il a moins de ceux-ci que de ceux-là, moins des uns que des autres. — Vos domestiques (*os criados de V*ce) ont-ils plus de bâtons que de balais? — Ils ont plus de ceux-ci que de ceux-là. — Notre cuisinier a-t-il autant de beurre que de bœuf? — Il a autant de l'un que de l'autre. — A-t-il autant de poulets que d'oiseaux? Il a plus de ceux-ci que de ceux-là.

38.

Le charpentier a-t-il autant de bâtons que de clous? — Il a tout autant de ceux-ci que de ceux-là. — Avez-vous plus de biscuits que de verres? — J'ai plus de ceux-ci que de ceux-là. — Notre ami a-t-il plus de sucre que de miel? — Il n'a pas autant de celui-ci que de celui-là. — A-t-il plus de gants que de parapluies? — Il n'a pas autant de ceux-ci que de ceux-là. — Qui a plus de savon que moi (*eu*)? — Mon fils en a plus. — Qui a plus de crayons que vous? — Le peintre en a plus. — A-t-il autant de chevaux que moi (*eu*)? — Il n'a pas autant de chevaux que vous; mais il a plus de tableaux. — Le marchand a-t-il moins de bœufs que nous? — Il a moins de bœufs que nous; et nous avons moins de grain que lui (*elle*). — Avez-vous un autre billet? — J'en ai un autre. — Votre fils a-t-il encore un portefeuille? — Il en a encore plusieurs. — Les Hollandais ont-ils autant de jardins que nous? — Nous en avons moins qu'eux. Nous avons moins de pain et moins de beurre qu'eux. — Nous n'avons guère d'argent; mais assez de pain, de bœuf, de fromage et de vin. — Avez-vous autant de courage que le fils de notre voisin? — J'en ai tout autant. — L'adolescent a-t-il autant de billets que nous? — Il en a tout autant.

DIX-SEPTIÈME LEÇON

Lição decima setima.

DE L'INFINITIF.

Il y a en portugais trois conjugaisons, qu'on reconnaît par la terminaison du présent de l'infinitif :

1. La première a l'infinitif terminé en AR, comme :

    parler,   fallar ;
    acheter,   comprar ;
    couper,   cortar.

2. La seconde . . . . en ER, comme :

    vendre,   vender ;
    choisir,   escolher ;
    boire,   beber ;
    recevoir,   receber.

3. La troisième . . . . en IR, comme :

    finir,   concluir ;
    diviser,   dividir.

Il existe un verbe qui a l'infinitif en ÔR ; c'est le verbe *pôr* (autrefois *poer*), mettre, placer ; nous le mettons au nombre des verbes irréguliers.

Les verbes marqués d'une astérisque (*) sont irréguliers.

Peur.	Medo.
Honte.	Vergonha.
Tort.	Culpa, sem-razão.
Raison.	Razão.
Le temps.	Tempo.
Le courage.	Valor.
Envie.	Desejo, vontade.

Travailler.	Trabalhar 1.
Parler.	Fallar 1.
Avez-vous envie de travailler ?	Tem V^ce vontade de trabalhar ?
J'ai envie de travailler.	Tenho vontade de trabalhar.
Il n'a pas le courage de parler.	Não tem a coragem de fallar.

Avez-vous peur de parler ?	Tem V^ce medo de fallar ?
J'ai honte de parler.	Tenho vergonha de fallar.

Couper.	Cortar 1.
Le couper.	Cortal - o. (Par euphonie on change l'r de l'infinitif en l.)
Les couper.	Cortal - os.
En couper.	Cortar (d'elle).

Avez-vous le temps de couper le pain ?	Tem V^ce tempo de *ou* para cortar o pão ?
J'ai le temps de le couper.	Tenho tempo para cortal - o.
A-t-il envie de couper des arbres ?	† Tem elle desejo de cortar arvores ?
Il a envie d'en couper.	† Tem vontade de cortar.

Acheter.	Comprar 1.
En acheter encore.	† Comprar mais.
En acheter un.	† Comprar um.
En acheter deux.	† Comprar dous.

En acheter encore un.	† Comprar um mais.
En acheter encore deux.	† Comprar dous mais.

Casser.	Quebrar 1.
Ramasser.	Apanhar 1.
Raccommoder.	Arranjar, reparar 1.
Chercher.	Buscar, procurar 1.

Avez-vous envie d'acheter encore un cheval ?	† Tem V^ce vontade de comprar mais um cavallo ?
J'ai envie d'en acheter encore un.	† Tenho desejo de comprar um mais.

Avez-vous envie d'acheter des livres ?	† Tem V^ce desejo de comprar livros ?
J'ai envie d'en acheter, mais je n'ai pas d'argent.	† Tenho desejo de compral-os, mas não tenho dinheiro.

Avez-vous peur de casser les verres?	Tem V.ce medo de quebrar os copos?
J'ai peur de les casser.	Tenho medo de quebral-os.
A-t-il le temps de travailler?	Tem tempo para trabalhar.
Il a le temps, mais il n'a pas envie de travailler.	Tem tempo, mas não tem vontade de trabalhar.
Ai-je raison d'acheter un cheval?	Faço bem em comprar um cavallo?
Vous n'avez pas tort d'en acheter un.	† V.ce não faz mal em comprar um.

THÈMES.

39.

Avez-vous encore (*ainda*) envie d'acheter le cheval de mon ami? — J'ai encore envie de l'acheter; mais je n'ai plus d'argent. — Avez-vous le temps de travailler? — J'ai le temps; mais je n'ai pas envie de travailler. — Votre frère a-t-il le temps de couper des bâtons? — Il a le temps d'en couper. — A-t-il envie de couper du pain? — Il a envie d'en couper; mais il n'a pas de couteau. — Avez-vous le temps de couper du fromage? — J'ai le temps d'en couper. — A-t-il envie de couper l'arbre? — Il a envie de le couper; mais il n'a pas le temps. — Le tailleur a-t-il le temps de couper le drap? — Il a le temps de le couper. — Ai-je le temps de couper les arbres? — Vous avez le temps de les couper. — Le peintre a-t-il envie d'acheter un cheval? — Il a envie d'en acheter deux. — Votre capitaine a-t-il le temps de parler? — Il a le temps; mais il n'a pas envie de parler. — Avez-vous peur de parler? — Je n'ai pas peur; mais j'ai honte de parler. — Ai-je raison d'acheter un fusil? — Vous avez raison d'en acheter un. — Votre ami a-t-il raison d'acheter un grand bœuf? — Il a tort d'en acheter un. — Ai-je raison d'acheter de petits bœufs? — Vous avez raison d'en acheter.

40.

Avez-vous envie de parler? — J'ai envie; mais je n'ai pas le cœur de parler. — Avez-vous le courage de couper votre doigt? — Je n'ai pas le courage de le couper. — Ai-je raison de parler? — Vous n'avez pas tort de parler; mais vous avez tort de couper mes arbres. — Le fils de votre ami a-t-il envie d'acheter encore un oiseau? — Il a envie d'en acheter encore un. — Avez-vous envie d'acheter encore quelques chevaux? — Nous avons envie d'en acheter encore quelques-uns; mais nous n'avons plus d'argent. — Notre tailleur qu'a-t-il envie de raccommoder? — Il a envie de raccommoder nos vieux habits. — Le cordonnier a-t-il le temps de raccommoder nos souliers? — Il a le temps; mais il n'a pas envie de les raccommoder. — Qui a envie de raccommoder nos chapeaux? — Le chapelier a envie de les raccommoder. — Avez-vous peur de chercher mon cheval? — Je n'ai pas peur; mais je n'ai pas le temps de le chercher. — Qu'avez-vous envie d'acheter? — Nous avons envie d'acheter quelque chose (*alguma coisa*) de bon (*boa*), et nos voisins ont envie d'acheter quelque chose de beau. — Leurs (*sens*) enfants ont-ils peur de ramasser des clous? — Ils n'ont pas peur d'en ramasser. — Avez-vous envie de casser mon bijou? — J'ai envie de le ramasser; mais non pas de le casser. — Ai-je tort de ramasser vos gants? — Vous n'avez pas tort de les ramasser; mais vous avez tort de les couper.

41.

Avez-vous le cœur de casser ces verres? — J'ai le courage; mais je n'ai pas envie de les casser. — Qui a envie de casser notre miroir? — Notre ennemi a envie de le casser. — Les étrangers ont-ils envie de casser nos (*as nossas*) pistolets? — Ils ont envie; mais ils n'ont pas le cœur de les casser. — Avez-vous envie de casser le pistolet du capitaine? — J'ai envie; mais j'ai peur de le casser. — Qui a envie d'acheter mon beau chien? — Personne n'a envie de l'acheter. — Avez-vous envie d'acheter mes beaux coffres ou ceux du Français? — J'ai envie d'acheter les vôtres, et non ceux (*os*) du (*do*) Français. — Quels livres l'Anglais a-t-il envie d'acheter? — Il a envie d'acheter celui que vous avez, celui qu'a votre fils, et celui qu'a le mien. — Quels gants avez-vous envie de chercher? — J'ai envie de chercher les vôtres (*as de V^{ce}*), les miens (*as minhas*) et ceux de nos enfants (*as dos nossos meninos*).

42.

Quels miroirs les ennemis ont-ils envie de casser? — Ils ont envie de casser ceux que vous avez, ceux que j'ai, et ceux que nos enfants et nos amis ont. — Votre père a-t-il envie d'acheter ces gâteaux-ci ou ceux-là? — Il a eu envie d'acheter ceux-ci. — Ai-je raison de ramasser vos billets? — Vous avez raison de les ramasser. — L'Italien a-t-il raison de chercher votre portefeuille? — Il a tort (*faz mal*) de le chercher. — Avez-vous envie d'acheter un autre vaisseau? — J'ai envie d'en acheter un autre. — Notre ennemi a-t-il envie d'acheter encore un vaisseau? — Il a envie d'en acheter encore plusieurs; mais il a peur d'en acheter. — Avez-vous deux chevaux? — Je n'en ai qu'un; mais j'ai envie d'en acheter encore un.

DIX-HUITIÈME LEÇON

Lição decima oitava.

Faire.	Fazer * 2.
Vouloir.	Querer * 2.
Voulez-vous?	Quer V^ce?
Je veux.	Quero.
Veut-il?	Quer elle?
Il veut.	Quer.
Nous voulons.	Nos queremos.
Vous voulez.	V^ce quer.
Ils veulent.	Elles querem.
Voulez-vous faire mon feu?	Quer V^ce accender o meu lume?
Je veux le faire.	† Quero accendel-o.
Je ne veux pas le faire.	† Não quero accendel-o.
Veut-il acheter votre cheval?	Quer elle comprar o cavallo de V^ce?
Il veut l'acheter.	Quer compral-o.
Brûler.	Queimar 1.
Chauffer.	Aquecer 1.
Déchirer.	Rasgar, despedaçar 1.
Le bouillon.	O caldo.
Mon linge.	A minha roupa branca.
Aller.	Ir * 3.
Chez.	A, em casa de.
Être.	Ser *, estar * 2.

Rem. Les verbes auxiliaires *ser* et *estar* présentent une différence très notable dans leur emploi, quoiqu'ils se traduisent tous deux par être. Quand il s'agit d'un état passager, on emploie le verbe *estar* ; mais, quand il s'agit d'une qualité habituelle, alors on se sert du verbe *ser*. Ex. : Sou bom, je suis bon ; *estou bom*, je me porte bien ; *ser sobrio*, être sobre ; *estar sobrio*, être devenu sobre.

DIX-HUITIÈME LEÇON

Être chez l'homme.	Estar em casa do homem.
Aller chez l'homme.	Ir a casa do homem.
Être chez mon ami.	Estar em casa do meu amigo.
Aller chez mon père.	Ir a casa de meu pai.

A la maison.	*A ou em casa.*
Être à la maison.	Estar em casa.
Aller à la maison.	Ir a casa.

Être / Aller } chez moi.	Estar em / Ir a } minha casa.
Être / Aller } chez lui.	Estar em / Ir a } casa d'elle, sua casa.
Être / Aller } chez nous.	Estar em / Ir a } nossa casa.
Être / Aller } chez vous.	Estar em / Ir a } sua casa (de V^{ce}).
Être / Aller } chez eux.	Estar em / Ir a } casa d'elles.
Être chez quelqu'un.	Estar em casa d'alguem.
Aller chez quelqu'un.	Ir a casa d'alguem.
N'être chez personne.	Não estar em casa de ninguem.
N'aller chez personne.	Não ir a casa de ninguem.

Chez qui?	*Em casa de quem?*
	A casa de quem?
Chez qui voulez-vous aller?	A que casa quer V^{ce} ir?
Je ne veux aller chez personne.	Não quero ir á casa de ninguem.

Chez qui est votre frère?	† Em que casa está o irmão de V^{ce}?
Chez qui votre frère est-il?	
Il est chez nous.	Está em nossa casa.
Est-il à la maison?	Está elle em casa?
Est-il chez lui?	
Il n'est pas à la maison.	Não está em casa.
Il n'est pas chez lui.	

Êtes-vous ?	Está V^{ce} ?
Fatigué.	Cansado.
Êtes-vous fatigué ?	Está V^{ce} cansado ?
Je suis fatigué.	Estou cansado.
Je ne suis pas fatigué.	Não estou cansado.
Est-il ?	Está elle ?
Il est.	Elle está.
Nous sommes.	Nós estamos.
Ils sont.	Elles estão.
Boire.	Beber ?
Où ?	Aonde ? Onde ? Para onde ?
Que voulez-vous faire ?	Que quer V^{ce} fazer ?
Votre frère, que veut-il faire ?	Que quer fazer o seu irmão ?
Votre père est-il à la maison ?	O seu pai está em sua casa ?
Les Allemands, que veulent-ils acheter ?	Que querem comprar os allemães ?
Ils veulent acheter quelque chose de bon.	† Querem comprar alguma coisa boa.
Ils ne veulent rien acheter.	† Não querem comprar nada.
Veulent-ils acheter un livre ?	Querem comprar um livro ?
Ils veulent en acheter un.	† Querem comprar um.
Voulez-vous boire quelque chose ?	Quer V^{ce} beber alguma cousa ?
Je ne veux rien boire.	† Não quero beber nada.

THÈMES.

43.

Voulez-vous travailler ? — Je veux travailler; mais je suis (*estou*) fatigué. — Voulez-vous casser mes verres ? — Je ne veux pas les casser. — Voulez-vous chercher mon fils ? — Je veux le chercher. — Que voulez-vous ramasser ? — Je veux ramasser cet écu et ce franc. — Voulez-vous ramasser ce sou-ci ou celui-là ? — Je veux ramasser l'un et l'autre. — Votre voisin veut-il acheter ces peignes-ci ou ceux-là ? — Il veut acheter ceux-ci et ceux-là. — Cet homme veut-il couper votre doigt ? — Il ne veut pas couper le mien; mais le sien. — Le peintre veut-il brûler du papier ? — Il veut en brûler. — Le cordonnier, que veut-il raccommoder ? — Il veut raccommoder nos vieux souliers. — Le tailleur veut-il raccommoder quelque chose ? — Il veut raccommoder des gilets. — Votre ennemi veut-il brûler son vaisseau ? — Il ne veut pas brûler le sien; mais le nôtre. — Voulez-vous faire quelque chose? — Je ne veux rien faire. — Que voulez-vous faire? — Nous voulons chauffer notre thé et le café de notre père. — Voulez-vous chauffer le bouillon de mon frère? — Je veux le chauffer. — Votre domestique veut-il faire mon feu? — Il veut le faire; mais il n'a pas le temps.

44.

Voulez-vous parler? — Je veux parler. — Votre fils veut-il travailler? — Il ne veut pas travailler. — Que veut-il faire? — Il veut boire du vin. — Voulez-vous acheter quelque chose? — Je veux acheter quelque chose. — Que voulez-vous acheter? — Je veux acheter des bijoux. — Voulez-vous raccommoder mon linge? — Je veux le raccommoder. — Qui veut raccommoder les bas de notre fils? — Nous voulons les raccommoder. — Le Russe veut-il acheter ce tableau-ci ou celui-là? — Il ne veut acheter ni celui-ci ni celui-là. — Que veut-il acheter? — Il veut acheter des vaisseaux. — Quels miroirs l'Anglais veut-il acheter? — Il veut acheter ceux qu'ont les Français et ceux qu'ont les Italiens. — Votre père veut-il chercher son parapluie ou son bâton? — Il veut chercher l'un et l'autre. — Voulez-vous boire du vin? — Je veux en boire; mais je n'en ai pas. — Le matelot veut-il boire du lait? — Il ne veut pas en boire, il n'a pas soif. — Le capitaine que veut-il boire? — Il ne veut rien boire. — Le chapelier que veut-il faire? — Il veut faire des chapeaux. — Le charpentier veut-il faire quelque chose? — Il veut faire un grand vaisseau. — Voulez-vous acheter un oiseau? — Je veux en acheter plusieurs.

45.

Le Turc veut-il acheter plus de fusils que de couteaux? — Il veut acheter plus de ceux-ci que de ceux-là. — Combien de balais votre domestique veut-il acheter? — Il veut en acheter trois. — Voulez-vous acheter beaucoup de bas? — Nous n'en voulons acheter que quelques-uns; mais nos enfants veulent en acheter beaucoup. — Vos enfants veulent-ils chercher les gants que nous avons? — Ils ne veulent pas chercher ceux que vous ayez; mais ceux qu'a mon père. — Quelqu'un veut-il déchirer votre habit? — Personne ne veut le déchirer. — Qui veut déchirer mes livres? — Vos enfants veulent les déchirer. — Chez qui notre père est-il? — Il est chez son ami. — Chez qui voulez-vous aller? — Je veux aller chez vous. — Voulez-vous aller chez moi? — Je ne veux pas aller chez vous; mais chez mon frère. — Votre père veut-il aller chez son ami? — Il ne veut pas aller chez son ami; mais chez son voisin. — Chez qui votre fils est-il? — Il est chez nous. — Voulez-vous chercher nos chapeaux ou ceux des Hollandais? — Je ne veux chercher ni les vôtres ni ceux des Hollandais; mais je veux chercher les miens et ceux de mes bons amis.

DIX-HUITIÈME LEÇON

46.

Ai-je raison de chauffer votre bouillon ? — Vous avez raison de le chauffer. — Mon domestique a-t-il raison de chauffer votre linge ? — Il a tort de le chauffer. — A-t-il peur de déchirer votre habit ? — Il n'a pas peur de le déchirer ; mais de le brûler. — Vos enfants veulent-ils aller chez nos amis ? — Ils ne veulent pas aller chez vos amis ; mais chez les nôtres. — Vos enfants sont-ils à la maison ? — Ils ne sont pas chez eux ; mais chez leurs voisins. — Le capitaine est-il chez lui ? — Il n'est pas chez lui ; mais chez son frère. — L'étranger est-il chez notre frère ? — Il n'est pas chez notre frère ; mais chez notre père. — Chez qui l'Anglais est-il ? — Il est chez vous. — L'Américain est-il chez nous ? — Non, Monsieur, il n'est pas chez nous ; mais chez son ami. — Chez qui l'Italien est-il ? — Il n'est chez personne, il est chez lui. — Voulez-vous aller à la maison ? — Je ne veux pas aller à la maison, je veux aller chez le fils de mon voisin. — Votre père est-il chez lui ? — Non, Monsieur, il n'est pas à la maison. — Chez qui est-il ? — Il est chez les bons amis de notre vieux voisin. — Voulez-vous aller chez quelqu'un ? — Je ne veux aller chez personne.

47.

Où est votre fils ? — Il est chez lui. — Que veut-il faire à la maison ? — Il veut boire de bon vin. — Votre frère est-il à la maison ? — Il n'est pas à la maison, il est chez l'étranger. — Que voulez-vous boire ? — Je veux boire du lait. — L'Allemand que veut-il faire à la maison ? — Il veut travailler et boire de bon vin. — Qu'avez-vous à la maison ? — Je n'ai rien à la maison. — Le marchand a-t-il envie d'acheter autant de sucre que de thé ? — Il a envie d'acheter autant de l'un que de l'autre. — Êtes-vous fatigué ? — Je ne suis pas fatigué. — Qui est fatigué ? — Mon frère est fatigué. — L'Espagnol a-t-il envie d'acheter autant de chevaux que d'ânes ? — Il a envie d'acheter plus de ceux-ci que de ceux-là. — Voulez-vous boire quelque chose ? — Je ne veux rien boire. — Combien de poulets le cuisinier veut-il acheter ? — Il veut en acheter quatre. — Les Français veulent-ils acheter quelque chose ? — Ils ne veulent rien acheter. — L'Espagnol veut-il acheter quelque chose ? — Il veut acheter quelque chose ; mais il n'a pas d'argent (*dinheiro*). — Voulez-vous aller chez nos frères ? — Je ne veux pas aller chez eux ; mais chez leurs enfants. — L'Écossais est-il (*está*) chez quelqu'un ? — Il n'est (*não está*) chez (*em casa de*) personne (*ninguem*). — Où est-il ? — Il est chez lui.

DIX-NEUVIÈME LEÇON
Lição decima nona.

Où ?	Onde ? Aonde ?
Y.	Ahi, alli, lá.
Y aller.	Ir * lá.
Y être.	Ser*, estar* 1 alli.

Porter.	Levar 1.
Envoyer.	Enviar, mandar 1.
Mener.	Conduzir 3, levar 1.

L'y porter.	† Leval-o lá.

Le.	O (objet du verbe).
L'y.	O alli, la.
L'y envoyer.	† Envial-o lá.
L'y mener.	† Leval-o lá.

Les y.	Os alli, lá.
Y en.	
Les y porter.	† Leval-os lá.
Y en porter.	† Levar lá.

Voulez-vous l'envoyer chez mon père ?	Quer V^{ce} mandal-o a casa de meu pai ?
Je veux l'y envoyer.	† Quero mandal-o lá.

Le médecin.	O medico.
Venir.	Vir * 3.

Quand ?	Quando ?
Demain.	Amanhã.
Aujourd'hui.	Hoje.

DIX-NEUVIÈME LEÇON.

Quelque part.	A, em alguma parte, alguma parte.
Ne — nulle part.	Não — em nenhuma parte, não — nenhuma parte.
Voulez-vous aller quelque part?	Quer V^{ce} ir a alguma parte?
Je veux aller quelque part.	Quero ir a alguma parte?
Je ne veux aller nulle part.	Não quero ir a nenhuma parte.

Écrire.	Escrever 2.
A quelle heure ?	A que horas ?
A une heure.	† A uma (hora).
A deux heures.	As duas (horas).

Demi, demie.	Meio, meia.
Le quart.	O quarto.
A une heure et demie.	† A uma e meia.
A une heure et quart.	† A uma e um quarto.
A deux heures et quart.	† As duas e um quarto.
A une heure moins un quart.	† A uma menos um quarto.
A midi.	† A meio dia.
A minuit.	† A meia noite.
Moins.	Menos.

THÈMES.

48.

Voulez-vous aller à la maison? — Je veux y aller. — Votre fils veut-il aller chez moi? — Il veut y aller. — Votre frère est-il chez lui? — Il y est. — Où voulez-vous aller? — Je veux aller chez moi. — Vos enfants veulent-ils aller chez moi? — Ils ne veulent pas y aller? — Chez qui voulez-vous porter ce billet? — Je veux le porter chez mon voisin. — Votre domestique veut-il porter mon billet chez votre père? — Il veut l'y porter. — Votre frère veut-il porter mes fusils chez le Russe? — Il veut les y porter. — Chez qui nos ennemis veulent-ils porter nos pistolets? — Ils veulent (*querem*) les porter chez les Turcs. — Où le cordonnier veut-il porter mes souliers? — Il veut les porter chez vous. — Veut-il les porter à la maison? — Il ne veut pas les y porter. — Voulez-vous venir chez moi? — Je ne veux pas y aller. — Où voulez-vous aller? — Je veux aller chez les bons Anglais. — Les bons Italiens veulent-ils aller chez nous? — Ils ne veulent pas y aller. — Où veulent-ils aller? — Ils ne veulent (*não querem*) aller (*ir*) nulle (*a nenhuma*) part (*parte*).

49.

Voulez-vous mener votre fils chez moi ? — Je ne veux pas le mener chez vous ; mais chez le capitaine. — Quand voulez-vous le mener chez le capitaine ? — Je veux l'y mener demain. — Voulez-vous mener mes enfants chez le médecin ? — Je veux les y mener. — Quand voulez-vous les y mener ? — Je veux les y mener aujourd'hui. — A quelle heure voulez-vous les y mener ? — A deux heures et demie. — Quand voulez-vous envoyer votre domestique chez le médecin ? — Je veux l'y envoyer aujourd'hui. — A quelle heure ? — A dix heures et quart. — Voulez-vous aller quelque part ? — Je veux aller quelque part. — Où voulez-vous aller ? — Je veux aller chez l'Écossais. — L'Irlandais veut-il venir chez vous ? — Il veut venir chez moi. — Votre fils veut-il aller chez quelqu'un ? — Il veut aller chez quelqu'un. — Chez qui veut-il aller ? — Il veut aller chez ses amis. — Les Espagnols veulent-ils aller quelque part ? — Ils ne veulent aller nulle part. — Notre ami veut-il aller chez quelqu'un ? — Il ne veut aller chez personne.

50.

Quand voulez-vous mener votre adolescent chez le peintre ? — Je veux l'y mener aujourd'hui. — Où veut-il porter ces oiseaux ? — Il ne veut les porter nulle part. — Voulez-vous mener le médecin chez cet homme ? — Je veux l'y mener. — Quand le médecin veut-il aller chez votre frère ? — Il veut y aller aujourd'hui. — Voulez-vous envoyer un domestique chez moi ? — Je veux y en envoyer un. — Voulez-vous envoyer un enfant chez le peintre ? — Je ne veux pas y en envoyer. — Chez qui le capitaine est-il ? — Il n'est chez personne. — Votre frère a-t-il le temps d'aller chez moi ? — Il n'a pas le temps d'y aller. — Le Français veut-il écrire encore un billet ? — Il veut en écrire encore (*ainda*) un (*um*). — Votre ami a-t-il envie d'écrire autant de billets que moi (*eu*) ? — Il a envie d'en écrire tout autant. — Chez qui veut-il les envoyer ? — Il veut les envoyer chez ses amis. — Qui veut écrire de petits billets ? — Le jeune homme (*o joven*) veut en écrire. — Voulez-vous porter beaucoup de livres chez mon père ? — Je ne veux y en porter que quelques-uns.

51.

Voulez-vous envoyer encore un coffre chez notre ami ? — Je veux y en envoyer (*enviar*) encore plusieurs (*ainda algum*). — Combien de chapeaux le chapelier veut-il encore envoyer ? — Il veut en envoyer encore six. — Le tailleur veut-il envoyer autant de souliers que le cordonnier ? — Il veut en envoyer moins. — Votre fils a-t-il le courage d'aller chez le capitaine ? — Il a le courage d'y aller; mais il n'a pas le temps. — Voulez-vous acheter autant de chiens que de chevaux? — Je veux acheter plus de ceux-ci que de ceux-là. — A quelle heure voulez-vous envoyer votre domestique chez le Hollandais? — Je veux l'y envoyer à six heures moins un quart. — A quelle heure votre père est-il chez lui? — Il est chez lui à midi. — A quelle heure votre ami veut-il écrire ses billets? — Il veut les écrire à minuit. — Avez-vous peur d'aller chez le capitaine? — Je n'ai pas peur; mais j'ai honte d'y aller.

VINGTIÈME LEÇON.
Lição vigesima.

Pour	*Para*.
Voir.	Vêr * 2.
Avez-vous de l'argent pour acheter du pain ?	Tem V^ce dinheiro para comprar pão ?
J'en ai pour en acheter.	Tenho para compral-o.
Voulez-vous aller chez votre frère pour le voir ?	Quer V^ce ir a casa de seu irmão para vêl-o.
Je n'ai pas le temps d'y aller pour le voir.	Não tenho tempo de ir lá para vêl-o?
Votre frère a-t-il un couteau pour couper son pain ?	† Tem o seu irmão uma faca para cortar o pão ?
Il n'en a pas pour le couper.	Não a tem para cortal-o.

Balayer.	Varrer 2.
Tuer.	Matar 1.
Saler.	Salgar 1.

Pouvoir.	*Poder* 2.
Pouvez-vous ?	Póde V^ce ?
Je peux.	Posso.
Je ne peux pas.	Não posso.
Peut-il ?	Póde elle ?
Il peut.	Póde.
Il ne peut pas.	Não póde.
Nous pouvons.	Nos podemos.
Vous pouvez.	V^ce póde, V^ces podem.
Ils peuvent.	Elles podem.

Me.	*Me* (complément).
Le.	*O* (complément).
Me voir.	† Vêr-me.
Le voir.	† Vêl-o.
Voir l'homme.	Vêr o homem.
Le tuer.	† Matal-o.

VINGTIÈME LEÇON

A.	A.
Au, pl. aux.	Ao, aos.

Singulier.	Pluriel.	Singular.	Plural.
A l'ami.	Aux amis.	Ao amigo.	Aos amigos.
A l'homme.	Aux hommes.	Ao homem.	Aos homens.
Au capitaine.	Aux capitaines.	Ao capitão.	Aos capitães.
Au livre.	Aux livres.	Ao livro.	Aos livros.

Lui.	Lhe (complément).
Me.	Me (complément).

Me parler.	† Fallar-me.
Lui parler.	† Fallar-lhe.
Lui écrire.	† Escrever-lhe.
M'écrire.	† Escrever-me.
Parler à l'homme.	Fallar ao homem.
Parler au capitaine.	Fallar ao capitão.
Écrire au capitaine.	Escrever ao capitão.

Pouvez-vous m'écrire ?	† Póde V^{ce} escrever-me ?
Je peux vous écrire.	† Posso escrever a V^{ce}.
L'homme peut-il vous parler ?	† Póde o homem fallar a V^{ce} ?
Il peut me parler.	† Póde fallar-me.
Voulez-vous écrire à votre frère ?	Quer V^{ce} escrever a seu irmão.
Je veux lui écrire.	† Quero escrever-lhe.

Le panier.	O cesto, a cesta, a canastra.
Le tapis.	O tapete, a alcatifa.
Le plancher.	O sobrado.
Le chat.	O gato.

Voulez-vous envoyer le livre à l'homme ?	Quer V^{ce} mandar o livro ao homem ?
Je veux le lui envoyer.	Quero mandar-lh'o.
Quand voulez-vous le lui envoyer ?	Quando quer V^{ce} mandar-lh'o ?
Je veux lui envoyer demain.	Quero mandar-lh'o amanhã.

VINGTIÈME LEÇON

SINGULIER.		SINGULAR.	
Me ou à moi,	me ou moi.	Me, a mim,	me, a mim.
Lui ou à lui,	le ou lui.	Lhe, a elle,	o, a elle.

PLURIEL.		PLURAL.	
Nous ou à nous.	Nous.	Nós,	Nos, a nós.
Vous ou à vous.	Vous.	Vós,	Vos, a vós.
Leur ou à eux.	Les ou eux.	Lhes,	Os, a elles.

Veut-il vous parler ?	† Quer elle fallar a V^{ce} ?
Il ne veut pas parler à moi, mais à vous.	† Elle não quer fallar-me a mim, mas a V^{ce}.
Voulez-vous lui écrire ?	† Quer V^{ce} escrever-lhe ?
Je ne veux pas écrire à lui, mais à son frère.	Eu não quero escrever-lhe, mas a seu irmão.

Singulier.	Pluriel.	Singular.	Plural.
Me le,	me les.	M'o,	m'os.
Le lui,	les lui.	Lh'o,	lh'os.
Nous le,	nous les.	Nol-o,	nol-os.
Vous le,	vous les.	Vol-o,	vol-os.
Le leur,	les leurs.	Lh'o,	lh'os.

Quand voulez-vous m'envoyer le panier ?	† Quando quer V^{ce} mandar-me o cesto ?
Je veux vous l'envoyer aujourd'hui.	† Quero mandar-lh'o hoje.

M'en.	† Algum a mim.
Lui en.	† « a elle ou ella.
Nous en.	† « a nós.
Vous en.	† « a V^{ce} ou V^{ces}.
Leur en.	† « a elles ou ellas.

Donner.	Dar * 1.
Prêter.	Emprestar 1.

Voulez-vous me donner du pain ?	† Quer V^{ce} dar-me pão ?
Je veux vous en donner.	† Quero dar-lhe algum.
Voulez-vous prêter de l'argent à mon frère ?	Quer V^{ce} emprestar dinheiro a meu irmão ?
Je veux lui en prêter.	† Quero emprestar-lhe algum.

TABLEAU DES PRONOMS PERSONNELS

Avec moi, avec toi, avec soi, se disent en portugais: commigo, comtigo, comsigo, avec nous, avec vous, comnosco, comvósco.

SINGULIER.

	PREMIÈRE PERSONNE.	SECONDE PERSONNE.	TROISIÈME PERSONNE.	
Sujet ou nominatif	eu,	je, moi.	tu,	tu, toi.	elle,	il lui.	elle.
Objet indirect en génitif	de mim,	de moi.	de ti,	de toi.	de ella,	de lui.	d'elle.
— en datif	me, a mim,	me, à moi.	te, a ti,	te, à toi.	lhe, a elle,	lui, à lui.	lui à elle.
— direct, ou accusatif	me, a mim,	me, moi.	te, a ti,	te, toi.	o, a ella,	le.	la.

PLURIEL.

Sujet, ou nominatif	nós,	nous.	vós, V^ces, V^cas,	vous.	elles,	ils, eux.	elles.
Objet indirect en génitif	de nós,	de nous.	de V^ces, de vós,	de vous.	de elles,	d'eux.	d'elles.
— en datif	nos, a nós, nos, a nós,	nous, à nous.	a V^ces, vós, a vós, V^ces, a V^ces,	vos à vos. vous à vous.	lhes, a elles, a elles,	leur. à eux.	leur. à elles.
Objet direct, ou accusatif			os,	vous.	as,	les.	les.

THÈMES.

52.

Le charpentier a-t-il assez d'argent pour acheter un marteau ? — Il en a assez pour en acheter un. — Le capitaine a-t-il assez d'argent pour acheter un vaisseau ? — Il n'en a pas assez pour en acheter un. — Le paysan a-t-il envie d'acheter du pain ? — Il a envie d'en acheter ; mais il n'a pas assez d'argent pour en acheter. — Votre fils a-t-il du papier pour écrire un billet ? — Il n'en a pas pour en écrire un. — Avez-vous le temps de voir (ver) mon frère ? — Je n'ai pas le temps de le voir. — Votre père veut-il me voir ? — Il ne veut pas vous voir. — Votre domestique a-t-il un balai pour balayer le plancher ? — Il en a un pour le balayer. — Veut-il le balayer ? — Il veut le balayer. — Le matelot a-t-il de l'argent pour acheter du chocolat ? — Il n'en a pas pour en acheter. — Votre cuisinier a-t-il de l'argent pour acheter du bœuf ? — Il en a pour en acheter. — A-t-il de l'argent pour acheter des poulets ? — Il en a pour en acheter. — Avez-vous assez de sel pour saler mon bœuf ? — J'en ai assez pour le saler. — Votre ami veut-il venir chez moi pour me voir ? — Il ne veut ni aller chez vous, ni vous voir. — Votre voisin a-t-il envie de tuer son cheval ? — Il n'a pas envie de le tuer. — Voulez-vous tuer vos amis ? — Je ne veux tuer que mes ennemis.

53.

Pouvez-vous me couper du pain ? — Je peux vous en couper. — Avez-vous un couteau pour m'en couper ? — J'en ai un. — Pouvez-vous raccommoder mes gants ? — Je peux les raccommoder ; mais je n'ai pas envie de le faire. — Le tailleur peut-il me faire un habit ? — Il peut vous en faire un. — Voulez-vous parler au médecin ? — Je veux lui parler. — Votre fils veut-il me voir pour me parler ? — Il veut vous voir pour vous donner un écu. — Veut-il me tuer ? — Il ne veut pas vous tuer ; il ne veut que vous voir. — Le fils de notre vieil ami veut-il tuer un bœuf ? — Il veut en tuer deux. — Qui a envie de tuer notre chat ? — Le garçon de notre voisin a envie le tuer. — Combien d'argent pouvez-vous m'envoyer ? — Je peux vous envoyer vingt francs. — Voulez-vous m'envoyer mon tapis ? — Je veux vous l'envoyer. — Voulez-vous envoyer quelque chose au cordonnier ? — Je veux lui envoyer mes souliers. — Voulez-vous lui envoyer vos habits ? — Non, je veux les envoyer à mon tailleur. — Le tailleur peut-il m'envoyer mon habit ? — Il ne peut pas vous l'envoyer. — Vos enfants peuvent-ils m'écrire ? — Ils peuvent vous écrire. — Voulez-vous me prêter votre panier ? — Je veux vous le prêter.

54.

Avez-vous un verre pour boire votre vin ? — J'en ai un, mais je n'ai pas de vin ; je n'ai que du thé. — Voulez-vous me donner de l'argent (*dinheiro*) pour en acheter ? — Je veux vous en donner ; mais je n'en ai guère (*muito*). — Voulez-vous me donner ce que (*o que*) vous avez ? — Je veux vous le donner. — Pouvez-vous boire autant (*tanto*) de vino (*vinho*) que (*como*) de lait (*leite*)? — Je peux boire autant de l'un que de l' (*como do*) autre. — Notre voisin a-t-il du bois pour faire du feu ? — Il en a pour en faire ; mais il n'a pas d'argent pour acheter du pain et du beurre. — Voulez-vous lui en prêter? — Je veux lui en prêter. — Voulez-vous parler à l'Allemand ? — Je veux lui parler. — Où est-il ? — Il est chez le fils de l'Américain. — L'Allemand veut-il me parler ? — Il veut vous parler. — Veut-il parler à mon frère ou au vôtre ? — Il veut parler à l'un et à l'autre. — Les enfants de notre voisin peuvent-ils travailler ? — Ils peuvent travailler ; mais ils ne veulent pas.

55.

Voulez-vous parler aux enfants du Hollandais? — Je veux leur parler. — Que voulez-vous leur donner ? — Je veux leur donner de bons gâteaux. — Voulez-vous leur prêter quelque chose ? — Je veux leur prêter quelque chose ; mais je ne peux leur rien prêter, je n'ai rien. — Le cuisinier a-t-il encore du sel pour saler le bœuf? — Il en a encore un peu. — A-t-il encore du riz ? — Il en a encore beaucoup. — Veut-il m'en donner ? — Il veut vous en donner. — Veut-il en donner à mes petits garçons ? — Il veut leur en donner. — Veut-il tuer ce poulet-ci ou celui-là ? — Il ne veut tuer ni celui-ci ni celui-là. — Quel bœuf veut-il tuer ? — Il veut tuer celui du bon paysan. — Veut-il tuer ce bœuf-ci ou celui-là ? — Il veut tuer l'un et l'autre. — Qui veut nous envoyer des biscuits? — Le boulanger veut vous en envoyer. — Avez-vous quelque chose à faire ? — Je n'ai rien à (*que*) faire (*fazer*).

56.

Votre fils qu'a-t-il (*tem*) à (*que*) faire (*fazer*)? — Il a à écrire ses bons amis et aux capitaines. — A qui voulez-vous parler ? — Je veux parler aux Italiens et aux Français. — Voulez-vous leur donner de l'argent (*dinheiro*) ? — Je veux leur en donner. —

Voulez-vous donner du pain à cet homme? — Je veux lui en donner. — Voulez-vous lui donner un habit? — Je veux lui en donner un. — Vos amis veulent-ils me donner du café? — Ils veulent vous en donner. — Voulez-vous me prêter vos livres? — Je veux vous les prêter. — Voulez-vous prêter votre matelas à vos voisins? — Je ne veux pas le leur prêter. — Voulez-vous leur prêter votre miroir? — Je veux le leur prêter. — À qui voulez-vous prêter vos parapluies? — Je veux les prêter à mes amis. — À qui votre ami veut-il prêter son linge? — Il ne veut (*não quer*) le prêter (*a ninguem*) à personne.

VINGT-ET-UNIÈME LEÇON.

Lição vigésima primeira.

A qui ?	A quem?
Qui ?	Quem ?
Que ? Quoi ?	Que ?

Répondre.	*Responder 2.*
Répondre à l'homme.	Responder ao homem.
Répondre aux hommes.	Responder aos homens.
A qui voulez-vous répondre ?	A quem quer V. responder ?
Je veux répondre à mon frère.	Queró responder a meu irmão.
Lui répondre.	Responder-lhe.
Leur répondre.	Responder-lhes.

Répondre au billet.	Responder ao bilhete.
Y répondre.	Responder-lhe.
Y.	O, os, a, as, lhe, lhes.
Répondre aux billets.	Responder aos bilhetes.
Y répondre.	Responder-lhes.
Voulez-vous répondre à mon billet ?	Quer V^{ce} responder ao meu bilhete?
Je veux y répondre.	Quero responder-lhe.

Le théâtre.	O theatro.
Le bal.	O baile.

Singulier.	Pluriel.	Singular.	Plural.
Au théâtre,	aux théâtres.	Ao theatro,	aos theatros.
Au bal,	aux bals.	Ao baile,	aos bailes.
Au jardin,	aux jardins.	Ao jardim,	aos jardins.
Le magasin.		O armazem.	
Le comptoir.		O mostrador, o balcão.	
Le marché.		O mercado.	

VINGT-ET-UNIÈME LEÇON

Y.	Alli, lá, a colá.
Y aller.	Ir alli, lá.
Y être.	Estar alli, lá.
Voulez-vous aller au théâtre ?	Quer V^{ce} ir ao theatro ?
Je veux y aller.	Quero ir lá.
Votre frère est-il au théâtre ?	O seu irmão está no theatro ?
Il y est.	Está lá.
Il n'y est pas.	Não está lá.
Où est-il ?	Onde está ?

Dans.	Em.
Votre père est-il dans son jardin ?	† Está o pai de V^{ce} no seu jardim ?
Il y est.	Está lá (n'elle).
Où est le marchand ?	Onde está o negociante ?
Où le marchand est-il ?	
Il est dans son magasin.	Está em seu armazem.

Qu'avez-vous à faire ?	Que tem V^{ce} que fazer ?
Je n'ai rien à faire.	Não tenho nada que fazer.
L'homme qu'a-t-il à boire ?	Que tem o homem que beber ?
Il n'a rien à boire.	Nada tem que beber.
Avez-vous quelque chose à faire ?	Tem V^{ce} alguma cousa que fazer ?
J'ai à répondre à un billet.	Tenho que responder a um bilhete.
J'ai à parler à votre frère.	Tenho que fallar a seu irmão.

Rem. La préposition *à* placée devant un infinitif régi par le verbe *avoir*, se rend en portugais par *que* ou *para*, selon le sens de la phrase.

THÈMES.

57.

Voulez-vous m'écrire ? — Je veux vous écrire. — Voulez-vous écrire à l'Italien ? — Je veux lui écrire. — Votre frère veut-il écrire aux Anglais ? — Il veut leur écrire; mais ils n'ont pas envie de lui répondre. — Voulez-vous répondre à votre ami ? — Je veux lui répondre. — Mais à qui voulez-vous répondre ? — Je veux répondre à mon bon père. — Ne voulez-vous pas répondre à vos bons amis ? — Je veux leur répondre. — Qui veut vous écrire ? — Le Russe veut m'écrire. — Voulez-vous lui répondre ?

— Je ne veux pas lui répondre. — Qui veut écrire à nos amis ? — Les enfants de notre voisin veulent leur écrire. — Veulent-ils leur répondre ? — Ils veulent leur répondre. — A qui voulez-vous écrire ? — Je veux écrire au Russe. — Veut-il vous répondre ? — Il veut me répondre (*contestarme*); mais (*mas*) il ne peut pas (*não pode*). — Les Espagnols peuvent-ils nous répondre ? — Ils ne veulent pas nous répondre ; mais nous pouvons leur répondre. — A qui voulez-vous envoyer ce billet ? Je veux l'envoyer au menuisier.

58.

Qu'avez-vous à faire ? — J'ai à écrire. — Qu'avez-vous à écrire ? — J'ai un billet à écrire. — A qui ? — Au charpentier (*carpinteiro*). — Votre père qu'a-t-il à boire ? — Il a de bon vin à boire. — Votre domestique a-t-il quelque chose à boire ? — Il a du thé à boire. — Le cordonnier qu'a-t-il à faire ? — Il a à raccommoder mes souliers. — Qu'avez-vous à raccommoder ? — J'ai mes bas (*as minhas meias*) de fil à raccommoder. — A qui avez-vous à parler ? — J'ai à parler au capitaine. — Quand voulez-vous lui parler ? — Aujourd'hui (*hoje*). — Où voulez-vous lui parler (*fallar lhe*) ? — Chez lui (*na sua casa*). — A qui votre frère a-t-il à parler ? — Il a à parler à votre fils. — L'Anglais qu'a-t-il à faire ? — Il a à répondre à un billet. — A quel billet a-t-il à répondre ? — Il a à répondre à celui du bon Allemand. — Ai-je à répondre au billet du Français ? — Vous avez à y répondre. — A quel billet avez-vous à répondre ? — J'ai à répondre à celui de mon bon ami. — Votre père a-t-il à répondre à un billet ? — Il a à répondre à un billet. — Qui a à répondre à des billets ? — Nos enfants ont à répondre à quelques-uns. — Voulez-vous répondre aux billets des (*dos*) marchands ? — Je veux y répondre. — Votre frère veut-il répondre à ce billet-ci ou à celui-là ? — Il ne veut répondre ni à celui-ci ni à celui-là. — Quelqu'un veut-il répondre à mon billet ? — Personne ne veut y répondre.

59.

A quels billets votre père veut-il répondre ? — Il ne veut répondre qu'à ceux de ses bons amis. — Veut-il répondre à mon billet ? — Il veut y répondre. — Avez-vous à répondre à quelqu'un ? — Je n'ai à répondre à personne. — Qui veut répondre à mes billets ? — Vos amis veulent y répondre. — Avez-vous envie d'aller au bal ? — J'ai envie d'y aller. — Quand voulez-vous y aller ? — Aujourd'hui. — A quelle heure ? — A dix heures et demie. — Quand voulez-vous mener votre garçon au spectacle ? — Je veux l'y mener demain. — A quelle heure voulez-vous l'y mener ? — A six heures moins un quart. — Où est votre fils ? — Il est au spectacle.—Votre ami est-il au bal ? — Il y est. — Où est le marchand ? — Il est à son comptoir. — Où voulez-vous me mener ? — Je veux vous mener à mon magasin. — Où votre cuisinier veut-il aller ? — Il veut aller au marché. — Votre frère est-il au marché ? — Il n'y est pas. — Où est-il ? — Il est dans son magasin.

60.

Où est le Hollandais ? — Il est dans son grenier. — Voulez-vous venir chez moi pour aller au spectacle ? — Je veux aller chez vous ; mais je n'ai pas envie d'aller au spectacle. — Où est l'Irlandais ? — Il est au marché. — A quel théâtre voulez-vous aller ? — Je veux aller à celui des Français. — Voulez-vous aller à mon jardin ou à celui de l'Écossais ? — Je ne veux aller ni au vôtre ni à celui de l'Écossais ; je veux aller à celui de l'Italien. — Le médecin a-t-il envie d'aller à nos magasins ou à ceux des Hollandais ? — Il ne veut aller ni aux vôtres ni à ceux des Hollandais ; mais à ceux des Français. — Que voulez-vous acheter au marché ? — Je veux acheter un panier et des tapis. — Où voulez-vous les porter ? — Je veux les porter à la maison.

61.

Combien de tapis voulez-vous acheter ? — Je veux en acheter deux. — A qui voulez-vous les donner ? — Je veux les donner à mon domestique. — A-t-il envie de balayer le plancher ? — Il a envie de faire; mais il n'a pas le temps. — Les Anglais ont-ils beaucoup de magasins ? — Ils en ont beaucoup. — Les Français ont-ils autant de chiens que de chats ? — Ils ont plus de ceux-ci que de ceux-là. — Avez-vous beaucoup de fusils dans vos magasins ? — Nous y en avons beaucoup ; mais nous n'avons guère de grain. — Voulez-vous voir nos fusils ? — Je veux aller dans vos magasins pour (*para*) les voir. (*vêl-os*). — Voulez-vous acheter quelque chose ? — Je veux acheter quelque chose. — Que voulez-vous acheter ? — Je veux acheter un portefeuille, un miroir et un pistolet. — Où voulez-vous acheter votre coffre ? — Je veux l'acheter au marché. — Avez-vous autant de vin que de thé dans vos magasins ? — Nous avons autant de l'un que de l'autre. — Qui veut déchirer mon linge ? — Personne ne veut (*ninguem quer*) le déchirer.

62.

Les Anglais veulent-ils nous donner (*dar-nos*) du pain ? — Ils veulent vous en donner. — Veulent-ils nous donner autant de beurre que de pain ? — Ils veulent (*querem*) vous donner plus de celui-ci que de celui-là. — Voulez-vous donner un franc à cet homme ? — Je veux lui en donner plusieurs. — Combien de francs voulez-vous lui donner ? — Je veux lui en donner cinq. — Les Français que veulent-ils nous prêter ? — Ils veulent nous prêter beaucoup de livres. — Avez-vous le temps d'écrire au marchand ? — Je veux lui écrire ; mais je n'ai pas le temps aujourd'hui. — Quand voulez-vous répondre à l'Allemand ? — Je veux lui répondre demain. — A quelle heure ? — A huit heures. — Où l'Espagnol veut-il aller ? — Il ne veut aller nulle part. — Votre domestique veut-il chauffer mon bouillon ? — Il veut le chauffer. — Veut-il faire mon feu ? — Il veut le faire. — Où le boulanger veut-il aller ? — Il veut aller au bois. — Où est l'adolescent ? — Il est au théâtre. — Qui est au bal du capitaine ? — Nos enfants et nos amis y sont.

VINGT-DEUXIÈME LEÇON.

Lição vigesima segunda.

Singulier.	Pluriel.	Singular.	Plural.
Au coin,	aux coins.	No canto, Ao canto,	nos cantos. aos cantos.
Au trou,	aux trous.	No buraco, Ao buraco,	nos buracos. aos buracos.
Dans le trou,	dans les trous.	Dentro do buraco,	dentro dos buracos.

Au fond.	Ao fundo, no fundo.
Au fond du sac.	Ao, no fundo do sacco.
Au coin du feu.	† A lareira, na lareira.

Le bout.	O fim, o extremo, o cabo.
Au bout.	Ao cabo, no fim, no extremo.
Au bout du chemin.	Ao fim do caminho.
Au bout des chemins.	Ao fim dos caminhos.
Au bout de ses travaux.	No fim de seus trabalhos.
Le chemin.	O caminho.

Envoyer chercher.	*Mandar buscar, procurar.*
Aller chercher.	*Ir buscar.*
Voulez-vous envoyer chercher du vin ?	† Quer V^{ce} mandar buscar vinho ?
Je veux en envoyer chercher.	† Quero mandar buscal-o.
Votre garçon veut-il aller chercher du pain ?	† Quer o seu rapaz ir buscar pão ?
Il ne veut pas en aller chercher.	† Não quer ir buscal-o.
Je veux envoyer chercher le médecin.	† Quero mandar buscar o medico.
Je veux l'envoyer chercher.	† Quero mandar buscal-o.
Il veut envoyer chercher mes frères.	† Elle quer mandar buscar os meus irmãos.
Il veut les envoyer chercher.	† Ele quer mandar buscal-os.
Voulez-vous envoyer chercher des verres ?	† Quer V^{ce} mandar buscar copos ?
Je veux en envoyer chercher.	† Quero mandar buscal-os.

VINGT-DEUXIÈME LEÇON

Qu'avez-vous à faire ?	Que tem V^{ce} que fazer ?
J'ai à aller au marché.	Tenho que ir ao mercado.
Qu'avez-vous à boire ?	Que teem V^{ces} que beber ?
Nous avons à boire de bon vin.	Temos para beber bom vinho.
Vous avez à raccommoder vos bas.	V^{ce} tem que compôr as suas meias.

Ils ont.	*Elles teem.*
Les hommes qu'ont-ils à faire ?	† Que teem os homens que fazer ?
Ils ont à aller au magasin.	Teem que ir ao armazem.

Ce soir.	Esta tarde, esta noite.
Le soir.	A, de, pela tarde.
Ce matin.	Esta manhã.
Le matin.	Pela manhã, de manhã.

A présent.	Agora.

Tu.	*Tu.*
Tu as — Tu es.	Tu tens — Tu estás.
Es-tu fatigué ?	Estás cançado, fatigado ?
Je ne suis pas fatigué.	Não estou cançado.
Les hommes sont-ils fatigués ?	† Estão os homens cançados ?

Rem. L'adjectif doit s'accorder en genre et en nombre avec le nom ou le pronom qu'il qualifie.

Ils ne sont pas fatigués.	Não estão cançados.

Tu veux — tu peux.	Tu queres — tu pódes.
Veux-tu faire mon feu ?	† Queres-me accender o lume ?
Je veux le faire, mais je ne peux pas.	† Eu quero accendel-o, mas não posso.

As-tu peur ?	Tens medo ?
Je n'ai pas peur ; j'ai froid.	Não tenho medo ; tenho frio.
As-tu faim ?	Tens fome ?

VINGT-DEUXIÈME LEÇON

Vendre.	Vender 2.
Dire.	Dizer * 2.
Dire à quelqu'un.	Dizer a alguem.
Le mot.	A palavra.

Voulez-vous dire au domestique de faire le feu ?	† Quer V^ce dizer ao criado *que* accenda o lume ?
Je veux lui dire de le faire.	† Quero dizer-lhe *que* o accenda.

Singulier.	*Pluriel.*	*Singular.*	*Plural.*
Ton	tes.	Teu,	teus.
Le tien,	les tiens.	O teu,	os teus.
Ton livre.	tes livres.	Teu livro,	teus livros.

THÈMES.

63.

Voulez-vous envoyer (*quer V^ce*) chercher (*buscar*) du sucre? — Je veux en envoyer chercher. — Mon fils, veux-tu aller chercher des gâteaux? — Oui, mon père, je veux en aller chercher. — Où veux-tu aller ? — Je veux aller au jardin. — Qui est dans le jardin ? — Les enfants de nos amis y sont. — Voulez-vous envoyer (*enviar*) chercher le médecin ? — Je veux l'envoyer chercher (*buscar*). — Qui veut aller chercher mon frère ? — Mon domestique veut l'aller chercher. — Où est-il ? — Il est (*está*) à son comptoir. — Voulez-vous me donner (*dar-me*) mon bouillon ? — Je veux vous le donner. — Où est-il ? — Il est au coin du feu. — Voulez-vous me donner de l'argent pour aller chercher du lait? — Je veux vous en donner pour en aller chercher. — Où est votre argent (*o dinheiro de V.*)? — Il est dans mon comptoir. — Voulez-vous l'aller chercher ? — Je veux l'aller chercher. — Voulez-vous acheter mon cheval ? — Je ne puis l'acheter : je n'ai pas d'argent. — Où est votre chat ? — Il est dans le trou. — Dans quel trou est-il? — Dans le trou du grenier. — Où est le chien de cet homme ? — Il est dans un coin du vaisseau. — Où le paysan a-t-il son blé ? — Il l'a dans son sac. — A-t-il un chat ? — Il en a un. — Où est-il ? — Il est au fond du sac. — Votre chat est-il dans ce sac ? — Il y est.

64.

Avez-vous quelque chose à faire? — J'ai quelque chose à faire. — Qu'avez-vous à faire? — J'ai à raccommoder mes bas et à aller au bout du chemin. — Qui est au bout du chemin ? — Mon père y est. — Votre cuisinier a-t-il quelque chose à boire ? — Il a à boire du vin et de bon bouillon. — Pouvez-vous me donner autant de beurre que de pain ? — Je puis (*posso*) vous donner plus de celui-ci que de celui-là. — Votre ami peut-il boire autant de vin que de café ? — Il ne peut boire autant de celui-ci que de celui-là. — Avez-vous à parler à quelqu'un ? — J'ai à parler (*que fallor*) à plusieurs hommes. — A combien d'hommes avez-vous à parler? — J'ai à parler à quatre. — Quand avez-vous à leur parler ? — Ce soir. — A quelle heure? — A neuf heures moins un quart. — Quand pouvez-vous aller au marché ? — Je puis y aller le matin. — A quelle heure ? — A sept heures et demie. — Quand voulez-vous aller chez le Français? — Je veux y aller ce soir. — Voulez-vous aller chez le médecin le matin ou le soir? — Je veux y aller le matin. — A quelle heure ? — A dix heures et quart.

65.

Avez-vous à écrire autant de billets que l'Anglais? — J'en ai à écrire moins que lui. — Voulez-vous parler à l'Allemand ? — Je veux lui parler. — Quand voulez-vous lui parler ? — A présent. — Où est-il? — Il est à l'autre bout du bois. — Voulez-vous aller au marché ? — Je veux y aller pour (*para*) acheter (*comprar*) du linge (*roupa branca*). — Vos voisins ne veulent-ils pas aller au marché ? — Ils ne peuvent pas y aller ; ils sont fatigués (*cançados*). — As-tu le courage d'aller au bois le soir ? — J'ai le courage d'y aller; mais pas le soir. — Vos enfants peuvent-ils répondre à mes billets? — Ils peuvent y répondre. — Que voulez-vous dire au domestique? — Je veux lui dire de faire du feu et de balayer le magasin. — Voulez-vous dire à votre frère de me vendre son cheval ? — Je veux lui dire de vous le vendre. — Que voulez-vous me dire ? — Je veux vous dire un mot. — Qui voulez-vous voir? — Je veux voir l'Écossais. — Avez-vous quelque chose à lui dire (*que dizer-lhe*) ? — J'ai quelques mots à lui dire. — Quels livres mon frère veut-il vendre ? — Il veut vendre les tiens et les siens.

VINGT-TROISIÈME LEÇON.
Lição vigesima terceira.

Sortir.	Sahir 3.
Rester.	Ficar 1, permanecer 2.
Quand voulez-vous sortir?	Quando quer V^{ce} sahir?
Je veux sortir à présent.	Quero sahir agora.
Rester à la maison.	Ficar em casa.

Ici, y.	*Aqui.*
Rester ici.	Ficar aqui.
Là, y.	*Lá, alli, acolá.*
Voulez-vous rester ici?	Quer V^{ce} ficar aqui?
Je veux y rester.	† Quero ficar.
Votre ami veut-il rester là?	Quer o seu amigo ficar alli?
Il ne veut pas y rester.	Não quer ficar (lá).
Voulez-vous aller chez votre frère?	Quer V^{ce} ir a casa do seu irmão?
Je veux y aller.	Quero ir.

Le plaisir.	O prazer, o gosto, o favor.
Faire plaisir.	Dar gosto, fazer o favor, agradar.
Faire un plaisir.	Fazer um favor.

Allez-vous?	Vai V^{ce}?
Je vais.	Vou.
Je ne vais pas.	Não vou.
Tu vas.	Tu vaes.
Va-t-il?	Vai elle?
Il va.	Vai.
Il ne va pas.	Não vai.
Allons-nous? Nous en allons-nous?	Vamos nós? Nós vamos?
Nous allons.	Vamos.
Qu'allez-vous faire?	Que vai V^{ce} fazer?

Je vais lire.	Vou lêr.
Lire.	Lêr 2.

VINGT-TROISIÈME LEÇON

Allez-vous chez votre frère ?	Vai V^{ce} a casa de seu irmão ?
J'y vais.	Vou.
Où va-t-il ?	Aonde vai elle ?
Il va chez son père.	Vai a casa de seu pai.

MASCULIN.

Sing. *Tout.*   Plur. *Tous.* | Sing. *Todo.*   Plur. *Todos.*

FÉMININ.

Sing. *Toute.*   Plur. *Toutes.* | Sing. *Toda.*   Plur. *Todas.*

Tous les jours.	Todos os dias.
Tous les matins.	Todas as manhãs.
Tous les soirs.	Todas as tardes.

Il est.	E.
Tard.	Tarde.
Quelle heure est-il ?	Que hora é ? Que horas são ?
Il est trois heures.	São trez (horas).
Il est midi.	É meio dia.
Il est midi et quart.	É meio dia e um quarto.
Il est six heures moins un quart.	São seis menos um quarto.
Il est une heure et demie.	É uma e meia.

Connaître.	Conhecer 2.
Connaître un homme.	Conhecer um homem.

Besoin.	Necessidade.
Avoir besoin de.	Ter necessidade de; necessitar.
J'en ai besoin.	† Tenho necessidade, necessito.
Avez-vous besoin de ce couteau ?	Tem V^{ce} necessidade d'esta faca ?
Je n'en ai pas besoin.	Não tenho necessidade d'ella.
Avez-vous besoin de ces couteaux ?	Tem V^{ce} necessidade d'estas facas ?
J'en ai besoin.	Tenho necessidade d'ellas.
Je n'en ai pas besoin.	Não tenho necessidade d'ellas.
Je n'ai besoin de rien.	Não necessito nada.
A-t-il besoin d'argent ?	Tem elle necessidade de dinheiro ?
Il n'en a pas besoin.	Não tem necessidade d'elle.

De quoi ?	De que ?
De quoi avez-vous besoin ?	De que tem V^{ce} necessidade ?

VINGT-TROISIÈME LEÇON

OBJET INDIRECT OU GÉNITIF DES PRONOMS PERSONNELS.

Voy. leç. XX.

| De moi, de toi, de lui. | De mim, de ti, d'elle. |
| De nous, de vous, d'eux. | De nós, de V^{ces}, ou V^{ce}, d'elles. |

Votre père a-t-il besoin de moi ?	Tem o seu pai necessidade de mim ?
Il a besoin de vous.	Tem necessidade de V^{ce}.
Avez-vous besoin de ces livres ?	Tem V^{ce} necessidade d'estes livros ?
J'en ai besoin.	Tenho necessidade d'elles.
A-t-il besoin de mes frères ?	Tem elle necessidade de meus irmãos ?
Il a besoin d'eux.	Tem necessidade d'elles.
Il en a besoin.	

THEMES.

66.

Voulez-vous me faire un plaisir (*favor*)? — Oui, Monsieur, lequel (*qual*)? — Voulez-vous dire à mon domestique de faire (*que faça*) le feu ? — Je veux lui dire de le faire. — Voulez-vous lui dire de balayer les magasins ? — Je veux lui dire de les balayer. — Que voulez-vous dire à votre père ? — Je veux lui dire (*quero dizer-lhe*) de vous vendre (*que venda a V^{ce}*) son cheval. — Voulez-vous dire à votre fils d'aller (*que vá*) chez mon père ? — Je veux lui dire d'y aller. — Avez-vous quelque chose à me dire (*que me dizer*)? — Je n'ai rien à vous dire. — Avez-vous quelque chose à dire à mon père ? — J'ai un mot à lui dire. — Ces hommes veulent-ils vendre leurs tapis ? — Ils ne veulent pas les vendre. — Jean, es-tu (*estás*) là ? — Oui, Monsieur, j'y suis estou). — Que vas-tu faire ? — Je vais chez votre chapelier pour lui dire de raccommoder votre chapeau. — Veux-tu aller chez le tailleur pour lui dire de raccommoder mes habits ? — Je veux y aller. — Voulez-vous aller au marché ? — Je veux y aller. — Votre marchand qu'a-t-il à vendre ? — Il a à vendre de beaux gants de peau, des peignes, de bon drap et de beaux paniers de bois. — A-t-il à vendre des fusils de fer ? — Il en a à vendre. — Veut-il me vendre ses chevaux ? — Il veut vous les vendre. — Avez-vous quelque chose à vendre ? — Je n'ai rien à vendre.

VINGT-TROISIÈME LEÇON

67.

Est-il tard ? (é tarde) ? — Il n'est pas tard. — Quelle heure est-il? — Il est midi et un quart. — A quelle heure le capitaine veut-il sortir ? — Il veut sortir à huit heures moins un quart. — Qu'allez-vous faire ? — Je vais lire. — Qu'avez-vous à lire ? — J'ai à lire un bon livre. — Voulez-vous me le prêter ? — Je veux vous le prêter. — Quand voulez-vous me le prêter ? — Je veux vous le prêter demain. — Avez-vous envie de sortir ? — Je n'ai pas envie de sortir. — Voulez-vous (quer V^{ce}) rester ici, mon cher ami ? — Je ne puis rester ici. — Où avez-vous à aller ? — J'ai à aller au comptoir. — Quand voulez-vous aller au bal ? — Ce soir. — A quelle heure ? — A minuit. — Allez-vous chez l'Ecossais le soir ou le matin ? — J'y vais le soir et le matin. — Où allez-vous maintenant ? — Je vais au théâtre. — Où votre fils va-t-il ? — Il ne va nulle part ; il va rester à la maison pour écrire ses billets. — Où est votre frère ? — Il est à son magasin. — Ne veut-il pas sortir ? — Non, Monsieur, il ne veut pas sortir. — Que va-t-il y faire ? Il va écrire à ses amis. — Voulez-vous rester ici ou là ? — Je veux rester là. — Où votre père veut-il rester ? — Il veut rester là. — Notre ami a-t-il envie de rester (permanecer) dans le jardin ? — Il a envie d'y rester.

68.

A quelle heure le Hollandais est-il chez lui ? — Il est chez lui tous les soirs à neuf heures et un quart. — Quand votre cuisinier va-t-il au marché ? — Il y va tous les matins à cinq heures et demie. — Quand nôtre voisin va-t-il chez (a casa do) les Irlandais ? — Il y va tous les jours. — A quelle heure ? — A huit heures du matin. — Que voulez-vous acheter ? — Je ne veux rien acheter ; mais mon père veut acheter un bœuf. — Veut-il acheter ce bœuf-ci ou celui-là ? — Il ne veut acheter ni celui-ci ni celui-là. — Lequel (qual) veut-il acheter ? — Il veut acheter celui de votre ami. — Le marchand a-t-il encore un habit à vendre ? — Il en a encore un ; mais il ne veut pas le vendre. — Cet homme a-t-il encore un couteau à vendre ? — Il n'a plus de couteau à vendre ; mais il a encore quelques fusils à vendre. — Quand veut-il les vendre ? — Il veut les vendre aujourd'hui. — Où ? — A son magasin. — Voulez-vous voir mon ami ? — Je veux le voir pour le connaître. — Voulez-vous connaître mes enfants (meninos) ? — Je veux les connaître. — Combien d'enfants avez-vous ? — Je n'en ai que (senão) deux ; mais mon frère en a plus que moi : il en a six. — Cet homme veut-il boire trop de vin ? — Il veut en boire trop. — Avez-vous assez de vin à boire ? — Je n'en ai guère ; mais j'en ai assez.

— Votre frère veut-il acheter trop de gâteaux ? — Il veut en acheter beaucoup; mais pas trop.

69.

Pouvez-vous me prêter (*prestar-me*) un couteau ? — Je peux vous en prêter un. — Votre père peut-il me prêter un livre ? — Il peut vous en prêter plusieurs. — De quoi avez-vous besoin ? — J'ai besoin d'un bon fusil. — Avez-vous besoin de ce tableau ? — J'en ai besoin. — Votre frère a-t-il besoin d'argent ? — Il n'en a pas besoin. — A-t-il besoin de souliers ? — Il n'en a pas besoin. — De quoi a-t-il besoin ? — Il n'a besoin de rien. — Avez-vous besoin de ces bâtons ? — J'en ai besoin. — Qui a besoin de sucre ? — Personne n'en a besoin. — Quelqu'un a-t-il besoin de poivre ? Personne n'en a besoin ? — De quoi ai-je besoin ? — Vous n'avez besoin de rien. — Votre père a-t-il besoin de ces tableaux-ci ou de ceux-là ? — Il n'a besoin ni de ceux-ci ni de ceux-là. — Avez-vous besoin de moi ? — J'ai besoin de vous. — Quand avez-vous besoin de moi ? — A présent. — Qu'avez-vous (*que tem* V^{ce}) à (*que*) me dire ? — J'ai un mot à vous dire. — Votre fils a-t-il besoin de nous ? — Il a besoin de vous et de vos frères. — Avez-vous besoin de mes domestiques ? — J'en ai besoin. — Quelqu'un a-t-il besoin de mon frère ? — Personne n'a besoin de lui. — Votre père a-t-il besoin de quelque chose ? — Il n'a besoin de rien. — De quoi l'Anglais a-t-il besoin ? — Il a besoin de linge. — N'a-t-il pas besoin de bijoux ? — Il n'en a pas besoin. — De quoi le matelot a-t-il besoin ? — Il a besoin de biscuits, de lait, de fromage et de beurre. — Allez-vous (*va* V.) me donner quelque chose ? — Je vais vous donner du pain et du vin.

VINGT-QUATRIÈME LEÇON.
Lição vigesima quarta.

PRÉSENT.

Pour former le présent de l'indicatif d'un verbe portugais, il faut en connaître d'abord le radical. L'élève devra, pour cela, retrancher de l'infinitif la terminaison, c'est-à-dire les deux dernières lettres. Ainsi le radical du verbe *fallar* est *fall;* celui du verbe *vender*, *vend;* celui du verbe *partir*, *part*. Une fois le radical connu, pour former la première personne du présent de l'indicatif des trois conjugaisons, ajoutez o. Ex.: *Fall-o, vend-o, part-o*.

La voyelle caractéristique des verbes de la première conjugaison *a* revient à la terminaison de toutes les personnes du présent de l'indicatif, excepté la première. Ex.: *Fallo, fallas, falla, fallamos, fallaes, fallam*.

A la deuxième conjugaison, ce n'est point *a*, c'est *e*, qui est la voyelle caractéristique revenant à la terminaison de toutes les personnes du même temps. Ex.: *Vendo, vendes, vende, vendemos, vendeis, vendem*.

Quant aux verbes de la troisième conjugaison, ils conservent au présent de l'indicatif l'*e* des verbes de la deuxième, les deux premières personnes du pluriel exceptées, où l'*i* doit figurer seul. Ex.: *Parto, partes, parte, partimos, partis, partem*.

PREMIÈRE CONJUGAISON.

Infinitif.	Participe présent.	Infinitif.	Participe présent.
Parler,	parlant.	Fallar,	fallando.

PRÉSENT.

Je parle, tu parles, il parle.	Eu fallo, tu fallas, elle falla.
Nous parlons, vous parlez, ils parlent.	Nós fallamos, vós fallaes, elles fallam.

SECONDE CONJUGAISON.

Vendre, vendant.	Vender, vendendo.
Je vends, tu vends, il vend.	Eu vendo, tu vendes, elle vende,
Nous vendons, vous vendez, ils vendent.	Nós vendemos, vós vendeis, elles vendem.

VINGT-QUATRIÈME LEÇON

TROISIÈME CONJUGAISON.

Partir, partant.	Partir, partindo.
Je pars, tu pars, il part.	Eu parto, tu partes, elle parte.
Nous partons, vous partez, ils partent.	Nós partimos, vós partis, elles partem.
Aimer.	Amar 1 (pour les personnes).
	Gostar de 1 (pour les choses).
J'aime, tu aimes, il aime.	Eu amo, tu amas, elle ama.
Nous aimons, vous aimez, ils aiment.	Nós amamos, vós amaes, elles amam.
Arranger, ranger.	Arranjar, ordenar 1.
Être, étant.	Ser ou estar, sendo ou estando.
Nous sommes, vous êtes, ils sont.	Nós somos ou estamos, vós sois ou estaes, elles são ou estão.
Avoir, ayant.	Haver ou ter, havendo ou tendo.
Nous avons, vous avez, ils ont.	Nos havemos ou temos, vos haveis ou tendes, elles hão ou teem.
Savoir, sachant.	Saber *, 2 sabendo.
Nous savons, vous savez, ils savent.	Nós sabemos, vós sabeis, elles sabem.
Faire, faisant.	Fazer* 2, fazendo.
Vous faites, ils font.	Vós fazeis, elles fazem.
Dire, disant.	Dizer * 2, dizendo.
Vous dites.	Vós dizeis.
L'aimez-vous ?	Ama-o V^{ce} ?
Je l'aime.	Eu amo-o.
Je ne l'aime pas.	Eu não o amo.
Vendez-vous votre cheval ?	Vende V^{ce} o seu cavallo ?
Je le vends.	Vendo-o.
Le vendez-vous ?	Vende-o V^{ce} ?
Vous envoie-t-il le billet ?	† Manda-lhe elle o bilhete ?
Il me l'envoie.	Manda-m'o.

VINGT-QUATRIÈME LEÇON

J'envoie, tu envoies, il envoie, ils envoient.	Eu envio, tu envias, elle envia, elles enviam.
Je balaie, tu balaies, il balaie, ils balaient.	Eu varro, tu varres, elle varre, elles varrem.
Le domestique balaie-t-il le plancher ?	† Varre o criado o sobrado ?
Il le balaie.	Varre-o.

Faire.	Fazer 2*.
Je fais, tu fais, il fait.	Eu faço, tu fazes, elle faz.
Boire, buvant.	Beber *2, bebendo.
Je bois, tu bois, il boit.	Eu bebo, tu bebes, elle bebe.
Venir, venant.	Vir* 3, vindo.
Je viens, tu viens, il vient.	Eu venho, tu vens, elle vem.
Écrire, écrivant.	Escrever 2, escrevendo.
J'écris, tu écris, il écrit.	Eu escrevo, tu escreves, elle escreve.
Voir, voyant.	Ver* 2, vendo.
Je vois, tu vois, il voit.	Eu vejo, tu vês, elle vê.
Dire.	Dizer * 2.
Je dis, tu dis, il dit.	Eu digo, tu dizes, elle diz.
Sortir, sortant.	Sahir* 3, sahindo.
Je sors, tu sors, il sort.	Eu saio ; tu sabes, elle sabe.
Lire, lisant.	Lêr 2, lendo.
Je lis, tu lis, il lit.	Eu leio, tu lês, elle lê.
Connaître, connaissant.	Conhecer* 2, conhecendo.
Je connais, tu connais, il connaît.	Eu conheço, tu conheces, elle conhece.

Ouvrir, ouvrant.	Abrir, abrindo.
J'ouvre, tu ouvres, il ouvre.	Eu abro, tu abres, elle abre.
Ouvrez-vous son billet ?	† Abre V^ce a sua carta ?
Je ne l'ouvre pas.	Não a abro.
Ouvre-t-il les yeux ?	Ama elle os olhos ?
Il les ouvre.	Elle os abre.
Qui aimez-vous ?	A quem ama ?
J'aime mon père.	Amo meu pai.
Votre père aime-t-il son fils ?	† Ama o pai de V^ce o seu filho?
Il l'aime.	Ama-o.
Aimez-vous vos enfants ?	† Ama V^ce a seus meninos ?
Je les aime.	Eu amo-os.
Aimez-vous le vin ?	† Gosta V^ce do vinho ?
Je l'aime.	† Gosto d'elle.

Qu'aimez-vous ?	† De que gosta V^{ce} ?
Du cidre.	(A) cidra.
J'aime le cidre.	Gosto de cidra.
L'Américain.	O americano.
L'Américain, qu'aime-t-il ?	De que gosta o americano ?
Il aime le café.	Gosta de café.

THÈMES.

70.

Aimez-vous votre frère? — Je l'aime. — Votre frère vous aime-t-il ? — Il ne m'aime pas. — M'aimes-tu, mon bon enfant ? — Je t'aime. — Aimes-tu ce vilain homme ? — Je ne l'aime pas. — Qui aimez-vous? — J'aime mes enfants. — Qui aimons-nous ? — Nous aimons nos amis. — Aimons-nous quelqu'un ? — Nous n'aimons personne. — Quelqu'un nous aime-t-il ? — Les Américains nous aiment. — Avez-vous besoin de quelque chose ? — Je n'ai besoin de rien. — De qui votre père a-t-il besoin ? — Il a besoin de son domestique. — De quoi (de que) avez-vous besoin ? — J'ai besoin du billet. — Avez-vous besoin de ce billet-ci ou de celui-là ? — J'ai besoin de celui-ci. — Que voulez-vous en faire ? — Je veux l'ouvrir pour le lire. — Votre fils lit-il nos billets ? — Il les lit. — Quand les lit-il ? — Il les lit quand il les reçoit. — Reçoit-il autant de billets que moi ? — Il en reçoit plus que vous. — Que me donnez-vous ? — Je ne te donne rien. — Donnez-vous ce livre à mon frère ? — Je le lui donne. — Lui donnez-vous un oiseau ? — Je lui en donne un. — A qui prêtez-vous vos livres ? — Je les prête à mes amis. — Votre ami me prête-t-il un habit ? — Il vous en prête un. — A qui prêtez-vous vos habits ? — Je ne les prête à personne.

71.

Arrangeons-nous quelque chose ? — Nous n'arrangeons rien. — Votre frère que range-t-il ? — Il range ses livres. — Vendez-vous votre vaisseau ? — Je ne le vends pas. — Le capitaine vend-il le sien ? — Il le vend. — L'Américain que vend-il ? — Il vend ses bœufs. — L'Anglais finit-il son billet ? — Il le finit. — Quels billets finissez-vous ? — Je finis ceux que j'écris à mes amis. — Vois-tu quelque chose ? — Je ne vois rien. — Voyez-vous mon grand jardin ? — Je le vois. — Votre père voit-il nos vaisseaux ? — Il ne les voit pas; mais nous les voyons. — Combien de soldats voyez-vous ? — Nous en voyons beaucoup; nous en voyons plus de trente. — Buvez-vous quelque chose ? — Je bois du vin. — Le matelot que boit-il ? — Il boit du cidre. — Buvons-nous du vin ou du cidre ? — Nous buvons du vin et du cidre. — Les Italiens que boivent-ils ? — Ils boivent du chocolat. — Buvons-nous du vin ? — Nous en buvons. — Qu'écris-tu ? — J'écris un billet. — A qui ? — A mon voisin. — Votre ami écrit-il ? — Il écrit. — A qui écrit-il ? — Il écrit à son tailleur.

72.

Écrivez-vous vos billets le soir ? — Nous les écrivons le matin. — Que dis-tu ? — Je ne dis rien. — Votre frère dit-il quelque chose ? — Il dit quelque chose. — Que dit-il ? — Je ne sais. — Que dites-vous à mon domestique ? — Je lui dis de balayer le plancher et d'aller chercher du pain, du fromage et du vin. — Disons-nous quelque chose ? — Nous ne disons rien. — Votre ami que dit-il au cordonnier ? — Il lui dit de raccommoder ses souliers. — Que dites-vous aux tailleurs ? — Je leur dis de faire (*que facam*) mes habits. — Sors-tu ? Je ne sors pas. — Qui sort ? — Mon frère sort. — Où va-t-il ? — Il va au jardin. — Chez qui (*a casa de quem*) allez-vous ? — Nous allons chez les bons Anglais. — Que lis-tu ? — Je lis un billet de mon ami. — Votre père que lit-il ? — Il lit un livre. — Que faites-vous ? — Nous lisons. — Vos enfants lisent-ils ? — Ils ne lisent pas, ils n'ont pas le temps de lire. — Lisez-vous les livres que je lis ? — Je ne lis pas ceux que vous lisez ; mais ceux que notre père lit. — Connaissez-vous cet homme ? — Je ne le connais pas. — Votre ami le connaît-il ? — Il le connaît.

73.

Connaissez-vous mes (*a mis*) enfants ? — Nous les connaissons. — Vous connaissent-ils ? — Ils ne nous connaissent pas. — Qui connaissez-vous ? — Je ne connais personne. — Quelqu'un vous connaît-il ? — Quelqu'un me connaît. — Qui vous connaît ? — Le bon capitaine me connaît. — Que manges-tu ? — Je mange du pain. — Votre fils ne mange-t-il pas du fromage ? — Il n'en mange pas. — Coupez-vous quelque chose ? — Nous coupons du bois. — Les marchands que coupent-ils ? — Ils coupent du drap. — M'envoyez-vous quelque chose ? — Je vous envoie un bon fusil. — Votre père vous envoie-t-il de l'argent ? — Il m'en envoie. — Vous envoie-t-il plus que moi ? — Il m'envoie plus que vous. — Combien vous envoie-t-il ? — Il m'envoie plus de cinquante écus. — Quand recevez-vous vos billets ? — Je les reçois tous les matins. — A quelle heure ? — A dix heures et demie. — Votre fils vient-il ? — Il vient. — Chez qui vient-il ? — Il vient chez moi. — Venez-vous chez moi ? — Je ne vais pas chez vous ; mais chez vos enfants. — Où notre ami va-t-il ? — Il ne va nulle part, il reste chez lui (*na sua casa*.) — Allez-vous à la maison ? — Nous n'allons pas à la maison ; mais chez nos amis. — Où sont vos amis ? — Ils sont dans leur jardin. — Les Écossais sont-ils dans leurs jardins ? — Ils y sont.

74.

Qu'achetez-vous ? — J'achète des couteaux. — Achetez-vous plus de couteaux que de verres ? — J'achète plus de ceux-ci que de ceux-là. — Combien de chevaux l'Allemand achète-t-il ? — Il en achète beaucoup; il en achète plus de vingt. — Votre domestique que porte-t-il ? — Il porte un grand coffre. — Où le porte-t-il ? — Il le porte à la maison. — A qui parlez-vous ? — Je parle à l'Irlandais. — Lui parlez-vous tous les jours ? — Je lui parle tous les matins et tous les soirs. — Vient-il chez vous ? — Il ne vient pas chez moi; mais je vais chez lui. — Votre domestique qu'a-t-il à faire ? — Il a à (tem que) balayer mon plancher et à ranger mes livres. — Mon père répond-il à vos billets ? — Il y répond. — Votre garçon que casse-t-il ? — Il ne casse rien; mais vos garçons cassent mes verres. — Déchirent-ils quelque chose ? — Ils ne déchirent rien. — Qui brûle mon chapeau ? — Personne ne le brûle. — Cherchez-vous quelqu'un ? — Je ne cherche (não busco) personne (ninguem). — Mon fils que cherche-t-il ? — Il cherche son portefeuille. — Votre cuisinier que tue-t-il ? — Il tue un poulet.

75.

Tuez-vous un oiseau ? — J'en tue un. — Combien de poulets votre cuisinier tue-t-il ? — Il en tue trois. — Chez qui menez-vous mon garçon ? — Je le mène chez le peintre. — Quand le peintre est-il (está) chez lui (na sua casa) ? — Il est chez lui tous les soirs à sept heures. — Quelle heure est-il à présent ? — Il n'est pas encore six heures. — Sortez-vous le soir ? — Je sors le matin. — Avez-vous peur de sortir le soir ? — Je n'ai pas peur; mais je n'ai pas le temps de sortir le soir. — Travaillez-vous autant que votre fils ? — Je ne travaille pas autant que lui. — Mange-t-il plus que vous ? — Il mange moins que moi. — Vos enfants peuvent-ils écrire autant de billets que mes enfants ? — Ils peuvent en écrire tout autant. — Le Russe peut-il boire autant de vin que de cidre ? — Il peut boire plus de celui-ci que de celui-là. — Quand nos voisins sortent-ils ? Ils sortent tous les matins à six heures moins un quart. — Quel billet envoyez-vous à votre père ? — Je lui envoie le mien. — N'envoyez-vous pas le mien ? — Je l'envoie aussi.

VINGT-CINQUIEME LEÇON.

Lição vigesima quinta.

Apporter.	Trazer * 2.
Trouver.	Achar* encontrar 1.
Au spectacle.	Ao théatro, no théatro, ao espetaculo.
Le boucher.	O carniceiro.
Le mouton.	O carneiro.

Ce que.	O que, aquillo que.
Trouvez-vous ce que vous cherchez?	Encontra V^{ce} o que busca?
Je trouve ce que je cherche.	Acho o que busco.
Il ne trouve pas ce qu'il cherche.	Não encontra o que busca.
Nous trouvons ce que nous cherchons.	Achamos o que buscamos.
Ils trouvent ce qu'ils cherchent.	Acham o que buscam.
Je raccommode ce que vous raccommodez.	Componho o que V^{ce} compõe.
J'achète ce que vous achetez.	Compro o que V^{ce} compra.
J'achète, tu achètes, il achète.	Eu compro, tu compras, elle compra.
Je mène, tu mènes, il mène.	Eu conduzo, tu conduzes, elle conduz.

Le menez-vous au spectacle?	Conduze-o V^{ce} ao théatro?
Je l'y mène.	Conduzo-o.

Étudier.	Estudar 1.
Au lieu de.	Em lugar de, em vez de.

MÉTH. PORTUG.

VINGT-CINQUIÈME LEÇON

Jouer.	Jogar, brincar 1.
Écouter.	Escutar 1.
Au lieu d'écouter.	Em lugar de escutar.
Au lieu de jouer.	Em lugar de jogar.
Jouez-vous au lieu d'étudier?	Joga V^{ce} em lugar de estudar?
J'étudie au lieu de jouer.	Eu estudo em lugar de jogar.
Cet homme parle au lieu d'écouter.	Este homem falla em vez d'escutar.

Avez-vous mal au doigt?	† Doe-lhe o dedo?
J'ai mal au doigt.	† Doe-me o dedo.
Votre frère a-t-il mal au pied?	† Doe o pé a seu irmão?
Il a mal à l'œil.	† Doe-lhe o olho.
Nous avons mal aux yeux.	† Doem-nos os olhos.

Le coude.	O cotovêlo.
Le dos.	† As costas.
Le bras.	O braço.
Le genou.	O joelho.

Lisez-vous au lieu d'écrire?	Lê V^{ce} em vez de escrever?
Votre frère lit-il au lieu de parler?	† Lê o seu irmão em vez de fallar?

Le lit.	A cama.
Le domestique fait-il le lit?	† O criado faz a cama?
Il fait le feu au lieu de faire le lit.	† Accende o lume em vez de fazer a cama.

Apprendre, apprenant.	Aprender 2, aprendendo.
J'apprends, tu apprends, il apprend.	Eu aprendo, tu aprendes, elle aprende.
J'apprends à lire.	Aprendo a lêr.
Il apprend à écrire.	Elle aprende a escrever.

† Avoir mal à.	Ter dôr, ter doente, sentir dôr em, doer.
J'ai mal à la tête.	† Doe-me a cabeça.
	† Tenho dôres de cabeça.
J'ai mal à la jambe.	† Doe-me *uma* perna.

VINGT-CINQUIÈME LEÇON

THÈMES.

76.

Allez-vous au spectacle ce soir? — Je ne vais pas au spectacle. — Qu'avez-vous à faire? — J'ai à étudier. — A quelle heure sortez-vous? — Je ne sors pas (*de tarde*) le soir. — Votre père sort-il? — Il ne sort pas. — Que fait-il? — Il écrit. — Écrit-il un livre? — Il en écrit un. — Quand l'écrit-il? — Il l'écrit le matin et le soir. — Est-il (*está*) chez lui à présent? — Il y est. — Ne sort-il pas? — Il ne peut pas sortir; il a mal au pied. — Le cordonnier apporte-il nos souliers? — Il ne les apporte pas. — Ne peut-il pas travailler? — Il ne peut pas travailler; il a mal (*doelhe*) au genou. — Quelqu'un a-t-il mal au coude? — Mon tailleur a mal au coude. — Qui (*a quem*) a mal au (*doe*) bras (*o braço*)? — J'ai mal au bras. — Me coupez-vous du pain? — Je ne puis vous en couper, j'ai mal (*doem-me*) aux doigts (*os dedos*). — Lisez-vous votre livre? — Je ne peux pas le lire, j'ai mal à l'œil. — Qui a mal aux yeux? — Les Français ont mal aux yeux. — Lisent-ils trop? — Ils ne lisent pas assez. — Quel jour du mois est-ce aujourd'hui? — C'est le trois. — Quel jour du mois est-ce demain? — Demain, c'est le quatre. — Cherchez-vous quelqu'un? — Je ne cherche personne. — Le peintre que cherche-t-il? — Il ne cherche rien. — Qui cherchez-vous? — Je cherche votre fils. — Avez-vous quelque chose à lui dire? — J'ai quelque chose à lui dire.

77.

Qui me cherche? — Votre père vous cherche. — Quelqu'un cherche-t-il mon frère? — Personne ne le cherche. — Trouves-tu ce que (*o que*) tu cherches? — Je trouve ce que (*o que*) je cherche. — Le capitaine trouve-t-il ce qu'il cherche? — Il trouve ce qu'il cherche; mais ses enfants ne trouvent pas ce qu'ils cherchent. — Que cherchent-ils? — Ils cherchent leurs (*seus*) livres. — Où me mènes-tu? — Je vous mène au théâtre. — Ne me menez-vous pas au marché? — Je ne vous y mène pas. — Les Espagnols trouvent-ils les parapluies qu'ils cherchent? — Ils ne les trouvent pas. — Le tailleur trouve-t-il son dé? — Il ne le trouve pas. — Les marchands trouvent-ils le drap qu'ils cherchent? — Ils le trouvent. — Les bouchers que trouvent-ils? — Ils trouvent les bœufs et les moutons qu'ils cherchent. — Votre cuisinier que trouve-t-il? — Il trouve les poulets qu'il cherche. — Le médecin que fait-il? — Il fait ce que vous faites. — Que fait-il dans sa chambre (*quarto*)? — Il lit. — Que lit-il? — Il lit le livre de votre père. — L'Anglais qui cherche-t-il? — Il cherche son ami, pour le mener au jardin. — Que fait l'Allemand dans sa chambre ? — Il apprend à lire. — N'apprend-il pas à écrire ? — Il ne l'apprend pas. — Votre fils apprend-il à écrire ? — Il apprend à écrire et à lire.

78.

Le Hollandais parle-t-il au lieu d'écouter ? — Il parle au lieu d'écouter. — Sortez-vous au lieu de (*em vez de*) rester chez vous? — Je reste chez moi au lieu de sortir. — Votre fils joue-t-il au lieu d'étudier ? — Il étudie au lieu de jouer. — Quand étudie-t-il ? — Il étudie tous les jours. — Le matin ou le soir? — Le matin et le soir. — Achetez-vous un parapluie au lieu d'acheter un livre? — Je n'achète ni l'un ni l'autre. — Notre voisin casse-t-il ses bâtons au lieu de casser ses verres ? — Il ne casse ni les uns ni les autres. — Que casse-t-il ? — Il casse ses fusils. — Les enfants de notre voisin lisent-ils ? — Ils lisent au lieu d'écrire. — Que fait notre cuisinier ? — Il fait du feu au lieu d'aller au marché. — Le capitaine vous donne-t-il quelque chose? — Il me donne quelque chose. — Que vous donne-t-il ? — Il me donne beaucoup d'argent. — Vous donne-t-il de l'argent au lieu de vous donner du pain ? — Il me donne de l'argent et du pain. — Vous donne-t-il plus de fromage que de pain ? — Il me donne moins de celui-ci que de celui-là.

79.

Donnez-vous à mon ami moins de couteaux que de gants ? — Je lui donne plus de ceux-ci que de ceux-là. — Que vous donne-t-il ? — Il me donne beaucoup de livres au lieu de me donner de l'argent. — Votre domestique fait-il votre lit? — Il ne le fait pas. — Que fait-t-il au lieu de (*em vez de*) faire votre lit? — Il balaie la chambre au lieu de faire mon lit. — Boit-il au lieu de travailler ? — Il travaille au lieu de boire. — Les médecins sortent-ils ? — Ils restent chez eux au lieu de sortir. — Votre domestique fait-il du café ? — Il fait du thé au lieu de faire du café. — Quelqu'un vous prête-t-il un fusil ? — Personne ne m'en prête un. — Votre ami que me prête-t-il ? — Il vous prête beaucoup de livres et beaucoup de bijoux. — Lisez-vous le livre que je lis? — Je ne lis pas celui que vous lisez ; mais celui que lit le grand capitaine. — Avez-vous honte de lire les livres que je lis ? — Je n'ai pas honte ; mais je n'ai pas envie (*ganas*) de les lire.

DEUXIÈME MOIS
SEGUNDO MEZ

VINGT-SIXIÈME LEÇON.
Lição vigesima sexta.

Apprenez-vous le français ?	Aprende V^{ce} francez ?
Je l'apprends.	Aprendo-o.
Je ne l'apprends pas.	Não o aprendo.

Le français.	O francez.
L'anglais.	O inglez.
L'allemand.	O allemão.
L'italien.	O italiano.
L'espagnol.	O hespanhol.
Le polonais.	O polaco.
Le russe.	O russo.
Le latin.	O latim.
Le grec.	O grego.
L'arabe.	O arabe.
Le syriaque.	O syriaco.
J'apprends l'italien.	Aprendo italiano.
Mon frère apprend l'allemand.	O meu irmão aprende allemão.

Le Polonais.	O polaco.
Le Romain.	O romano.
Le Grec.	O grego.
L'Arabe.	O arabe.
Le Syrien.	O syrio.

Êtes-vous Anglais ?	E V^{ce} inglez ?
Non, monsieur, je suis Français.	Não, senhor, sou francez.
Il est Allemand.	Elle é allemão.
Est-il tailleur ?	É alfaiate ?
Non, il est cordonnier.	Não, é sapateiro.
Il est fou.	E louco, esta doudo.

VINGT-SIXIÈME LEÇON

Le fou.	O louco, o doudo.
Le soir.	† A, pela, de, à tarde, noite.
Le matin.	† A, pela, de manhã.
Le jour.	O dia.

Je vous souhaite le bonjour.	Bons dias tenha V^ce. Desejo-lhe bom dia.
Me souhaite-t-il le bonsoir ?	Da-me elle as boas tardes ?
Il vous souhaite le bonjour.	Da-lhe os bons dias.
Il a le front large.	Tem a fronte larga.
Il a les yeux bleus.	Tem os olhos azues.

Souhaiter.	Desejar, anhelar.

Le front.	† A fronte.
Bleu.	Azul.
Noir.	Negro.
Large.	Largo.

Grand.	Grão, gran, grande.
Un grand couteau.	Uma grande faca, um facalhão.
Un grand homme.	Um grande homem.

Un livre français.	Um livro francez.
Un livre anglais.	Um livro inglez.
De l'argent français.	†Dinheiro francez.
Du papier anglais.	† Papel inglez.

Lisez-vous un livre allemand ?	Lê V^ce um livro allemão?
Je lis un livre italien.	Leio um livro italiano.

Écouter quelque chose.	*Escutar alguma cousa.*
Écouter quelqu'un.	*Escutar alguem.*
Ce que.	*O que.*
Écoutez-vous ce que l'homme vous dit ?	Escuta V^ce o que o homem lhe diz ?
Je l'écoute.	Escuto-o.
Il écoute ce que je lui dis.	Elle escuta o que lhe digo.
Écoutez-vous ce que je vous dis ?	Escuta V^ce o que lhe digo ?

VINGT-SIXIÈME LEÇON 103

M'écoutez-vous ?	Escuta-me V^ce ?
Je vous écoute.	Escuto V^ce.
Écoutez-vous mon frère ?	Escuta V^ce meu irmão.
Je ne l'écoute pas.	Não o escuto.
Écoutez-vous les hommes ?	Escuta V^ce os homens ?
Je les écoute.	Escuto-os.

Corriger.	Corrigir 3.
Oter.	Tirar 1.

Le thème.	O thema.

Prendre, prenant.	*Tomar 1, tomando.*

Otez-vous votre chapeau ?	Tira V^ce o (seu) chapeu ?
Je l'ôte.	Tiro-o.
Votre père corrige-t-il vos thèmes ?	Corrige o seu pai os themas de V^ce ?
Il les corrige.	Corrige os.

Parler français.	Fallar francez.
Parler anglais.	Fallar inglez.
Parlez-vous français ?	Falla V^ce francez ?
Non, monsieur, je parle anglais.	Não, senhor, fallo inglez.

Prendre le café.	Tomar o café.
Prendre du café.	Tomar café.
Prendre le thé.	Tomar o chá.
Prendre du thé.	Tomar chá.
Prenez-vous du thé ?	Toma V^ce chá ?
J'en prends.	Tomo-o.
Prenez-vous le thé tous les jours ?	Toma V^ce o chá todos os dias ?
Je le prends tous les jours.	Tomo-o todos os dias.
Mon père prend-il du café ?	† Toma café o meu pai ?
Il prend le café tous les matins.	† Toma café todas as manhãs.
Mon frère prend du chocolat.	† O meu irmão toma chocolate.
Il prend le chocolat tous les matins.	† Toma chocolate todas as manhãs.

VINGT-SIXIÈME LEÇON

THEMES.

80.

Allez-vous chercher quelque chose ? — Je vais chercher quelque chose. — Qu'allez-vous chercher ? — Je vais chercher du cidre. — Votre père envoie-t-il chercher quelque chose ? — Il envoie chercher du vin. — Votre domestique va-t-il chercher du pain ? — Il va en chercher. — Qui votre voisin envoie-t-il chercher ? — Il envoie chercher le médecin. — Votre domestique ôte-t-il son habit pour faire le feu ? — Il l'ôte pour le faire. — Ôtez-vous vos gants pour me donner de l'argent ? — Je les ôte pour vous en donner — Apprenez-vous le français. — Je l'apprends. — Votre frère apprend-il l'allemand ? — Il l'apprend. — Qui apprend l'anglais ? — Le Français l'apprend. — Apprenons-nous l'italien ? — Vous l'apprenez. — Les Anglais qu'apprennent-ils ? — Ils apprennent le français et l'allemand. — Parlez-vous espagnol ? — Non, Monsieur, je parle italien. — Qui parle polonais ? — Mon frère parle polonais. — Nos voisins parlent-ils russe ? — Ils ne parlent pas russe ; mais arabe. — Parlez-vous arabe ? — Non, je parle grec et latin. — Quel couteau avez-vous ? — J'ai un couteau anglais. — Quel argent avez-vous là ? Est-ce de l'argent (*dinheiro*) italien ou espagnol ? — C'est de l'argent russe. — Avez-vous un couteau italien ? — Non, j'ai un chapeau espagnol. — Êtes-vous Français ? — Non, je suis (*eu sou*) Anglais. — Est-tu Grec ? — Non, je suis (*eu sou*) Espagnol.

81.

Ces hommes sont-ils (*são*) Allemands ? — Non ils sont (*são*) Russes. — Les Russes parlent-ils (*fallam*) polonais ? — Ils ne parlent pas polonais ; mais (*senão*) latin, grec et arabe. — Votre frère est-il (*é*) marchand ? — Non, il est menuisier. — Ces hommes-ci sont-ils marchands ? — Non, ils sont charpentiers. — Êtes-vous (*E V^{ce}*) cuisinier ? — Non, je suis boulanger. — Sommes nous tailleurs ? — Non, nous sommes cordonniers. — Es-tu fou ? — Je ne suis pas fou. — Cet homme-là qu'est-il ? — Il est médecin. — Me souhaitez-vous quelque chose ? — Je vous souhaite le bonjour. — Le jeune homme que me souhaite-t-il ? — Il vous souhaite le bonsoir. — Vos enfants viennent-ils chez moi pour me souhaiter le bonsoir ? — Ils viennent chez vous pour vous souhaiter le bonjour. — L'Allemand a-t-il les yeux noirs ? — Non, il a les yeux bleus. — Cet homme-là a-t-il les pieds grands ? — Il a les pieds petits, le front large et le nez grand. — Avez-vous le temps de lire mon livre ? — Je n'ai pas le temps de le lire ; mais j'ai beaucoup de courage pour étudier le français.

— Que fais-tu au lieu de jouer ? — J'étudie au lieu de jouer. — Apprends-tu au lieu d'écrire ? — J'écris au lieu d'apprendre. — Le fils de notre ami que fait-il ? — Il va dans le jardin au lieu de faire son thème. — Les enfants de vos voisins lisent-ils ? — Ils écrivent au lieu de lire. — Votre cuisinier que fait-il ? — Il fait du feu au lieu d'aller au marché. — Votre père vend-il son bœuf ? — Il vend son cheval au lieu de vendre son bœuf.

82.

Le fils du peintre étudie-t-il l'anglais ? — Il étudie le grec au lieu d'étudier l'anglais. — Le boucher tue-t-il des bœufs ? — Il tue des moutons au lieu de tuer des bœufs. — M'écoutez-vous ? — Je vous écoute. — Votre frère m'écoute-t-il ? — Il parle au lieu de vous écouter. — Écoutez-vous ce que je vous dis ? — J'écoute ce que vous me dites. — Écoutes-tu ce que ton frère te dit ? — Je l'écoute. — Les enfants du médecin écoutent-ils ce que nous leur disons ? — Ils ne l'écoutent pas. — Allez-vous au théâtre ? — Je vais au magasin au lieu d'aller au théâtre. — Voulez-vous lire mon livre ? — Je veux le lire, mais je ne puis ; j'ai mal (*doem-me*) (*os*) aux yeux (*olhos*). — Votre père corrige-t-il mes thèmes ou ceux de mon frère ? — Il ne corrige ni les vôtres ni ceux de votre frère. — Quels thèmes corrige-t-il ? — Il corrige les miens. — Otez-vous votre chapeau pour parler à mon père ? — Je l'ôte pour lui parler. — Otez-vous vos souliers ? — Je ne les ôte pas. — Qui ôte son chapeau ? — Mon ami l'ôte. — Ote-t-il ses gants ? — Il ne les ôte pas. — Ces garçons qu'ôtent-ils ? — Ils ôtent leurs souliers et leurs bas. — Qui ôte les verres ? — Votre domestique les ôte. — Me donnez-vous du papier anglais ou allemand ? — Je ne vous donne ni du papier anglais ni du papier allemand : je vous donne du papier français. — Lisez-vous l'espagnol ? — Je ne lis pas l'espagnol ; mais l'allemand. — Quel livre votre frère lit-il ? — Il lit un livre français. — Prenez-vous le thé ou le café le matin ? — Je prends le thé. — Prenez-vous le thé tous les matins ? — Je le prends tous les matins. — Que prenez-vous ? — Je prends du café. — Votre frère que prend-il ? — Il prend du chocolat. — Le prend-il tous les jours ? — Il le prend tous les matins. — Vos enfants prennent-ils du thé ? — Ils prennent du café, au lieu de prendre du thé. — Que prenons-nous ? — Nous prenons du thé ou du café.

VINGT-SEPTIÈME LEÇON.

Lição vigesima setima.

Mouiller.	*Molhar 1, humedecer 2.*
Montrer.	*Mostrar 1, manifestár 1.*
Faire voir.	*Fazer vér, mostrar 1.*

Je fais voir.	Je montre.	Eu mostro.
Il fait voir.	Il montre.	Elle mostra.
Tu fais voir.	Tu montres.	Tu mostras.

Montrer } à quelqu'un.
Faire voir
Me faites-vous voir votre fusil ?

Je vous le fais voir.
Que montrez-vous à l'homme ?
Je lui montre mes beaux habits.

Mostrar } a alguem.
Fazer vêr
Mostra-me V.ce a sua espingarda ?

Mostro-lh'a.
Que mostra V.ce ao homem ?
Mostro-lhe os meus bellos vestidos.

Du tabac.
Du tabac à fumer.
Du tabac en poudre.
Du tabac à priser.

† Tabaco.
† Tabaco para fumar.
† Po de tabaco, rapé.

Fumer.   *Fumar 1.*

Le jardinier.   O jardineiro.
Le valet.   O lacaio.
Le concert.   O concerto.

Compter.   *Tencionar, ter tencão de.*
Comptez-vous aller au bal ce soir ?   Tem V.ce tenção de ir ao baile esta noite ?
Je compte y aller.   Tenho tenção de lá ir.

VINGT-SEPTIÈME LEÇON

Savoir.	*Saber* 2.
Savez-vous?	Sabe V^ce ?
Je sais.	Eu sei.
Tu sais.	Tu sabes.
Il sait.	Elle sabe.

Nager.	*Nadar* 1.
Savez-vous nager?	Sabe V^ce nadar ?
Savez-vous écrire ?	Sabe V^ce escrever ?
Sait-il lire ?	Sabe elle lêr ?

Conduire, conduisant.	*Conduzir* 3, *conduzindo, levar* 1, *levando.*
Je conduis, tu conduis, il conduit.	Eu conduzo, tu conduzes, elle conduz.

Éteindre, éteignant.	*Apagar* 1, *apagando.*
Éteignez-vous le feu?	Apaga V^ce o fogo ?
Je ne l'éteins pas.	Não o apago.
Il l'éteint.	Elle apaga-o.
Tu l'éteins.	Tu apagas-o,

Allumer.	*Accender* 2.

Souvent.	*A miudo, frequentemente, muitas vezes.*
Allez-vous souvent au bal ?	Vai V^ce a miudo ao baile?
Aussi souvent que vous.	Tão a miudo como V^ce.
Aussi souvent que moi.	Tão a miudo como eu.
Aussi souvent que lui.	Tão a miudo como elle.
Aussi souvent qu'eux.	Tão a miudo como elles.

Voyez-vous souvent mon frère ?	Vê V^ce a miudo meu irmão ?

Plus souvent.	*Mais a miudo.*
Je le vois plus souvent que vous.	Eu vejo-o mais a miudo que V^ce.

VINGT-SEPTIÈME LEÇON

Moins souvent.	*Menos a miudo; menos vezes.*
Moins souvent que vous.	Menos vezes que V^{ce}.
Moins souvent que moi.	Menos a miudo que eu.
Moins souvent qu'eux.	Menos vezes que elles.

THÈMES.

83.

De quoi votre père a-t-il besoin? — Il a besoin de tabac. — Voulez-vous (*quer V^{ce}*) en aller chercher (*ir buscal-o*)? — Je veux en aller chercher. — De quel tabac a-t-il besoin? — Il a besoin de tabac à priser (*rapé*). — Avez-vous besoin de tabac à fumer? — Je n'en ai pas besoin; je ne fume pas. — Me montrez-vous quelque chose? — Je vous montre des rubans d'or. — Votre père montre-t-il son fusil à mon frère? — Il le lui montre. — Lui montre-t-il ses beaux oiseaux? — Il les lui montre. — Le Français fume-t-il? — Il ne fume pas. — Allez-vous au bal? — Je vais au théâtre au lieu d'aller au bal. — Le jardinier va-t-il dans le jardin? — Il va au marché au lieu d'aller dans le jardin. — Envoyez-vous votre valet chez le (*a casa od*) tailleur? — Je l'envoie chez le (*a casa do*) cordonnier au lieu de l'envoyer chez le tailleur. — Votre frère compte-t-il aller au bal ce soir? — Il ne compte pas aller au bal; mais au concert. — Quand comptez-vous aller au concert? — Je compte (*tenciono*) y aller ce soir. — A quelle heure? — A dix heures et un quart. — Allez-vous chercher mon fils? — Je vais le chercher. — Où est-il? — Il est au comptoir. — Trouvez-vous (*acha V^{ce}*) l'homme que vous cherchez? — Je le trouve. — Vos fils trouvent-ils les amis qu'ils cherchent? — Ils ne les trouvent pas.

84.

Vos amis comptent-ils aller au théâtre? — Ils comptent y aller. — Quand comptent-ils y aller? — Ils comptent y aller demain. — A quelle heure? — A sept heures et demie. — Le marchand que veut-il vous vendre? — Il veut me vendre des portefeuilles. — Comptez-vous en acheter? — Je ne veux pas en acheter. — Sais-tu quelque chose? — Je ne sais rien. — Votre petit frère que sait-il? — Il sait lire et écrire. — Sait-il le français? — Il ne le sait pas. — Savez-vous l'allemand? — Je le sais. — Vos frères savent-ils le grec? — Il ne le savent pas; mais ils comptent l'étudier (*estudal-o*). — Savez-vous l'anglais? — Je ne le sais pas; mais je compte l'apprendre. — Mes enfants savent-ils lire l'italien? — Ils savent le lire; mais non le parler. — Savez-vous nager? —

Je ne sais pas nager ; mais je sais jouer. — Votre fils sait-il faire des habits (*casacos*) ? — Il ne sait pas en faire ; il n'est pas tailleur. — Est-il marchand ? — Il ne l'est pas. — Qu'est-il ? — Il est médecin. — Comptez-vous étudier l'arabe ? — Je compte étudier l'arabe et le syriaque. — Le Français sait-il le russe ? — Il ne le sait pas ; mais il compte l'apprendre (*apprende-lo*). — Où allez-vous ? — Je vais au jardin pour parler à mon jardinier. — Vous écoute-t-il ? — Il m'écoute.

85.

Voulez-vous boire du cidre ? — Je veux boire du vin ; en avez-vous ? — Je n'en ai pas ; mais je vais en envoyer chercher. — Quand voulez-vous en envoyer chercher ? — A présent (*agora*). — Savez-vous faire du thé ? — Je sais en faire. — Où (*onde*) votre père va-t-il ? — Il ne va nulle part ; il reste chez lui. — Savez-vous écrire un billet ? — Je sais en écrire un. — Pouvez-vous écrire des thèmes ? — Je peux en écrire. — Conduis-tu quelqu'un ? — Je ne conduis personne. — Qui conduisez-vous ? — Je conduis mon fils. — Où le conduisez-vous ? — Je le conduis chez mes amis, pour leur souhaiter le bonjour. — Votre domestique conduit-il votre enfant ? — Il le conduit. — Où le conduit-il ? — Il le conduit au jardin. — Conduisons-nous quelqu'un ? — Nous conduisons nos enfants. — Où nos amis conduisent-ils leurs (*sus*) fils ? — Ils les conduisent à la maison.

86.

Éteignez-vous le feu ? — Je ne l'éteins pas. — Votre domestique allume-t-il le feu ? — Il l'allume. — Où l'allume-t-il ? — Il l'allume dans votre magasin. — Allez-vous souvent chez l' (*a casa do*) Espagnol ? — J'y vais souvent. — Y allez-vous plus souvent que moi ? — J'y vais plus souvent que vous. — Les Espagnols viennent-ils souvent chez vous ? — Ils viennent souvent chez moi. — Vos enfants vont-ils plus souvent au bal que nous ? — Ils y vont plus souvent que vous. — Sortons-nous aussi (*tao*) souvent (*a moido*) que (*como*) nos voisins ? — Nous sortons plus souvent qu'eux. — Votre domestique va-t-il au marché aussi souvent que mon cuisinier ? — Il y va aussi souvent que lui. — Voyez-vous mon père aussi souvent que moi ? — Je ne le vois pas aussi souvent que vous. — Quand le voyez-vous ? — Je le vois tous les matins à cinq heures (*as cinco moins un quart* (*memos um cuarto*).

VINGT-HUITIÈME LEÇON.

Lição vigesima oitavo.

Est-ce que je veux ?	† Quero eu ?
Est-ce que je peux ?	† Posso eu ?
Est-ce que je fais ?	† Faço eu ?

Qu'est-ce que je fais ?	† Que faço eu ?
Qu'est-ce que je dis ?	† Que digo eu ?
Où est-ce que je vais ?	† Aonde vou eu ?
A qui est-ce que je parle ?	† A quem fallo eu ?

Est-ce que je vais ?	† Vou eu ?
Est-ce que je viens ?	† Venho eu ?
Vous venez.	V^{ce} vem.
Dites-vous ?	Diz V^{ce} ?
Je dis.	Eu digo.
Il dit.	Elle diz.
Que dit-il ?	Que diz elle ?
Nous disons.	Nós dizemos.

Parlé-je ?	
Est-ce que je parle ?	Fallo eu ?
Aimé-je ?	
Est-ce que j'aime ?	Amo eu ?
Connaissez-vous cet homme ?	Conhece V^{ce} esse homem ?
Je ne le connais pas.	Não o conheço.
Votre frère le connaît-il ?	Conhece-o o irmão de V^{ce} ?
Il le connaît.	Conhece-o.
Buvez-vous du cidre ?	V^{ce} bebe cidra ?
Je bois du cidre, mais mon frère boit du vin.	Bebo cidra, mas meu irmão bebe vinho.
Recevez-vous un billet aujourd'hui ?	Recebe V^{ce} hoje un bilhete ?
J'en reçois un.	Recebo um.
Que recevons-nous ?	Que recebemos nós ?
Nos enfants que reçoivent-ils ?	Que recebem os nossos filhos ?
Ils reçoivent des livres.	Recebem livros.

Commencer, commençant.	Começar, principiar.
	Começando, principiando.
Je commence à parler.	Começo a fallar.

Avant.	Antes.
Parlez-vous avant d'écouter?	Falla V.ce (ou o senhor) antes d'escutar?
Va-t-il au marché avant de déjeuner?	Vai elle ao mercado antes d'almoçar?
Déjeuner.	Almoçar 1.
Il y va avant d'écrire.	Vai antes d'escrever.
Otez-vous vos gants avant d'ôter vos souliers?	Tira V.ce (o senhor) as meias antes de tirar os sapatos?

Partir, partant.	Partir 3, partindo.
Quand comptez-vous partir?	Quando tenciona V.ce (o senhor) partir?
Je compte partir demain.	Tenciono partir amanhã.
Je pars, tu pars, il part.	Eu parto, tu partes, elle parte.

Bien.	Bem (adverbe).
Mal.	Mal.
Est-ce que je parle bien?	Fallo eu bem?

THÈMES.

87.

Est-ce que je lis (*leio eu*) bien? — Vous lisez bien. — Est-ce que je parle (*fallo eu*) bien? — Vous ne parlez pas bien. — Mon frère parle-t-il bien français? — Il le parle bien. — Parle-t-il bien allemand? — Il le parle mal. — Parlons-nous bien? — Vous parlez mal. — Est-ce que je bois (*bebo eu*) trop? — Vous ne buvez pas assez. — Est-ce que je peux (*posso eu*) faire des chapeaux? — Vous ne pouvez pas en faire; vous n'êtes pas chapelier. — Est-ce que je puis (*posso eu*) écrire un billet? — Vous pouvez en écrire un. — Est-ce que je fais bien mon thème? — Vous le faites bien. — Que fait mon frère? — Il ne fait rien. — Qu'est-ce que je dis (*que digo eu*)? — Vous ne dites rien. — Est-ce que je commence à parler ? — Vous commencez à parler. — Est-ce que je commence à bien parler ? — Vous ne commencez pas à bien parler; mais à bien lire. — Où est-ce que je vais ? — Vous allez chez (*a casa do*) votre ami (*o amigo de V^{ce}*). — Est-il (*esta*) chez lui (*na sua casa*) ? — Est-ce que je sais ? — Puis-je parler aussi souvent que le fils de notre voisin ? — Il peut parler plus souvent que vous. — Puis-je travailler autant que lui ? — Vous ne pouvez pas travailler autant que lui. — Est-ce que je lis aussi souvent que vous ? — Vous ne lisez pas aussi souvent que moi; mais vous parlez plus souvent que moi. — Est-ce que je parle (*fallo eu*) aussi bien (*tao bem*) que (*como*) vous ? — Vous ne parlez pas aussi bien que moi. — Est-ce que je vais chez vous, ou est-ce que vous venez chez moi ? — Tous les matins à six heures (*a seis*) et demie (*media*).

88.

Connaissez-vous le Russe que je connais ? — Je ne connais pas celui que vous connaissez ; mais j'en connais un autre. — Buvez-vous autant de cidre que de vin ? — Je bois moins de celui-ci que de celui-là. — Le Polonais boit-il autant que le Russe ? — Il boit tout autant. — Les Allemands boivent-ils autant que les Polonais ? Ceux-ci boivent plus que ceux-là. — Reçois-tu quelque chose ? — Je reçois quelque chose. — Que reçois-tu ? — Je reçois de l'argent (*dinheiro*). — Votre ami reçoit-il des livres ? — Il en reçoit. — Que recevons-nous ? — Nous recevons du cidre. — Les Polonais reçoivent-ils du tabac ? — Ils en reçoivent. — De qui les Espagnols reçoivent-ils de l'argent ? — Ils en reçoivent des Anglais et des Français. — Recevez-vous autant d'amis que d'ennemis ? — Je reçois moins de ceux-ci que de ceux-là. — De qui vos enfants reçoivent-ils des livres ? — Ils en reçoivent de moi et de leurs (*sus*) amis. — Est-ce que je reçois autant de fromage que de pain ? — Vous recevez plus de celui-ci que de celui-là. — Nos domestiques reçoivent-ils autant de balais que (*como*) d'habits (*casacos*)? — Ils reçoivent moins de ceux-ci que de ceux-là. — Recevez-vous encore un fusil ? — J'en reçois encore un. — Combien de livres votre voisin reçoit-il encore ? — Il en reçoit encore trois (*mais tres*).

89.

Quand l'étranger compte-t-il partir ? — Il compte partir aujourd'hui. — A quelle heure ? — A une heure et demie. — Comptez-vous partir ce soir ? — Je compte partir demain. —

VINGT-HUITIÈME LEÇON

Le Français part-il aujourd'hui ? — Il part à présent. — Où va-t-il ? — Il va chez ses amis. — Va-t-il chez les Anglais ? — Il y va. — Pars-tu demain ? — Je pars ce soir. — Quand comptez-vous écrire à vos amis ? — Je compte leur écrire aujourd'hui. — Vos amis vous répondent-ils ? — Ils me répondent. — Votre père répond-il à votre billet ? — Il y répond. — Répondez-vous aux billets de mes frères ? — J'y réponds. — Votre frère commence-t-il à apprendre l'italien ? — Il commence à l'apprendre. — Pouvez-vous parler français ? — Je peux le parler un peu. — Nos amis commencent-ils à parler allemand ? — Ils commencent à le parler. — Peuvent-ils l'écrire ? — Ils peuvent l'écrire. — Le marchand commence-t-il à vendre ? — Il commence. — Parlez-vous avant d'écouter ? — J'écoute avant de parler. — Votre frère vous écoute-t-il avant (*antes*) de parler ? — Il parle avant de (*antes de*) m'écouter. — Vos enfants lisent-ils avant d'écrire ? — Ils écrivent avant de lire.

90.

Votre domestique balaye-t-il le magasin avant d'aller au marché ? — Il va au marché avant de balayer le magasin. — Bois-tu avant de sortir ? — Je sors (*saio*) avant de boire. — Comptez-vous sortir avant de déjeuner ? — Je compte déjeuner avant de sortir. — Votre fils ôte-t-il ses souliers avant d'ôter son habit ? — Il n'ôte ni ses souliers ni son habit. — Est-ce que j'ôte mes gants avant d'ôter mon chapeau ? — Vous ôtez votre chapeau avant d'ôter vos gants. — Est-ce que je peux ôter mes souliers avant d'ôter mes gants ? — Vous ne pouvez ôter vos souliers avant d'ôter vos gants. — A quelle heure déjeunez-vous ? — Je déjeune à huit heures et demie. — A quelle heure l'Américain déjeune-t-il ? — Il déjeune tous les jours à neuf heures. — A quelle heure vos enfants déjeunent-ils ? — Ils déjeunent à sept heures. — Allez-vous chez mon père avant de déjeuner ? — Je vais chez lui (*a casa d'elle*) avant de déjeuner.

VINGT-NEUVIEME LEÇON

Lição vigesima nona.

DES DEGRES DE COMPARAISON.

Positif, comparatif, superlatif.	*Positivo, comparativo, superlativo.*
Grand, plus grand, le plus grand.	Grande, mais grande, o mais grande. maior, o maior.
Petit, plus petit, le plus petit.	Pequeno, mais pequeno, o mais pequeno.
Riche, plus riche, le plus riche.	Rico, mais rico, o mais rico.
Pauvre, plus pauvre, le plus pauvre.	Pobre, mais pobre, o mais pobre.
Savant, plus savant, le plus savant.	Sabio, mais sabio, o mais sabio.
Souvent, plus souvent, le plus souvent.	A miudo, mais amiudo, o mais a miudo.

Ce livre-ci est petit, celui-là est plus petit, et celui-ci est le plus petit de tous.	Este livro é pequeno, aquelle é mais pequeno, e este é o mais pequeno de todos.
Ce chapeau-ci est grand, mais celui-là est plus grand.	Este chapeu é grande, mas aquelle é maior.
Votre chapeau est-il aussi grand que le mien?	O seu chapeu é tão grande como o meu?
Il est plus grand que le vôtre.	É maior que o de V^{ce} (do senhor).
Il est moins grand que le vôtre.	† Não é tão grande como o de V^{ce}.

Moins grand.	*Mais pequeno, não t^ao grande como.*

Positif, comparatif, superlatif.	*Positivo, comparativo, superlativo.*
Beau, moins beau, le moins beau.	Bello, menos bello, o menos bello.

Les enfants de notre voisin sont-ils aussi sages que les nôtres?	† Os meninos do nosso vizinho são tão bons como os nossos?

VINGT-NEUVIÈME LEÇON

Ils sont plus sages que les nôtres.	São melhores que os nossos.
Ils sont moins sages que les nôtres.	Não são tão bons como os nossos.

Rem. Le superlatif *absolu* se forme :

1º En mettant devant l'adjectif les adverbes *mui* ou *muito*, très, fort, bien. Ex: *mui bonito*, très joli; *muito amavel*, très aimable.

2º En changeant la dernière syllabe de l'adjectif en issimo, issima. Ex : *douto*, docte, savant; *doutissimo*, très docte; *bella*, belle ; *bellissima*, très belle.

3º En ajoutant *issimo* si l'adj. est terminé par un *r*. Ex : *vulgar*, vulgaire, *vulgarissimo*.

4º Les adjectifs terminés en *ão*, *om*, *um*, en changeant ces terminaisons en *nissimo*. Ex : *vão*, vain, *vanissimo*.

5º Les adjectifs terminés en *vel* changent cette terminaison en *bilissimo*. Ex : *amavel*, aimable, *amabilissimo*.

6º Ceux qui sont terminés en *z* changent le *z* en *c*. Ex.: *feliz*, heureux, *felicissimo*.

Un très beau livre.	Um bellissimo livro.
De très beaux livres.	Bellissimos livros.
Un fort joli couteau.	Uma lindissima faca.
Très bien, fort bien.	Muito bem.

Cet homme est extrêmement savant.	Este homem é extremamente entendido.
Cet oiseau est très joli.	Este passaro é muito bonito, lindissimo.

DEGRÉS DE COMPARAISON IRRÉGULIERS.

ADJECTIFS.

POSITIF.	COMPARATIF.	SUPERLATIF.	POSITIVO.	COMPARATIVO.	SUPERLATIVO.
Bon,	meilleur,	le meilleur.	Bom,	melhor,	o melhor.
Mauvais,	pire,	le pire.	Mau,	peor,	o peor.
Petit,	moindre,	le moindre.	Pequeno,	menor,	o menor.

ADVERBES.

Bien,	mieux,	le mieux.	Bem,	melhor,	o melhor.
Mal,	pis,	le pis.	Mal,	peor,	o peor.
Peu,	moins,	le moins.	Pouco,	menos,	o menos.
Beaucoup,	plus,	le plus.	Muito,	mais,	o mais.

A qui?	De quem? A quem?
A qui est ce chapeau?	De quem é este chapeu?

C'est.	É, está.
C'est le chapeau de mon frère.	E o chapeu de meu irmão.
Qui a le plus beau chapeau?	Quem tem o mais bello chapeu?
Celui de mon père est le plus beau.	O de meu pai é o mais bello.
Quel ruban est le plus beau, le vôtre ou le mien?	Que fita é a mais bella, a sua ou a minha?

Lisez-vous aussi souvent que moi?	Lê V^{ce} (o senhor) tantas vezes como eu?
Je lis plus souvent que vous.	Eu leio mais vezes que V^{ce}.
Lit-il aussi souvent que moi?	Lê elle tão a miudo como eu?
Il lit et écrit aussi souvent que vous.	Lê e escreve tão a miudo como V^{ce}.
Vos enfants écrivent-ils autant que nous?	† Escrevem os filhos de V^{ce} tanto como nós?
Ils écrivent plus que vous.	Escrevem mais que V^{ces}.
Nous lisons plus que les enfants de nos amis.	Nós lemos mais que os filhos dos nossos amigos.
A qui écrivez-vous?	A quem escrevem V^{ces}?
Nous écrivons à nos amis.	Escrevemos a nossos amigos.
Nous lisons de bons livres.	Lemos bons livros.

THÈMES.

91.

A qui est (*de quem é*) ce livre? — C'est le mien. — A qui est ce chapeau? — C'est le chapeau de mon père. — Êtes-vous (*é* V^{ce}) plus grand (*mais alto*) que moi? — Je suis (*sou*) plus grand (*mais alto*) que vous. — Votre frère est-il aussi grand (*tão alto*) que (*como*) vous? — Il est aussi grand que moi. — Ton chapeau est-il aussi mauvais que celui de mon père? — Il est meilleur; mais pas aussi noir que le sien. — Les habits des Italiens sont-ils aussi beaux que ceux des Irlandais? — Ils sont plus beaux; mais pas si bons. — Qui a les gants les plus beaux? — Les Français les ont. — Qui a les chevaux les plus beaux? — Les miens sont beaux, les vôtres sont plus beaux que les miens; mais ceux de (*os dos*) nos amis sont les plus beaux de tous. — Votre cheval est-il bon? — Il est bon, mais le vôtre est meilleur, et celui de

VINGT-NEUVIÈME LEÇON

l'Anglais est le meilleur de tous les chevaux que nous connaissions. — Avez-vous de jolis souliers? — J'en ai de fort jolis; mais mon frère en a de plus jolis que moi. — De qui les reçoit-il? — Il les reçoit de son meilleur ami.

92.

Votre vin est-il aussi (*tão*) bon (*bom*) que (*como*) le mien? — Il est meilleur. — Votre marchand vend-il de bons couteaux? — Il vend les meilleurs couteaux que je connaisse. — Lisons-nous plus de livres que les Français? — Nous en lisons plus qu'eux; mais les Anglais en lisent plus que nous, et les Allemands en lisent le plus. — As-tu un jardin plus beau que celui de notre médecin? — J'en ai un plus beau que lui. — L'Américain a-t-il un plus beau bâton que toi? — Il en a un plus beau. — Avons-nous d'aussi beaux enfants que nos voisins? — Nous en avons de plus beaux. — Votre habit est-il aussi joli que (*como*) le mien? — Il n'est pas aussi joli; mais meilleur que (*que*) le vôtre. — Partez-vous aujourd'hui? — Je ne pars pas aujourd'hui. — Quand votre père part-il? — Il part ce soir à neuf heures moins un quart. — Lequel de ces deux enfants est le plus sage (*judicioso*)? — Celui qui étudie est plus sage que celui qui joue. — Votre domestique balaye-t-il aussi bien que le mien? — Il balaye mieux que le vôtre. — L'Anglais lit-il autant de mauvais livres que (*como*) de bons? — Il en lit plus de bons que (*que*) de mauvais.

93.

Les marchands vendent-ils plus de sucre que (*que*) de café? — Ils vendent plus de celui-ci que de celui-là. — Votre cordonnier fait-il autant de souliers que (*como*) le mien? — Il en fait plus que (*que*) le vôtre. — Savez-vous nager aussi bien que mon fils? — Je sais nager mieux que lui; mais il sait parler français mieux que moi. — Lit-il aussi bien que vous? — Il lit mieux que moi. — Le fils de votre voisin va-t-il au marché? — Non, il reste à la maison; il a mal aux pieds. — Apprenez-vous aussi bien que le fils de notre jardinier? — J'apprends mieux que lui; mais il travaille mieux que moi. — Qui a le fusil le plus beau? — Le vôtre est très beau; mais celui du capitaine est encore plus beau, et le nôtre est le plus beau de tous. — Quelqu'un a-t-il de plus beaux enfants que vous? — Personne n'en a de plus beaux. — Votre fils lit-il aussi souvent que moi? — Il lit plus souvent que vous. — Mon frère parle-t-il français aussi souvent que moi? — Il le parle et le lit aussi souvent que moi. — Est-ce que j'écris autant que vous? — Vous écrivez plus que moi. — Les enfants de nos voisins lisent-ils l'allemand aussi souvent que (*como*) nous ? — Nous le lisons moins souvent qu'eux. — Écrivons-nous aussi souvent qu'eux ? — Ils écrivent plus souvent que nous. — A qui écrivent-ils ? — Ils écrivent à leurs amis. — Lisez-vous des livres anglais ? — Nous lisons des livres français au lieu de lire des livres anglais.

TRENTIÈME LEÇON.

Lição trigesima.

Croire, croyant.	Crêr * 2, crendo.
Je crois, tu crois, il croit.	Eu creio, tu crês, elle crê.

Mettre, mettant.	Pôr *, pondo; collocar 1, collocando.
	Vestir 3, vestindo; calçar 1, calçando.
Mettez-vous?	Pôe V^{ce}?
Je mets.	Ponho.
Tu mets.	Tu pôes.
Il met.	Elle pôe.

Je mets mon chapeau.	† Ponho o (meu) chapeu.
Il met ses gants.	† Calça as (suas) luvas.
Mettez-vous vos souliers?	† Calçam V^{ces} os (seus) sapatos?
Nous les mettons.	† Calçomol-os.
Vos frères que mettent-ils?	Que vestem os irmãos de V^{ces}?
Ils mettent leurs habits.	Vestem os seus vestidos.
Où me conduisez-vous?	Onde me leva V^{ce}?
Je vous conduis chez mon père.	Levo-o a casa de meu pai.

Sortez-vous?	Sahe V^{ce}?
Je sors.	Saio.
Sortons-nous?	Sahimos?
Nous sortons.	Sahimos.
Quand votre père sort-il?	† Quando sahe o pai de V^{ce}?

De bonne heure.	*Cedo.*
D'aussi bonne heure que vous.	Tão cedo como V^{ce}.
Il sort d'aussi bonne heure que vous.	Sahe tão cedo como V^{ce}.

Tard.	Tarde.
Trop.	Demasiado, demais.
Trop tard.	Demasiado tarde, tarde de mais.
Trop tôt, de trop bonne heure.	Cedo de mais, demasiado cedo.
Trop grand.	Grande de mais, demasiado grande.
Trop peu.	Demasiado pouco.
Trop petit.	Pequeno de mais, demasiado pequeno.

Trop.	Demasiado.
Parlez-vous trop?	Falla V^{ce} demasiado?
Je ne parle pas assez.	Não fallo bastante.

Plus tard que vous.	Mais tarde que V^{ce}.
Je sors plus tard que vous.	Eu saio mais tarde que V^{ce}.

Allez-vous au spectacle d'aussi bonne heure que moi?	Vai V^{ce} (o senhor) ao theatro tão cedo como eu?
J'y vais plus tôt que vous.	Vou mais cedo do que V^{ce} (o senhor).
Plus tôt.	Mais cedo.
Votre père y va-t-il plus tôt que moi?	† O pai de V^{ce} vai mais cedo que eu?
Il y va trop tôt.	Va demasiado cedo.

Déjà.	Já.
Parlez-vous déjà?	Falla V^{ce} Já?
Ne — pas encore.	Não — ainda, ainda — não.
Je ne parle pas encore.	Não fallo ainda.
Finissez-vous votre billet?	Acaba V^{ce} (o senhor) a sua carta?
Je ne le finis pas encore.	Não a acabo ainda.
Déjeunez-vous déjà?	Almoça V^{ce} já?

Manger trop est dangereux.	O comer demasiado é perigoso.
Parler trop est imprudent.	O fallar demasiado é imprudente.
Faire du bien à ceux qui nous ont offensés, est une action louable.	Fazer bem aos que nos offenderam é uma acção louvavel.

Rem. L'infinitif employé dans un sens absolu, sans article en français, est souvent précédé de l'article en portugais.

THÈMES.

94.

Mettez-vous un autre habit pour aller au (*ao*) spectacle ? — J'en mets (*visto*) un autre (*outro*). — Mettez-vous vos (*suas*) gants avant de mettre vos souliers ? — Je mets mes souliers avant de mettre mes gants. — Votre frère met-il (*poè*) son chapeau au lieu de mettre son habit ? — Il met son habit avant de mettre son chapeau. — Nos enfants mettent-ils leurs souliers pour aller chez nos amis ? — Ils les mettent pour y aller. — Nos fils que mettent-ils ? — Ils mettent leurs habits et leurs gants. — Parlez-vous déjà français ? — Je ne le parle pas encore ; mais je commence à apprendre (*a aprendel-o*). — Votre père sort-il déjà ? — Il ne sort pas encore. — A quelle heure sort-il ? — Il sort à dix heures. — Déjeune-t-il avant de sortir ? — Il déjeune et il écrit ses billets avant de sortir. — Sort-il de meilleure heure que vous ? — Je sors de meilleure heure que lui. — Allez-vous au spectacle aussi souvent que moi ? — J'y vais aussi souvent que vous. — Commencez-vous à connaître cet homme ? — Je commence à le connaître. — Déjeunez-vous de bonne heure ? — Nous ne déjeunons pas tard. — L'Anglais va-t-il au concert plus tôt que vous ? — Il y va plus tard que moi. — A quelle heure y va-t-il. — Il y va (*va*) à onze heures et demie.

95.

N'allez-vous pas trop tôt au concert ? — J'y vais trop tard. — Est-ce que j'écris trop ? — Vous n'écrivez pas trop ; mais vous parlez trop. — Est-ce que je parle plus que vous ? — Vous parlez plus que moi et que mon frère. — Mon chapeau est-il trop grand ? — Il n'est ni trop grand ni trop petit. — Parlez-vous plus souvent français qu'anglais ? — Je parle plus souvent anglais que français. — Vos amis achètent-ils beaucoup de grain ? — Ils n'en achètent guère. — Avez-vous assez de pain ? — Je n'en ai guère ; mais assez. — Est-il tard ? — Il n'est pas tard. — Quelle heure est-il ? — Il est une heure (*a uma*). — Est-il trop tard pour aller chez votre père ? — Il n'est pas trop tard pour y aller. — Me conduisez-vous chez lui ? — Je vous y conduis. — Où est-il ? — Il est dans son comptoir. — L'Espagnol achète-t-il un cheval ? — Il ne peut en acheter un. — Est-il (*é*) pauvre ? — Il n'est pas pauvre ; il est plus riche que vous. — Votre frère est-il aussi savant que vous ? — Il est plus savant que moi ; mais vous êtes plus savant que lui et moi.

96.

Connaissez-vous cet homme ? — Je le connais. — Est-il savant ? — C'est le plus savant de tous les hommes que je connais. — Votre cheval est-il pire que le mien ? — Il n'est pas aussi mauvais que le vôtre. — Le mien est-il pire que celui de l'Espagnol ? — Il est pire ; c'est le pire cheval que je connaisse. — Donnez-vous à ces hommes moins de pain que de fromage ? — Je leur donne moins de celui-ci que de celui-là. — Recevez-vous autant d'argent que nos voisins ? — J'en reçois beaucoup plus qu'eux. — Qui reçoit le plus d'argent ? — Les Anglais en reçoivent le plus. — Votre fils sait-il déjà écrire un billet ? — Il ne sait pas encore en écrire un ; mais il commence à lire un peu. — Lisez-vous autant que les Russes ? — Nous lisons plus qu'eux ; mais les Français lisent le plus. — Les Américains écrivent-ils plus que nous ? — Ils écrivent moins que nous ; mais les Italiens écrivent le moins. — Sont-ils aussi riches que les Américains ? — Ils sont moins riches qu'eux. — Vos oiseaux sont-ils aussi beaux que ceux des Irlandais ? — Ils sont moins beaux que les leurs (*que os seus*) ; mais ceux des Espagnols sont les moins beaux. — Vendez-vous votre oiseau ? — Je ne le vends pas : je l'aime trop pour (*para*) le vendre (*vendel-o*).

TRENTE ET UNIEME LEÇON

Lição trigesima primeira.

DU PARTICIPE PASSÉ.

Le participe passé se forme de l'infinitif en changeant les terminaisons *ar, er, ir,* en *ado, ido.*

PREMIÈRE CONJUGAISON.

Inf.		P. P.
Amar,	aimer,	*amado.*
Chorar,	pleurer,	*chorado.*
Começar,	commencer,	*começado.*
Devisar,	} apercevoir, {	*devisado.*
Avistar,		*avistado.*
Edificar,	bâtir,	*edificado.*

SECONDE CONJUGAISON.

Inf.		P. P.
Comer,	manger,	*comido.*
Escolher,	choisir,	*escolhido.*
Vender,	vendre,	*vendido.*
Defender,	défendre,	*defendido.*
Dever,	devoir,	*devido.*

TROISIÈME CONJUGAISON.

Inf.		P. P.
Partir,	partir,	*partido.*
Conduzir,	conduire,	*conduzido.*
Ouvir,	entendre,	*ouvido.*
Concluir	} conclure, finir, {	*concluido.*

Rem. Il y a, en portugais, un grand nombre de verbes qui ont un participe passé régulier et un autre irrégulier. En voici quelques-uns:

Inf.		Participes passés réguliers.	irréguliers.
Aceitar,	accepter;	*aceitado,*	*aceito.*
Completar,	compléter;	*completado,*	*completo.*
Descalçar,	déchausser;	*descalçado,*	*descalço.*
Excusar,	excuser;	*excusado,*	*excuso.*
Faltar,	manquer;	*faltado,*	*falto.*
Infectar,	infecter;	*infectado,*	*infecto.*
Absolver,	absoudre;	*absolvido,*	*absolto.*
Benzer,	bénir;	*benzido,*	*bento.*
Defender,	défendre;	*defendido,*	*defeso.*
Eleger,	élire;	*elegido,*	*eleito.*
Querer,	aimer;	*querido,*	*quisto.*
Affligir,	affliger;	*affligido,*	*afflicto.*
Concluir,	conclure;	*concluido,*	*concluso.*

TRENTE ET UNIÈME LEÇON

Frigir,	frire ;	*frigido,*	*frito.*
Imprimir,	imprimer ;	*imprimido,*	*impresso.*
Omittir,	omettre ;	*omittido,*	*omisso* (1).

Être — été. | *Ser*, estar* — sido, estado.*

Avez-vous été au marché ?	Tem estado V^ce no mercado ?
J'y ai été.	Tenho estado lá.
Je n'y ai pas été.	Não tenho estado lá.
Y ai-je été ?	Tenho eu estado lá ?
Vous y avez été.	V^ce tem estado lá.
Vous n'y avez pas été.	V^ce não tem estado lá.
Y a-t-il été ?	† Tem estado elle ?
Il y a été.	† Elle tem estado.
Il n'y a pas été.	† Não tem estado.

Jamais. | *Nunca, jamais.*
Ne — jamais. | *Não — nunca.*

Avez-vous été au bal ?	† Tem estado V^ce no baile ?
Avez-vous jamais été au bal ?	† V^ce não tem nunca estado no baile ?
Je n'y ai jamais été.	† Nunca tenho estado lá.
Tu n'y as jamais été.	† Nunca tens estado lá.
Il n'y a jamais été.	† Elle nunca tem estado lá.
Vous n'y avez jamais été.	† V^ce não tem nunca estado lá.

Déjà. | *Já.*

Avez-vous déjà été au spectacle ?	† Tem estado V^ce já no theatro ?
J'y ai déjà été.	† Já tenho estado lá.
Vous y avez déjà été.	† V^ce já tem estado lá.

Ne — pas encore. | *Não — ainda não.*

Je n'y ai pas encore été.	† Ainda lá não tenho estado.
Tu n'y as pas encore été.	† Tu ainda não tens estado lá.
Il n'y a pas encore été.	† Elle ainda não tem estado lá.
Vous n'y avez pas encore été.	† V^ce ainda não tem estado lá.
Nous n'y avons pas encore été.	† Nos ainda la não temos estado.

(1) Voy. à la fin de la méthode la liste complète des participes passés irréguliers.

Avez-vous déjà été chez mon père ?	† Esteve já V^ce em casa de meu pai ?
Je n'y ai pas encore été.	† Ainda lá não estive.

Où avez-vous été ce matin ?	† Onde esteve esta ámanhã ?
J'ai été au jardin.	† Estive no jardim.
Ton frère, où a-t-il été ?	† Onde esteve o seu irmão ?
Il a été au magasin.	† Esteve no armazem.
Y a-t-il été d'aussi bonne heure que moi ?	† Esteve elle lá tão cedo como eu ?
Il y a été de meilleure heure que vous.	† Esteve lá mais cedo que V^ce.

Rem. Le *passé défini* est beaucoup plus employé en portugais que le *passé indéfini*, dont on fait un usage si fréquent en français.

On doit traduire le *passé indéfini* français par le *passé défini* portugais lorsque l'action est entièrement terminée, quand-même l'époque dans laquelle elle a été faite ne serait pas écoulée. Ex.: A quelle heure êtes-vous venu ? *A que horas veio V^ce ?*

THÈMES.

97.

Où avez-vous été (*esteve* V^ce) ? — J'ai été (*esteve*) au marché. — Avez-vous été au bal ? — J'y ai été. — Ai-je été au spectacle ? — Vous y avez été. — Y as-tu été ? — Je n'y ai pas été. — Votre fils a-t-il jamais été au (*en el*) théâtre ? — Il n'y a jamais été. — As-tu déjà été dans mon magasin ? — Je n'y ai jamais été. — Comptez-vous y aller ? — Je compte y aller. — Quand voulez-vous y aller ? — Je veux y aller demain. — A quelle heure ? — A midi. — Votre frère a-t-il déjà été dans mon grand jardin ? — Il n'y a pas encore été. — Compte-t-il le voir ? — Il compte le voir. — Quand veut-il y aller ? — Il veut y aller aujourd'hui. — Compte-t-il aller au bal ce soir ? — Il compte y aller. — Avez-vous déjà été au bal ? — Je n'y ai pas encore été ? — Quand comptez-vous y aller ? — Je compte y aller demain. — Avez-vous déjà été dans le jardin du Français ? — Je n'y ai pas encore été. — Avez-vous été dans mes magasins ? — J'y ai été. — Quand y avez-vous été ? — J'y ai été ce matin. — Ai-je été (*estive eu*) dans votre comptoir ou dans celui de votre ami ? — Vous n'avez été ni dans le mien ni dans celui de mon ami, mais dans celui de l'Anglais.

98.

L'Italien a-t-il été dans nos magasins ou dans ceux des Hollandais ? — Il n'a été (*não esteve*) ni dans les nôtres ni dans ceux des Hollandais, mais dans ceux des Allemands. — As-tu déjà été (*estiveste já*) au marché (*mercado*) ? — Je n'y ai pas encore été, mais je compte y aller. — Le fils de notre voisin y a-t-il été ? — Il y a été. — Quand y a-t-il été ? — Il y a été aujourd'hui. — Le fils de notre jardinier compte-t-il aller au marché ? — Il compte y aller. — Que veut-il (*que queré*) y acheter (*comprar*) ? — Il veut y acheter des poulets (*frangos*), des bœufs (*bois*), du grain (*grão*), du vin (*vinho*), du fromage et du cidre. — Avez-vous déjà été chez mon frère ? — J'y ai déjà été. — Votre ami y a-t-il déjà été ? — Il n'y a pas encore été. — Avons-nous déjà été chez nos amis ? — Nous n'y avons pas encore été. — Nos amis ont-ils jamais été chez nous ? — Ils n'y ont jamais été. — Avez-vous jamais été au théâtre ? — Je n'y ai jamais été. — Avez-vous envie d'écrire un thème ? — J'ai envie d'en écrire un. — A qui voulez-vous écrire un billet ? — Je veux en écrire un à mon fils. — Votre père a-t-il déjà été au concert ? — Il n'y a pas encore été, mais il compte y aller. — Compte-t-il y aller aujourd'hui ? — Il compte y aller demain. — A quelle heure veut-il partir ? — Il veut partir à six heures et demie. — Compte-t-il partir avant de déjeuner ? — Il compte déjeuner avant de partir.

99.

Avez-vous été au spectacle d'aussi bonne heure que moi ? — J'y ai été de meilleure heure que vous. — Avez-vous été souvent au concert ? — J'y ai été souvent. — Notre voisin a-t-il été au théâtre aussi souvent que nous ? — Il y a été plus souvent que nous. — Nos amis vont-ils aussi trop tôt à leur comptoir ? — Ils y vont trop tard. — Y vont-ils aussi tard que nous ? — Ils y vont plus tard que nous. — Les Anglais vont-ils trop tôt à leurs magasins ? — Ils y vont trop tôt. — Votre ami est-il aussi souvent au comptoir que vous ? — Il y est plus souvent que moi. — Qu'y fait-il ? — Il écrit. — Écrit-il autant que vous ? — Il écrit plus que moi. — Où votre ami reste-t-il ? — Il reste à (*en*) son comptoir. — Ne sort-il pas ? — Il ne sort pas. — Restez-vous dans le jardin ? — J'y reste. — Allez-vous chez votre ami tous les jours ? — J'y vais tous les jours. — Quand vient-il chez vous ? — Il vient chez moi tous les soirs. — Allez-vous quelque part le soir ? — Je ne vais (*eu não vou*) nulle part (*á ninguna parte*) ; je reste chez moi. — Envoyez-vous chercher quelqu'un ? — J'envoie chercher mon médecin. — Votre domestique va-t-il chercher quelque chose ? — Il va chercher du vin. — Avez-vous été quelque part ce matin ? — Je n'ai été (*eu não estive*) nulle part. — Où votre père a-t-il été? — Il n'a été nulle part. — Quand prenez-vous le thé? — Je le prends tous les matins. — Votre fils prend-il du café? — Il prend du chocolat. — Avez-vous été (*esteve V^{ce}*) prendre (*a tomar*) le café? — J'ai été (*estive*) le prendre.

TRENTE-DEUXIÈME LEÇON

Lição trigesima segunda.

Avoir — *eu*. | Ter, haver — *tido, havido*.

Rem. Il y a, en portugais, deux verbes qui signifient *avoir*, ce sont *haver* et *ter*, de même qu'il y a deux verbes, *ser* et *estar*, qui signifient *être*.

Ter a toutes les acceptions du verbe français *avoir*, soit comme auxiliaire, soit comme verbe actif. L'unipersonnel *y avoir* est le seul verbe qui ne se traduit pas par *ter* mais par *haver*.

Haver s'emploie quelquefois comme auxiliaire au lieu de *ter*, excepté au *présent* de l'indicatif et au futur. Ex.: *Tenho comprado, tera vendido*, au lieu de *hei comprado, havera vendido*.

Avez-vous eu mon livre ?	Tem V^{ce} tido, teve V^{ce} o meu livro ?
Je ne l'ai pas eu.	Não o tenho tido, não o tive.
L'ai-je eu ?	† Tive-o eu ?
Vous l'avez eu.	† V^{ce} teve-o.
Vous ne l'avez pas eu.	† V^{ce} não o teve.
Tu ne l'as pas eu.	† Tu não o tiverte.
L'a-t-il eu ?	† Teve-o elle ?
Il l'a eu.	† Elle teve-o.
Il ne l'a pas eu.	† Não o teve.
As-tu eu l'habit ?	† Tiveste tu o casaco ?
Je ne l'ai pas eu.	† Não o tive.

Avez-vous eu les livres ?	† Teve V^{ce} os livros ?
Je les ai eu*s*.	† Tive-os.
Je ne les ai pas eu*s*.	† Não os tive.

Les ai-je eu*s* ?	† Tive-os eu ?
Vous les avez eu*s*.	† V^{ce} teve-os.
Vous ne les avez pas eu*s*.	† V^{ce} não os teve.
Les a-t-il eu*s* ?	† Teve-os elle ?
Il les a eu*s*.	† Elle teve-os.

TRENTE-DEUXIÈME LEÇON

Il ne les a pas eus.	† Elle não os teve.
Avez-vous eu du pain ?	† Teve V^{ce} pão ?
J'en ai eu.	† Tive-o.
Je n'en ai pas eu.	† Não o tive.
En ai-je eu ?	† Tive-o eu ?

Vous en avez eu.	† V^{ce} teve.
Vous n'en avez pas eu.	† V^{ce} não teve.
En a-t-il eu ?	† Teve elle ?
Il n'en a pas eu.	† Elle não teve.

Avez-vous eu des couteaux ?	† Teve, tem tido V^{ce} facas ?
J'en ai eu.	† Tive, tenho tido.

Je n'en ai pas eu.	† Eu não tive.
Qu'a-t-il eu ?	† Que teve elle ?
Il n'a rien eu.	† Não teve, não tem tido nada.

Avez-vous eu faim ?	† Teve V^{ce} (o senhor) fome ?
J'ai eu peur.	† Tive, tenho tido medo.
Il n'a jamais eu ni tort ni raison.	† Nunca fez bem nem mal.

Avoir lieu.	† *Effectuar-se, realisar-se, verificar-se, levar-se a effeito (uma cousa), succeder.*
Cela.	*Isso.*
Ceci.	*Isto.*
Le bal a-t-il lieu ce soir ?	† Effectua-se o baile esta noite ?
Il a lieu.	† Effectua-se.
Il a lieu ce soir.	† Effectua-se esta noite.
Il n'a pas lieu aujourd'hui.	† Não se effectua hoje.

Quand le bal a-t-il eu lieu ?	† Quando se realisou o baile ?
Il a eu lieu hier.	† Realisou-se hontem.

Hier.	*Hontem.*
Avant-hier.	*Antes d'hontem, ante-hontem.*

MÉTH. PORTUG.

TRENTE-DEUXIÈME LEÇON

Combien de fois?	Quantas vezes?
Une fois.	Uma vez.
Deux fois.	Duas vezes.
Trois fois.	Tres vezes.
Plusieurs fois.	Varias vezes.

Autrefois.	N'outro tempo, outr'ora, antigamente.
Quelquefois.	Alguma vez, algumas vezes, ás vezes.

Allez-vous quelquefois au bal?	Vai V^{ce} (o senhor) ás vezes ao baile?
J'y vais quelquefois.	Vou lá ás vezes.

Allé.	Ido.
Y — allé.	Ido — lá.
Y êtes-vous allé quelquefois?	†Foi, tem ido V^{ce} alguma vez là?
J'y suis allé souvent.	† Tenho lá ido a miudo.
Plus souvent que vous.	Mais a miudo que V^{ce}.

Les hommes ont-ils eu mon coffre?	† Os homens tiveram o meu coffre?
Ils ne l'ont pas eu.	† Não o tiveram.
Qui l'a eu?	† Quem o teve, tem tido?
Ont-ils eu mes couteaux?	† Tiveram elles as minhas facas?
Ils ne les ont pas eus.	† Não as tiveram.

Qui les a eus?	Quem as teve?
Ai-je eu tort d'acheter des livres?	Fez eu mal em comprar livros?
Vous n'avez pas eu tort d'en acheter.	V^{ce} não fez mal em compral-os.

Rem. De, après les mots *avoir raison, fazer bem; avoir tort, fazer mal*, se rend, comme on le voit, par *em* devant l'infinitif.

THÈMES.

100.

Avez-vous eu (*teve* V^{ce}) mon portefeuille ? — Je l'ai eu (*a tive*). — Avez-vous eu mon gant ? — Je ne l'ai pas eu. — As-tu eu mon parapluie ? — Je ne l'ai pas eu. — Ai-je eu votre couteau ? — Vous l'avez eu. — Quand l'ai-je eu ? — Vous l'avez eu hier. — Ai-je eu vos gants ? — Vous les avez eus. — Votre frère a-t-il eu mon marteau de bois ? — Il l'a eu. — A-t-il eu mon ruban d'or (*galão d'ouro*) ? — Il ne l'a pas eu. — Les Anglais ont-ils eu mon beau vaisseau ? — Ils l'ont eu. — Qui a eu mes bas de fil ? — Vos domestiques les ont eus. — Avons-nous eu le coffre de fer de notre bon voisin ? — Nous l'avons eu. — Avons-nous eu son beau pistolet ? — Nous ne l'avons pas eu. — Avons-nous eu les matelots des étrangers ? — Nous ne les avons pas eus. — L'Américain a-t-il eu mon bon ouvrage ? — Il l'a eu. — A-t-il eu mon couteau d'argent ? — Il ne l'a pas eu. — Le jeune homme a-t-il eu le premier volume de mon ouvrage ? — Il n'a pas eu le premier (*o primeiro*) ; mais il a eu le second. — L'a-t-il eu ? — Oui, Monsieur, il l'a eu. — Quand l'a-t-il eu ? — Il l'a eu ce matin. — Avez-vous eu du sucre ? — J'en ai eu. — Ai-je eu de bon papier ? — Vous n'en avez pas eu. — Le cuisinier du capitaine russe a-t-il eu des poulets ? — Il en a eu. — Il n'en a pas eu.

101.

Le Français a-t-il eu de bon vin ? — Il en a eu, et il en a encore. — As-tu eu de grands gâteaux ? — J'en ai eu. — Ton frère en a-t-il eu ? — Il n'en a pas eu. — Le fils de notre jardinier a-t-il eu du beurre ? — Il en a eu. — Les Polonais ont-ils eu de bon tabac ? — Ils en ont eu. — Quel tabac ont-ils eu ? — Ils ont eu du tabac à fumer et du tabac à priser. — Les Anglais ont-ils eu autant de sucre que de thé ? — Ils ont eu autant de l'un que de l'autre. — Le médecin a-t-il eu raison ? — Il a eu tort. — Le Hollandais a-t-il eu raison ou tort ? — Il n'a jamais eu ni raison ni tort. — Ai-je eu tort d'acheter du miel ? — Vous avez eu tort d'en acheter. — Le peintre qu'a-t-il eu ? — Il a eu de beaux tableaux. — A-t-il eu de beaux jardins ? — Il n'en a pas eu. — Votre domestique a-t-il eu mes souliers ? — Il ne les a pas eus. — L'Espagnol qu'a-t-il eu ? — Il n'a rien eu. — Qui a eu du courage ? — Les matelots anglais en ont eu. — Les Allemands ont-ils eu beaucoup d'amis ? — Ils en ont eu beaucoup. — Avons-nous eu plus d'amis que d'ennemis ? — Nous avons eu plus de ceux-ci (*de estes*) que de ceux-là (*que de aquelles*). — Votre fils a-t-il eu plus de vin que de cidre ? — Il a eu plus de celui-ci que de celui-là. — Le Turc a-t-il eu plus de poivre que de grain ? — Il a eu moins de celui-ci que de celui-là. — Le peintre italien a-t-il eu quelque chose ? — Il n'a rien eu.

102.

Ai-je eu raison d'écrire à mon frère ? — Vous n'avez pas eu tort (*V*ᶜᵉ *não fez mal*) de (*em*) lui écrire (*escrever-lhe*). — Avez-vous eu (*tem tido*) mal au doigt (*o dedo doente*)? — J'ai eu mal à l'œil. — Avez-vous eu quelque chose de bon ? — Je n'ai rien eu de mauvais. — Le bal a-t-il eu lieu hier ? — Il n'a pas eu lieu. — A-t-il lieu aujourd'hui ? — Il a lieu aujourd'hui. — Quand le bal a-t-il lieu ? — Il a lieu ce soir. — A-t-il eu lieu avant-hier ? — Il a eu lieu. — A quelle heure a-t-il eu lieu ? — Il a eu lieu à onze heures. — Avez-vous été chez mon frère ? — J'y ai été. — Combien de fois avez-vous été chez mon ami ? — J'y ai été deux fois. — Allez-vous quelquefois au théâtre ? — J'y vais quelquefois. — Combien de fois (*quantas vezes*) avez-vous été au théâtre ? — Je n'y ai été qu'une fois. — Avez-vous été quelquefois au bal ? — J'y ai été souvent. — Votre frère a-t-il jamais été au bal ? — Il n'y a jamais été. — Votre père a-t-il été quelquefois au bal ? — Il y a été autrefois. — Y a-t-il été aussi souvent que vous ? — Il y a été plus souvent que moi. — Vas-tu quelquefois au jardin ? — J'y vais quelquefois. — Y as-tu été souvent ? — J'y ai été souvent. — Votre vieux cuisinier va-t-il souvent au marché ? — Il y va souvent. — Y va-t-il aussi souvent (*tão a miudo*) que (*como*) mon jardinier ? — Il y va plus souvent que (*que*) lui. — Cela a-t-il eu lieu ? — Cela a eu lieu. — Quand cela a-t-il eu lieu ?

103.

Avez-vous été au bal autrefois ? — J'y ai été quelquefois. — Quand as-tu été au concert ? — J'y ai été avant-hier. — Y as-tu trouvé quelqu'un ? — Je n'y ai trouvé (*não encontrei*) personne (*ninguem*). — As-tu été au bal plus souvent que tes frères ? — Je n'y ai pas été aussi souvent qu'eux. — Votre ami a-t-il été souvent au spectacle ? — Il y a été plusieurs fois. — Avez-vous eu faim quelquefois ? — J'ai eu faim souvent. — Votre valet a-t-il souvent eu soif ? — Il n'a jamais eu ni faim ni soif. — Avez-vous été au spectacle de bonne heure ? — J'y ai été tard. — Ai-je été au bal d'aussi bonne heure que vous ? — Vous y avez été de meilleure heure que moi. — Votre frère y a-t-il été trop tard ? — Il y a été trop tôt. — Vos frères ont-ils eu quelque chose ? — Ils n'ont rien eu. — Qui a eu mes bâtons et mes gants ? — Votre domestique a eu les uns et les autres. — A-t-il eu mon chapeau et mon fusil ? — Il a eu l'un et l'autre. — As-tu eu mon cheval ou celui de mon frère ? — Je n'ai eu ni le vôtre ni celui de votre frère. — Ai-je eu votre billet ou celui du médecin ? — Vous n'avez eu ni l'un ni l'autre. — Le médecin qu'a-t-il eu ? — Il n'a rien eu. — Quelqu'un a-t-il eu mon chandelier d'or ? — Personne (*ninguem*) ne l'a eu (*tido*). — Quelqu'un a-t-il eu (*tido*) mes couteaux d'argent ? — Personne (*ninguem*) ne les (*os*) a eus (*tem tido*).

TRENTE-TROISIÈME LEÇON.

Lição trigesima terceira.

Faire — fait.	*Fazer — feito.*
Qu'avez-vous fait ?	† Que tem V^{ce} feito ? Que fez V^{ce} ?
Je n'ai rien fait.	Não fiz, não tenho feito nada.

Le cordonnier a-t-il fait mes souliers ?	† O sapateiro fez os meus sapatos ?
Il les a faits.	Fê-los.
Il ne les a pas faits.	Não os fez.

Mettre — mis.	Pôr — posto, Calçar — calçado. Vestir — vestido.
Avez-vous mis vos souliers ?	† Calçou V^{ce} os meus sapatos ?
Je les ai mis.	† Calcei-os.

Avez-vous ôté vos gants ?	† Tirou V^{ce} as luvas ?
Je les ai ôtés.	† Tirei-as.

Dire — dit.	*Dizer — dito.*
Avez-vous dit les mots ?	† Disse V^{ce} as palavras ?
Je les ai dits.	† Disse-as.
M'avez-vous dit le mot ?	† Disse-me V^{ce} a palavra ?
Je vous ai dit le mot.	† Disse-lhe a palavra.
Je vous l'ai dit.	† Disse-lh'a.

Le mot.	A palavra, o vocabulo.
Cela.	*Isso.*
Ceci.	*Isto.*
Vous a-t-il dit cela ?	† Disse-lhe elle isso ?
Il m'a dit cela.	† Disse-me isso.
Vous ai-je dit cela ?	† Disse eu isso a V^{ce} ?
Vous m'avez dit cela.	† V^{ce} disse-me isso.

TRENTE-TROISIÈME LEÇON

Le.	O.
Me l'avez-vous dit ?	† Disse-m'o V^{ce} ?
Je vous l'ai dit.	† Disse-lh'o.
Je ne vous l'ai pas dit.	† Não lh'o disse.
Vous l'a-t-il dit ?	† Disse-o elle a V^{ce} ?
Il me l'a dit.	† Elle disse-m'o
Il ne me l'a pas dit.	† Elle não m'o disse.
Lui avez-vous dit cela ?	† Disse-lhe V^{ce} (o senhor) isso ?
Je le lui ai dit.	† Eu disse-lh'o.
Vous le lui avez dit.	† V^{ce} (o senhor) disse-lh'o.
Il le lui a dit.	

Le leur avez-vous dit ?	† Disse-o V^{ce} a elles ?
Je le leur ai dit.	† Disse-lhes.

Avez-vous parlé aux hommes ?	Fallou V^{ce} (o senhor) aos homens ?
Je leur ai parlé.	Fallei-lhes.
A qui avez-vous parlé ?	A quem fallou V^{ce} (o senhor) ?

Êtes-vous le frère de mon ami ?	É V^{ce} o irmão do meu amigo ?
Je le suis,	Sou-o.
Êtes-vous riche ?	É V^{ce} rico ?
Je ne le suis pas.	Não o sou.
Est-il savant ?	É elle sabio ?
Il l'est.	É-o.
Il ne l'est pas.	Não o é.
Nos voisins sont-ils aussi pauvres qu'ils le disent ?	† Os nossos vizinhos são tão pobres como dizem ?
Ils le sont.	São-n'o.
Votre frère a-t-il été au bal avant-hier ?	† O seu irmão esteve antes d'hontem no baile ?
Je ne le sais pas.	Não o sei.

Écrire — écrit.	Escrever — escripto.
Quels billets avez-vous écrits ?	† Que bilhetes escreveu V^{ce} ?
J'ai écrit ceux-ci.	Escrevi estes.
Quels mots a-t-il écrits ?	† Que palavras escreveu elle ?
Il a écrit ceux que vous voyez.	Escreveu as que V^{ce} vê.

TRENTE-TROISIÈME LEÇON

Boire,	bu.	Beber,	bebido.
Voir,	vu.	Vêr,	visto.
Lire,	lu.	Lêr,	lido.
Connaître,	connu.	Conhecer,	conhecido.

Quels hommes avez-vous vus ?	† Que homens viu V^{ce} ?
J'ai vu ceux-là.	Vi aquelles.
Quels livres avez-vous lus ?	† Que livros leu V^{ce} ?
J'ai lu ceux que vous m'avez prêtés.	Li os que V^{ce} me emprestou.
Avez-vous connu ces hommes ?	Conheceu V^{ce} (o senhor) esses homens ?
Je ne les ai pas connus.	† Não os conheci.

Avez-vous vu des matelots ?	Tem V^{ce} visto marinheiros ?
J'en ai vu	Tenho visto.
Je n'en ai pas vu ?	† Não tenho visto.

Appeler.	Chamar 1.
Jeter.	Arrojar, atirar, lançar, deitar fora.
M'appelez-vous.	Chama-me V^{ce} ?
Je vous appelle.	Chamo-o.

Qui m'appelle ?	Quem me chama ?
Votre père vous appelle.	Chama-o o seu pai.
Avez-vous appelé les hommes ?	Chamou V^{ce} os homens ?
Je les ai appelés.	Chamei-os.
Jetez-vous votre argent ?	Atira V^{ce} (o senhor) o seu dinheiro ?
Je ne le jette pas.	Eu não o atiro.
Qui jette ses livres ?	† Quem atira os seus livros ?
Avez-vous jeté quelques chose ?	Deitou V^{ce} fóra alguma cousa ?
J'ai jeté mes gants.	Deitei as minhas luvas.
Les avez-vous jetés ?	† Atirou-as V^{ce} ?

THÈMES.

104.

Avez-vous quelque chose à (*que*) faire ? — Je n'ai rien (*nada*) à (*que*) faire. — Qu'as-tu fait ? — Je n'ai rien fait. — Ai-je fait

TRENTE-TROISIÈME LEÇON

quelque chose? — Vous avez fait quelque chose. — Qu'ai-je fait?
— Vous avez déchiré mes livres. — Vos enfants qu'ont-ils fait?
— Ils ont déchiré leurs (*os seus*) habits (*vestidos*). — Qu'avons-nous fait? — Vous n'avez rien fait, mais vos frères ont brûlé mes beaux crayons. — Le tailleur a-t-il déjà fait votre habit? — Il ne l'a pas encore fait. — Votre cordonnier a-t-il déjà fait vos souliers?
— Il les a déjà faits. — Avez-vous quelquefois fait un chapeau?
— Je n'en ai jamais fait. — Nos voisins ont-ils jamais fait des livres? — Ils en ont fait autrefois. — Combien d'habits (*quantos casacos*) votre tailleur a-t-il faits? — Il en a fait vingt ou trente.
— A-t-il fait de bons ou de mauvais habits? — Il en a fait de bons et de mauvais. — Votre père a-t-il mis son habit? — Il ne l'a pas encore mis, mais il va le mettre. — Votre frère a-t-il mis ses souliers? — Il les a mis. — Nos voisins ont-ils mis leurs souliers et leurs bas? — Ils n'ont mis ni ceux-ci ni ceux-là. — Le médecin qu'a-t-il ôté? — Il n'a rien ôté. — Qu'avez-vous ôté? — J'ai ôté mon grand chapeau. — Vos enfants ont-ils ôté leurs gants? — Ils les ont ôtés. — Quand le bal a-t-il eu lieu? — Il a eu lieu avant-hier. — Qui vous a dit cela? — Mon domestique me l'a dit. — Votre frère que vous a-t-il dit? — Il ne m'a rien dit. — Vous ai-je dit cela? — Vous ne me l'avez pas dit. — Vous l'a-t-il dit? — Il me l'a dit. — Qui l'a dit à votre voisin? — Les Anglais le lui ont dit. — L'ont-ils dit aux Français? — Ils le leur ont dit. — Qui vous l'a dit? — Votre fils me l'a dit. — Vous l'a-t-il dit? — Il me l'a dit. — Voulez-vous dire cela à vos amis? — Je veux le leur dire.

105.

Êtes-vous le frère de ce jeune homme? — Je le suis. — Ce jeune homme est-il votre fils? — Il l'est. — Vos amis sont-ils aussi riches qu'ils le disent? — Ils le sont. — Ces hommes-ci sont-ils aussi savants qu'ils le disent? — Ils ne le sont pas. — Balayez-vous souvent le magasin? — Je le balaie aussi souvent que je le puis.
— Votre voisin a-t-il assez d'argent pour acheter du charbon? — Je ne le sais pas. — Votre frère a-t-il été au bal hier? — Je ne le sais pas. — Votre cuisinier est-il allé au marché? — Il n'y est pas allé. — Est-il (*esta*) malade (*enfermo*)? — Il l'est (*esta*). — Suis-je (*estou eu*) malade? — Vous ne l'êtes pas. — Êtes-vous (V^{ce} é) aussi grand (*tão alto*) que (*como*) moi? — Je le suis (*sou*). — Êtes-vous (*esta V.*) aussi fatigué que votre frère? — Je le suis plus que lui. — Avez-vous écrit un billet? — Je n'ai pas écrit un billet, mais j'ai écrit un thème. — Vos frères qu'ont-ils écrit? — Ils ont écrit leurs thèmes. — Quand les ont-ils écrits?
— Ils les ont écrits hier. — Avez-vous écrit vos thèmes? — Je les ai écrits. — Votre ami a-t-il écrit les siens? — Il ne les a pas

encore écrits. — Quels thèmes votre petit frère a-t-il écrits? — Il a écrit (*escreviu*) les siens (*os seus*). — Avez-vous parlé à mon père? — Je lui ai parlé. — Quand lui avez-vous parlé? — Je lui ai parlé avant-hier. — Combien de fois avez-vous parlé au capitaine? — Je lui ai parlé plusieurs fois. — Avez-vous parlé souvent à son fils (*filho*)? — Je lui ai parlé souvent. — A quels hommes votre ami a-t-il parlé? — Il a parlé à ceux-ci et à ceux-là.

106.

Avez-vous parlé (*fallou*) aux (*aos*) Russes? — Je leur ai parlé (*fallei-lhes*). — Les Anglais vous ont-ils jamais parlé? — Ils m'ont parlé souvent. — L'Allemand que vous a-t-il dit? — Il m'a dit les mots (*as palavras*). — Quels mots vous a-t-il dits? — Il m'a dit ces mots-ci. — Qu'avez-vous à me dire? — J'ai quelques mots à vous dire. — Quels thèmes votre ami a-t-il écrits? — Il a écrit ceux-là. — Quels hommes avez-vous vus au marché? — J'ai vu ceux-ci (*estes*). — Quels livres vos enfants ont-ils lus? — Ils ont lu ceux que vous leur avez prêtés (*prestado*). — Avez-vous vu ces hommes-ci ou ceux-là? — Je n'ai vu ni ceux-ci ni ceux-là. — Quels hommes avez-vous vus? — J'ai vu ceux à qui vous avez parlé. — Avez-vous connu (*conheceu V*ce) ces hommes? — Je les ai connus. — Quels garçons votre frère a-t-il connus? — Il a connu ceux de notre marchand. — Ai-je connu ces Français? — Vous ne les avez pas connus. — Quel vin votre domestique a-t-il bu (*bebido*)? — Il a bu le mien. — Avez-vous vu mes frères? — Je les ai vus. — Où les avez-vous vus? — Je les ai vus chez eux. — Avez-vous jamais vu des Grecs? — Je n'en ai jamais vu. — Votre père en a-t-il vu? — Il en a vu quelquefois. — M'appelez-vous? — Je vous appelle. — Qui appelle votre frère? — Mon père l'appelle. — Appelles-tu (*chamas tú*) quelqu'un? — Je n'appelle personne. — Avez-vous jeté votre chapeau? — Je ne l'ai pas jeté. — Votre père jette-t-il quelque chose? — Il jette les billets qu'il reçoit. — Avez-vous jeté vos crayons? — Je ne les ai pas jetés. — Jettes-tu ton livre? — Je ne le jette pas; j'en ai besoin pour étudier le français.

TRENTE-QUATRIÈME LEÇON.
Lição trigesima quarta.

Infinitif.	Part. pas.	Infinitivo.	Partic. pas.
Éteindre,	éteint.	Apagar 1,	apagado.
Ouvrir,	ouvert.	Abrir * 3,	aberto.
Conduire,	conduit.	Conduzir * 4,	conduzido.
		Levar 1,	levado.
Prendre,	pris.	Tomar 1,	tomado.
Croire,	cru.	Crêr * 2,	creido.
Pouvoir,	pu.	Poder * 2,	podido.
Savoir,	su.	Saber * 2,	sabido.
Vouloir,	voulu.	Querer * 2,	querido.

VERBES NEUTRES.

Rem. En portugais, tous les verbes neutres, sans exception, prennent pour auxiliaire les verbes *haver* et *ter*, avoir, et ils conservent leur participe invariable.

Partir,	parti.	Partir	partido.
Sortir,	sorti.	Sahir *,	sahido.
Venir.	venu.	Vir *,	vido.

Votre père est-il parti ?	† Partiu o pai de V^{ce} ?
Vos amis sont-ils partis ?	† Partiram os amigos de V^{ce} ?
Ils ne sont pas partis.	† Não partiram.

Quand vos frères sont-ils sortis ?	† Quando sahiram os irmãos de V^{ce} ?
Ils sont sortis à dix heures.	† Sahiram ás dez horas.

Les hommes sont-ils venus chez votre père ?	† Vieram os homens a casa de seu pai ?
Ils y sont venus.	† Vieram.

TRENTE-QUATRIÈME LEÇON

Faire raccommoder l'habit.	† Mandar compôr o casaco.
Le faire raccommoder.	† Mandal-o compôr.
Les faire raccommoder.	† Mandal-os compôr.
En faire raccommoder.	† Mandar compôr algum.
Faites-vous faire un habit?	† Manda V^{ce} fazer um casaco.
J'en fais faire un.	† Mando fazer um.
	† Mandei fazer um.
Avez-vous fait raccommoder votre habit?	† Mandou V^{ce} compôr o seu casaco?
Je l'ai fait raccommoder.	† Mandei-o compôr.
Je ne l'ai pas fait raccommoder.	† Não o mandei compôr.
J'ai fait raccommoder mes souliers.	† Mandei compôr os meus sapatos.
Je les ai fait raccommoder.	† Mandei-os compôr.

Rem. Les pronoms *me, te, se, nos, vos*, sont toujours régimes des verbes, mais ils sont régimes *directs* ou *indirects* selon le verbe qui les régit ou le sens dans lequel celui-ci est employé. Dans le premier cas, ils signifient *me* ou *moi, te* ou *toi, se* ou *soi, nous, vous.* Ex. *ama-me*, aime-moi ; *enganam-te*, ils te trompent ; *defendiam-se*, ils se défendaient ; etc. Dans le second cas, *me, moi*, signifient *à moi; te, toi, à toi; se, soi, à soi; nous, à nous; vous, à vous.* Ex. *Dize-me a verdade*, dis-moi la vérité ; etc.

Les pronoms *lhe, lhes,* lui, leur, vous, sont toujours régimes indirects, et signifient : *lui, à lui* ou *à elle*, ou *à vous* ; leur, *à eux* ou *à elles* ou *à vous.*

Essuyer.	*Enxugar, limpar.*
N'avez-vous pas vu mon livre?	† Não viu V^{ce} o meu livro?
Je l'ai vu.	† Vi-o.

Quand? — Où?	Quando? — Onde?
Quand avez-vous vu mon frère?	Quando viu V^{ce} o meu irmão?
Je l'ai vu avant-hier.	Vi-o ante-hontem.
Où l'avez-vous vu?	Onde o viu V^{ce}?
Je l'ai vu au théâtre.	Vi-o no theatro.

TRENTE-QUATRIÈME LEÇON

Quels feux avez-vous éteints ?	† Que fogos apagou V^{ce} ?
Quels magasins avez-vous ouverts ?	† Que armazens abriu V^{ce} ?
Les avez-vous conduits au magasin ?	† Levou-os V^{ce} ao armazem ?
Je les y ai conduits.	† Levei-os.
Quels livres avez-vous pris ?	† Que livros tomou V^{ce} ?
Combien de billets avez-vous reçus ?	† Quantos bilhetes recebeu V^{ce} ?
Je n'en ai reçu qu'un.	† Não recebi senão um.

Sur.	*Em, em cima de, sobre.*
Sur le banc.	No banco, em cima do banco, sobre o banco.
Le banc.	O banco.
Dessus.	Em cima, por cima.

Sous.	*Debaixo de.*
Sous le banc.	Debaixo do banco.
Dessous.	Debaixo, por baixo.
Où est mon chapeau ?	Onde esta o meu chapeu ?
Il est sur le banc.	Esta em cima do banco.
Mes gants sont-ils sur le banc ?	† As minhas luvas estão em cima do banco ?
Ils sont dessous.	Estão debaixo.

Apprenez-vous à lire ?	Aprende V^{ce} a lêr ?
Je l'apprends.	Aprendo.
J'apprends à écrire.	Aprendo a escrever.
Avez-vous appris à parler ?	† Aprendeu V^{ce} a fallar ?
Je l'ai appris.	† Aprendi.

Dans le magasin.	No armazem.
Dans le poêle.	Na estufa.
Dedans.	*Dentro.*
Le poêle.	A estufa, o fogão.

Laver.	*Lavar 1.*
Faire raccommoder, fait raccommoder.	† Mandar compôr, mandado compôr.

Faire laver, fait laver.	✝ Mandar lavar, mandado lavar.
Faire faire, fait faire.	✝ Mandar fazer, mandado fazer.
Faire balayer, fait balayer.	✝ Mandar varrer, mandado varrer.
Faire vendre, fait vendre.	✝ Mandar vender, mandado vender.

THÈMES.

107.

Où vos frères sont-ils allés? — Ils sont allés (*foram*) au théâtre. — Vos amis sont-ils partis (*partiram*)? — Ils ne sont pas encore partis. — Quand partent-ils? — Ce soir. — A quelle heure? — A neuf heures et demie. — Quand les garçons français sont-ils venus (*vieram*) chez votre frère? — Ils y sont venus (*vieram*) hier. — Leurs amis sont-ils venus aussi? — Ils sont venus aussi. — Quelqu'un est-il venu chez nous? — Les bons Allemands sont venus chez nous. — Qui (*quem*) est venu chez les Anglais? — Les Français y sont venus. — Quand avez-vous bu du vin? — J'en ai bu hier et aujourd'hui. — Le domestique a-t-il porté (*levado*) mon billet? — Il l'a porté (*levado*). — Où l'a-t-il porté? — Il l'a porté à votre ami. — Quels billets avez-vous portés? — J'ai porté ceux que vous m'avez donnés à porter. — A qui les avez-vous portés? — Je les ai portés à votre père. — Quels livres votre domestique a-t-il pris? — Il a pris ceux que vous ne lisez pas. — Vos marchands ont-ils ouvert leurs magasins? — Ils les ont ouverts. — Quels magasins ont-ils ouverts? — Ils ont ouvert (*aberto*) ceux que vous avez vus. — Quand les ont-ils ouverts? — Ils les ont ouverts aujourd'hui. — Avez-vous conduit les étrangers au magasin? — Je les y ai conduits. — Quels feux les hommes ont-ils éteints? — Ils ont éteint ceux que vous avez aperçus. — Avez-vous reçu (*recebiu*) des billets? — Nous en avons reçu. — Combien de billets avez-vous reçus? — Je n'en ai reçu qu'un (*senão um*); mais mon frère en a reçu plus que moi; il en a reçu six.

108.

Où (*onde*) est (*está*) mon (*o meu*) habit? — Il est (*está*) sur le (*em cima do*) banc (*banco*). — Mes souliers sont-ils (*estão*) sur le (*em cima do*) banc? — Ils sont (*están*) dessous (*debaixo*). — Le charbon est-il sous le banc? — Il est (*está*) dans (*ena*) le poêle (*estufa*). — Avez-vous mis du bois dans le poêle? — J'y en ai mis. — Avez-vous froid? — Je n'ai pas froid. — Le bois que j'ai vu est-il dans le poêle ? — Il y est (*está*). — Mes papiers sont-ils sur le poêle ? — Ils sont (*estão*) dedans (*dentro*). — N'avez-vous pas eu peur de brûler mes papiers ? — Je n'ai pas eu peur de (*medo de*) les brûler (*quemar*). — Avez-vous envoyé votre petit garçon au marché ? — Je l'y ai envoyé. — Quand l'y avez-vous envoyé ? — Ce matin. — Avez-vous écrit à votre père ? — Je lui ai écrit (*escrito*). — Vous a-t-il répondu (*respondido*) ? — Il ne m'a pas encore répondu (*respondido*). — Faites-vous balayer votre plancher ? — Je le fais balayer. — Avez-vous fait balayer votre comptoir (*escriptorio*) ? — Je ne l'ai pas encore fait balayer, mais je compte le faire balayer (*varrer*) aujourd'hui. — Avez-vous essuyé vos pieds ? — Je les ai essuyés. — Où avez-vous essuyé vos pieds ? — Je les ai essuyés au tapis. — Avez-vous fait essuyer vos bancs ? — Je les ai fait essuyer. — Votre domestique qu'essuie-t-il ? — Il essuie les couteaux. — Avez-vous jamais écrit au médecin ? — Je ne lui ai jamais écrit (*escrito*). — Vous a-t-il écrit quelquefois (*alguma vez*) ? — Il m'a souvent écrit. — Que vous a-t-il écrit ? — Il m'a écrit quelque chose. — Combien de fois (*quantas veces*) vos amis vous ont-ils écrit ? — Ils m'ont écrit plus de vingt fois. — Avez-vous vu (*visto*) mes fils ? — Je ne les ai jamais vus (*visto*).

109.

Avez-vous jamais vu (*visto*) des Grecs ? — Je n'en ai jamais vu (*visto*). — Avez-vous déjà vu un Syrien ? — J'en ai déjà vu un. — Où (*onde*) en avez-vous vu un ? — Au (*no*) théâtre. — Avez-vous donné le livre à mon frère ? — Je le lui ai donné. — Avez-vous donné de l'argent au marchand ? — Je lui en ai donné. — Combien lui avez-vous donné ? — Je lui ai donné quatorze écus. — Avez-vous donné des rubans d'or aux enfants de nos voisins ? — Je leur en ai donné (*dado*). — Veux-tu (*queres*) me donner (*dar-me*) du vin (*vinho*) ? — Je vous en ai déjà donné. — Quand m'en as-tu donné ? — Je vous en ai donné autrefois. — Veux-tu m'en donner à présent ? — Je ne puis vous en donner, je n'en ai pas. — L'Américain vous a-t-il prêté de l'argent ? — Il m'a prêté. — Vous en a-t-il prêté souvent ? — Il m'en a prêté quelquefois. — L'Italien vous a-t-il jamais prêté de l'argent ? — Il ne m'en a jamais prêté (*prestado nunca*). — Est-il (*é*) pauvre (*pobre*) ? — Il n'est pas (*não é*) pauvre ; il est plus riche que vous. — Voulez-vous (*quer V.*) me prêter (*prestarme*) un écu ? — Je veux vous en prêter deux. — Votre garçon est-il venu (*veio*) chez le mien ? — Il y est venu (*veio*). — Quand ? — Ce matin. — A quelle heure ? — De bonne heure. — Est-il venu de meilleure heure que moi ? — A quelle heure êtes-vous venu ? — Je suis venu à cinq heures et demie. — Il est venu de meilleure heure que vous.

110.

Le concert a-t-il eu lieu? — Il a eu lieu. — A-t-il eu lieu tard? — Il a eu lieu de bonne heure. — A quelle heure? — A midi. — A quelle heure le bal a-t-il eu lieu? — Il a eu lieu à minuit. — Votre frère apprend-il à écrire (*escrever*)? — Il l'apprend. — Sait-il (*sabe élle*) lire (*lêr*)? — Il ne le sait pas (*não sabe*) encore. — Connaissez-vous le Français que je connais? — Je ne connais pas celui que vous connaissez; mais j'en connais un autre. — Votre ami connaît-il (*conoce*) les mêmes marchands que je connais? — Il ne connaît pas les mêmes; mais il en connaît d'autres. — Avez-vous jamais fait raccommoder votre habit? — Je l'ai fait raccommoder quelquefois. — As-tu déjà fait raccommoder tes souliers? — Je ne les ai pas encore fait raccommoder. — Votre frère a-t-il fait raccommoder ses bas quelquefois? — Il les a fait raccommoder plusieurs fois. — As-tu fait raccommoder ton chapeau ou ton soulier? — Je n'ai fait raccommoder ni l'un ni l'autre. — Avez-vous fait laver vos bas ou vos gants? — Je n'ai fait laver ni les uns ni les autres. — Votre père a-t-il fait faire quelque chose? — Il n'a rien fait faire. — Avez-vous cherché (*buscado*) mes gants? — Je les ai cherchés (*buscado*). — Où (*onde*) les avez-vous cherchés? — Je les ai cherchés (*buscado*) sur le (*em cima da*) lit (*cama*), et je les ai trouvés (*encontrado*) dessous (*debaixo*). — Avez-vous trouvé mes billets dans le poêle? — Je les y ai trouvés. — Avez-vous trouvé (*encontrado*) mes bas sous le lit? — Je les ai trouvés dessus.

TRENTE-CINQUIÈME LEÇON

Lição trigesima quinta.

Promettre — promis.	*Prometter 2 — promettido.*
Apprendre — appris.	*Aprender 2 — aprendido.*
Me promettez-vous de venir?	Promette-me V^{ce} vir?
Je vous le promets.	Prometto-lh'o.
Qu'avez-vous promis à l'homme?	† Que prometteu V^{ce} ao homem?
Je ne lui ai rien promis.	† Não lhe prometti nada.
Avez-vous jamais appris le français?	† Aprendeu V^{ce} jámais o francez?
Je l'ai appris autrefois.	† Aprendi-o n'outro tempo.

User.	*Usar 1.*
Refuser.	*Recusar 1.*
Épeler.	*Soletrar 1.*

Comment?	*Como?*
Bien.	Bem.
Mal.	Mal.

Ainsi.	*Assim.*
Comme cela.	*Assim assim; tal qual.*
De cette manière.	*D'essa, d'esta maneira.*

Comment votre frère a-t-il écrit son thème?	† Como escreveu o thema o seu irmão?
Il l'a bien écrit.	† Escreveu-o bem.

Sécher.	*Seccar.*
Mettez-vous votre habit à sécher?	† Põe V^{ce} o casaco a seccar?
Je le mets à sécher.	† Ponho-o a seccar.

MÉTH. PORTUG.

TRENTE-CINQUIÈME LEÇON

Quel âge avez-vous?	Que idade tem V^{ce}?
J'ai douze ans.	Tenho doze annos.
Quel âge votre frère a-t-il?	† Que idade tem o irmão de V^{ce}?
Il a treize ans.	Tem treze annos.

Presque.	*Quasi.*
Il a presque quatorze ans.	Tem quasi quatorze annos.
Environ.	*Cerca de, perto de, uns.*
J'ai environ quinze ans.	Tenho uns quinze annos.
Près de.	*Cerca de.*
Il a près de quinze ans.	Tem cerca de quinze annos.
A peine.	*Apenas.*
Vous avez à peine dix-sept ans.	V^{ce} apenas tem dezesete annos.
Ne — pas tout à fait.	*Não — ainda, de todo, inteiramente.*
Je n'ai pas tout à fait seize ans.	Não tenho ainda dezesete annos.

Es-tu plus âgé que ton frère?	Tens mais idade, *ou* és mais velho que teu irmão?
Je suis plus jeune que lui.	Sou mais novo, *ou* tenho menos idade que elle.
Agé.	De idade, idoso.

Il y a.	*Faz, ha, tem.*
Combien de francs y a-t-il dans un écu?	Quantos francos tem um escudo?
Trois.	Tres.
Il y a cinq centimes dans un sou.	Um soldo tem cinco centimos.
Il y a vingt sous ou cent centimes dans un franc.	Um franco tem cem centimos ou vinte soldos.
Cent.	Cem, cento.
Le centime.	O centimo.

Comprendre.	*Comprehender* 2.
Entendre.	Ouvir*; entender 2, sentir 3.
Attendre.	Esperar, aguardar 1.
Perdre.	Perder 2.

TRENTE-CINQUIÈME LEÇON

Me comprenez-vous ?	Comprehende-me V^{ce} ?
M'entendez-vous ?	Ouve-me V^{ce} ?
Je vous comprends.	Comprehendo-o.
Je vous entends.	Ouço-o.
Avez-vous compris l'homme ?	† Comprehendeu V^{ce} o homem ?
Je l'ai compris.	Comprehendi-o.
Je vous entends, mais je ne vous comprends pas.	Ouço-o, mas não o comprehendo.

Le bruit.	O ruido, o barulho.
Le vent.	O vento.
Le bruit du vent.	O *susurro* do vento.
Entendez-vous le bruit du vent ?	Ouve V^{ce} o *susurro* do vento ?
Je l'entends.	Ouço-o.

Aboyer.	*Ladrar* 1.
L'aboiement.	O latido, o ladrar.
Avez-vous entendu l'aboiement des chiens ?	Ouviu V^{ce} o latido dos cães ?
Je l'ai entendu.	Ouvi-o.

Attendre quelqu'un ou quelque chose.	Esperar, aguardar alguem ou alguma coisa.
Attendez-vous mon frère ?	Aguarda V^{ce} meu irmão ?
Je l'attends.	Aguardo-o.
Attendez-vous des amis ?	Aguarda V^{ce} amigos ?
J'en attends quelques-uns.	Aguardo alguns.

Combien votre frère a-t-il perdu ?	† Quanto perdeu o irmão de V^{ce} ?
Il a perdu environ un écu.	Perdeu cerca de um escudo.
J'ai perdu plus que lui.	Eu perdi mais do que elle.

Rester.	*Ficar* 1, *permanecer* 2.
Le gentilhomme.	O gentilhomem.
Les gentilshommes.	Os gentishomens.
Gentil.	Gentil, galhardo, bonito.

Où le gentilhomme est-il resté?	† Onde ficou-o gentilhomem.
Il est resté à la maison.	Ficou em casa.
Êtes-vous resté avec lui?	† Ficou V^{ce} com elle?
Avec.	Com.

THÈMES.

111.

Me promettez-vous (*promette-me V^{ce}*) de venir (*vir*) au bal? — Je vous le promets. — Vous ai-je promis (*prometti*) quelque chose? — Vous ne m'avez rien promis. — Mon père que vous a-t-il promis? — Il m'a promis un beau livre. — L'avez-vous reçu? — Pas encore. — Me donnez-vous ce que (*o que*) vous m'avez promis? — Je vous le donne. — Votre ami a-t-il reçu beaucoup d'argent? — Il n'en a guère reçu. — Combien a-t-il reçu? — Il n'a reçu qu'un écu. — Combien d'argent avez-vous donné (*dado*) à mon fils? — Je lui ai donné (*dado*) trente (*trinta*) francs. — Ne lui avez-vous pas promis davantage (*mas*)? — Je lui ai donné ce que je lui ai promis. — Avez-vous de l'argent français? — J'en ai. — Quel argent avez-vous? — J'ai des francs, des sous et des centimes. — Combien de sous y a-t-il dans (*tem*) un franc (*um franco*)? — Il y a (*tem*) vingt sous dans un franc. — Avez-vous des centimes? — J'en ai quelques-uns. — Combien de centimes y a-t-il dans un sou? — Il y en a cinq. — Et combien y en a-t-il dans un franc? — Cent. — Voulez-vous me prêter votre habit? — Je veux vous le prêter; mais il est (*esta*) us (*usado*). — Vos souliers sont-ils (*estão*) usés (*usados*)? — Ils ne sont pas usés. — Voulez-vous les prêter à mon frère? — Je veux les lui prêter. — A qui avez-vous prêté (*prestado*) votre chapeau? — Je ne l'ai pas prêté; je l'ai donné à quelqu'un. — A qui l'avez-vous donné? — Je l'ai donné à un pauvre.

112.

Votre petit frère (*o seu irmão sinho.*) sait-il déjà épeler (*soletrar*)? — Il le sait. — Épelle-t-il (*soletra*) bien? — Il épelle bien. — Comment votre petit garçon a-t-il épelé (*soletrou*)? — Il a épelé (*soletrou*) comme cela (*tal qual, assim assim*). — Comment vos enfants ont-ils écrit leurs (*os themas*) thèmes? — Ils les ont mal écrits. — Mon voisin vous a-t-il prêté ses gants? — Il a refusé de me les prêter (*prestar-m'os*). — Savez-vous l'espagnol? — Je le sais. — Votre fils parle-t-il italien? — Il le parle bien. — Comment vos amis parlent-il? — Il ne parlent pas mal. — Écoutent-ils (*fazem caso*) ce que (*do que*) vous leur (*V^{ce} diz-lhes*)

TRENTE-CINQUIÈME LEÇON

dites ? — Ils l'écoutent (*fazem caso*). — Comment as-tu appris l'anglais ? — Je l'ai appris de cette manière. — M'avez-vous appelé ? — Je ne vous ai pas appelé, mais j'ai appelé votre frère. — Est-il venu (*veio*) ? — Pas encore. — Où avez vous mouillé (*molhou*) vos habits ? — Je les ai mouillés (*molhei-os*) dans le jardin. — Voulez-vous les mettre à sécher ? — Je les ai déjà mis (*puz*) à sécher. — Le gentilhomme veut-il me donner quelque chose à faire ? — Il veut vous donner quelque chose à faire. — Quel âge avez-vous ? — J'ai à peine (*ainda não tenho*) dix-huit ans. — Quel âge votre frère a-t-il ? — Il a vingt ans. — Êtes-vous aussi âgé que lui ? — Je ne suis pas aussi âgé (*tão-velho*). Je suis moins âgé. — Quel âge (*idade*) as-tu ? — J'ai environ douze ans. — Suis-je plus jeune que vous ? — Je ne sais pas. — Quel âge (*idade*) notre voisin a-t-il ? — Il n'a pas tout (*trinta annos feitos*) à fait trente ans. — Nos amis sont-ils aussi jeunes que nous ? — Ils sont plus âgés que nous. — Quel âge ont-ils ? — L'un a dix-neuf ans, l'autre en a vingt. — Votre père est-il aussi âgé que le mien ? — Il est plus âgé que le vôtre.

113.

Avez-vous lu (*leu*) mon livre ? — Je ne l'ai pas encore lu tout à fait (*inteiro*). — Votre ami a-t-il fini (*acabou*) ses livres ? — Il les a presque finis (*acabados*). — M'entendez-vous ? — Je vous entends. — Le Français nous comprend-il ? — Il nous comprend (*entende-nos*). — Comprenez-vous (*comprehendem V^{ces}*) ce que (*o que*) nous vous disons (*lhes dissemos*) ? — Nous le comprenons (*entendemol-o*). — Comprends-tu le français ? — Je ne le comprends pas encore; mais je l'apprends. — Comprenons-nous les Anglais ? — Nous ne les comprenons pas. — Les Anglais nous comprennent-ils ? — Ils nous comprennent. — Les comprenons-nous ? — Nous les comprenons à peine. — Entendez-vous (*ouve V^{ce}*) du bruit ? — Je n'entends (*ouço*) rien. — Avez-vous entendu (*ouviu V^{ce}*) le bruit du vent ? — Je l'ai entendu. — Qu'entendez-vous ? — J'entends l'aboiement des chiens. — A qui ce chien est-il ? — C'est le chien de l'Écossais. — Avez-vous perdu votre bâton ? — Je ne l'ai pas perdu (*perdi*). — Votre domestique a-t-il perdu mes billets ? — Il les a perdus (*perdeu-os*). — Avez-vous été au bal ? — Je n'y ai pas été. — Où êtes-vous resté (*ficou V^{ce}*) ? — Je suis resté à la maison. — Où les gentilshommes sont-ils restés ? — Ils sont restés dans le jardin. — Votre père a-t-il perdu autant d'argent que moi ? — Il en a perdu plus que vous. — Combien ai-je perdu ? — Vous avez perdu à peine un écu. — Vos amis sont-ils restés au bal ? — Ils y sont restés. — Savez-vous autant que le médecin anglais ? — Je ne sais pas autant que lui. — Combien de livres avez-vous lus (*leu V^{ce}*) ? — J'en ai lu à peine deux. — Attendez-vous quelqu'un. — Je n'attends personne. — Attendez-vous l'homme que j'ai vu (*vi*) ce matin ? — Je l'attends. — Attends-tu ton livre ? — Je l'attends. — Attendez-vous votre père ce soir ? — Je l'attends. — Attendez-vous des amis ? — J'en attends quelques-uns.

TRENTE-SIXIÈME LEÇON.
Lição trigesima sexta.

Battre — battu.	Bater — batido, espancar — espancado.
Mordre — mordu.	Morder — mordido.

Pourquoi?	*Porque?*
Pourquoi battez-vous le chien?	Porque bate V^{ce} no cão?
Parce que.	*Porque.*
Je le bats, parce qu'il m'a mordu.	Bato-lhe porque me mordeu.

Devoir — dû.	*Dever 2 — devido.*
Combien me devez-vous?	Quanto me deve V^{ce} (o senhor)?
Je vous dois cinquante écus.	Devo-lhe cincoenta escudos.
Combien l'homme vous doit-il?	† Quanto deve o homem a V^{ce} (ao senhor)?
Il me doit soixante francs.	Deve-me sessenta francos.
Nos voisins doivent-ils autant que nous?	† Devem os nossos vizinhos tanto como nós?
Nous devons plus qu'eux.	Nós devemos mais que elles.
Combien dois-tu?	Quanto deves tu?
Deux cents francs.	Duzentos francos.
Quatre-vingts francs.	Oitenta francos.
Quatre-vingt-trois francs.	Oitenta e tres francos.
Deux cent cinquante francs.	Duzentos e cincoenta francos.

Devez-vous?...	Deve V^{ce}?
Je dois...	Devo...
Où devez-vous aller ce matin?	Onde deve V^{ce} ir hoje pela manhã?
Je dois aller au magasin.	Devo ir ao armazem.
Votre frère doit-il venir ici aujourd'hui?	† Deve hoje vir aqui o irmão de V^{ce}?
Bientôt.	*Logo, immediatamente, em breve.*
Il doit venir ici bientôt.	† Deve vir ca logo.

TRENTE-SIXIÈME LEÇON

Revenir.	Voltar.
A quelle heure revenez-vous du marché ?	A que horas volta V^ce do mercado ?
J'en reviens à midi.	Volto de lá ao meio dia.
En.	De lá, d'ahi, d'esse lugar.

Le domestique revient-il de bonne heure du magasin ?	† O criado volta cedo do armazem ?
Il en revient à six heures du matin.	† Volta de lá ás seis da manhã.
A neuf heures du matin.	As nove da manhã.
A cinq heures du soir.	As cinco da tarde.
A onze heures du soir.	As onze da noite.

Combien de temps ? Pendant.	Que tempo ? Quanto tempo ? Durante.
Combien de temps y est-il resté ?	† Que tempo ficou elle lá ?
Pendant une minute.	Durante um minuto.
Pendant une heure.	Durante uma hora.
Pendant un jour.	Durante um dia.
Pendant un mois.	Durante um mez.
Pendant une année.	Durante um anno.
L'été.	O verão, o estio.
L'hiver.	O invérno.

Pendant l'été.	Durante o verão.
Demeurer.	Viver 2, habitar 1, morar 1.
Où demeurez-vous ?	Onde mora V^ce (o senhor) ?
Je demeure rue Guillaume, numéro vingt-cinq.	Moro na rua de Guilherme, numero vinte e cinco.
Où votre frère a-t-il demeuré ?	† Onde morou o seu irmão ?
Il a demeuré rue de Rivoli, numéro quarante-neuf.	Morou na rua de Rivoli, numero quarenta e nove.
Demeures-tu chez ton frère ?	Moras em casa de teu irmão ?
Je ne demeure pas chez lui, mais chez mon père.	Não moro em casa d'elle, mas em casa de meu pai.
Votre ami demeure-t-il encore où j'ai demeuré ?	† Mora ainda o seu amigo onde eu morei ?
Il ne demeure plus où vous avez demeuré.	Não mora já onde V^ce morou.
Ne — plus.	Não — mais, não — já.
Le numéro.	O numero.

Combien de temps avez-vous parlé à l'homme?	† Que tempo fallou V.ᶜᵉ ao homem?
Je lui ai parlé pendant deux heures.	Fallei-lhe duas horas (durante duas horas).
Êtes-vous resté longtemps chez mon père?	Demorou-se V.ᶜᵉ muito tempo em casa de meu pai?
J'y suis resté une heure.	Demorei-me lá uma hora.
Longtemps.	Muito tempo.

THÈMES.

114.

Pourquoi ne buvez-vous pas ? — Je ne bois pas parce que je n'ai pas soif. — Pourquoi ramassez-vous ce ruban ? — Je le ramasse, parce que j'en ai besoin. — Pourquoi prêtez-vous de l'argent à cet homme ? — Je lui en prête, parce qu'il en a besoin. — Pourquoi votre frère étudie-t-il ? — Il étudie, parce qu'il veut apprendre le français. — Votre cousin (*primo*) a-t-il déjà bu ? — Il n'a pas encore bu, parce qu'il n'a pas encore eu soif. — Le domestique vous montre-t-il le plancher qu'il balaie ? — Il ne me montre pas celui qu'il balaie à présent; mais celui qu'il a balayé hier. — Pourquoi aimez-vous cet homme ? — Je l'aime, parce qu'il est bon. — Pourquoi votre voisin bat-il son chien ? — Parce qu'il a mordu (*mordeu*) son (*no*) garçon. — Pourquoi nos amis nous aiment-ils ? — Ils nous aiment, parce que nous sommes bons. — Pourquoi m'apportez-vous du vin ? — Je vous en apporte, parce que vous avez soif. — Pourquoi le matelot boit-il ? — Il boit, parce qu'il a soif. — Voyez-vous le matelot qui est sur (*no*) le vaisseau ? — Je ne vois pas celui qui est sur le vaisseau; mais celui qui est au marché. — Lisez-vous les livres que mon père vous a donnés ? — Je les lis. — Les comprenez-vous ? — Je les comprends comme cela. — Connaissez-vous les Italiens que nous connaissons ? — Nous ne connaissons pas ceux que vous connaissez ; mais nous en connaissons d'autres. — Le cordonnier raccommode-t-il les souliers que vous lui avez envoyés ? — Il ne les raccommode pas, parce qu'ils sont usés.

115.

Votre domestique est-il revenu du marché ? — Il n'en est pas encore revenu. — A quelle heure votre frère est-il revenu du bal? — Il en est revenu à une heure du matin. — A quelle heure es-tu revenu de chez ton ami ? — J'en suis revenu (*de lá*) à onze heures du matin. — Es-tu resté longtemps avec lui ? — Je suis resté avec lui environ une heure. — Combien de temps comptez-vous rester au bal ? — Je compte y rester (*ficar*) quelques minutes. — Combien de temps le Français est-il resté avec vous ? — Il est resté avec moi deux heures. — Combien de temps vos frères sont-ils restés à la ville? — Ils y sont restés pendant l'hiver. — Comptez-vous rester longtemps avec nous ? — Je compte y rester pendant l'été. — Combien vous dois-je? — Vous ne me devez pas beaucoup. — Combien devez-vous à votre tailleur ? — Je lui dois quatre-vingts francs. — Combien dois-tu à ton cordonnier ? — Je lui dois déjà quatre-vingt-cinq francs. — Vous dois-je quelque chose ? — Vous ne me devez rien. — Combien l'Anglais vous doit-il ? — Il me doit plus que vous. — Les Anglais doivent-ils autant que (*como*) les Espagnols ? — Pas tout à fait autant. — Vous dois-je autant que mon frère ? — Vous me devez plus que (*qué*) lui. — Nos amis vous doivent-ils autant que nous ? — Ils me doivent moins que vous. — Combien vous doivent-ils ? — Ils me doivent deux cent cinquante francs. — Combien vous devons-nous ? — Vous me devez trois cents francs.

116.

Pourquoi donnez-vous de l'argent (*dinheiro*) au marchand ? — Je lui en donne parce qu'il m'a vendu quelque chose. — Où devez-vous aller. — Je dois aller au marché. — Votre ami doit-il venir ici aujourd'hui ? — Il doit y venir (*vir*). — Quand doit-il y venir ? — Il doit y venir bientôt. — Quand nos fils doivent-ils aller au spectacle ? — Il doivent y aller ce soir. — Quand doivent-ils en revenir ? — Ils doivent en revenir à dix heures et demie. — Quand devez-vous aller chez le médecin ? — Je dois y aller à dix heures du soir. — Quand votre fils doit-il revenir de chez le peintre ? — Il doit en revenir à cinq heures du soir. — Où demeurez-vous ? — Je demeure rue de Rivoli, numéro quarante-sept. — Où votre père demeure-t-il ? — Il demeure chez son ami. — Où vos frères demeurent-ils ? — Ils demeurent rue Guillaume, numéro cent vingt. — Demeures-tu chez ton frère ? — J'y demeure. — Demeurez-vous encore où vous avez demeuré ? — J'y demeure encore. — Votre ami demeure-t-il encore où il a demeuré ? — Il ne demeure plus où il a demeuré. — Où demeure-t-il à présent ? — Il demeure chez son père.

TRENTE-SEPTIÈME LEÇON.
Lição trigesima setima.

Jusqu'à quand ?	*Até quando ?*
Jusque.	*Até.*
Jusqu'à midi.	Até ao meio dia.
Jusqu'à demain.	Até ámanhã.
Jusqu'à après-demain.	Até depois d'ámanhã.
Jusqu'à dimanche.	Até domingo.
Jusqu'à lundi.	Até segunda feira.
Jusqu'à ce soir.	Até esta tarde, ou esta noite.
Jusqu'au soir.	Até a tarde, ou a noite.
Jusqu'au matin.	Até pela manhã.
Jusqu'au lendemain.	Até ao dia seguinte.
Jusqu'à ce jour.	Até este dia; até hoje.
Jusqu'à ce moment.	Até este momento.
Jusqu'à présent — jusqu'ici.	Até agora — até aqui.
Jusqu'alors.	Até então.
Alors.	Então.

Le mardi, le mercredi.	A terça feira, a quarta feira.
Le jeudi, le vendredi.	A quinta feira, a sexta feira.
Le samedi.	A sabbado.

Jusqu'à mon retour.	Até a minha volta.
Jusqu'au retour de mon frère.	Até a volta de meu irmão.
Jusqu'à quatre heures du matin.	Até as quatro da manhã.
Jusqu'à minuit.	Até a meia noite.
Le retour.	A volta, o regresso.

Jusqu'à quand êtes-vous resté chez mon père ?	† Até quando esteve V^{ce} em casa de meu pai ?
J'y suis resté jusqu'à onze heures du soir.	† Estive até ás onze da noite.
Jusqu'au lendemain de son retour.	Até o dia seguinte do seu regresso.

TRENTE-SEPTIÈME LEÇON

On. Se.

Rem. En portugais, le pronom indéfini *on* peut se rendre de deux manières différentes : 1º en mettant le verbe au pluriel; 2º en traduisant ce pronom par *se*.

A-t-on apporté mes souliers ?	† Trouxeram os meus sapatos ?
On les a apportés.	† Trouxeram os.
On ne les a pas encore apportés.	† Ainda não os trouxeram.
Qu'a-t-on dit ?	† Que se disse ? — Que disseram ?
On n'a rien dit.	† Não se disse nada. — Não disseram nada.
Qu'a-t-on fait ?	† Que se fez ? Que fizeram ?
On n'a rien fait.	† Não fizeram nada.

Vouloir — voulu.	Querer — querido.
A-t-on voulu raccommoder mon habit ?	Tem-se querido compôr o meu casaco ?
On n'a pas voulu le raccommoder.	† Não se tem querido compôl-o.

Pouvoir — pu.	† Poder* — podido.
A-t-on pu trouver les livres ?	† Tem-se podido achar os livros ?
On n'a pu les trouver.	† Não se pôde achal-os.
Peut-on les trouver à présent ?	† Podem acharse agora ?
On ne peut pas les trouver.	† Não podem achar-se.

Peut-on faire ce qu'on veut ?	† Póde fazer-se o que se queira ?
Pour longtemps.	Por muito tempo.
On fait ce qu'on peut; mais on ne fait pas ce qu'on veut.	† Faz-se o que se póde; mas não se faz o que se quer.

Que dit-on ?	† Que se diz ?
Que dit-on de nouveau ?	† Que se diz de novo ?
On ne dit rien de nouveau.	† Não se diz nada de novo.
Quelque chose de nouveau.	Alguma coisa de novo.
Rien de nouveau.	Nada de novo.

Croit-on cela ?	† Crê-se isso ?
On ne le croit pas.	† Não se crê. Não o crêem.
Parle-t-on de cela ?	† Falla-se d'isso ? Fallam d'isso ?
On en parle	† Falla-se.
† On n'en parle pas.	† Não se falla.

Neuf, nouveau.	*Novo.*
Mon habit neuf.	O meu casaco novo.
Mon nouveau cheval.	O meu cavallo novo.
Mon beau cheval.	O meu bello cavallo.
Mon nouvel ami.	O meu novo amigo.
Mon bel habit.	O meu bello casaco.
Brosser.	*Escovar* 1.
Ce bel homme.	Este bello homem.
Ces beaux hommes.	Estes bellos homens.
Ce bel arbre.	Esta bella arvore.
Ces beaux arbres.	Estas bellas arvores.
Mes nouveaux amis.	Os meus novos amigos.

THÈMES.

117.

Jusqu'à quand avez-vous écrit ? — J'ai écrit (*escrevi*) jusqu'à minuit. — Jusqu'à quand (*até quando*) ai-je travaillé ? — Vous avez travaillé (*V^ce trabalhou*) jusqu'à (*até as*) quatre heures du matin (*quarto da manhã*). — Jusqu'à quand (*até quando*) mon frère est-il resté avec vous ? — Il est resté avec moi (*commigo*) jusqu'au soir. — Jusqu'à quand as-tu travaillé ? — J'ai travaillé jusqu'à présent. — As-tu encore pour longtemps (*para muito tempo*) à écrire ? — J'ai (*tenho*) à (*que*) écrire pour jusqu'après-demain (*até*). — Le médecin a-t-il encore pour longtemps à travailler ? — Il a à travailler pour jusqu'à demain. — Dois-je rester longtemps ici ? — Vous devez y rester jusqu'à dimanche. — Mon frère doit-il rester (*estar*) longtemps (*muito tempo*) avec vous (*com V^ce*) ? — Il doit y rester (*deve estar*) jusqu'à lundi. — Jusqu'à quand devons-nous travailler ? — Vous devez travailler jusqu'après-demain. — Avez-vous encore pour longtemps à parler ? — J'ai encore pour une heure à parler. — Avez-vous parlé longtemps ? — J'ai parlé (*fallei*) jusqu'au lendemain (*ao dia*). — Êtes-vous resté longtemps dans mon comptoir ? — J'y suis resté jusqu'à ce moment (*agora mesmo*). — Avez-vous encore longtemps à demeurer chez le Français ? — J'ai encore longtemps à demeurer chez lui. — Jusqu'à quand avez-vous encore à demeurer chez lui ? — Jusqu'a mardi. — Le domestique a-t-il brossé mes habits (*casacos*) ? — Il les a brossés. — A-t-il balayé le plancher ? — Il l'a balayé. — Jusqu'à quand (*até quando*) est-il resté ici (*aqui*) ? — Jusqu'à midi. — Votre ami demeure-t-il encore chez vous? — Il ne demeure plus (*não mora já*) chez moi (*na minha casa*). — Combien de temps (*quando tempo*) a-t-il demeuré (*viven*) chez vous (*em casa de V^{ce}*) ? — Il n'a demeuré chez moi qu'un an. — Jusqu'à quand (*até quando*) êtes-vous resté (*esteve V^{ce}*) au bal (*no baile*) ? — J'y suis resté jusqu'à minuit. — Combien de temps êtes-vous resté sur le vaisseau ? — J'y suis resté une heure. — Êtes-vous resté au jardin jusqu'à présent ? — J'y suis resté jusqu'à présent.

118.

Que faites-vous le matin ? — Je lis. — Et que faites-vous alors ? — Je déjeune et je travaille. — Déjeunez-vous avant de lire ? — Non, Monsieur, je lis avant de déjeuner. — Joues-tu au lieu de travailler ? — Je travaille au lieu de jouer. — Ton frère va-t-il au spectacle au lieu d'aller au jardin ? — Il ne va ni au spectacle ni au jardin. — Que faites-vous le soir ? — Je travaille. — Qu'as-tu fait ce soir ? — J'ai brossé vos habits et j'ai été au théâtre ? — Es-tu resté longtemps au théâtre ? — Je n'y suis resté que quelques minutes. — Voulez-vous attendre ici ? — Jusqu'à quand dois-je attendre ? — Vous devez attendre jusqu'au retour de mon père. — Quelqu'un est-il venu ? — Quelqu'un est venu. — Qu'a-t-on voulu ? — On a voulu (*queriam*) vous parler. — N'a-t-on pas voulu attendre ? On n'a pas (*não quizeram*) voulu attendre. — M'avez-vous attendu longtemps ? — Je vous ai attendu pendant deux heures. — Avez-vous pu livre mon billet ? — J'ai pu le lire. — L'avez-vous compris (*entendeu-o*) ? — Je l'ai compris. — L'avez-vous montré à quelqu'un ? — Je ne l'ai montré à personne. — A-t-on apporté (*trouxeram*) mes beaux habits ? — On ne les a pas (*não os trouxeram*) encore apportés. — A-t-on balayé mon plancher et brossé mes habits (*omeu fato*) ? — On a fait l'un et l'autre. — Qu'a-t-on dit (*que se disse*) ? — On n'a rien dit. — Qu'a-t-on fait ? — On n'a rien fait. — Votre petit frère a-t-il épelé ? — Il n'a pas voulu épèler. — Le garçon du marchand a-t-il voulu travailler ? — Il ne l'a pas voulu. — Qu'a-t-il voulu faire ? — Il n'a voulu rien faire.

119.

Le cordonnier a-t-il pu raccommoder mes souliers ? — Il n'a pas pu (*não póde*) les raccommoder (*compôl-os*). — Pourquoi n'a-t-il pas pu les raccommoder ? — Parce qu'il n'a pas eu le temps. — A-t-on pu trouver mes boutons d'or? — On n'a pas pu (*não teem podido*) les trouver (*achal-os*). — Pourquoi le tailleur n'a-t-il pas raccommodé (*composto*) mon habit ? — Parce qu'il n'a pas de bon fil. — Pourquoi (*por qué*) avez-vous battu (*batido*) le chien (*no cão*)? — Parce qu'il m'a mordu. — Pourquoi buvez-vous? — Parce que j'ai soif. — Qu'a-t-on voulu dire ? — On n'a rien voulu dire. — Qu'a-t-on dit de nouveau ? — On n'a rien dit de nouveau. — Que dit-on de nouveau au (*no*) marché ? — On n'y dit rien de nouveau. — A-t-on voulu tuer un homme ? — On en a voulu tuer un. — Croit-on cela ? — On ne le croit pas. — Parle-t-on de cela ? — On n'en parle. — Parle-t-on de l'homme qui a été tué? — On n'en parle pas. — Peut-on faire ce qu'on veut ? — On fait ce qu'on peut, mais on ne fait pas ce qu'on veut. — Qu'a-t-on apporté ? — On a apporté votre habit neuf. — Mon domestique a-t-il brossé mes beaux tapis ? — Il ne les pas encore brossés. — Avez-vous acheté un nouveau cheval ? — J'ai acheté deux nouveaux chevaux. — Combien de beaux arbres avez-vous vus ? — J'ai n'ai vu qu'un bel arbre. — Avez-vous vu un bel homme ? — J'ai vu plusieurs beaux hommes. — Avez-vous un nouvel ami ? J'en ai plusieurs. — Aimez-vous vos nouveaux amis ? — Je les aime.

TRENTE-HUITIÈME LEÇON.

Lição trigesima oitava.

Jusqu'où?	*Até onde?*
Jusque.	*Até.*
Jusque chez mon frère.	Até casa de meu irmão.
Jusqu'ici.	Até aqui.
Jusque-là.	Até alli.
Jusqu'à Londres.	† Até Londres.
Jusqu'à Paris.	† Até Paris.

A Paris.	A Paris.
A Berlin.	A Berlim.

En France.	† A, para a França.
En Angleterre.	† A, para Inglaterra.

Rem. A. Après *jusque* (até) les prépositions françaises *à, en,* ne s'expriment pas en portugais devant un nom de pays.

EXEM.:

Jusqu'en Angleterre.	† Até Inglaterra.
Jusqu'en Espagne.	† Até Hespanha.
Jusqu'en France.	† Até França.
Jusqu'en Italie.	† Até Italia.

Jusque chez moi.	Até minha casa.
Jusqu'au magasin.	Até ao armazem.
Jusqu'au coin.	Até ao canto.
Jusqu'au bout du chemin.	Até ao fim do caminho.
Jusqu'au milieu du chemin.	Até ao meio do caminho.

En haut.	Acima, em cima.
En bas.	Abaixo, em baixo.
Jusqu'en haut.	Até cima.
Jusqu'en bas.	Até abaixo.

TRENTE-HUITIÈME LEÇON

Jusqu'à l'autre côté du chemin.	Até ao cabo opposto do caminho Até ao outro lado do caminho.

De ce côté-ci.	† Por este lado.
De ce côté-là.	† Por aquelle lado.
En deçà du chemin.	D'este lado do caminho.
Au deçà du chemin.	† Da parte de ca do caminho.
Au delà du chemin.	Além do caminho. Da parte de lá do caminho.

L'Allemagne.	A Allemanha.
L'Amérique.	A America.
La Hollande.	A Hollanda.

Le milieu.	O meio, o centro.
Le puits.	O poço.
Le tonneau.	O tonel.
Le château.	O castello.

Voyager.	Viajar 1.
Allez-vous à Paris ?	Vai V^{ce} a Paris ?
J'y vais.	Vou.
Est-il allé en Angleterre ?	† Foi elle a Inglaterra ?
Il y est allé.	† Foi la.
Jusqu'où est-il allé ?	† Até onde foi elle ?
Jusqu'où a-t-il voyagé ?	† Até onde viajou elle ?
Il est allé jusqu'en Amérique.	† Foi até a America.

Voler.	Roubar 1.
Voler quelque chose à quelqu'un.	Roubar alguma cousa a alguem.
Vous a-t-on volé votre chapeau ?	† Roubaram o chapeu de V^{ce} ? † Roubaram-m'o.
On me l'a volé.	
L'homme t'a-t-il volé les livres ?	† Roubou-te o homem os livros ?
Il me les a volés.	† Roubou-m'os.
Que vous a-t-on volé ?	† Que lhe roubaram ?

MÉTH. PORTUG.

Tout.	*Todo.*
Tout le vin.	Todo o vinho.
Tous les livres.	Todos os livros.
Tous les hommes.	Todos os homens.

Comment écrit-on ce mot?	† Como se escreve essa palavra?
On l'écrit ainsi, de cette manière.	Escreve-se assim, d'esta maneira.

Teindre.	*Tingir* 3.
Je teins, tu teins, il teint; teignant.	Eu tinjo, tu tinges, elle tinge; tingindo.

Rem. B. Dans les exemples suivants la préposition française *en* doit se rendre en portugais par *de*.

Teindre en noir.	† Tingir de negro.
Teindre en rouge.	† Tingir de encarnado.
Teindre en vert.	† Tingir de verde.
Teindre en bleu.	† Tingir de azul.
Teindre en jaune.	† Tingir de amarello.

Rem. C. La préposition *en* se rend encore par *de*, si elle exprime une condition d'état ou de propriété.

Mon habit bleu.	O meu vestido azul.
Ce chapeau blanc.	Este chapeu branco.
Son chapeau rond.	O seu chapeu redondo.
Teignez-vous votre habit en bleu?	† Tinge V^{ce} o seu vestido de azul?
Je le teins en vert.	† Tinjo-o de verde.
Comment voulez-vous teindre votre drap?	Como quer V^{ce} tingir o seu pano?
Je veux le teindre en bleu.	† Quero tingil-o de azul.
Le teinturier.	O tintoreiro.

Faire teindre — fait teindre.	*Mandar tingir — mandado tingir.*
Comment avez-vous fait teindre votre chapeau?	† Como mandou V^{ce} tingir o seu chapeu?

Je l'ai fait teindre en noir.	† Mandei tingil-o de preto.
Rouge.	Encarnado.
Brun.	Castanho.
Gris.	Pardo.

THÈMES.

120.

Jusqu'où avez-vous voyagé ? — J'ai voyagé (*viajei*) jusqu'en Allemagne (*até á Allemanha*). — Est-il allé jusqu'en Italie ? — Il est allé jusqu'en Amérique. — Jusqu'où les Espagnols sont-ils allés ? — Ils sont allés jusqu'à Londres. — Jusqu'où ce pauvre homme est-il venu ? — Il est venu jusqu'ici. — Est-il venu jusque chez vous ? — Il est venu jusque chez mon père. — Vous a-t-on volé quelque chose ? — On m'a volé tout le bon vin. — A-t-on volé quelque chose à votre père ? — On lui a volé tous ses bons livres. — Voles-tu quelque chose ? — Je ne vole rien. — As-tu jamais volé quelque chose ? — Je n'ai jamais rien volé. — Vous a-t-on volé vos bons habits ? — On me les a volés. — Que m'a-t-on volé ? — On vous a volé tous les bons livres. — Quand vous a-t-on volé l'argent ? — On me l'a volé avant-hier. — Nous a-t-on jamais volé quelque chose. — On ne nous a jamais rien volé. — Jusqu'où avez-vous voulu aller ? — J'ai voulu aller jusqu'au bois. — Avez-vous été jusque-là ? — Je n'ai pas été jusque-là. Jusqu'où votre frère veut-il aller ? — Il veut aller jusqu'au bout de ce chemin-là. — Jusqu'où le vin va-t-il. — Il va jusqu'au fond du tonneau. — Où vas-tu ? — Je vais au marché. — Jusqu'où allons-nous ? — Nous allons jusqu'au théâtre. — Allez-vous jusqu'au puits. — Je vais jusqu'au château. — Le charpentier a-t-il bu tout le vin ? — Il l'a bu. — Votre petit garçon a-t-il déchiré tous ses livres ? — Il les a tous déchirés. — Pourquoi les a-t-il déchirés ? — Parce qu'il ne veut pas étudier.

121.

Combien avez-vous perdu (*perdeu*) ? — J'ai perdu tout mon argent. — Savez-vous où est mon père ? — Je ne le sais. — N'avez-vous pas vu mon livre ? — Je ne l'ai pas vu. — Savez-vous comment on écrit ce mot ? — On l'écrit ainsi. — Teignez-vous quelque chose ? — Je teins mon chapeau. — Comment le teignez-vous ? — Je le teins en noir. — Comment teignez-vous vos habits ? — Je les teins en jaune. — Faites-vous teindre votre

coffre ? — Je le fais teindre. — Comment le faites-vous teindre?
— Je le fais teindre en vert. — Comment fais-tu teindre tes bas
de fil ? — Je les faits teindre en rouge. — Votre fils fait-il teindre son ruban ? — Il le fait teindre. — Le fait-il teindre en rouge ?
— Il le fait teindre en gris. — Comment vos amis ont-ils fait
teindre leurs habits ? — Ils les ont fait teindre en vert. — Comment les Italiens ont-ils fait teindre leurs chapeaux ? — Ils les
ont fait teindre en brun. — Avez-vous un chapeau blanc ? —
J'en ai un noir. — Quel (*que*) chapeau le gentilhomme a-t-il ? —
Il a deux chapeaux : un blanc et un noir. — Quel (*que*) chapeau
l'Américain a-t-il ? — Il a un chapeau rond. — Ai-je un chapeau
blanc ? — Vous avez plusieurs chapeaux blancs et noirs. —
Votre teinturier a-t-il déjà teint votre drap ? — Il l'a teint. —
Comment (*como*) l'a-t-il teint ? — Il l'a teint en vert. — Voyagez-vous quelquefois ? — Je voyage souvent. — Où comptez-vous
aller cet été ? — Je compte aller à Paris. — N'allez-vous pas en
Italie ? — J'y vais (*vou lá*). — As-tu voyagé quelquefois ? — Je
n'ai jamais voyagé. — Vos amis ont-ils envie d'aller en Hollande ?
— Ils ont envie d'y aller (*de lá ir*). — Quand comptent-ils
partir ? — Ils comptent partir après demain.

122.

Votre frère est-il déjà allé en Espagne ? — Il n'y est pas
encore allé. — Avez-vous voyagé en Espagne ? — J'y ai voyagé.
— Quand partez-vous ? — Je pars demain. — A quelle heure ?
A cinq heures du matin. — Avez-vous usé tous vos souliers ? —
Je les ai tous usés. — Les Espagnols qu'ont-ils fait ? — Ils ont brûlé
tous nos bons vaisseaux. — Avez-vous fini tous vos thèmes ? —
Je les ai tous finis. — Jusqu'où le Français est-il venu ? — Il est
venu jusqu'au (*veio*) milieu (*meio*) du chemin. — Où votre ami
demeure-t-il ? — Il demeure au deçà du chemin. — Où est votre
magasin ? — Il est au delà du chemin. — Où est le comptoir de
notre ami? — Il est au delà du théâtre. — Le jardin de votre
ami est-il en deçà ou au delà du bois ? — Il est au delà. —
Notre magasin n'est-il pas en deçà du chemin ? — Il est en
deçà. — Où avez-vous été ce matin ? — J'ai été au château. —
Combien de temps (*que tempo*) êtes-vous resté (*esteve V^{ce}*) au château (*no castello*) ? — J'y suis resté (*estive lá*) une heure.
— Votre frère est-il en bas ou en haut ? — Il est en haut. —
Jusqu'où votre domestique a-t-il porté mon coffre ? — Il l'a porté
jusqu'à mon magasin. — Est-il venu jusque chez moi ? Il est
venu jurque-là. — Jusqu'où le tapis vert va-t-il ? — Il va jusqu'au
coin du comptoir. — Avez-vous été en France ? — J'y ai été

plusieurs fois ? — Vos enfants ont-ils déjà été en Allemagne ? — Ils n'y ont pas encore été ; mais je compte les y envoyer au printemps. — Voulez-vous aller en deçà ou au delà du chemin ? Je ne veux aller ni en deçà ni au delà ; je veux aller au milieu du chemin. — Jusqu'où ce chemin conduit-il ? — Il conduit jusqu'à Londres.

TRENTE-NEUVIÈME LEÇON

Lição trigesima nona.

Falloir.	Convir, ser preciso, ser mister, ser necessario, fazer falta, faltar.
Faut-il?	Convem, é preciso, é necessario, é mister, faz falta?
Il faut.	Convem, é preciso, é mister, é necessario, faz falta.

Faut-il aller au marché?	É necessario ir ao mercado?
Il ne faut pas y aller.	Não é necessario ir.
Que faut-il faire pour apprendre le français?	Que é mister fazer para aprender francez?
Il faut étudier beaucoup.	É preciso estudar muito.

Que me faut-il faire?	Que preciso eu fazer?
Il vous faut rester tranquille.	É preciso que V.cê fique tranquillo.
Où lui faut-il aller?	Onde precisa elle ir?
Il lui faut aller chercher son livre.	Precisa ir buscar o seu livro.
Que leur faut-il acheter?	Que lhes faz falta comprar?
Il leur faut acheter du bœuf.	Necessitam de comprar carne de vacca.
Que nous faut-il lire?	Que precisamos de lêr? Que nos faz falta lêr?
Que vous faut-il?	De que precisa V.cê? Que lhe faz falta? Que lhe falta?

Il me faut de l'argent.	Preciso *de* dinheiro.
Vous faut-il un sou?	Faz-lhe falta um soldo?
Vous en faut-il beaucoup?	Falta-lhe muito?
Il m'en faut beaucoup.	Falta-me muito.
Il ne me faut qu'un sou.	Não me falta mais que um soldo.

TRENTE-NEUVIÈME LEÇON

Ne vous faut-il que cela ?	† Não falta a V^{ce} senão isso ?
Il ne me faut que cela.	† Não preciso senão d'isso.
Combien te faut-il ?	Quanto necessitas ?
Il ne me faut qu'un franc.	Não necessito mais que um franco.
Combien faut-il à votre frère ?	De quanto precisa o seu irmão ?
Il ne lui faut que deux francs.	Não precisa de mais que dous francos.

Avez-vous ce qu'il vous faut ?	Tem V^{ce} o que precisa ?
J'ai ce qu'il me faut.	Tenho o que necessito.
Il a ce qu'il lui faut.	Elle tem o que precisa.
Ils ont ce qu'il leur faut.	Elles teem o que lhes faz falta.

Davantage.	*Mais.*
Ne — pas davantage.	Não — nada mais.
Ne vous faut-il pas davantage ?	Não precisa V^{ce} de mais ?
Il ne me faut pas davantage.	Não preciso de mais.
Il ne lui faut pas davantage.	Não precisa de mais.

Vous a-t-il fallu travailler beaucoup pour apprendre le français ?	Precisou V^{ce} trabalhar muito para aprender o francez ?
Il m'a fallu travailler beaucoup.	Tive que trabalhar muito.

Que dois-je faire ?	Que devo eu fazer ?
Vous devez travailler.	V^{ce} deve trabalhar.
Faut-il y aller ?	É necessario lá ir ?
Vous pouvez y aller.	V^{ce} póde ir.

Valoir — valu.	*Valer — valido.*
Combien ce cheval peut-il valoir ?	Quanto póde valer este cavallo ?
Il peut valoir cent écus.	Póde valer cem escudos.
Valez-vous ?	Vale V^{ce} ?
Je vaux.	Eu valho.
Tu vaux.	Tu vales.
Il vaut.	Elle vale.
Nous valons — ils valent.	Nós valemos — elles valem.

TRENTE-NEUVIÈME LEÇON

Combien ce fusil vaut-il ?	Quanto vale essa espingarda ?
Il ne vaut qu'un écu.	Não vale mais que um escudo.
Combien cela vaut-il ?	† Quanto vale isso ?
Cela ne vaut pas grand'chose.	Isso não vale grande cousa.
Cela ne vaut rien.	Isso não vale nada.
Celui-ci vaut plus que celui-là.	Este vale mais que aquelle.
L'un ne vaut pas autant que l'autre.	Um não vale tanto como o outro.
Valoir mieux.	*Valer mais, ser melhor.*
Est-ce que je ne vaux pas autant que mon frère ?	Não valho eu tanto como meu irmão ?
Vous valez mieux que lui.	V^{ce} vale mais que elle.
Je ne vaux pas autant que vous.	Eu não valho tanto como V^{ce}.
Rendre.	*Devolver, entregar, restituir.*
Vous rend-il votre livre ?	Devolve-lhe o seu livro ?
Il me le rend.	Devolve-m'o.
Vous a-t-il rendu vos gants ?	† Devolveu-lhe elle as suas luvas ?
Il me les a rendus.	Devolveu-m'as.
Votre frère a-t-il déjà commencé ses thèmes ?	† O seu irmão começou já os seus themas ?
Pas encore.	*Ainda — não, não — ainda.*
Il ne les a pas encore commencés.	† Ainda não os começou.
Le présent.	*O presente.*
Avez-vous reçu un présent ?	† Recebeu V^{ce} um presente ?
J'en ai reçu plusieurs.	Recebi varios.
Avez-vous reçu les livres ?	† Recebeu V^{ce} os livros ?
Je les ai reçus.	Recebi-os.

De qui?	*De quem?*
De qui avez-vous reçu des présents?	De quem recebeu V^ce presentes?
De mes amis.	De meus amigos.

D'où?	*D'onde?*
D'où venez-vous?	D'onde vem V^ce?
Je viens du jardin.	Venho do jardim.
D'où est-il venu?	D'onde veio elle?
Il est venu du théâtre.	Veio do theatro.
D'où sont-ils venus?	D'onde vieram?

THÈMES.

123.

Faut-il aller au marché? — Il ne faut pas (*não é preciso*) y aller. (*lá ir*). — Que vous faut-il acheter? — Il me faut acheter du bœuf (*carne de vacca*). Me faut-il aller chercher du vin? — Il vous faut en aller chercher. — Dois-je aller au bal? — Il vous faut y aller. — Quand me faut-il y aller? — Il faut y aller ce soir. — Me faut-il aller chercher le charpentier? — Il vous faut l'aller chercher. — Que faut-il faire pour apprendre le russe? — Il faut étudier beaucoup. — Faut-il étudier beaucoup pour apprendre l'allemand? — Il faut étudier beaucoup. — Que me faut-il faire? — Il vous faut acheter un bon livre. — Que doit-il faire? — Il lui faut rester tranquille. — Que devons-nous faire? — Il vous faut travailler. — Vous faut-il travailler beaucoup pour apprendre l'arabe? — Il me faut travailler beaucoup pour l'apprendre. — Pourquoi me faut-il aller au marché? — Il vous faut y aller pour acheter du bœuf et du vin. — Me faut-il aller quelque part? — Il te faut aller dans le jardin. — Me faut-il envoyer chercher quelque chose? — Il te faut envoyer chercher du vin. — Que me faut-il faire? — Il vous faut écrire un thème. — A qui me faut-il écrire un billet? — Il vous faut écrire un billet à votre ami. — Que vous faut-il (*que precisa V^ce*), Monsieur? — Il me faut du drap (*pano*). — Combien ce chapeau vaut-il? — Il vaut quatre écus. — Vous faut-il des bas? — Il m'en faut. — Combien ces bas-là valent-ils? — Ils valent deux francs. — Ne vous faut-il que cela? — Il ne me faut que cela. — Ne vous faut-il pas de souliers? — Il ne m'en faut pas. — Te faut-il beaucoup d'argent? — Il m'en faut beaucoup. — Combien te faut-il? — Il me faut cinq écus. — Combien faut-il à votre frère ? — Il ne lui faut que six sous. — Ne lui faut-il pas davantage ? — Il ne lui faut pas davantage. — Faut-il davantage à votre ami ? — Il ne lui faut pas autant qu'à moi. — Que vous faut-il ? — Il me faut de l'argent et des habits. — Avez-vous à présent ce qu'il vous faut ? — J'ai ce qu'il me faut. — Votre père a-t-il ce qu'il lui faut ? — Il a ce qu'il lui faut.

124.

Les garçons du voisin vous ont-ils rendu vos livres? — Ils me les ont rendus. — Quand vous les ont-ils rendus ? — Ils me les ont rendus hier. — Votre petit garçon a-t-il reçu un présent ? — Il en a reçu plusieurs. — De qui (*de quem*) en a-t-il reçu (*os recebem*) ? — Il en a reçu (*recebeu*) de mon père et du vôtre. — Avez-vous reçu des présents ? — J'en ai reçu. — Quels présents avez-vous reçus ? — J'ai reçu de beaux présents. — Venez-vous du jardin ? — Je ne viens pas du jardin ; mais du magasin. — Où allez-vous ? — Je vais au jardin. — D'où l'Irlandais vient-il ? — Il vient du jardin — Vient-il du jardin duquel vous venez ? — Il ne vient pas du même. — De quel jardin vient-il ? — Il vient de celui de notre vieil ami. — D'où votre garçon vient-il ? — Il vient du spectacle. — Combien ce cheval peut-il valoir ? — Il peut valoir cinq cents écus. — Ce livre-ci vaut-il autant que celui-là ? — Il vaut davantage. — Combien mon fusil vaut-il ? — Il vaut autant que celui de votre ami. — Vos chevaux valent-ils autant que ceux des Anglais ? — Ils ne valent pas autant. — Combien ce couteau vaut-il ? — Il ne vaut rien.

125.

Votre domestique vaut-il autant que le mien ? — Il vaut mieux que le vôtre. — Valez-vous autant que votre frère ? — Il vaut mieux que moi. — Vaux-tu autant que ton ami ? — Je vaux autant que lui. — Valons-nous autant que nos voisins ? — Nous valons mieux qu'eux. — Votre parapluie vaut-il autant que le mien ? — Il ne vaut pas autant. — Pourquoi ne vaut-il pas autant que le mien ? — Parce qu'il n'est pas aussi beau que le vôtre. — Combien ce fusil vaut-il ? — Il ne vaut pas beaucoup. — Voulez-vous vendre votre cheval ? — Je veux le vendre. — Combien vaut-il ? — Il vaut deux cents écus. — Voulez-vous l'acheter ? — J'en ai déjà acheté un. — Votre père compte-t-il acheter un cheval ? — Il compte en acheter un ; mais non pas le vôtre. — Vos frères ont-ils commencé leurs thèmes ? — Ils les ont commencés. — Avez-vous reçu vos billets ? — Nous ne les avons pas encore reçus. — Avons-nous ce qu'il nous faut. — Nous n'avons pas ce qu'il nous faut ? — Que nous faut-il ? — Il nous faut de beaux chevaux, plusieurs domestiques et beaucoup d'argent. — Ne nous faut-il que cela ? — Il ne nous faut que cela. — Que dois-je faire ? — Il vous faut écrire. — A qui me faut-il écrire ? — Il vous faut écrire à votre ami. — Où est-il ? — Il est en Amérique. — Où dois-je aller ? — Vous pouvez aller en France. — Jusqu'où me faut-il aller ? — Vous pouvez aller jusqu'à Paris. — A quels billets votre père a-t-il répondu ? — Il a répondu à ceux de ses amis. — Quels chiens votre domestique a-t-il battus ? — Il a battu ceux qui ont fait beaucoup de bruit.

QUARANTIÈME LEÇON.

Lição quadragesima.

Manger — mangé.
Dîner — dîné.
Le dîner,
Le déjeuner.
   Souper.
Le souper *ou* soupé.
   Après.
Après moi.
Après lui.
Après vous.
Après mon frère.

Comer 2 — comido.
Jantar 1 jantado.
O jantar.
O almoço.
   Cear 1.
A cêa.
   Depois.
† Depois de mim.
† Depois d'elle.
† Depois de V^{ce} ou V^{ces}.
† Depois de meu irmão.

Rem. Depois, après, suivi d'un régime, s'y joint toujours par *de*.

Après avoir parlé.
Après avoir vendu son cheval.

Après y avoir été.
J'ai cassé votre couteau après avoir coupé le bœuf.

† Depois de ter fallado.
† Depois de ter vendido o seu cavallo.
† Depois de ter estado alli.
† Quebrei a faca de V^{ce} depois de ter cortado a carne de vacca.

J'ai dîné de meilleure heure que vous.
Vous avez soupé tard.

Eu jantei mais cêdo que V^{ce}.

V^{ce} ceou tarde.

   Payer.
Payer un cheval à un homme.
Payer l'habit au tailleur.
Payez-vous les souliers au cordonnier?
Je les lui paye.

   Pagar 1.
Pagar um cavallo a um homem.
Pagar o casaco ao alfaiate.
Paga V^{ce} os sapatos ao sapateiro?
Pago-lh'os.

QUARANTIÈME LEÇON

Vous paye-t-il le couteau ?	Paga-lhe elle a faca ?
Il me le paye.	Elle paga-m'a.
Je paye ce que je dois.	Eu pago o que devo.

Demander.	*Pedir*, perguntar — pedido, perguntado.*
J'ai payé le tailleur.	Eu paguei ao alfaiate.
Je l'ai payé.	Eu paguei-lhe.
Avez-vous payé le cordonnier ?	† Pagou V^{ce} ao sapateiro ?
Je l'ai payé.	Paguei-lhe.
Demander de l'argent à un homme.	† Pedir dinheiro a um homem.
Je demande de l'argent à mon père.	† Peço dinheiro ao meu pai.
Me demandez-vous votre chapeau ?	Pede-me V^{ce} o seu chapeu ?
Je vous le demande.	Peço-lh'o.
Le lui demander.	† Pedir-lh'o.
Les lui demander.	† Pedir-lh'os.
Que me demandez-vous ?	Que me pede V^{ce} ?
Je ne vous demande rien.	Não lhe peço nada.

Essayer.	*Tentar, experimentar 1.*
Voulez-vous essayer de faire cela ?	Quer V^{ce} tentar fazer isso.
J'ai essayé de le faire.	† Tentei fazel-o.
Il vous faut essayer de faire mieux.	† Necessita V^{co} tentar fazer melhor.

Tenir.	*Agarrar, segurar — agarrado, segurado.*
Je tiens — tu tiens — il tient.	Eu seguro, tu seguras, elle segura.
Tenez-vous mon bâton ?	Segura V^{ce} a minha bengala ?
Je le tiens.	Eu seguro-a.
Nous tenons.	Nos seguramos.
Ils tiennent.	Elles seguram.

Cherchez-vous quelqu'un ?	† Busca V^{ce} alguem ?
Qui cherchez-vous ?	† Quem busca V^{ce} ?
Je cherche un de mes frères ?	† Procuro um de meus irmãos.

QUARANTIÈME LEÇON

Mon oncle.	Meu tio.
Mon cousin.	Meu primo.
Mon parent.	Meu parente.
Les parents.	Os parentes.

Un de mes frères.	Um de meus irmãos.
Un de vos cousins.	Um dos primos de V^{ce}.
Un de ses parents.	Um de seus parentes.
Un de nos amis.	Um de nossos amigos.
Un de leurs voisins.	Um dos vizinhos d'elles.
Il cherche à vous voir.	Trata de vêr a V^{ce}?
Cherche-t-il à me voir?	Trata elle de vêr-me?
Il cherche à voir un de ses oncles.	Trata de vêr um dos seus tios.

Demander quelqu'un.	† *Perguntar por alguem.*
Qui demandez-vous?	† Por quem pergunta V^{ce}?
Je demande un de mes amis.	† Pergunto por um dos meus amigos.
On vous demande.	† Perguntam por V^{ce}.
Me demande-t-on?	† Perguntam por mim?

Comme il faut.	*Com propriedade, como deve ser.*
Vous écrivez comme il faut.	V^{ce} escreve com propriedade.
Ces hommes font leur devoir comme il faut.	Esses homens cumprem (com) suas obrigações como devem.

Le devoir.	A obrigação, o dever, a tarefa.
Avez-vous fait votre devoir?	† Fizeram V^{ces} a sua obrigação?
Nous l'avons fait.	Fizemol-a.

Un verre de vin.	Um copo de vinho.
Un morceau de pain.	Um bocado de pão.

QUARANTIÈME LEÇON

THÈMES.

126.

Avez-vous payé le fusil? — Je l'ai payé. — Votre oncle a-t-il payé les livres? — Il les a payés. — Ai-je payé les habits au tailleur? — Vous les lui avez payés. — As-tu payé le cheval au marchand? — Je ne le lui ai pas encore payé. — Avons-nous payé nos gants? — Nous les avons payés. — Votre cousin a-t-il déjà payé ses souliers? — Il ne les a pas encore payés. — Mon frère vous paye-t-il ce qu'il vous doit? — Il me le paye. — Payez-vous ce que vous devez? — Je paye ce que je dois. — Avez-vous payé le boulanger? — Je l'ai payé. — Votre oncle a-t-il payé le bœuf au boucher? — Il le lui a payé. — Qui a cassé mon couteau? — Je l'ai cassé après avoir coupé le pain. — Votre fils a-t-il cassé mes crayons? — Il les a cassés après avoir écrit ses billets. — Avez-vous payé le vin au marchand après l'avoir bu? — Je l'ai payé après l'avoir bu. — Qu'avez-vous fait après avoir fini vos thèmes? — J'ai été chez mon cousin, pour le conduire au spectacle. — Comment est-ce que je parle? — Vous parlez comme il faut. — Comment mon cousin a-t-il écrit ses thèmes? — Il les a écrit comme il faut. — Comment mes enfants ont-ils fait leur devoir? — Ils l'ont bien fait. — Cet homme fait-il son devoir? — Il le fait toujours. — Ces hommes font-ils leur devoir? — Ils le font toujours. — Faites-vous votre devoir? — Je fais ce que je puis (*posso*). — Que demandez-vous à cet homme? — Je lui demande de l'argent. — Ce garçon que me demande-t-il? — Il vous demande de l'argent. — Me demandez-vous quelque chose? — Je vous demande un écu. — Me demandez-vous le pain? — Je vous le demande. — A quel homme demandez-vous de l'argent? — J'en demande à celui à qui vous en demandez. — A quels marchands demandez-vous des gants? — J'en demande à ceux qui demeurent dans la rue Guillaume. — Que demandez-vous au boulanger? — Je lui demande du pain.

127.

Demandez-vous du bœuf aux bouchers? — Je leur en demande. — Me demandes-tu le bâton? — Je te le demande. — Te demande-t-il le livre? — Il me le demande. — Qu'avez-vous demandé (*que pediu V^{ce}*) à l'Anglais? — Je lui ai demandé mon coffre de cuir. — Vous l'a-t-il donné? — Il me l'a donné. — A qui avez-vous demandé du sucre? — J'en ai demandé au marchand. — A qui votre frère paye-t-il ses souliers? — Il les paye aux cordonniers. — A qui avons-nous payé le pain? — Nous l'avons payé à nos boulangers. — Quel âge as-tu? — Je n'ai pas tout à fait dix ans. — Apprends-tu déjà le français? — Je l'apprends déjà. — Ton frère sait-il l'allemand ? — Il ne le sait pas. — Pourquoi ne le sait-il pas? — Parce qu'il n'a pas eu le temps. — Votre père est-il chez lui? — Non (*não*), il est parti (*partiu*), mais mon frère est à la maison. — Où votre père est-il allé ? — Il est allé en Angleterre. — Y avez-vous été quelquefois ? — Je n'y ai jamais été. — Comptez-vous aller en France cet été ? — Je compte y aller. — Comptez-vous y rester longtemps? — Je compte y rester pendant l'été. — Jusqu'à quand votre frère reste-t-il à la maison ? — Jusqu'à midi. — Avez-vous fait teindre vos gants ? — Je les ai fait teindre. — Comment les avez-vous fait teindre? — Je les ai fait teindre en jaune. — Avez-vous déjà dîné ? — Pas encore. — A quelle heure dînez-vous ? — Je dîne à six heures. — Chez qui dînez-vous ? — Je dîne chez un de mes amis. — Avec qui avez-vous dîné hier ? — J'ai dîné avec un de mes parents. — Qu'avez-vous mangé ? — Nous avons mangé de bon pain, du bœuf et des gâteaux. — Qu'avez-vous bu ? — Nous avons bu de bon vin et d'excellent cidre. — Où votre oncle dîne-t-il aujourd'hui? — Il dîne chez nous. — A quelle heure votre père soupe-t-il ? — Il soupe (*ceia*) à neuf heures (*ds nove*). — Soupez-vous de meilleure heure que lui ? — Je soupe plus tard que lui.

128.

Où allez-vous ? — Je vais chez un de mes parents pour déjeuner avec lui. — Veux-tu tenir mes gants ? — Je veux les tenir. — Qui tient mon chapeau ? — Votre fils le tient. — Tiens-tu mon bâton ? — Je le tiens. — Tenez-vous quelque chose ? — Je tiens votre fusil. — Qui a tenu mon livre ? — Votre domestique l'a tenu. — Voulez-vous essayer de parler ? — Je veux essayer. — Votre petit frère a-t-il jamais essayé de faire des thèmes ? — Il a essayé. — Avez-vous jamais essayé de faire un chapeau ? — Je n'ai jamais essayé d'en faire un. — Qui cherchez-vous ? — Je cherche l'homme qui m'a vendu un cheval. — Votre parent cherche-t-il quelqu'un? — Il cherche un de ses amis. — Cherchons-nous quelqu'un ? — Nous cherchons un de nos voisins. — Qui cherches-tu ? — Je cherche un de nos amis. — Cherchez-vous un de mes domestiques ? — Non, je cherche un des miens. — Avez-vous essayé de parler à votre oncle ? — J'ai essayé de lui parler. — Avez-vous essayé de voir mon père ? — J'ai essayé de le voir. — Vous a-t-il reçu ? — Il ne m'a pas reçu. — A-t-il reçu vos frères? — Il les a reçus. — Avez-vous pu voir votre parent ? — Je n'ai pu le voir. — Qu'avez-vous fait après avoir écrit vos thèmes ? — J'ai écrit mon billet après les avoir écrits. — Qui demandez-vous ? — Je demande le tailleur. — Cet homme demande-t-il quelqu'un ? — Il vous demande. — Vous demande-t-on ? — On me demande. — Me demande-t-on ? — On ne vous demande pas ; mais on demande un de vos amis. — Demandez-vous le médecin ? — Je le demande. — Votre petit frère que demande-t-il ? — Il demande un petit morceau de pain. — N'a-t-il pas encore déjeuné ? — Il a déjeuné, mais il a encore faim. — Votre oncle que demande-t-il ? — Il demande un verre de vin. — N'a-t-il pas déjà bu ? — Il a déjà bu mais il a encore soif.

QUARANTE ET UNIÈME LEÇON

Lição quadragesima primeira.

Celui qui.	*O que, aquelle que.*
Apercevez-vous l'homme qui vient?	Vê V^ce o homen que vem?
J'aperçois celui qui vient.	Vejo o que vem.
Apercevez-vous les hommes qui vont au magasin?	Vê V^ce os homens que vão ao armazem.
J'aperçois ceux qui y vont.	Vejo os que vão lá.

Quel temps fait-il?	† Que tempo faz?
Il fait beau temps à présent.	† Está agora um bello tempo.
Quel temps a-t-il fait hier?	† Que tempo fez hontem?
A-t-il fait beau temps hier?	† Fez hontem bom tempo?
Il a fait mauvais temps hier.	Hontem esteve mau tempo?
Il fait beau temps ce matin.	Faz bom tempo esta manhã.

Fait-il chaud?	*Faz calor? Está calor?*
Il fait chaud.	† Faz calor.
Très.	*Mui, muito.*
Il fait très chaud.	Faz muito calor.
Il fait froid.	Faz frio.
Il fait très froid.	Faz muito frio.
Il ne fait ni chaud ni froid.	Não faz frio nem calor.

Obscur.	Escuro.
Sombre.	Sombrio.
Clair.	Claro.
Il fait sombre dans votre magasin.	† O seu armazem é sombrio.
Fait-il sombre dans son grenier?	† O seu celleiro é sombrio?
Il y fait sombre.	† É sombrio.

Humide.	Humido.
Sec.	Secco.
Fait-il humide?	† Está humido?

Il ne fait pas humide?	† Não está humido.
Il fait sec.	† Está secco.
Il fait trop sec.	† Está demasiado secco.
Le clair de lune.	O luar.
Le soleil.	O sol.
Il fait clair de lune.	† Faz luar. Está luar.
Il fait trop de soleil.	† Faz demasiado sol.

Goûter.	*Provar* 1.
Avez-vous goûté ce vin?	† Provou V^{ce} esse vinho?
Je l'ai goûté.	Provei-o.
Comment le trouvez-vous?	† Que lhe parece?
Je le trouve bon.	† Parece-me bom.
Je ne le trouve pas bon.	† Não me parece bom.

Aimer.	*Gostar* 1.
J'aime le poisson.	† Gosto de peixe.
Il aime le poulet.	† Gosta de frango.
Aimez-vous le cidre?	† Gosta V^{ce} de cidra?
Non, j'aime le vin.	† Não, gosto de vinho.

Aimez-vous à voir mon frère?	† Gosta V^{ce} de vêr o meu irmão?
J'aime à le voir.	† Gosto de vêl-o.
J'aime à le faire.	† Gosto de fazel-o.
Il aime à étudier.	† Gosta d'estudar.

Apprendre par cœur.	*Aprender de cór.*
L'écolier.	O estudante, o alumno.
L'élève.	O discipulo.
Le maître.	O mestre.
Vos écoliers aiment-ils à apprendre par cœur?	† Gostam os seus discipulos de aprender de cór?
Ils n'aiment pas à apprendre par cœur.	† Não gostam de aprender de cór.
Avez-vous appris vos thèmes par cœur?	† V^{ces} aprenderam os seus themas de cór?
Nous les avons appris.	Aprendemol-os.

Une fois par jour.	† Uma vez ao dia, por dia.
Trois fois par mois.	† Tres vezes ao mez, por mez.
Tant par an.	† Tanto ao anno, por anno.
Tant par tête.	† Tanto cada um, *ou* tanto por cabeça.
Tant par soldat.	† Tanto por cada soldado.
Six fois par an.	† Seis vezes por anno.

Le matin de bon heure. | *Pela, de manhã cedo.*
Nous sortons le matin de bonne heure. | Nós sahimos pela manhã cedo.
Quand votre père est-il sorti ? | † Quando sahiu o pai de V^{ce} ?

Parler de quelqu'un ou *de quelque chose.* | *Fallar de alguem* ou *de alguma cousa.*
De qui parlez-vous ? | De quem fallam V^{ces} ?
Nous parlons de l'homme que vous connaissez. | Fallamos do homen que V^{ce} conhece.
De quoi parlent-ils ? | De que fallam elles ?
Ils parlent du temps. | Fallam do tempo.
    Le temps. | O tempo.
    Le soldat. | O soldado.
    Aussi. | Tambem.

Être content de quelqu'un ou *de quelque chose.* | *Estar satisfeito, contente com alguem* ou *com alguma cousa.*
Êtes-vous content de cet homme ? | Está V^{ce} contente, satisfeito com este homem ?
J'en suis content. | Estou satisfeito.
Êtes-vous content de votre habit neuf ? | Está V^{ce} satisfeito com a sua roupa nova ?
J'en suis content. | Estou satisfeito com ella.
De quoi êtes-vous content ? | De que está V^{ce} satisfeito ?
Mécontent. | Desgostado, descontente.
J'en suis mécontent. | Estou desgostado d'isso.

On parle de votre ami. | Falla-se do amigo de V^{ce}.
On en parle. | Falla-se d'elle.
On parle de votre livre. | Falla-se do livro de V^{ce}.
On en parle. | Falla-se d'elle.

Si. | *Si.*
Je compte vous payer, si je reçois mon argent. | Tenho tenção de pagar a V^{ce}, se *receber* o meu dinheiro.
Comptez-vous acheter du bois ? | Tenciona V^{ce} comprar lenha ?
Je compte en acheter, si l'on me paye ce qu'on me doit. | Tenciono compral-a, se me pagarem o que me devem.

Quel temps a-t-il fait hier ? | Que tempo fez hontem ?
A-t-il fait beau temps hier ? | Fez hontem bom tempo ?
Il a fait mauvais temps. | Fez mau tempo.

QUARANTE ET UNIÈME LEÇON

THÈMES.

129.

Apercevez-vous l'homme qui vient? — Je ne l'aperçois pas. — Apercevez-vous les enfants du soldat? — Je les aperçois. — Apercevez-vous les hommes qui vont (*qve vão*) dans le (*ao*) jardin? — Je n'aperçois pas ceux qui vont dans le jardin; mais ceux qui vont au marché. — Votre frère aperçoit-il l'homme qui lui a prêté de l'argent? — Il n'aperçoit pas celui qui lui en a prêté mais celui à qui il en a prêté. — Vois-tu les enfants qui étudient? — Je ne vois pas ceux qui étudient; mais ceux qui jouent. — Aperçois-tu quelque chose? — Je n'aperçois rien. — Avez-vous aperçu les magasins de mes parents? — Je les ai aperçus. — Où les avez-vous aperçus? — Je les ai aperçus au delà du chemin. — Aimez-vous un grand chapeau? — Je n'aime pas un grand chapeau; mais un grand parapluie. — Qu'aimez-vous à faire? — J'aime à écrire. — Aimez-vous à voir ces petits garçons? — J'aime à les voir. — Aimez-vous le vin? — Je l'aime. — Votre frère aime-t-il le cidre? — Il ne l'aime pas. — Les soldats qu'aiment-ils? — Ils aiment le vin. — Aimes-tu le thé ou le café? — J'aime l'un et l'autre. — Ces enfants aiment-ils à étudier? — Ils aiment à étudier et à jouer. — Aimez-vous à lire et à écrire? — J'aime à lire et à écrire. — Combien de fois par jour mangez-vous? — Quatre fois. — Combien de fois par jour vos enfants boivent-ils? — Ils boivent plusieurs fois par jour. — Buvez-vous aussi souvent qu'eux? — Je bois plus souvent. — Allez-vous souvent au théâtre? — J'y vais quelquefois. — Combien de fois par mois y allez-vous? — Je n'y vais qu'une fois par mois. — Combien de fois par an votre cousin va-t-il au bal? — Il y va deux fois par an. — Y allez-vous aussi souvent que lui? — Je n'y vais jamais. — Votre cuisinier va-t-il souvent au marché? — Il y va tous les matins.

130.

Allez-vous souvent chez mon oncle? — J'y vais six fois par an. — Aimez-vous le poulet? — J'aime le poulet; mais je n'aime pas le poisson. — Qu'aimez-vous? — J'aime un morceau de pain et un verre de vin. — Apprenez-vous par cœur? — Je n'aime pas à apprendre par cœur. — Vos élèves aiment-ils à apprendre par cœur? — Ils aiment à étudier; mais ils n'aiment pas à apprendre par cœur. — Combien de thèmes font-ils par jour? — Ils n'en font que deux; mais ils les font comme il faut. — Avez-vous pu lire le billet que je vous ai écrit? — J'ai pu le lire. — L'avez-vous compris? — Je l'ai compris. — Comprenez-vous l'homme qui vous parle? — Je ne le comprends pas. — Pourquoi ne le comprenez-vous pas? — Parce qu'il parle trop mal. — Cet homme sait-il le français? — Il le sait; mais je ne le sais pas. — Pourquoi ne l'apprenez-vous pas? — Je n'ai pas (*não tenho*) le temps (*tempo*) de l'apprendre. — Comptez-vous aller au théâtre ce soir? — Je compte y aller, si vous y allez. — Votre père compte-t-il acheter ce cheval? — Il compte l'acheter, s'il reçoit son argent. — Votre ami compte-t-il aller en (*á*) Angleterre? — Il compte y aller, si on lui paye ce qu'on lui doit. — Comptez-vous aller au concert? — Je compte y aller, si mon ami y va. — Votre frère compte-t-il étudier le français? — Il compte l'étudier, s'il trouve un bon maître.

131.

Quel temps fait-il aujourd'hui? — Il fait très beau temps. — A-t-il fait beau temps hier? — Il a fait mauvais temps hier. — Quel temps a-t-il fait ce matin? — Il a fait mauvais temps; mais à présent il fait beau temps. — Fait-il chaud? — Il fait très chaud. — Ne fait-il pas froid? — Il ne fait pas froid. — Fait-il chaud ou froid? — Il ne fait ni chaud ni froid. — Avez-vous été au (*no*) jardin avant-hier? — Je n'y ai pas été. — Pourquoi n'y avez-vous pas été? — Je n'y ai pas été, parce qu'il a fait mauvais temps. — Comptez-vous y aller demain? — Je compte y aller, s'il fait beau temps. — Fait-il clair dans votre comptoir? — Il n'y fait pas clair. — Voulez-vous travailler dans le mien? — Je veux y travailler. — Y fait-il clair? — Il y fait très clair. — Pourquoi votre frère ne peut-il pas travailler dans son magasin? — Il ne peut pas y travailler, parce qu'il y fait trop obscur. — Où fait-il trop obscur? — Dans son magasin. — Fait-il clair dans ce trou? — Il y fait obscur. — Fait-il sec? — Il fait très sec. — Fait-il humide? — Il ne fait pas humide. Il fait trop sec. — Fait-il clair de lune? — Il ne fait pas clair de lune, il fait très humide. — De quoi votre oncle parle-il? — Il parle du beau temps. — De quoi ces hommes parlent-ils? — Ils parlent du beau et du mauvais temps. — Ne parlent-ils pas du vent? — Ils en parlent aussi. — Parles-tu de mon oncle? — Je n'en parle pas. — De qui parles-tu? — Je parle de toi et de tes parents. — Demandez-vous quelqu'un? — Je demande votre cousin; est-il chez lui? — Non, il est chez son meilleur ami.

132.

Avez-vous goûté ce vin? — Je l'ai goûté. — Comment le trouvez-vous? — Je le trouve bon. — Comment votre cousin trouve-t-il ce cidre? — Il ne le trouve pas bon. — Quel vin voulez-vous goûter? — Je veux goûter celui que vous avez goûté. — Voulez-vous goûter ce tabac? — Je l'ai déjà goûté. — Comment le trouvez-vous? — Je le trouve bon. — Pourquoi ne goûtez-vous pas ce cidre? — Parce que je n'ai pas soif. — Pourquoi votre ami ne goûte-t-il pas ce (está) bœuf (carne de vacca)? — Parce qu'il n'a pas faim. — De qui (de quem) a-t-on parlé? — On a parlé de votre ami. — N'a-t-on pas parlé des médecins? — On n'en a pas parlé. — Ne parle-t-on pas de l'homme dont nous avons parlé? — On en parle. — A-t-on parlé des gentilshommes? — On en a parlé. — A-t-on parlé de ceux dont nous parlons? — On n'a pas parlé de ceux dont nous parlons; mais on a parlé d'autres. — A-t-on parlé de nos enfants ou de ceux de nos voisins? — On n'a parlé ni des nôtres ni de ceux de nos voisins. — De quels enfants a-t-on parlé? — On a parlé de ceux de notre maître. — Parle-t-on de mon livre? — On en parle. — Êtes-vous content de vos élèves? — J'en suis content. — Comment mon frère étudie-t-il? — Il étudie bien. — Combien de thèmes avez-vous étudiés? — J'en ai déjà étudié quarante et un. — Votre maître est-il content de son écolier? — Il en est content. — Votre maître est-il content des présents qu'il a reçus? — Il en est content. — Avez-vous reçu un billet? — J'en ai reçu un. — Voulez-vous y répondre? — Je vais (vou) y répondre. — Quand l'avez-vous reçu? Je l'ai reçu ce matin de bonne heure. — En êtes-vous content (está Vce. contente)? — Je n'en suis pas content. — Votre ami vous demande-t-il de l'argent? — Il m'en demande (me pede).

QUARANTE-DEUXIÈME LEÇON.

Lição quadragesima segunda.

DES VERBES PASSIFS

J'aime.	Je suis aimé.	Eu amo.	Eu sou amado.
Tu conduis.	Tu es conduit.	Tu levas.	Tu és levado.
Il loue.	Il est loué.	Elle louva.	Elle é louvado.
Nous entendons.	Nous sommes entendus.	Nós ouvimos.	Nós somos ouvidos.
Vous punissez.	Vous êtes punis.	V.ce castiga.	V.ce é castigado.
Ils blâment.	Ils sont blâmés.	Elles reprovam.	Elles são reprovados.

Louer.	Louvar 1.
Punir.	Castigar 1.
Blâmer.	Reprovar, censurar 1.

Par ou *de*.	*Por* ou *de*.
De *ou* par moi, de *ou* par nous.	De *ou* por mim, de *ou* por nós.
De *ou* par toi, de *ou* par vous.	De *ou* por ti, de *ou* por vós.
De *ou* par lui, d'eux *ou* par eux.	De *ou* por elle, de *ou* por elles.

Je suis aimé de lui.	Eu sou amado por elle.
Qui est puni?	Quem é *ou* está castigado?
Le méchant garçon est puni.	O mau rapaz está castigado.
Par qui est-il puni?	Por quem é *ou* está castigado?
Il est puni par son père.	Está castigado por seu pai.
Quel homme est loué et lequel est blâmé?	Que homem é louvado e qual censurado?

Méchant.	Mau, travesso.
Habile.	Esperto.
Inhabile.	Incapaz, inhabil.

Assidu, studieux.	Assiduo, estudioso.
Paresseux.	Preguiçoso, desaplicado.
Ignorant.	Ignorante.

Le paresseux.	O preguiçoso.

Récompenser.	*Recompensar* 1.
Estimer.	Estimar.
Mépriser.	Desprezar.

Haïr ; haïssant.	*Abborrecer; aborrecendo*
Haï.	*Aborrecido.*
Je hais, tu hais, il hait.	Eu aborreço, tu aborreces, elle aborrece.

Sage.	*Judicioso.*
Ces enfants sont aimés, parce qu'ils sont studieux et sages.	Estes meninos são amados, porque são estudiosos e judiciosos.

Aller.	Ir.
Où est-il allé ?	Onde foi elle ?
Il est allé à Vienne.	Foi a Vienna.
Fait-il bon voyager ?	† E' bom viajar ?
Il fait bon voyager.	† E' bom viajar.
Il fait mauvais voyager.	† E' mau viajar.
Dans l'hiver.	No inverno.
Dans l'été.	No verão.
Dans le printemps, au printemps.	Na primavera.
Dans l'automne.	No outomno.
Il fait mauvais voyager dans l'hiver.	E' mau viagar no inverno.

Aller en voiture.	Ir em *ou* de carruagem.
Aller à cheval.	Ir a cavallo.
Aller à pied.	Ir a pé.
Aimez-vous à monter à cheval ?	Gosta V^ce de montar a cavallo.
J'aime à aller en voiture.	Gosto d'ir de carruagem.

QUARANTE-DEUXIÈME LEÇON

Vivre, vécu, vivant.	*Viver 2, vivido, vivendo.*
Je vis, tu vis, il vit.	Eu vivo, tu vives, elle vive.
Fait-il bon vivre à Paris ?	† Vive-se bem em Paris ?
Il y fait bon vivre.	† Vive-se bem.
Cher.	Caro.
Fait-il cher vivre à Londres ?	Custa caro viver em Londres ?
	Vive-se caro em Londres ?
Il y fait cher vivre.	Custa, vive-se caro lá.

Le tonnerre.	O trovão.
L'orage.	A tempestade.
Le brouillard.	A nevoa, o nevoeiro.
Fait-il du vent ?	† Faz vento ?
	† Venteja ?
Il fait du vent.	† Faz vento.
	† Venteja.
Il ne fait pas de vent.	† Não faz vento.
Il fait beaucoup de vent.	† Faz muito vento.
Fait-il du tonnerre ?	† Faz trovoada ? Troveja ?
Fait-il du brouillard ?	† Ha nevoeiro ? Faz nevoeiro ?
Il fait de l'orage.	† Ha tempestade.
Il ne fait pas d'orage.	† Não ha tempestade.
Fait-il du soleil ?	† Faz sol ?
Il fait beaucoup de tonnerre.	† Troveja muito.

Ensuite.	*Depois, em seguida.*
Aussitôt que.	*Assim que, logo que.*
Aussitôt que j'ai mangé, je bois.	Assim que, como bebo.
Aussitôt que j'ai ôté mes souliers, j'ôte mes bas.	† Logo que descalço os sapatos, tiro as meias.
Que faites-vous le soir ?	Que faz V.ce á noite ?

Dormir, dormi, dormant.	*Dormir* 3. *dormido, dormindo.*
Je dors, tu dors, il dort.	Eu durmo, tu dormes, elle dorme.
Votre père dort-il encore ?	† Dorme ainda o pai de V.ce ?
Il dort encore.	Ainda dorme.

Sans.	*Sem.*
Sans argent.	Sem dinheiro.
Sans parler.	Sem fallar.

Sans rien dire.	† Sem dizer nada.
Enfin.	Emfim, finalmente, por fim, alfim.
Arriver.	Chegar 1.
Est-il enfin arrivé ?	Chegou por fim ?
Il n'est pas encore arrivé.	† Ainda não chegou.
Vient-il enfin ?	Vem por fim ?
Il vient.	Vem.
Puis.	Depois, em seguida.
Puis il dort.	Em seguida dorme.
Aussitôt qu'il a soupé, il lit ; puis il dort.	Logo que cea, lê ; depois dorme.

THÈMES.

133.

Êtes-vous aimé ? — Je suis aimé. — De qui êtes-vous aimé ? — Je suis aimé de mon oncle. — De qui suis-je aimé ? — Tu es aimé de tes parents. — De qui sommes-nous aimés ? — Vous êtes aimés de vos amis. — De qui ces garçons sont-ils aimés ? — Ils sont aimés de leurs amis. — Par qui cet homme est-il conduit ? — Il est conduit par moi (*por mim*). — Où le conduisez-vous ? — Je le conduis à la maison. — Par qui sommes-nous blâmés ? — Nous sommes blâmés par nos ennemis. — Pourquoi en sommes-nous blâmés ? — Parce qu'ils ne nous aiment pas. — Êtes-vous puni par votre maître ? — Je n'en suis pas puni, parce que je suis sage et studieux. — Sommes-nous entendus ? — Nous le sommes. — De qui sommes-nous entendus ? — Nous sommes entendus par nos voisins. — Ton maître est-il entendu par ses élèves ? — Il en est entendu. — Quels enfants sont loués ? — Ceux qui sont sages. — Lesquels sont punis ? — Ceux qui sont paresseux et méchants. — Sommes-nous loués ou blâmés ? — Nous ne sommes ni loués ni blâmés. — Notre ami est-il aimé de ses maîtres ? — Il en est aimé et loué, parce qu'il est studieux et sage ; mais son frère est méprisé des siens, parce qu'il est méchant et paresseux. — Est-il puni quelquefois ? — Il l'est tous les matins et tous les soirs. — Êtes-vous puni quelquefois ? — Je ne le suis jamais ; je suis aimé et récompensé par mes bons maîtres. — Ces enfants ne sont-ils jamais punis ? — Ils ne le sont jamais, parce qu'ils sont studieux et sages ; mais ceux-là le sont très souvent, parce qu'ils sont paresseux et méchants. — Qui est loué et récompensé ? — Les enfants habiles sont loués, estimés et récompensés ; mais les ignorants sont blâmés, méprisés et punis. — Qui est aimé et qui est haï? — Celui qui est studieux et sage est aimé, et celui qui est paresseux et méchant est haï. — Faut-il être sage pour être aimé? — Il faut l'être. — Que faut-il faire (*qué preciso fazer*) pour être aimé? — Il faut être sage et assidu. — Que faut-il faire pour être récompensé? — Il faut être habile et étudier beaucoup.

134.

Pourquoi ces enfants sont-ils aimés? — Ils sont aimés, parce qu'ils sont sages. — Sont-ils plus sages que nous? — Ils ne sont pas plus sages, mais plus studieux que vous. — Votre frère est-il aussi (*tão*) assidu que le mien? — Il est aussi (*tão*) assidu que lui; mais votre frère est plus sage que le mien. — Aimez-vous à aller en voiture? — J'aime à aller à cheval. — Votre frère est-il jamais allé à cheval? — Il n'est jamais allé à cheval. — Votre frère va-t-il à cheval aussi (*tão*) souvent que vous? — Il va à cheval plus souvent que moi. — Avez-vous été à cheval avant-hier? — J'ai été à cheval aujourd'hui. — Aimez-vous (*gosta* V^{ce}) à voyager (*viajar*)? — J'aime (*gosto*) à voyager (*viajar*). — Aimez-vous à voyager dans l'hiver? — Je n'aime pas à voyager dans l'hiver; j'aime à voyager au printemps et dans l'automne. — Fait-il bon voyager au printemps? — Il fait bon voyager au printemps et dans l'automne; mais il fait mauvais voyager dans l'été et dans l'hiver. — Avez-vous voyagé quelquefois dans l'hiver? — J'ai souvent voyagé dans l'hiver et dans l'été. — Votre frère voyage-t-il souvent? — Il ne voyage plus; il a voyagé beaucoup autrefois. — Quand aimez-vous à aller à cheval? — J'aime à aller à cheval le matin. — Avez-vous été à Londres? — J'y ai été. — Y fait-il bon vivre? — Il y fait bon vivre, mais cher. — Fait-il cher vivre à Paris? — Il y fait bon vivre et pas cher. — Aimez-vous à voyager en France? — J'aime à y voyager, parce qu'on y trouve de bonnes gens. — Votre ami aime-t-il à voyager en Hollande? — Il n'aime pas à y voyager, parce qu'il y fait mauvais vivre. — Aimez-vous à voyager en Italie? — J'aime à y voyager, parce qu'il y fait bon vivre, et qu'on y trouve de bonnes gens; mais les chemins n'y sont pas très bons. — Les Anglais aiment-ils à voyager en Espagne? — Ils aiment (*gostam*) à y voyager (*viajar por ella*); mais ils y trouvent les chemins trop mauvais. — Quel temps fait-il? — Il fait très mauvais temps. — Fait-il du vent? — Il fait beaucoup de vent. — A-t-il fait de l'orage hier? — Il a fait beaucoup d'orage.

135.

Allez-vous au marché ce matin? — J'y vais, s'il ne fait pas d'orage. — Comptez-vous aller en (*d*) France cette année? — Je compte y aller, s'il ne fait pas trop mauvais temps. — Aimez-vous à aller à pied (á pé) ? — Je n'aime pas à aller à pied ; mais j'aime à aller en voiture, quand je voyage. — Voulez-vous aller à pied ? — Je ne puis aller à pied, parce que je suis fatigué. — Quel temps (*que tempo*) fait-il (*faz*) ? — Il fait du tonnerre. — Fait-il du soleil ? — Il ne fait pas de soleil ; il fait du brouillard. — Entendez-vous le tonnerre ? — Je l'entends. — Fait-il beau ? — Il fait beaucoup de vent et beaucoup de tonnerre. — De qui avez-vous parlé ? — Nous avons parlé de vous. — M'avez-vous loué ? — Nous ne vous avons pas loué ; nous vous avons blâmé. — Pourquoi m'avez-vous blâmé ? — Parce que vous n'étudiez pas bien. — De quoi votre frère a-t-il parlé ? — Il a parlé de ses livres, de ses chevaux et de ses chiens. — Que faites-vous le soir ? — Je travaille aussitôt que j'ai soupé. — Et que faites-vous ensuite ? — Ensuite je dors. — Quand buvez-vous ? — Je bois (*bebo*) aussitôt (*tão logo*) que (*como*) j'ai mangé. — Quand dormez-vous ? — Je dors aussitôt que j'ai soupé. — Avez-vous parlé au marchand ? — Je lui ai parlé. — Qu'a-t-il dit ? — Il est parti sans rien dire. — Pouvez-vous travailler sans parler ? — Je peux travailler, mais non pas étudier le français sans parler. — Veux-tu aller chercher du vin ? — Je ne peux pas aller chercher de vin sans argent. — Avez-vous acheté des chevaux ? — Je n'achète pas sans argent. — Votre père est-il enfin arrivé ? — Il est arrivé. — Quand est-il arrivé ? — Ce matin à quatre heures. — Votre cousin est-il enfin parti ? — Il n'est pas encore parti. — Avez-vous enfin trouvé un bon maître ? — J'en ai enfin trouvé un. — Apprenez-vous enfin l'allemand ? — Je l'apprends enfin. — Pourquoi ne l'avez-vous pas déjà appris ? — Parce que je n'ai pas pu trouver un bon maître.

QUARANTE-TROISIÈME LEÇON.

Lição quadragesima terceira.

DES VERBES RÉFLÉCHIS.

Je,	me.	Eu,	me.
Tu,	te.	Tu,	te.
Il,		Elle,	
Elle,	se.	Ella,	se.
Il,		Se, alguem,	
On,			
Nous,	nous.	Nós,	nos.
Vous,	vous.	Vós,	vos.
		V.ce, V.ces	se.
Ils,	se	Elles,	se.
Elles,		Ellas,	
Vous couper.		Cortar-se V.ce	
Me couper.		Cortar-me.	
Nous couper.		Cortar-nos.	
Se couper.		Cortar-se.	

Vous brûlez-vous? | Queima-se V.ce?
Je ne me brûle pas. | Não me queimo.
Vous ne vous brûlez pas. | V.ce não se queima.

Je me vois. | Eu vejo-me
Est-ce que je me vois? | Vejo-me eu?
Il se voit. | Elle vê-se.
Nous nous voyons. | Nós vêmo-nos.
Ils se voient. | Elles véem-se.

Voulez-vous vous chauffer? | Quer V.ce aquecer-se?
Je veux me chauffer. | Quero aquecer-me.
Veut-il se chauffer? | Quer elle aquecer-se?
Il veut se chauffer. | Quer aquecer-se.
Ils veulent se chauffer. | Querem aquecer-se.

QUARANTE-TROISIÈME LEÇON 191

S'amuser.	*Divertir-se, entreter-se.*
A quoi vous amusez-vous ?	† Em que se entretem V^{ce} ?
Je m'amuse à lire.	Entretenho-me a lêr.
Il s'amuse à jouer.	Entretem-se a jogar.

Chaque.	*Cada.*
Chacun.	*Cada um.*
Chaque homme.	Cada homem.
Chaque homme s'amuse comme il veut.	Cada homem diverte-se como quer.
Chacun s'amuse de son mieux.	Cada um se diverte o melhor que póde.
Le goût.	*O gosto.*
Chaque homme a son goût.	Cada homem tem seu gosto.
Chacun de vous.	Cada um de V^{ces}.
Le monde.	O mundo; a gente.
Tout le monde.	Todo o mundo; toda a gente.
Tout le monde (chacun) en parle.	Toda a gente falla d'isso.
Tout homme (ou chaque homme) est sujet à se tromper.	† Todo homem está sujeito a enganar-se.

Se tromper.	*Equivocar-se, enganar-se.*
Vous vous trompez.	V^{ce} engana-se.
Il se trompe.	Elle engana-se.
Tromper.	*Enganar; illudir.*
Il m'a trompé.	Elle enganou-me.
Il m'a trompé de cent francs.	† Enganou-me em cem francos.

Vous vous coupez le doigt.	V^{ce} corta o seu dedo.
Je me coupe les ongles.	Corto as (minhas) unhas.
Un cheveu.	Um cabello.
Arracher.	*Arrancar 1.*
Il s'arrache les cheveux.	Elle arranca os (seus) cabellos.
Il se coupe les cheveux.	Corta os (seus) cabellos.
Le morceau.	O pedaço.
Un morceau de pain.	Um pedaço de pão.

S'en aller.	*Ir-se.*
Vous en allez-vous ?	Vai-se V^{ce} ?
Je m'en vais.	Vou-me.
S'en va-t-il ?	Vai-se elle ?

Il s'en va.	Vai-se.
Nous en allons-nous ?	Vamo-nos nós ?
Nous nous en allons.	Vamo-nos ?
Ces hommes s'en vont-ils ?	Não-se esses homens ?
Ils ne s'en vont pas.	Não se vão.

Avoir envie de dormir.	Ter vontade de dormir, ter somno.
Avez-vous envie de dormir.	Tem V^{ce} somno ?
J'ai envie de dormir.	Tenho somno.

Salir.	*Sujar, emporcalhar* 1.
Craindre.	*Temer* 2, *receiar* 1.

Je crains, tu crains, il craint.	Eu temo, tu temes, elle teme.
Il craint de se salir les doigts.	† Receia sujar os (seus) dedos.
Craignez-vous de sortir ?	† Receia V^{ce} sahir ?
Je crains de sortir.	† Receio sahir.
Il craint d'y aller.	† Teme ir lá.

Craindre quelqu'un.	*Temer alguem.*
Je ne le crains pas.	Não o temo.
Craignez-vous cet homme ?	Teme V^{ce} esse homem ?
Que craignez-vous ?	Que teme V^{ce} ?
Qui craignez-vous ?	A quem teme V^{ce} ?
Je ne crains personne.	Não temo ninguem.

THÈMES.

136.

Vous voyez-vous dans ce petit miroir? — Je m'y vois. — Vos amis peuvent-ils se voir dans ce grand miroir? — Ils peuvent s'y voir. — Pourquoi votre frère n'allume-t-il pas le feu? — Il ne l'allume pas, parce qu'il a peur de se brûler. — Pourquoi ne coupez-vous pas votre pain ? — Je ne le coupe pas, parce que j'ai peur de me couper le doigt. — Avez-vous mal au doigt? — J'ai mal au doigt et au pied. — Voulez-vous vous chauffer ? — Je veux me chauffer, parce que j'ai grand' froid. — Pourquoi cet homme ne se chauffe-t-il pas ? — Parce qu'il n'a pas froid. — Vos voisins se chauffent-ils? — Ils se chauffent, parce qu'ils ont froid. — Vous coupez-vous les cheveux? — Je me coupe les cheveux. — Votre ami se coupe-t-il les ongles ? — Il se coupe les ongles et les cheveux. — Que fait cet homme ? — Il s'arrache les cheveux. — A quoi (*em que*) vous amusez-vous ? — Je m'amuse de mon mieux. — A quoi (*em que*) vos enfants s'amusent-ils ? — Ils s'amusent à étudier, à écrire et à jouer. — A quoi votre cousin s'amuse-t-il ? — Il s'amuse à lire de bons livres et à écrire à ses amis. — A quoi vous amusez-vous, quand vous n'avez rien à faire à la maison ? — Je vais au spectacle et au concert. Je dis souvent : Chacun s'amuse comme il veut. — Chacun a son goût ; quel est le vôtre ? — Le mien est d'étudier, de lire un bon livre, d'aller au théâtre, au concert, au bal, et de monter à cheval.

137.

Pourquoi votre cousin ne brosse-t-il pas son habit ? — Il ne le brosse pas, parce qu'il a peur de se salir les doigts. — Mon voisin que vous dit-il ? — Il me dit que vous voulez acheter son cheval ; mais je sais qu'il se trompe, parce que vous n'avez pas d'argent pour l'acheter. — Que dit-on au marché ? — On dit que l'ennemi est battu. — Croyez-vous cela ? — Je le crois, parce que tout le monde le dit. — Pourquoi avez-vous acheté ce livre ? — Je l'achète, parce que j'en ai besoin pour apprendre le français, et parce que tout le monde en parle. — Vos amis s'en vont-ils ? — Ils s'en vont. — Quand s'en vont-ils ? — Ils s'en vont demain. — Quand vous en allez-vous ? — Nous nous en allons aujourd'hui. — Est-ce que je m'en vais ? — Vous vous en allez, si vous voulez. — Nos voisins que disent-ils ? — Ils s'en vont sans rien dire. — Comment trouvez-vous ce vin ? — Je ne le trouve pas bon. — Qu'avez-vous ? — J'ai envie de dormir. — Votre ami a-t-il envie de dormir ? — Il n'a pas envie de dormir, mais il a froid. — Pourquoi ne se chauffe-t-il pas ? — Il n'a pas de bois pour faire du feu. — Pourquoi n'achète-t-il pas de bois ? — Il n'a pas d'argent pour en acheter. — Voulez-vous (*quer V*^{ce}) lui en prêter (*prestarle*) ? — S'il n'en a pas, je veux (*quero*) lui en prêter (*prestarle*). — Avez-vous soif ? — Je n'ai pas soif, mais j'ai grand'faim. — Votre domestique a-t-il sommeil ? — Il a sommeil. — A-t-il faim ? — Il a faim. — Pourquoi ne mange-t-il pas ? — Parce qu'il n'a rien à (*que*) manger. — Vos enfants ont-ils faim ? — Ils ont faim, mais ils n'ont rien à (*que*) manger. — Ont-ils quelque chose à boire ? — Ils n'ont rien à boire. — Pourquoi ne mangez-vous pas ? — Je ne mange pas quand je n'ai pas faim. — Pourquoi le Russe ne boit-il pas ? — Il ne boit pas quand il n'a pas soif. — Votre frère a-t-il mangé quelque chose hier au soir ? — Il a mangé un morceau de bœuf, un petit morceau de poulet et un morceau de pain. — N'a-t-il pas bu ? — Il a bu aussi (*tambem*). — Qu'a-t-il bu ? — Il a bu un verre de vin.

QUARANTE-QUATRIEME LEÇON.

Lição quadragesima quarta.

PARFAIT DES VERBES RÉFLÉCHIS.

Les verbes réfléchis se conjuguent toujours, en portugais, avec l'auxiliaire *ter* ou *haver*, et non avec *ser*, être, comme en français.

Vous êtes-vous coupé ?	† Cortou-se Vᵉ ?
Je me suis coupé.	† Cortei-me.
Me suis-je coupé ?	† Tenho-me eu cortado ?
Vous vous êtes coupé.	† Vᵉ tem-se cortado.
Vous ne vous êtes pas coupé.	† Vᵉ não se tem cortado.
T'es-tu coupé ?	† Cortaste-te ?
Je ne me suis pas coupé.	† Não me cortei.
Votre frère s'est-il coupé ?	† Cortou-se o irmão de Vᵉ ?
Il s'est coupé.	† Cortou-se.
Nous sommes-nous coupés ?	† Cortámo-nos ?
Nous ne nous sommes pas coupés.	† Não nos cortamos.
Ces hommes se sont-ils coupés ?	† Cortaram-se esses homens ?
Ils ne se sont pas coupés.	† Não se cortaram.

Se promener.	*Passear.*
Aller se promener.	† Ir passear, ir ao passeio.
Se promener en carrosse.	Passear de carruagem.
Le carrosse.	A carruagem, o coche.
Se promener à cheval.	Passear a cavallo.
Vous promenez-vous ?	Passeia Vᵉ ?
Je me promène.	Passeio.
Il se promène.	Elle passeia.
Nous nous promenons.	Nós passeamos.
Tu veux te promener en carrosse.	Tu queres passear de carruagem.
Ils veulent se promener à cheval.	Elles querem passear a cavallo.

QUARANTE-QUATRIÈME LEÇON

Promener un enfant.	*Passear um menino, levar a passear um menino.*
Promenez-vous vos enfants ?	Passeia V.°° os seus meninos ?
Je les promène tous les matins.	Passeio-os todas as manhãs.

Se coucher.	*Encostar-se, deitar-se na cama.*
Aller se coucher, se mettre au lit.	† *Ir encostar-se, deitar-se na cama.*
Se lever.	*Levantar-se, erguer-se.*
Vous levez-vous de bonne heure ?	Levanta-se V.°° cedo ?
Je me lève au lever du soleil.	Levanto-me ao nascer do sol.
Je me couche au coucher du soleil.	Deito-me ao pôr do sol.
Le lever du soleil.	O nascer do sol.
Le coucher du soleil.	O pôr do sol.
A quelle heure vous êtes-vous couché ?	A que horas se deitou V.°° ?
A trois heures du matin.	As tres da manhã.
A quelle heure s'est-il couché hier ?	A que horas se deitou elle hontem.
Il s'est couché tard.	Deitou-se tarde.

Se réjouir de quelque chose.	*Alegrar-se, regosijar-se de ou com alguma cousa.*
Je me réjouis de votre bonheur.	Alegro-me com a felicidade de V.°°.
De quoi votre oncle se réjouit-il ?	† De que se alegra o tio de V.°° ?
Je me suis réjoui.	Alegrei-me.
Ils se sont réjouis.	Elles alegraram-se.
Vous vous êtes trompé.	† V.°° enganou-se.
Nous nous sommes trompés.	† Enganamo-nos.

Faire du mal à quelqu'un.	*Fazer damno, ou mal a alguem.*
Le mal.	*O mal, o damno.*
Avez-vous fait du mal à cet homme ?	† V.°° féz mal a esse homem ?
J'ai fait du mal à cet homme.	Fiz mal a esse homem.

Pourquoi avez-vous fait du mal à cet homme?	† Porque fez V.^{ce} mal a esse homem?
Je ne lui ai pas fait de mal.	Não lhe fiz mal.
Cela vous fait-il du mal?	† Faz isso mal a V.^{ce}?
Cela me fait du mal.	Isso faz-me mal.

Faire du bien à quelqu'un.	*Fazer bem a alguem.*
Vous ai-je jamais fait du mal?	Fiz-lhe eu jamais mal?
Au contraire.	Ao contrario.
Non; vous m'avez au contraire fait du bien.	† Não, ao contrario, V.^{ce} fez-me bem.
Je n'ai jamais fait de mal à personne.	† Eu nunca fiz mal a ninguem.

Vous ai-je fait mal?	† Fiz-lhe mal?
Vous ne m'avez pas fait mal.	† V.^{ce} não me fez mal?

Cela me fait du bien.	Isso faz-me bem.

Faire de.	*Fazer com.*
Le domestique que fait-il de son balai?	Que faz o criado com a sua vassoura?
Il balaie le plancher avec.	† Varre o chão com ella.
Que veut-il faire de ce bois?	Que quer elle fazer com esta madeira?
Il n'en veut rien faire.	† Não quer fazer nada.

On le flatte, mais on ne l'aime pas.	Lisonjeiam-o, mas não o prezam.
Que.	*Que.*
On me dit qu'il est arrivé.	Dizem-me que elle chegou.
On lui a donné un couteau pour couper son pain, et il s'est coupé le doigt.	Deram-lhe uma faca para cortar pão e ella cortou (-se) um dedo.
Flatter quelqu'un.	Adular Gabar } alguem. Lisonjear
Se flatter.	Gabar-se, jactar-se.
Il se flatte de savoir le français.	Preza-se de saber francez.
Ne—que.	*Não-senão, não—mais que.*
Il n'a que des ennemis.	Não tem senão inimigos.

QUARANTE-QUATRIÈME LEÇON. 197

Devenir.	Chegar a ser, fazer-se, tornar-se, vir a ser, a parar.
Il s'est fait soldat.	Fez-se soldado.
Vous êtes-vous fait marchand?	Fez-se negociante?
Je me suis fait avocat.	Fiz-me advogado.
Votre frère qu'est-il devenu?	Que é feito de seu irmão?
Qu'est devenu votre frère?	
Qu'est-il devenu?	† Que é feito d'elle?
Je ne sais pas ce qu'il est devenu.	Não sei que é feito d'elle.
S'enrôler, se faire soldat.	Alistar-se, assentar praça, fazer-se soldado.
Il s'est enrôlé.	Assentou praça.
Il s'est fait soldat.	Fez-se soldado.

Car.	Porque, pois.
Je ne puis vous payer, car je n'ai pas d'argent.	† Não posso pagar a V^{ce}, porque não tenho dinheiro.
Il ne peut pas vous donner de pain, car il n'en a pas.	† Elle não póde dar pão a V^{ce}, porque o não tem.

Croire quelqu'un.	Crêr alguem, em alguem.
Croyez-vous cet homme?	† Crê V^{ce} esse homem.
Je ne le crois pas.	Não o creio.
Croire en Dieu.	Crêr em Deus.
Je crois en Dieu.	Eu creió em Deus.

Mentir.	Mentir.
Je mens, tu mens, il ment.	Eu minto, tu mentes, elle mente.
Le menteur.	O mentiroso, o embusteiro.

THÈMES.

138.

Pourquoi a-t-on loué cet enfant? — On l'a loué, parce qu'il a bien étudié. — T'a-t-on jamais loué? — On m'a loué souvent. — Pourquoi (*por que*) a-t-on puni cet autre enfant? — On l'a puni, parce qu'il a été méchant et paresseux. — A-t-on récompensé cet enfant? — On l'a récompensé, parce qu'il a bien travaillé. — Que doit-on faire pour ne pas être méprisé? — On doit être studieux et sage. — Qu'est devenu votre ami ? — Il s'est fait avocat. — Qu'est devenu votre cousin ? — Il s'est enrôlé. — Votre voisin s'est-il enrôlé ? — Il ne s'est pas enrôlé. — Qu'est-il devenu ? — Il s'est fait marchand. — Ses enfants que sont-ils devenus ? — Ses enfants sont devenus hommes. — Votre fils qu'est-il devenu ? — Il est devenu grand homme. — Est-il devenu savant ? — Il est devenu savant. — Mon livre qu'est-il devenu ? — Je ne sais pas ce qu'il est devenu. — L'avez-vous déchiré ? — Je ne l'ai pas déchiré. — Qu'est devenu le fils de notre ami ? — Je ne sais pas ce qu'il est devenu. — Qu'avez-vous fait de votre argent ? — J'en ai acheté un livre. — Le menuisier qu'a-t-il fait de son bois ? — Il en a fait un banc. — Le tailleur qu'a-t-il fait du drap que vous lui avez donné ? — Il en a fait des habits pour vos enfants et les miens. — Cet homme vous a-t-il fait mal ? — Non, Monsieur, il ne m'a pas fait mal. — Que faut-il faire pour être aimé ? — Il faut faire du bien à ceux qui nous ont fait du mal. — Vous avons-nous jamais fait du mal ? — Non, vous nous avez au contraire fait du bien. — Faites-vous du mal à quelqu'un ? — Je ne fais de mal à personne. — Pourquoi avez-vous fait du mal à ces enfants ? — Je ne leur ai pas fait du mal. — Vous ai-je fait mal ? — Vous ne m'avez pas fait de mal, mais vos garçons m'en ont fait. — Que vous ont-ils fait ? — Ils m'ont battu. — Est-ce votre frère qui a fait mal à mon fils ? — Non, Monsieur, ce n'est pas mon frère, car il n'a jamais fait de mal à personne.

139.

Avez-vous bu ce vin ? — Je l'ai bu. — Comment l'avez-vous trouvé ? — Je l'ai trouvé très bon. — Vous a-t-il fait du bien ? — Il m'a fait du bien. — Vous êtes-vous fait mal ? — Je ne me suis pas fait mal. — Qui s'est fait mal ? — Mon frère s'est fait mal, car il s'est coupé le doigt. — Est-il encore malade ? — Il est mieux. — Je me réjouis d'apprendre qu'il n'est plus malade, car je l'aime. — Pourquoi votre cousin s'arrache-t-il les cheveux ? — Parce qu'il ne peut pas payer ce qu'il doit. — Vous êtes-vous coupé les cheveux ? — Je ne me les suis pas coupés, mais je me les suis fait couper. — Cet enfant qu'a-t-il fait ? — Il s'est coupé le pied. — Pourquoi lui a-t-on donné un couteau ? — On lui a donné un couteau pour se couper les ongles, et il s'est coupé le doigt et le pied. — Vous couchez-vous de bonne heure ? — Je me couche tard, car je ne peux pas dormir quand je me couche de bonne heure. — A quelle heure vous êtes-vous couché hier ? — Hier j'ai été me coucher à onze heures et un quart. — A quelle heure vos enfants vont-ils se coucher ? — Ils se couchent au coucher du soleil. — Se lèvent-ils de bonne heure ? — Ils se lèvent au lever du soleil. — A quelle heure vous êtes-

QUARANTE-QUATRIÈME LEÇON

vous levé aujourd'hui ? — Aujourd'hui je me suis levé tard, parce que je me suis couché tard hier au soir. — Votre fils se lève-t-il tard ? — Il se lève de bonne heure, car il ne se couche jamais tard. — Que fait-il quand il se lève ? — Il étudie, puis il déjeune. — Ne sort-il pas avant de déjeuner ? — Non, il étudie et déjeune avant de sortir. — Que fait-il après avoir déjeuné ? — Aussitôt qu'il a déjeuné il vient chez moi, et nous allons nous promener à cheval. — T'es-tu levé ce matin d'aussi bonne heure que moi ? — Je me suis levé de meilleure heure que vous, car je me suis levé avant le lever du soleil.

Allez-vous souvent vous promener ? — Je vais me promener quand je n'ai rien à faire à la maison. — Voulez-vous vous promener ? — Je ne puis me promener, car j'ai trop à faire. — Votre frère s'est-il promené à cheval ? — Il s'est promené en carrosse. — Vos enfants vont-ils souvent se promener ? — Ils vont se promener tous les matins après le déjeuner. — Allez-vous vous promener après le dîner ? — Après le dîner je prends le thé, puis je me promène. — Promenez-vous souvent vos enfants ? — Je les promène tous les matins et tous les soirs. — Pouvez-vous aller avec moi ? — Je ne peux pas aller avec vous, car je dois promener mon petit frère. — Où vous promenez-vous ? — Nous nous promenons dans le jardin de notre oncle. — Votre père s'est-il réjoui de vous voir ? — Il s'est réjoui de me voir. — De quoi vous êtes-vous réjoui ? — Je me suis réjoui de voir mes bons amis. — De quoi votre oncle s'est-il réjoui ? — Il s'est réjoui du cheval que vous lui avez envoyé. — De quoi vos enfants se sont-ils réjouis ? — Ils se sont réjouis des beaux habits que je leur ai fait faire. — Pourquoi cet homme se réjouit-il tant ? — Parce qu'il se flatte d'avoir de bons amis. — N'a-t-il pas raison de se réjouir ? — Il a tort, car il n'a que des ennemis. — N'est-il pas aimé ? — On le flatte mais on ne l'aime pas. — Vous flattez-vous (*se precia V.*) de savoir le français ? — Je me flatte de le savoir ; car je sais le parler, le lire et l'écrire. — Le médecin a-t-il fait mal à votre enfant ? — Il lui a coupé le doigt, mais il ne lui a pas fait de mal, et vous vous trompez, si vous croyez qu'il lui a fait mal. — Pourquoi écoutez-vous cet homme ? — Je l'écoute, mais je ne le crois pas ; car je sais que c'est un menteur. — Comment savez-vous que c'est un menteur ? — Il ne croit pas en Dieu, et tous ceux qui ne croient pas en Dieu sont des menteurs.

QUARANTE-CINQUIEME LEÇON

Lição quadragesima quinta.

DES VERBES IMPERSONNELS.

En portugais, le pronom *il* ne s'exprime pas; il en résulte que le verbe impersonnel semble n'avoir pas de sujet. EXEM:

Pleuvoir,	il pleut,	plu.	Chover,	chove,	chovido.
Neiger,	il neige.		Nevar,	neva.	
Grêler,	il grêle.		Saraivar,	saraiva.	

Faire des éclairs.	† Relampejar.
Fait-il des éclairs?	† Relampeja?
Il fait des éclairs.	† Relampeja.
L'éclair.	O relampago.
Le parasol.	O guardasol.
Il pleut à verse.	† Chove a cantaros.
Il fait beaucoup d'éclairs.	† Relampeja muito.
Neige-t-il?	† Neva? Cahe neve?
Il neige fort.	† Neva muito.
Il fait beaucoup de grêle.	† Saraiva muito.
Il ne fait point de soleil.	† Não faz nenhum sol.
Le soleil me donne dans la vue.	O sol dá-me na vista.

Tonner, — il tonne.	Trovejar, — troveja.
Luire.	Luzir, brilhar.

Fermer.	*Berrar.*
Avez-vous fini?	† Concluio V^{ce}?
Fait-il bon marcher?	† Está bom o piso, o caminho?

Dans ce pays.	N'este, ou n'aquelle paiz.
Le pays.	O paiz.
Il s'est fait beaucoup d'amis dans ce pays.	Adquiriu muitos amigos n'este paiz.

La préposition *de* placée entre un verbe impersonnel et l'infinitif d'un autre verbe se supprime en portugais. Exem. : *Convem sahir d'aqui*, il convient de sortir d'ici.

Dont.	*Cujo, cuja, cujos, cujas, de que, de quem do qual, da qual, dos quaes, das quaes.*
Je vois l'homme dont vous parlez.	Vejo o homen de quem V^{ce} falla.
J'ai acheté le cheval dont vous m'avez parlé.	Comprei o cavallo de que me fallou V^{ce}.
Je vois l'homme dont le frère a tué mon chien.	Vejo o homen cujo irmão matou o meu cão.
Je vois l'homme dont vous avez tué le chien.	Vejo o homen a quem V^{ce} matou o cão.
Voyez-vous l'enfant dont le père est parti hier?	Vê V^{ce} o menino cujo pai partiu hontem?
Je le vois.	Vejo-o.
Avez-vous vu les enfants dont le père m'a prêté un livre?	Viu V^{ce} os meninos cujo pai me emprestou um livro?
Je les ai vus.	Vi-os.
Qui avez-vous vu?	† Quem viu V^{ce}?
J'ai vu le marchand dont vous avez pris le magasin.	Vi o negociante a quem V^{ce} tomou o armazem.
J'ai parlé à l'homme dont le magasin a été brûlé.	Fallei ao homen cujo armazem foi incendiado.

Ce dont.	O de que, aquello de que.
Celui dont.	O de que, aquelle de quem; aquelle de que.
Ceux dont.	Os de que, aquelles de que, aquelles de quem.
J'ai celui dont j'ai besoin.	Tenho o que neccessito.
Il a celui dont il a besoin.	Elle tem aquillo de que precisa.

Avez-vous le livre dont vous avez besoin?	Tem V^{ce} o livro de que precisa?
J'ai celui dont j'ai besoin.	Tenho o de que necessito.

L'homme a-t-il les clous dont il a besoin?	† Tem o homen os pregos de que precisa?
Il a ceux dont il a besoin.	Tem os que precisa.
Avoir besoin de.	{ Ter necessidade de. Necessitar.

Quels hommes voyez-vous?	Que homens vê V.ce?
Je vois ceux dont vous m'avez parlé.	Vejo aquelles de que ou de quem V.ce me tem fallado.
Voyez-vous les élèves dont je vous ai *parlé*?	Vê V.ce os discipulos de que eu lhe fallei?
Je les vois.	Vejo-os.

A qui, auxquels.	*A quem, aos quaes.*
Je vois les enfants à qui vous avez donné des gâteaux.	Vejo os meninos a quem V.ce deu bolos.
A quels hommes parlez-vous?	A que homens falla V.ce?
Je parle à ceux auxquels vous vous êtes adressé.	Fallo aquelles a que V.ce se dirigiu.

S'adresser à.	*Dirigir-se a.*
Rencontrer.	*Encontrar.*
J'ai rencontré les hommes à qui vous vous êtes adressé.	Encontrei os homens a quem V.ce se dirigiu.

De quels hommes parlez-vous?	De que homens falla V.ce?
Je parle de ceux dont les enfants ont été studieux et obéissants.	Fallo d'aquelles cujos meninos foram judiciosos e obedientes.
Obéissant, désobéissant.	Obediente, desobediente.

De sorte que.	*De sorte que, de modo que, de maneira que.*
J'ai perdu mon argent, de sorte que je ne puis vous payer.	Perdi o meu dinheiro, de sorte que não posso pagar a V.ce.
Je suis malade, de sorte que je ne puis sortir.	Estou doente, de modo que não posso sahir.
Malade.	Doente, enfermo.
Il n'a pas le temps, de sorte qu'il ne peut pas écrire ses thèmes.	Elle não tem tempo, de modo que não pode escrever os seus themas.

THÈMES.

141.

Avez-vous enfin appris le français? — J'ai été malade, de sorte que je n'ai pas pu l'apprendre. — Votre frère l'a-t-il appris? — Il ne l'a pas appris, parce qu'il n'a pas encore pu trouver un bon maître. — Allez-vous au bal ce soir? — J'ai mal aux pieds, de sorte que je ne puis y aller. — Avez-vous compris cet Allemand? — Je ne sais pas l'allemand, de sorte que je n'ai pas pu le comprendre. — Avez-vous acheté le cheval dont vous m'avez parlé? — Je n'ai pas d'argent, de sorte que je n'ai pu l'acheter. — Avez-vous vu l'homme dont j'ai reçu un présent? — Je ne l'ai pas vu. — Avez-vous vu le beau fusil dont je vous ai parlé? — Je l'ai vu. — Votre oncle a-t-il vu les livres dont vous lui avez parlé? — Il les a vus. — As-tu vu l'homme dont les enfants ont été punis? — Je ne l'ai pas vu. — A qui avez-vous parlé au théâtre? — J'ai parlé à l'homme dont le frère a tué mon beau chien. — Avez-vous vu le petit garçon dont le père s'est fait avocat? — Je l'ai vu. — Qui avez-vous vu au bal? — J'y ai vu les hommes dont vous avez acheté les chevaux, et ceux dont vous avez acheté le carrosse. — Qui voyez-vous à présent? — Je vois l'homme dont le domestique a cassé mon miroir. — Avez-vous entendu l'homme dont l'ami m'a prêté de l'argent? — Je ne l'ai pas entendu. — Qui avez-vous entendu? — J'ai entendu le capitaine français dont le fils est mon ami. — As-tu brossé l'habit dont je t'ai parlé? — Je ne l'ai pas encore brossé. — Avez-vous reçu l'argent dont vous avez eu besoin? — Je l'ai reçu. — Ai-je le papier dont j'ai besoin? — Vous l'avez. — Votre frère a-t-il les livres dont il a besoin? — Il les a. — Avez-vous parlé aux marchands dont nous avons pris le magasin? Nous leur (les) avons parlé. — Avez-vous parlé au médecin dont le fils a étudié l'allemand? — Je lui ai parlé. — As-tu vu les pauvres hommes dont les magasins ont été brûlés? — Je les ai vus. — Avez-vous lu les livres que nous vous avons prêtés? — Nous les avons lus. — Qu'en dites-vous? — Nous disons qu'ils sont très beaux. — Vos enfants ont-ils ce dont ils ont besoin? — Ils ont ce dont ils ont besoin.

142.

De quel homme parlez-vous? — Je parle de celui dont le frère s'est enrôlé. — De quels enfants avez-vous parlé? — J'ai parlé de ceux dont les parents sont savants. — Quel livre avez-vous lu? — J'ai lu celui dont je vous ai parlé hier. — Quel papier votre cousin a-t-il? — Il a celui dont il a besoin. — Quels poissons a-t-il mangés? — Il a mangé ceux que vous n'aimez pas. — De quels livres avez-vous besoin? — J'ai besoin de ceux dont vous m'avez parlé. — N'avez-vous pas besoin de ceux que je lis? — Je n'en ai pas besoin. — Voyez-vous les enfants à qui j'ai donné des gâteaux? — Je ne vois pas ceux à qui vous avez donné des gâteaux, mais ceux que vous avez punis. — A qui avez-vous donné de l'argent? — J'en ai donné à ceux qui ont été habiles. — A quels enfants doit-on donner des livres? — On doit en donner à ceux qui sont sages et obéissants. — A qui donnez-vous à manger et à boire ? — A ceux qui ont faim et soif. — Donnez-vous quelque chose aux enfants paresseux ? — Je ne leur donne rien. — A-t-il neigé hier ? — Il a neigé, grêlé et fait des éclairs. — A-t-il plu ? — Il a plu. — Êtes-vous sorti ? — Je ne sors jamais quand il fait mauvais temps. — Les capitaines ont-ils enfin écouté cet homme ? — Ils ont refusé de l'écouter ; tous ceux à qui il s'est adressé (*se dirigiu*) ont refusé de l'entendre. — Qui avez-vous rencontré ce matin ? — J'ai rencontré l'homme dont je suis estimé. — Avez-vous donné des gâteaux à vos élèves ? — Ils n'ont pas bien étudié, de sorte que je ne leur ai rien donné.

QUARANTE-SIXIÈME LEÇON
Lição quadragesima sexta.

DU FUTUR.

Le Futur présent se forme en ajoutant à l'infinitif *ei, ás, á, émos, eis, ão*.

Infin.	Futur.	Infin.	Futuro.
Aimer,	j'aimerai.	Amar,	eu amarei.
Prévoir,	je prévoirai.	Prevêr,	eu preverei.
Rendre,	je rendrai.	Entregar,	eu entregarei.

Futur		Futuro.	
Tu aimeras.	Tu finiras.	Tu amarás.	Tu concluirás.
Il aimera.	Il finira.	Elle amará.	Elle concluirá.
Nous aimerons.	Nous finirons.	Nos amaremos.	Nos concluiremos.
Vous aimerez.	Vous finirez.	V^{ce} amará ou V^{ces} amarão.	V^{ce} concluirá ou V^{ces} concluirão.
Ils aimeront.	Ils finiront.	Elles amarão.	Elles concluirão.
Tu prévoiras.	Tu rendras.	Tu preverás.	Tu entregarás.
Il prévoira.	Il rendra.	Elle preverá.	Elle entregará.
Nous prévoirons.	Nous rendrons.	Nós preveremos.	Nós entregaremos.
Vous prévoirez.	Vous rendrez.	V^{ce} preverá ou V^{ces} preverão.	V^{ce} entregalá ou V^{ces} entregarão.
Ils prévoiront.	Ils rendront.	Elles preverão.	Elles entregarão.

Infin.	Futur.	Inf.	Futuro.
Avoir.	J'aurai.	Ter ou haver.	Eu terei ou haverei.
Être.	Je serai.	Ser ou estar.	Eu serei ou estarei.
Aller.	Ir * 3.	J'irai.	Eu irei.
Envoyer.	Enviar 1.	J'enverrai.	Eu enviarei.
Tenir.	Agarrar 1.	Je tiendrai.	Eu agarrarei.
Venir.	Vir * 3.	Je viendrai.	Eu virei.
S'asseoir.	Sentar-se 1.	Je m'asseierai ou je m'assiérai.	Eu me sentarei.

QUARANTE-SIXIÈME LEÇON

Devoir.	Dever 2.	Je devrai.	Eu deverei.
Falloir.	Ser mister*.	Il faudra.	Será mister.
Pouvoir.	Poder* 2.	Je pourrai.	Eu poderei.
Recevoir.	Receber 2.	Je recevrai.	Eu receberei.
Savoir.	Saber* 2.	Je saurai.	Eu saberei.
Valoir.	Valer* 2.	Je vaudrai.	Eu valerei.
Voir.	Vêr* 2.	Je verrai.	Eu verei.
Vouloir.	Querer* 2.	Je voudrai.	Eu quererei.
Faire.	Fazer* 2.	Je ferai.	Eu farei.

Aura-t-il de l'argent ?	Terá elle dinheiro ?
Il en aura.	Terá.
Il n'en aura pas.	Não terá.
Aurez-vous bientôt fini d'écrire ?	† Acabará V.ce em breve d'escrever ?
J'aurai bientôt fini.	† Acabarei em breve.
Il aura bientôt fini son thème.	† Elle acabará em breve o seu thema.

Quand ferez-vous vos thèmes ?	Quando fará V.ce os seus themas ?
Je les ferai bientôt.	† Fal-os-hei em breve.
Mon frère fera-t-il ses thèmes demain ?	† O meu irmão fará os seus themas amanhã.
Lundi prochain.	† Segunda-feira proxima ou que vem.
Lundi passé ou lundi dernier.	† Segunda-feira passada.
Le mois prochain.	O mez proximo, o mez que vem.
Ce mois-ci.	Este mez.
Ce pays-ci.	Este paiz.

Quand votre cousin ira-t-il au concert ?	† Quando irá o seu primo ao concerto ?
Il ira mardi prochain.	Irá na proxima terça-feira.
Irez-vous quelque part ?	Irão V.ces a alguma parte ?
Nous n'irons nulle part.	Não iremos a parte nenhuma.

M'enverra-t-il le livre ?	† Mandar-me-ha elle o livro ?
Il vous l'enverra s'il l'a fini.	† Mandar-lh'o-ha se o tiver acabado.
Serez-vous chez vous ce soir ?	Estará V.ce esta noite em sua casa ?
J'y serai.	Estarei.

QUARANTE-SIXIÈME LEÇON

Votre père sera-t-il chez lui ?	Estará o pai de V^{ce} em sua casa ?
Il y sera.	Estará.
Vos cousins y seront-ils ?	Estarão lá os primos de V^{ce} ?
Ils y seront.	Estarão.

M'enverra-t-il les livres ?	† Mandar-me-ha elle os livros ?
Il vous les enverra.	Mandal-os-ha a V^{ce}.
Enverra-t-il du papier à mon comptoir ?	† Mandará papel ao meu escriptorio ?
Il y en enverra.	Mandal-o-ha lá.

Pourrez-vous payer votre cordonnier ?	Poderá V^{ce} pagar ao seu sapateiro ?
J'ai perdu mon argent, de sorte que je ne pourrai pas le payer.	† Perdi o meu dinheiro, de modo que não poderei pagar-lhe.
Mon ami a perdu son portefeuille, de sorte qu'il ne pourra pas payer ses souliers.	O meu amigo perdeu a sua carteira, de modo que não poderá pagar os seus sapatos.

Tiendrez-vous quelque chose ?	Agarrará V^{ce} alguma cousa ?
Je tiendrai votre parapluie.	Agarrarei o guardachuva de V^{ce}.
Votre ami viendra-t-il à mon concert ?	† O amigo de V^{ce} virá ao meu concerto ?
Il viendra.	Virá.
Viendrez-vous ?	Virá V^{ce} ?
Je viendrai.	Virei.

† Faudra-t-il aller au marché ?	† Será preciso ir ao mercado ?
Il faudra y aller demain matin.	Será preciso ir ámanhã de manhã.
Il ne faudra pas y aller.	Não será preciso ir.
Verrez-vous mon père aujourd'hui ?	Verão V^{ce} hoje o meu pai ?
Nous le verrons.	† Vêl-o hemos.

Appuyer.	Apoiar 1.	J'appuierai.	Eu apoiarei.
Employer.	Empregar 1.	J'emploierai.	Eu empregarei.
Essayer.	Tentar 1.	J'essaierai.	Eu tentarei.

Acquérir.	Adquirir 3.	J'acquerrai.	Eu adquirirei.
Courir.	Correr 2.	Je courrai.	Eu correrei.
Cueillir.	Colher 2.	Je cueillerai.	Eu colherei.
Mourir.	Morrer* 2.	Je mourrai.	Eu morrerei.
Echoir.	Espirar 1.	Il écherra.	Espirará.
Mouvoir.	Mover 2.	Je mouvrai.	Eu moverei.
Pleuvoir.	Chover 2.	Il pleuvra.	Chovera.

THÈMES.

143.

Aurez-vous des livres ? — J'en aurai. — Qui vous en donnera? — Mon oncle m'en donnera. — Quand votre cousin aura-t-il de l'argent ? — Il en aura le mois prochain. — Combien d'argent aurez-vous ? — J'aurai trente-cinq francs. — Qui aura de bons amis? — Les Anglais en auront. — Votre père sera-t-il chez lui ce soir ? — Il y sera. — Y serez-vous ? — J'y serai aussi. — Votre oncle sortira-t-il aujourd'hui ? — Il sortira, s'il fait beau temps. — Sortirez-vous ? — Je sortirai, s'il ne pleut pas. — Aimerez-vous mon fils ? — Je l'aimerai s'il est sage. — Payerez-vous votre cordonnier? — Je le payerai, si je reçois mon argent. — Aimerez-vous mes enfants ? — S'ils sont sages et assidus, je les aimerai; mais s'ils sont paresseux et méchants, je les mépriserai et je les punirai. — Ai-je raison de parler ainsi ? — Vous n'avez pas tort. — Votre ami écrit-il encore. — Il écrit encore. — N'avez-vous pas fini de parler ? — J'aurai bientôt fini. — Nos amis ont-ils fini de lire ? — Ils auront bientôt fini. — Le tailleur a-t-il fait mon habit ? — Il ne l'a pas encore fait, mais il le fera bientôt. — Quand le fera-il ? — Quand il aura le temps. — Quand ferez-vous vos thèmes ? — Je les ferai quand j'aurai le temps. — Quand votre frère fera-t-il les siens ? — Il les fera (os o fara) samedi (sábado) prochain. — Viendras-tu chez moi ? — Je viendrai. — Quand viendras-tu ? — Je viendrai vendredi prochain. — Quand avez-vous vu mon oncle ? — Je l'ai vu dimanche dernier. — Vos cousins iront-ils au bal mardi prochain? — Ils iront. — Viendrez-vous à mon concert ? — J'y viendrai, si je ne suis pas malade.

144.

Quand m'enverrez-vous l'argent que vous me devez ? — Je vous l'enverrai bientôt. — Vos frères m'enverront-ils les livres que je leur (lhes) ai prêtés ? — Il vous les enverront. — Quand me les enverront-ils ? — Ils vous les enverront le mois (o mes) prochain (que vem). — Pourrez-vous me payer ce que vous me devez ? — Je ne pourrai pas vous le payer, car j'ai perdu tout mon argent. — L'Américain pourra-t-il payer ses souliers ? — Il a perdu son portefeuille, de sorte qu'il ne pourra pas les payer. — Faudra-t-il envoyer chercher le médecin ? — Personne n'est malade, de sorte qu'il ne faudra pas l'envoyer chercher. — Faudra-t-il aller au marché demain ? — Il faudra y aller, car il nous faut du bœuf, du pain et du vin. — Verrez-vous votre père aujourd'hui ? — Je le verrai. — Où sera-t-il ? Il sera à (*en*) son comptoir. — Irez-vous au bal ce soir ? — Je n'irai pas, car je suis (*estoo*) trop malade pour y aller. — Votre ami ira-t-il ? — Il ira, si vous y allez. — Où nos voisins iront-ils ? — Ils n'iront nulle part; il resteront chez eux, car ils ont beaucoup à faire.

QUARANTE-SEPTIÈME LEÇON.
Lição quadragesima setima.

Appartenir.	*Pertencer* 2.
Appartenez-vous?	Pertence V^{ce}?
J'appartiens.	Pertenço.
Ce cheval appartient-il à votre frère?	† Pertence este cavallo ao irmão de V^{ce}?
Il lui appartient.	Pertence-lhe.
A qui appartiennent ces gants?	A quem pertence { estas luvas? De quem são
Ils appartiennent aux capitaines.	Pertencem aos { capitães. São dos
Ces chevaux appartiennent-ils aux capitaines?	† Pertencem estes cavallos aos { capitães? São estes cavallos dos
Ils leur appartiennent.	Pertencem-lhes. São d'elles.

Convenir.	*Convir* * 3.
Ce drap convient-il à votre frère?	† Convem este pano ao irmão de V^{ce}?
Il lui convient.	Convem-lhe.
Ces souliers conviennent-ils à vos frères?	† Conveem estes sapatos aos irmãos de V^{ce}?
Ils leur conviennent.	Conveem-lhes.
Vous convient-il de faire cela?	† Convém a V^{ce} fazer isso?
Il me convient de le faire.	Convém-me fazel-o.
Convient-il à votre cousin de venir avec nous?	† Convém ao primo de V^{ce} vir comnosco?
Il ne lui convient pas de sortir.	Não lhe convém sahir.

Parvenir.	Alcançar, chegar a obter, conseguir.
Parvenez-vous à apprendre le français?	Consegue V^{ce} aprender francez?
J'y parviens.	Consigo-o.

Je parviens à l'apprendre.	Consigo aprendel-o.
Ces hommes parviennent-ils à vendre leurs chevaux?	† Conseguem esses homens vender os seus cavallos?
Ils y parviennent.	Conseguem-o.

Réussir.	*Lograr, ter bom exito, sahir bem uma cousa.*
Réussissez-vous à faire cela?	Logra V^{ce} fazer isso?
J'y réussis.	Logro-o.

Oublier.	*Esquecer 2, olvidar 1.*
Nettoyer.	Limpar.
L'encrier.	O tinteiro.

Tout de suite.	Da seguida, immediatamente, sem demora.
A l'instant, sur-le-champ.	No mesmo momento, de repente, immediatemente.
Tout à l'heure.	Agora mesmo, d'aqui a pouco.
Je vais le faire.	Vou fazel-o.
Je vais le faire tout de suite.	Vou fazel-o immediatamente.
Je vais travailler.	Vou trabalhar.

Y a-t-il?	† Ha?
Il n'y a pas.	† Não ha.
Y aura-t-il?	† Haverá?
Il y aura.	† Haverá.
Y a-t-il eu?	† Houve?
Il y a eu.	† Houve.
Y a-t-il du vin?	† Ha vinho?
Il y en a.	† Ha.
Il n'y en a pas.	† Não ha.
Y a-t-il des hommes?	† Ha homens?
Il y en a.	† Ha.
Il n'y en a pas.	† Não ha.

Il y a des hommes qui ne veulent pas étudier.	† Ha alguns homens que não querem estudar.
Y a-t-il quelqu'un?	Ha alguem?
Il n'y a personne.	† Não ha ninguem.
Doit-il y avoir beaucoup de monde au bal?	† Haverá muita gente no baile?
Il doit y en avoir beaucoup.	Deve haver muita.

A crédit.	Fiado, a credito.
Vendre à crédit.	Vender a credito, fiado.
Le crédit.	O credito.
De l'argent comptant.	Dinheiro de contado.
Acheter comptant.	Comprar de contado.
Vendre comptant.	Vender de contado.
Payer comptant.	Pagar de contado.
Voulez-vous acheter argent comptant?	Quer V^{ce} comprar de contado?
Vous convient-il de me vendre à crédit?	† Convém a V^{ce} vender-me fiado?

Aller bien.	† *Estar, ficar bem.*
Cet habit me va-t-il bien?	† Fica-me bem este casaco?
Il vous va bien.	† Fica-lhe bem.
Ce chapeau ne va pas bien à votre frère.	† Este chapeu não está bem ao irmão de V^{ce}.
Il ne lui va pas bien.	† Não lhe está bem.
Ces souliers vous vont-ils bien?	† Estes sapatos ficam bem a V^{ce}?
Ils me vont bien.	† Ficam-me bem.
Cela vous va fort bien.	† Isso fica-lhe muito bem, perfeitamente.

Garder.	*Conservar, guardar, ficar com uma cousa.*
Vous ferez mieux de.	† V^{ce} fará melhor em.
Je ferai mieux de.	† Eu farei melhor em.
Il fera mieux de.	† Elle fará melhor em.
Au lieu de garder votre cheval, vous ferez mieux de le vendre.	† Melhor fará V^{ce} em vender o seu cavallo que em ficar com elle.
Au lieu de vendre son chapeau, il fera mieux de le garder.	† Melhor fará em vender o seu chapeu que em conserval-o.
Garderez-vous le cheval?	Ficará V^{ce} com o cavallo?
Je le garderai.	Ficarei com elle.
Il ne faut pas garder mon argent.	Não é necessario guardar ou conservar o meu dinheiro.

Plaire.	*Agradar, aprazer.*
Je plais, tu plais, il plaît.	Eu agrado, tu agradas, elle agrada.

Plaire à quelqu'un.	*Agradar a alguem.*
Ce livre vous plaît-il ?	Este livro agrada a V^{cc}?
Il me plaît beaucoup.	Agrada-me muito.
Je ferai ce qu'il vous plaira.	† Eu farei o que lhe agradar.
Cela vous plaît à dire.	† Apraz-lhe dizer isso.
Que vous plaît-il ?	† Que deseja ?
Plaît-il ?	† Que dizia ?
Se plaire.	*Comprazer-se, recrear-se.*
Comment vous plaisez-vous ici ?	Que tal se recreia V^{cc} aqui.
Je m'y plais très bien.	Recreio-me muito bem.

A qui est ce livre ?	De quem é este livro ?
C'est le sien.	E'o seu.
A qui sont ces souliers ?	De quem são estes sapatos ?
Ce sont les nôtres.	São os nossos.
Ce sont eux qui l'ont vu.	Fôram elles que o viram.
Ce sont vos amis qui ont raison.	São os seus amigos ps que teem razão.

THÈMES.

145.

A qui ce cheval appartient-il ? — Il appartient au capitaine anglais dont le fils vous a écrit un billet. — Cet argent vous appartient-il ? — Il m'appartient. — De qui l'avez-vous reçu ? — Je l'ai reçu des hommes dont vous avez vu les enfants. — A qui sont ces chevaux ? — Ce sont les nôtres. — Avez-vous dit à votre frère que je l'attends ici ? — J'ai oublié de le lui dire. — Est-ce votre père ou le mien qui est allé à Berlin ? — C'est le mien. — Est-ce votre boulanger ou celui de notre ami qui vous a vendu du pain à crédit ? — C'est le nôtre. — Est-ce là votre fils ? — Ce n'est pas le mien, c'est celui de mon ami. — Où est le vôtre ? — Il est à Paris. — M'avez-vous apporté le livre que vous m'avez promis ? — Je l'ai oublié. — Votre oncle vous a-t-il apporté les portefeuilles qu'il vous a promis ? — Il a oublié de (*de*) me les apporter. — Avez-vous déjà écrit à votre ami ? — Je n'ai pas encore eu le temps de lui écrire. — Avez-vous oublié d'écrire à votre parent ? — Je n'ai pas oublié de lui écrire. — Ce drap vous convient-il ? — Il ne me convient pas; n'en avez-vous pas d'autre ? — J'en ai d'autre; mais il est plus cher que celui-ci. — Voulez-vous me le montrer ? — Je veux (*quero*) vous le montrer. — Ces souliers conviennent-ils à votre oncle ? — Ils ne lui conviennent pas, parce qu'ils sont trop chers. — Sont-ce les souliers dont vous nous avez parlé? — Ce sont les mêmes. — A qui sont ces souliers? — Ils appartiennent au gentilhomme que vous avez vu ce matin dans mon magasin. — Vous convient-il de venir avec nous? — Il ne me convient pas. — Vous convient-il d'aller au marché? — Il ne me convient pas d'y aller. — Êtes-vous allé (*foi* V.) à pied (*a pé*) en (*a*) Allemagne? — Il ne me convient pas d'aller à pied, de sorte que je suis allé (*fui*) en voiture.

146.

Que vous plaît-il (*que deseja* V.), Monsieur? — Je demande (*pergunto por*) votre père (*pai de* V^ce.). — Est-il chez-lui? — Non, Monsieur, il est sorti. — Que dites-vous? — Je vous dis qu'il est sorti. — Voulez-vous attendre jusqu'à son retour? — Je n'ai pas le temps d'attendre. — Ce marchand vend-il à crédit? — Il ne vend pas à crédit. — Vous convient-il d'acheter comptant? — Il ne me convient pas. — Où avez-vous acheté ces jolis couteaux? — Je les ai achetés chez le marchand dont vous avez vu hier le magasin. — Vous les a-t-il vendus à crédit? — Il me les a vendus comptant. — Achetez-vous souvent comptant? — Moins souvent que vous. — Avez-vous oublié quelque chose ici? — Je n'ai rien oublié. — Vous convient-il d'apprendre ceci par cœur? — Je n'ai pas beaucoup de temps pour étudier, de sorte qu'il ne me convient pas de l'apprendre par cœur (*de memoria*). — Cet homme a-t-il essayé de parler à votre père? — Il a essayé de lui parler, mais il n'y est pas parvenu. — Êtes-vous parvenu à écrire un thème? — J'y suis parvenu. — Ces marchands ont-ils réussi à vendre leurs chevaux? — Ils n'y ont pas réussi. — Avez-vous essayé de nettoyer mon encrier? — J'ai essayé, mais je n'y suis pas parvenu. — Vos enfants réussissent-ils à apprendre l'anglais? — Ils y réussissent. — Y a-t-il du vin dans ce tonneau? — Il y en a. — Y a-t-il du vinaigre dans ce verre? — Il n'y en a pas. — Y a-t-il du vin ou du cidre dedans? — Il y a ni vin ni cidre. — Qu'y a-t-il dedans? — Il y a du vinaigre.

147.

Y a-t-il des hommes dans votre magasin? — Il y en a. — Y a-t-il quelqu'un dans le magasin? — Il n'y a personne. — Y a-t-il eu beaucoup de monde au théâtre? — Il y en a eu beaucoup. — Y aura-t-il beaucoup de monde à votre bal? — Il y en aura beaucoup. — Est-ce qu'il y a beaucoup d'enfants qui ne veulent pas jouer? — Il y en a beaucoup qui ne veulent pas étudier, mais tous veulent jouer. — As-tu nettoyé mon coffre? — J'ai essayé de le faire, mais je n'ai pas réussi. — Comptez-vous acheter un parapluie ? — Je compte en acheter un, si le marchand me le vend à crédit. — Comptez-vous garder le mien ? — Je compte vous le rendre, si j'en achète un. — Avez-vous rendu les livres à mon frère ? — Je ne (eu não) les lui ai pas encore rendus. — Jusqu'à quand comptez-vous les garder ? — Je compte (penso) les garder (guardálos) jusqu'à samedi prochain. — Jusqu'à quand comptez-vous garder mon cheval ? — Je compte le garder jusqu'au retour de mon père. — Avez-vous nettoyé mon couteau ? — Je n'ai pas encore eu le temps, mais je vais le faire à l'instant. — Avez-vous fait du feu ? — Pas encore, mais je vais en faire tout à l'heure. — Pourquoi n'avez-vous pas travaillé ? — Je n'ai pas encore pu. — Qu'avez-vous eu à faire ? — J'ai eu à nettoyer vos tapis, et à raccommoder vos bas de fil. — Comptez-vous vendre votre habit ? — Je compte le garder, car j'en ai besoin. — Au lieu de le garder, vous ferez mieux de (en) le vendre (vendelo). — Vendez-vous vos chevaux ? — Je ne les vends pas. — Au lieu de les garder, vous ferez mieux de (en) les vendre (vendelos). — Notre ami garde-t-il son parasol ? — Il le garde, mais au lieu de le garder, il fera mieux de (en) le vendre (venderlhe), car il est usé. — Votre fils déchire-t-il son livre ? — Il le déchire, mais il a tort de le faire ; car, au lieu de le déchirer, il fera mieux de le lire.

QUARANTE-HUITIEME LEÇON

Lição quadragesima oitava.

S'en aller.	*Ir-se embora* * 3.
Quand vous en irez-vous ?	† Quando ir-se-ha V^ce embora ?
Je m'en irai bientôt.	† Ir-me-hei embora logo.
Tout à l'heure.	† D'aqui a pouco.
Il s'en ira tout à l'heure.	† Elle ir-se-ha d'aqui a pouco.
Nous nous en irons demain.	† Nós ir-nos-hemos embora ámanhã.
Ils s'en iront demain.	Elles ir-se-hão embora ámanhã.
Tu t'en iras sur-le-champ.	† Tu ir-te-has embora immediatamente.

Lorsque.	*Quando.*

Devenir.	*Chegar a ser, converter-se.*
Que deviendrez-vous si vous perdez votre argent ?	† Que será de V^ce se perder o seu dinheiro ?
Je ne sais pas ce que je deviendrai.	† Não sei o que será de mim.
Que deviendra-t-il ?	† Que será d'elle ?
Que deviendrons-nous ?	† Que será de nós ?
Que deviendront-ils ?	† Que será d'elles ?
Je ne sais pas ce qu'ils deviendront.	† Não sei o que será d'elles.

Le tour.	*A vez, o turno.*
Mon tour.	A minha vez, o meu turno.
A mon tour.	A minha vez, a meu turno, quando me toque.
A son tour.	A sua vez, a seu turno, quando lhe toque.
Au tour de mon frère.	Quando toque á meu irmão.
Chacun à son tour.	Cada um a seu turno, quando lhe toque.

QUARANTE-HUITIÈME LEÇON

Quand votre tour viendra.	† Quando chegue a V^{ce} a vez, quando toque a V^{ce}.
Nous aurons notre tour.	Chegará a nossa vez, chegar-nos-ha a vez.

Faire un tour.	Dar uma volta.
Faire un tour de promenade.	Dar um pequeno passeio.
Il est allé faire un tour.	Foi dar uma volta.
Il est allé faire un tour de promenade.	Foi dar um pequeno passeio.
Faire un tour de jardin.	† Dar uma volta pelo jardim.

Courir.	*Correr 2.*
Je cours, tu cours, il court.	Eu corro, tu corres, elle corre.
Courez-vous ?	Corre V^{ce} ?
Je cours.	Corro.
Courrez-vous ?	Correrá V^{ce} ?
Je courrai.	Correrei.

Derrière.	*Detraz de.*
Derrière lui.	† Detraz d'elle.

Un coup.	Um golpe.
Avez-vous donné un coup à cet homme ?	† Deu V^{ce} um golpe n'este homem ?
Je lui en ai donné un.	Dei-lhe um.
Un coup de bâton.	† Uma paulada, uma bengalada.
Un coup de pied.	† Um pontapé.
Un coup de poing.	† Uma punhada, um socco.
Un coup de poignard ou de couteau.	† Uma facada, uma navalhada.
Un coup de fusil.	† Um tiro.
Un coup de pistolet.	† Um tiro de pistola.
Un coup d'œil.	† Uma olhadella.
Un coup de tonnerre.	† Um trovão.
Donner un coup de couteau.	† Dar uma facada.
Donner un coup de bâton à un homme.	† Dar uma paulada n'um homem.

Donner un coup de pied à un homme.	† Dar um pontapé n'um homem.
Donner un coup de poing à un homme.	† Dar uma punhaa, um socco n'um homem.

Tirer.	*Atirar* 1.
Tirer un coup de fusil.	† Atirar, dar um tiro.
Tirer un coup de pistolet.	† Dar um tiro de pistola.
Tirer un coup de fusil sur quelqu'un.	† Dar um tiro a alguem.
J'ai tiré un coup de fusil à cet oiseau.	† Dei um tiro n'este passaro.
J'ai tiré deux coups de fusil.	† Dei dous tiros.
J'ai tiré trois coups de fusil.	† Dei tres tiros.
J'ai tiré quelques coups de fusil.	† Dei alguns tiros.
Combien de coups de fusil avez-vous tirés ?	† Quantos tiros deu V^{ce} ?

Combien de fois avez-vous tiré sur cet oiseau ?	† Quantos tiros disparou V^{ce} a esto passaro ?
J'ai tiré plusieurs fois sur lui.	† Atirei-lhe varias vezes.
J'ai entendu un coup de fusil.	† Eu ouvi um tiro.
Il a entendu un coup de pistolet.	† Elle ouviu um tiro de pistola.
Nous avons entendu un coup de tonnerre.	† Nós ouvimos um trovão.
Le poing.	O punho.

Jeter un coup d'œil sur quelqu'un ou quelque chose.	*Deitar uma olhadella a alguem ou a alguma cousa.*
Avez-vous jeté un coup d'œil sur ce livre ?	† Deitou V^{ce} uma olhadella a esse livro ?
J'y ai jeté un coup d'œil.	† Deitei-lhe uma olhadella.

Cet homme s'en est-il allé ?	† Foi-se esse homem ?
Ils s'en est allé.	† Foi-se.
Vos frères s'en sont-ils allés ?	† Foram-se os irmãos de V^{ce} ?
Il s'en sont allés.	† Foram-se.
Ils ne s'en sont pas allés.	† Não se foram.
S'en sont-ils allés ?	† Foram-se elles ?
Ils n'ont pas voulu s'en aller.	† Não quizeram ir-se.

THÈMES.

148.

Vous en allez-vous déjà ? — Je ne m'en vais pas encore. — Quand cet homme s'en ira-t-il ? — Il s'en ira tout à l'heure. — Vous en irez-vous bientôt? — Je m'en irai jeudi prochain. — Quand vos amis s'en iront-ils? — Ils s'en iront le mois prochain. — Quand t'en iras-tu ? — Je m'en irai sur-le-champ. — Pourquoi votre père s'en est-il allé si tôt ? — Il a promis à son ami d'être chez lui à neuf heures moins un quart, de sorte qu'il s'en est allé de bonne heure pour tenir ce qu'il a promis. — Quand nous en irons-nous? — Nous nous en irons demain. — Partirons-nous de bonne heure ? — Nous partirons à cinq heures du matin. — Quand vous en irez-vous ? — Je m'en irai aussitôt que j'aurai fini d'écrire. — Quand vos enfants s'en iront-ils ? — Ils s'en iront aussitôt qu'ils auront fini leurs thèmes. — Vous en irez-vous lorsque je m'en irai? — Je m'en irai quand vous vous en irez. — Nos voisins s'en iront-ils bientôt ? — Ils s'en iront quand ils auront fini (*acabado*) de parler (*de fallar*). — Que deviendra votre fils, s'il n'étudie pas (*si no estudia*) ? — S'il n'étudie pas, il n'apprendra rien. — Que deviendrez-vous si vous perdez votre argent ? — Je ne sais pas ce que je deviendrai. — Votre ami, que deviendra-t-il, s'il perd son portefeuille? — Je ne sais pas ce qu'il deviendra, s'il le perd. — Votre fils qu'est-il devenu ? — Je ne sais pas ce qu'il est devenu. — S'est-il (*tem-se*) enrôlé ? — Il ne s'est pas enrôlé. — Que deviendrons-nous si nos amis s'en vont ? — Je ne sais pas ce que nous deviendrons s'ils s'en vont. — Que sont devenus vos parents ? — Ils s'en sont allés.

149.

Comptez-vous acheter un cheval ? — Je ne peux pas en acheter un, car je n'ai pas encore reçu mon argent. — Me faut-il aller au théâtre ? — Il ne faut pas y aller, car il fait très mauvais temps. — Pourquoi n'allez vous pas chez (*a casa de*) mon frère ? — Il ne me convient pas d'y aller ; car je ne peux pas encore (*todavia*) lui payer (*pagarle*) ce que je lui dois. — Pourquoi votre domestique donne-t-il un (*una*) coup de couteau (*puñalada*) à cet homme ? — Il lui donne un coup de couteau, parce que l'homme lui a donné un (*un*) coup-de-poing (*puñhada*). — Lequel (*quál*) de ces deux élèves commence à parler ? — Celui qui est studieux commence à parler. — Que fait l'autre, qui ne l'est pas ? — Il commence aussi à parler, mais il ne sait ni écrire ni lire. — N'écoute-t-il pas ce que vous lui dites? — Il ne l'écoute pas, si je ne lui donne pas de coups (*golpes*). — Pourquoi ces enfants ne travaillent-ils pas? — Leur maître leur a donné des coups de poing (*punhadas*), de sorte qu'ils ne veulent pas travailler. — Pourquoi (*por qué*) leur a-t-il (*les ha*) donné des coups de poing? — Parce qu'ils ont été désobéissants. — Avez-vous tiré un (*um*) coup de fusil (*tiro*)? — J'en ai tiré trois. — Sur quoi avez-vous tiré? — J'ai tiré sur un oiseau. — Avez-vous tiré (*le ha tirado V.*) un coup de fusil (*um tiro*) à cet homme? — Je lui ai tiré un (*un*) coup de pistolet (*pistoletazo*). — Pourquoi lui avez-vous tiré un coup de pistolet? — Parce qu'il m'a donné un coup de couteau. — Combien de coups avez-vous tirés sur cet oiseau? — J'ai tiré deux coups sur lui. — L'avez-vous tué? — Je l'ai tué au deuxième coup. — Avez-vous tué cet oiseau du premier coup? — Je l'ai tué du quatrième. — Tirez-vous sur les oiseaux que vous voyez sur les arbres, ou sur ceux que vous voyez dans les jardins. — Je ne tire ni sur ceux que je vois sur les arbres, ni sur ceux que je vois dans les jardins, mais sur ceux que j'aperçois sur le château derrière le bois.

150.

Combien de coups les ennemis ont-ils tirés sur nous (*nos teem tirado*)? — Ils ont tiré sur nous (*nos teem tirado*) plusieurs fois. — Ont-ils tué quelqu'un? — Ils n'ont tué personne. — Avez-vous envie de tirer sur cet oiseau? — J'ai envie de tirer sur lui. — Pourquoi ne tirez-vous pas sur ces oiseaux? Je ne puis, car j'ai mal au doigt. — Quand le capitaine a-t-il tiré? — Il a tiré quand ses soldats ont tiré. — Sur combien (*á quántos*) d'oiseaux (*pássaros*) avez-vous tiré (*tem tirado V^{ce}.*)? — J'ai tiré (*le he tirado*) sur tous ceux que (*á cuantos*) j'ai aperçus (*tenho visto*), mais je n'en ai pas tué un, parce que mon fusil ne vaut rien. — Avez-vous jeté un (*uma*) coup d'œil (*olhadella*) sur (*á*) cet homme? — J'ai jeté un coup d'œil sur lui. — Vous a-t-il vu? — Il ne m'a pas vu, car il a mal aux yeux. — Avez-vous bu de ce vin? — J'en ai bu, et il m'a fait du bien. — Qu'avez-vous fait de mon livre? — Je l'ai mis sur votre coffre. — Dois-je vous répondre? — Vous me répondrez quand votre tour viendra. — Est-ce le tour de mon frère? — Quand son tour viendra, je lui demanderai; car chacun a son tour. — Avez-vous fait un tour de promenade ce matin? — J'ai fait un tour de jardin. — Où votre oncle est-il allé? — Il est allé faire un tour de promenade. — Pourquoi courez-vous? — Je cours, parce que je vois mon meilleur ami. — Qui court derrière nous? — Notre chien court derrière (*detráz de*) nous. — Apercevez-vous cet oiseau ? — Je l'aperçois derrière (*detráz*) l'arbre. — Pourquoi vos frères (*por qué seus irmãos de V^{ce}*) s'en sont-ils allés (*se foram*) ? — Ils s'en sont allés, parce qu'ils n'ont pas voulu être vus de l'homme dont ils ont tué le chien.

QUARANTE-NEUVIEME LEÇON
Lição quadragesima nona.

Entendre parler.	*Ouvir fallar.*
Avez-vous entendu parler de votre frère ?	† Ouviu V^{ce} fallar do irmão de V^{ce} ?
J'en ai entendu parler.	† Ouvi fallar.
Y a-t-il longtemps que vous avez déjeuné ?	† Ha muito tempo que V^{ce} almoçou ?
Combien de temps y a-t-il que vous avez déjeuné ?	† Que tempo ha que V^{ce} almoçou ?
Il n'y a pas longtemps que j'ai déjeuné.	† Não ha muito que almocei.
Il y a très longtemps que.	† Ha muito tempo que.
	† Ha muitissimo que.
Il y a peu de temps que.	† Ha pouco (tempo) que.
Combien de temps y a-t-il que vous avez entendu parler de votre frère ?	† Que tempo ha que ouviu fallar do irmão de V^{ce} ?
Il y a un an que j'ai entendu parler de lui.	† Ha, fez um anno que ouvi fallar d'elle.
Il y a un an que j'en ai entendu parler.	

Il n'y a qu'un an que.	† Não faz (ha) senão um anno que.
Il y a plus d'un an que.	Faz mais de um anno que.

Plus de neuf.	Mais de nove.
Plus de vingt fois.	Mais de vinte.
Il y a à peine six mois que.	† Faz apenas seis mezes que.
Il y a quelques heures.	† Ha algumas horas.
Il y a une demi-heure.	† Ha meia hora.
Il y a deux ans.	† Faz (ha) dous annos.
Il y a deux heures et demie.	† Ha duas horas e meia.
Il y a quinze jours.	† Ha (faz) quinze dias.
Quinze jours.	Quinze dias.

Y a-t-il longtemps que vous êtes en France ?	† Ha muito (tempo) que V^{ce} está en França ?
Il y a trois ans qu'il est à Paris.	† Ha tres annos que está em Paris.
Il y a deux ans que je demeure ici.	† Ha dous annos que vivo aqui.
Combien y a-t-il que vous avez ce cheval ?	† Que tempo ha que V^{ce} tem esse cavallo ?
Il y a cinq ans que je l'ai.	† Ha cinco annos que o tenho.
Depuis quand ?	Desde quando ?
Depuis quand est-il ici ?	Desde quando está aqui ?
Depuis trois jours.	Ha tres dias.
Depuis un mois.	Ha um mez.
Je l'ai vu plus de vingt fois.	Vi-o mais de vinte vezes.
Il y a six mois que je ne lui ai parlé.	Ha seis mezes que não lhe fallei.
Depuis que je ne vous ai vu il a plu très souvent.	Desde que não vi a V^{ce}, tem chovido muitas vezes.
Il y a plus d'un an que je n'en ai entendu parler.	Ha mais de um anno que eu não ouvi fallar d'elle.

Venir de.	*Vir de, acabar de.*
Je viens de voir votre frère.	† Acabo de ver o irmão de V^{ce}.
Il vient d'écrire.	† Acaba de escrever.
Les hommes viennent d'arriver.	† Acabam de chegar os homens.
Y a-t-il longtemps que cet homme attend ?	† Ha muito (tempo) que esse homem espera ?
Il ne fait que d'arriver.	† Chegou agora mesmo.

Rem. Quand *venir de* exprime une action qui vient de se passer on le traduit en portugais par *acabar de*.

Faire de son mieux.	† *Fazer quanto esteja de sua parte.*
Je ferai de mon mieux.	† Farei quanto possa.
Il fera de son mieux.	† Fará quanto possa.

Dépenser.	*Gastar* 1.
Combien avez-vous dépensé aujourd'hui ?	Quanto gastou V^{ce} hoje ?
Il a cinquante écus par mois à dépenser.	Tem para gastar cincoenta escudos por mes.

Les chevaux ont-ils été trouvés ?	Encontraram-se os cavallos ?
Ils ont été trouvés.	Encontraram-se.
Où ? Quand ?	Onde ? Quando ?
Les hommes ont été vus.	Os homens foram vistos.
Nos enfants ont été loués et récompensés, parce qu'ils ont été sages et assidus.	Os nossos meninos foram louvados e recompensados por bem comportados e assiduos.
De qui ont-ils été récompensés ?	Por quem foram recompensados ?
De qui avons-nous été blâmés ?	Por quem fomos censurados ?

Passer.	Passar 1.
Devant.	Diante.
Passer devant quelqu'un.	Passar adiante d'alguem.
Passer devant un endroit.	Passar por algum sitio.
Un endroit.	Um sitio.
J'ai passé devant le théâtre.	Passei em frente, diante do theatro.
Il a passé devant moi.	Passou diante de mim.

Passer le temps à quelque chose.	Passar o tempo em alguma cousa.
A quoi passez-vous le temps ?	† Em que passa V.ce o tempo ?
Je passe le temps à étudier.	† Passo o tempo em estudar.
A quoi a-t-il passé le temps ?	† Em que passou elle o tempo ?
A quoi passerons-nous le temps ?	† Em que passaremos o tempo ?

Manquer.	Faltar, carecer, perder uma occasião, não comprir (com), deixar de.
Le marchand a manqué d'apporter l'argent.	O commerciante deixou de trazer o dinheiro.
Vous avez manqué votre tour.	V.ce perdeu a sua vez.
Vous avez manqué de venir chez moi ce matin.	V.ce deixou de vir pela manhã a minha casa.

Être bon à quelque chose.	† Servir para alguma cousa.
A quoi cela est-il bon ?	† Para que serve isso ?
Cela n'est bon à rien.	† Isso não serve para nada.
Le vaurien.	O biltre, o vadio.

Le fusil que vous avez acheté est-il bon ? Non, il ne vaut rien.	É boa a espingarda que V^ce comprou ? † Não, não presta para nada.

Jeter. Avez-vous jeté quelque chose ? Je n'ai rien jeté.	*Atirar* 1, *arrojar* 1. Atirou V^ce alguma cousa ? Não atirei nada.

THÈMES.

151.

Avez-vous entendu parler de quelqu'un ? — Je n'ai entendu parler de personne, car je ne suis pas sorti ce matin. — N'avez-vous pas entendu parler de l'homme qui a tué un soldat ? — Je n'en ai pas entendu parler. — Avez-vous entendu parler de mes frères ? — Je n'en ai pas entendu parler. — De quoi votre cousin a-t-il entendu parler ? — Il a entendu parler de son ami qui est allé en (á) Amérique. — Y a-t-il longtemps qu'il en a entendu parler ? — Il n'y a pas longtemps qu'il en a entendu parler. — Combien y a-t-il ? — Il n'y a qu'un mois. — Y a-t-il longtemps que vous êtes à Paris ? — Il y a trois ans. — Y a-t-il longtemps que votre frère est à Londres ? — Il y a dix ans qu'il y est. — Combien de temps y a-t-il que vous avez dîné ? — Il y a longtemps que j'ai dîné, mais il n'y a pas longtemps que j'ai soupé. — Combien de temps y a-t-il que vous avez soupé ? — Il y a une demi-heure — Combien y a-t-il que vous avez ces livres ? — Il y a trois mois que je les ai. — Combien y a-t-il que votre cousin (*que o seu primo de* V^ce.) est parti ? — Il y a plus d'un an qu'il est parti. — Qu'est devenu l'homme qui vous a prêté de l'argent ? — Je ne sais pas ce qu'il est devenu, car il y a très longtemps que je ne l'ai vu. — Y a-t-il longtemps que vous n'avez entendu parler du soldat qui a donné un coup de couteau à votre ami ? — Il y a plus d'un an que je n'en ai entendu parler. — Combien y a-t-il que vous apprenez le français ? — Il n'y a que deux mois que je l'apprends. — Savez-vous déjà le parler. — Vous voyez que je commence à le parler. — Y a-t-il longtemps que les enfants des gentilshommes anglais l'apprennent ? — Il y a trois ans qu'ils l'apprennent, et ils ne commencent pas encore à parler. — Pourquoi ne savent-ils pas le parler ? — Ils ne savent pas le parler, parce qu'ils l'apprennent mal. — Pourquoi ne l'apprennent-ils pas bien ? — Ils n'ont pas un bon maître, de sorte qu'il ne l'apprennent pas bien.

152.

Y a-t-il longtemps que vous n'avez vu le jeune homme qui a appris l'allemand chez le maître chez qui nous l'avons appris ? — Il y a près d'un an que je ne l'ai vu. — Combien y a-t-il que cet enfant a mangé ? — Il a mangé il y a quelques minutes. — Combien y a-t-il que ces enfants ont bu ? — Ils ont bu il y a un quart d'heure. — Combien y a-t-il que votre ami est en Espagne ? — Il y a un mois qu'il y est. — Combien de fois avez-vous vu le roi ? — Je l'ai vu plus de dix fois, quand j'ai été à Paris. — Quand avez-vous rencontré mon frère ? — Je l'ai rencontré il y a quinze jours. — Où l'avez-vous rencontré ? — Je l'ai rencontré devant le théâtre. — Vous a-t-il fait du mal ? — Il ne m'a pas fait de mal, car c'est un très bon garçon. — Où sont mes gants ? — On les a jetés. — Les chevaux ont-ils été trouvés ? — Ils ont été trouvés. — Où les a-t-on trouvés ? — On les a trouvés derrière le bois, en deçà du chemin. — Avez-vous été vu de quelqu'un ? — Je n'ai été vu de personne. — Attendez-vous quelqu'un ? — J'attends mon cousin le capitaine. — Ne l'avez-vous pas vu ? — Je l'ai vu ce matin ; il a passé devant le magasin. — Ce jeune homme qu'attend-il ? — Il attend de l'argent. — Attends-tu quelque chose ? — J'attends mon livre. — Ce jeune homme attend-il son argent? — Il l'attend. — Le roi a-t-il passé par ici ? — Il n'a pas passé par ici, mais devant le théâtre. — N'a-t-il pas passé devant (por) le château ? — Il y a passé, mais je ne l'ai pas vu.

153.

A quoi passez-vous votre temps ? — Je passe mon temps à (em) étudier. — A quoi (em que) votre frère passe-t-il son temps ? — Il passe son temps à (em) lire et à (em) jouer. — Cet homme passe-t-il son temps à (em) travailler ? — C'est un vaurien ; il passe son temps à (em) boire et à (em) jouer. — A quoi vos enfants passent-ils leur temps ? — Ils passent leur temps à (en) apprendre. — Pouvez-vous me payer (payarme) ce que vous me devez ? — Je ne puis (não posso) vous le payer, car le marchand a manqué de m'apporter mon argent. — Pourquoi avez-vous déjeuné sans moi ? — Vous avez manqué de venir à neuf heures, de sorte que nous avons déjeuné sans vous. — Le marchand vous a-t-il apporté les gants que vous avez achetés chez lui ? — Il a manqué de me les apporter. — Vous les a-t-il vendus à crédit ? — Il me les a, au contraire, vendus argent comptant. — Connaissez-vous ces hommes ? — Je ne les connais pas, mais je crois que ce sont des vauriens, car ils passent leur temps à (em) jouer. — Pourquoi avez-vous manqué de venir chez mon père ce matin ? — Le tailleur ne m'a pas apporté l'habit qu'il m'a promis, de sorte que je n'ai pas pu y aller. — Qui est l'homme qui vient (*que acaba*) de vous parler ? — C'est un marchand. — Le cordonnier que vient-il d'apporter ? — Il vient d'apporter les souliers qu'il nous a faits. — Qui sont les hommes qui viennent d'arriver ? — Ce sont des Russes. — Où votre oncle a-t-il dîné hier ? — Il a dîné chez lui. — Combien a-t-il dépensé ? — Il a dépensé cinq francs. — Combien a-t-il à dépenser par mois ? — Il a deux cents francs par mois à dépenser. — Jetez-vous votre chapeau ? — Je ne le jette pas, car il me va très bien. — Combien avez-vous dépensé aujourd'hui ? — Je n'ai pas dépensé beaucoup ; je n'ai dépensé que deux francs. — Dépensez-vous tous les jours autant que cela ? — Je dépense quelquefois plus que cela. — Y a-t-il longtemps que cet homme attend ? — Il ne fait que d'arriver (*chegar*). — Que veut-il ? — Il veut (*quer*) vous parler (*fallar a V^{ce}*). — Voulez-vous faire cela ? — Je veux le faire. — Pourrez-vous le bien faire ? — Je ferai de mon mieux. — Cet homme pourra-t-il faire cela ? — Il pourra le faire, car il fera de son mieux.

CINQUANTIÈME LEÇON.
Lição quinquagesima.

Loin.	*Longe.*
Quelle distance?	Que distancia? Quanto?
Quelle distance y a-t-il d'ici à Paris?	Que distancia ha de aqui a Paris? Quanto é.
Y a-t-il loin d'ici à Paris?	É muito longe d'aqui a Paris?
Il y a loin.	E longe.
Il n'y a pas loin.	Não é longe.
Combien de milles y a-t-il?	Quantas milhas são?
Il y a vingt milles.	São vinte milhas.
Un mille.	Uma milha.
Il y a près de deux cents milles d'ici à Paris.	Ha cerca de duzentas milhas d'aqui a Paris.
Il y a environ cent milles de Berlin à Vienne.	De Berlim a Vienna são umas cem milhas.

De.	*De.*
De Venise.	De Veneza.
De Londres.	De Londres.
Je suis de Paris.	Sou de Paris.
De quel pays êtes-vous?	D'onde é V^{ce}?
Êtes-vous de France?	É V^{ce} de França.
J'en suis.	Sou de lá.
Le Parisien.	O parisiense.
Il est Parisien.	É parisiense.
Le roi.	O rei *ou* el-rei.
Le philosophe.	O philosopho.

Le précepteur.	O preceptor, o mestre.
Le professeur.	O professor.
L'aubergiste.	O estalajadeiro.

Êtes-vous Anglais?	É V^{ce} inglez?
D'ou venez-vous?	D'onde vem V^{ce}?
Je viens de Paris.	Venho de Paris.

S'enfuir. | *Fugir* * 3, escapar-se 1.*
Je m'enfuis, tu t'enfuis, il s'enfuit. | Eu fujo, tu foges, elle foge.
Pourquoi vous enfuyez-vous ? | Porque foge V^{ce} ?
Je m'enfuis parce que j'ai peur. | Fujo porque tenho mêdo.

Assurer. | *Assegurar 1, certificar 1.*
Je vous assure qu'il est arrivé. | Asseguro-lhe que chegou.

Apprendre. | *Saber* 2, ouvir* 1.*
N'avez-vous rien appris de nouveau ? | † Não soube V^{ce} nada de novo?
Je n'ai rien appris de nouveau. | † Não soube } nada de novo.
 | † Não ouvi }

Arriver. | *Succeder, acontecer 2.*
Le bonheur. | A felicidade, a dita, a ventura.
Le malheur. | A desgraça.
Il est arrivé un grand malheur. | Succedeu uma grande desgraça.
Il lui est arrivé un grand malheur. | † Succedeu-lhe uma grande desgraça.
Que vous est-il arrivé ? | Que succedeu a V^{ce} ?
Il ne m'est rien arrivé. | Não me succedeu nada.
J'ai rencontré votre frère. | Encontrei o irmão de V^{ce}.

Le pauvre homme. | O pobre homem.
Je lui ai coupé le doigt. | Cortei-lhe o dedo.
Vous avez cassé le cou à l'homme. | V^{ce} quebrou a cabeça ao homem.

Plaindre. | *Lastimar 1.*
Je plains, tu plains, il plaint. | Eu lastimo, tu lastimas, elle lastima.
Plaignez-vous cet homme ? | Lastima V^{ce} esse homem ?
Je le plains de tout mon cœur. | Lastimo-o cordialmente.
De tout mon cœur. | De todo o coração.

Se plaindre. | *Queixar-se, lamentar-se, lastimar-se.*
Vous plaignez-vous ? | Queixa-se V^{ce} ?
Je ne me plains pas. | Não me queixo.

Vous plaignez-vous de mon ami ? | Queixa-se V^{ce} do meu amigo ?
Je m'en plains. | Queixo-me d'elle.
Je ne m'en plains pas. | Não me queixo d'elle.

Oser. | *Ousar* 1, *atreverse* 2.
Gâter (moralement). | *Dar mimo, estragar* 1.
Gâter (physiquement). | *Servir** 3.
Servir. |
Sers-tu ? | Serves tu ?
Je sers. | Sirvo.
Il sert. | Serve.
Servez-vous ? | Serve V^{ce} ?
Servir quelqu'un. | Servir alguem.
A-t-il été à votre service ? | Esteve elle ao serviço de V^{ce} ?
Vous a-t-il servi ? | Serviu elle a V^{ce} ?
Combien y a-t-il qu'il vous sert ? | Ha que tempo serve elle a V^{ce} ?
Combien y a-t-il qu'il est à votre service ? | Ha que tempo está elle ao serviço de V^{ces} ?
Le service. | O serviço.

Offrir. | *Offerecer* 2.
Offrez-vous ? | Offerece V^{ce} ?
J'offre. | Eu offereço.
Tu offres. | Tu offereces.
Il offre. | Elle offerece.

Confier. | *Confiar* 1.
Me confiez-vous votre argent ? | Confia-me V^{ce} o seu dinheiro ?
Je vous le confie. | Confio-o a V^{ce}.
J'ai confié un secret à cet homme. | Confiei um segredo a esse homem.
Le secret. | O segredo.

Garder le secret de quelque chose. | Guardar segredo d'alguma cousa.
J'en ai gardé le secret. | † Eu guardei o segredo.

Avoir soin } de quelque chose. | Cuidar, ter cuidado de alguma cousa.
Prendre soin } |
Avez-vous soin de vos habits ? | Tem V^{ce} cuidado com os seus vestidos ?

J'en ai soin.	Tenho cuidado com elles.
Voulez-vous prendre soin de mon cheval?	Quer V^ce ter cuidado com o meu cavallo?
Je veux en prendre soin.	Quero ter cuidado com elle.
Laisser.	*Deixar* 1.
Dissiper.	*Dissipar* 1, *extravaganciar* 1.
Il a dissipé tout son bien.	Dissipou a sua fortuna.
Empêcher.	*Impedèr, não deixar fazer alguma cousa.*
Vous m'empêchez de dormir.	† V^ce não me deixa dormir.

Faire emplette.	Fazer compra, comprar.
Faire des emplettes.	Fazer compras.
De quoi avez-vous fait emplette aujourd'hui?	† Que comprou V^ce hoje?
J'ai fait emplette *de* deux mouchoirs.	† Comprei, dous lenços.
Avez-vous fait des emplettes aujourd'hui?	Fez V^ce hoje compras?

Charmant, très bien, extrêmement bien.	Encantador, muito bem, extremamente bem.
A merveille.	As mil maravilhas.
Ce chapeau vous va à merveille.	Esse chapeu está-lhe ás mil maravilhas.
Cet habit lui va très bien.	Esse caraco está-lhe muito bem.
C'est charmant.	É encantador.

THÈMES.

154.

Quelle distance y a-t-il de Paris à Londres? — Il y a près de deux cents milles de Paris à Londres. — Y a-t-il loin d'ici à Berlin? — Il y a loin. — Y a-t-il loin d'ici à Vienne? — Il y a près de cent cinquante milles d'ici à Vienne. — Y a-t-il plus loin de Paris à Blois que d'Orléans à Paris? — Il y a plus loin d'Orléans à Paris que de Paris à Blois. — Quelle distance y a-t-il de Paris à Berlin? — Il y a près de cent trente milles de Paris à Berlin. — Comptez-vous aller bientôt à Paris? — Je compte y aller bientôt. — Pourquoi voulez-vous y aller cette fois? — Pour y acheter de bons livres et de bons gants, et pour voir mes bons amis. — Y a-t-il longtemps que vous n'y avez été? — Il y a près d'un an que je n'y ai été. — N'allez-vous pas en (a) Italie cette année? — Je n'y vais pas, car il y a trop loin d'ici en (a) Italie. — Qui sont les hommes qui viennent (acabam) d'arriver (de chegar)? — Ce sont des philosophes. — De quels pays sont-ils? — Ils sont de Londres. — Qui est l'homme qui vient (que acaba) de partir (de partir)? — C'est un Anglais qui a dissipé tout son bien en France. — De quels pays êtes-vous? — Je suis Espagnol et mon ami est Italien. — Êtes-vous de Tours? — Non, je suis Parisien. — Combien d'argent vos enfants ont-ils dépensé aujourd'hui? — Ils n'ont guère dépensé; ils n'ont dépensé qu'un écu. — Où avez-vous dîné hier? — J'ai dîné chez l'aubergiste. — Avez-vous dépensé beaucoup? — J'ai dépensé un écu et demi. — Le roi a-t-il passé par ici? — Il n'a pas passé par ici mais (senão) devant (por) le théâtre. — L'avez-vous vu? — Je l'ai vu. — Est-ce la première fois que vous l'avez vu? — Ce n'est pas la première fois, car je l'ai vu plus de vingt fois.

155.

Pourquoi cet homme s'enfuit-il? — Il s'enfuit, parce qu'il a peur. — Pourquoi vous enfuyez-vous? — Je m'enfuis parce que j'ai peur. — De qui avez-vous peur? — J'ai peur de l'homme qui ne m'aime pas. — Est-il votre ennemi? — Je ne sais s'il est mon ennemi; mais je crains tous ceux qui ne m'aiment pas, car s'ils ne me font pas de mal, ils ne me feront pas de bien. — Avez-vous peur de mon cousin? — Je n'ai pas peur de lui, car il n'a jamais fait de mal à personne. — Vous avez tort de vous enfuir devant cet homme, car je vous assure que c'est un très-brave homme qui n'a jamais fait de mal à personne. — De qui votre frère a-t-il entendu parler? — Il a entendu parler d'un homme à qui il est (ha) arrivé un malheur. — Pourquoi vos écoliers n'ont-ils pas fait leurs thèmes? — Je vous assure qu'ils les ont faits, et vous vous trompez, si vous croyez qu'ils ne les ont pas faits. — Qu'avez-vous fait de mon livre? — Je vous assure que je ne l'ai pas vu. — Votre fils a-t-il eu mes couteaux? — Il m'assure qu'il ne les a pas eus. — Votre oncle est-il déjà arrivé (chegou já)? — Il n'est pas encore arrivé (ainda não chegou). — Voulez-vous attendre jusqu'à son retour? — Je ne puis attendre, car j'ai beaucoup à faire. — N'avez-vous rien appris de nouveau? — Je n'ai rien appris de nouveau. — Le roi est-il arrivé? — On dit qu'il est arrivé. — Que vous est-il arrivé? — Il m'est arrivé un grand malheur. — Lequel? — J'ai rencontré mon plus grand ennemi, qui m'a donné un (uma) coup de bâton (paulada). — Alors je vous plains de tout mon cœur. — Pourquoi plaignez-vous cet homme? — Je le plains parce que vous lui avez cassé le cou. —

Pourquoi vous plaignez-vous de mon ami ? — Je me plains de lui, parce qu'il m'a coupé le doigt. — Cet homme vous sert-il bien ? — Il me sert bien, mais il dépense trop. — Voulez-vous prendre ce domestique ? — Je veux le prendre, s'il veut me servir. — Est-ce que je peux prendre ce domestique ? — Vous pouvez le prendre, car il m'a très bien servi. — Combien y a-t-il qu'il est hors de votre service ? — Il n'y a que deux mois. — Vous a-t-il servi longtemps ? — Il m'a servi pendant six ans.

156.

M'offrez-vous quelque chose ? — Je n'ai rien (*não tenho nada*) à (*que*) vous offrir (*oferecer á* V^{ce}). — Mon ami que vous offre-t-il ? — Il m'offre un livre. — Les Parisiens vous ont-ils offert quelque chose ? — Il m'ont offert du vin, du pain et de bon bœuf. — Pourquoi plaignez-vous votre voisin ? — Je le plains parce qu'il a confié son argent à un marchand de Paris, et que celui-ci (*este*) ne veut pas le lui rendre (*devolver-lh'o*). — Confiez-vous quelque chose à cet homme ? — Je ne lui confie rien. — Vous a-t-il déjà gardé quelque chose ? — Je ne lui ai jamais rien confié, de sorte qu'il ne m'a jamais rien gardé. — Voulez-vous confier votre argent à mon père ? — Je veux (*quero*) le lui confier (*confiárlh'o*). — Quel secret mon fils vous a-t-il confié ? — Je ne puis vous confier ce qu'il m'a confié, car il m'a prié d'en garder le secret. — A qui confiez-vous vos secrets ? — Je ne les confie à personne, de sorte que personne ne les sait. — Votre frère a-t-il été récompensé ? — Il a, au contraire, été puni ; mais je vous prie d'en garder le secret, car personne ne le sait. — Que (*que*) lui est-il (*lhe*) arrivé (*succedeu*) ? — Je vous dirai (*diréi á* V.) ce qui lui est arrivé (*o que se passou*), si vous me promettez d'en garder le secret. — Me promettez-vous d'en garder le secret ? — Je vous le promets, car je le plains de tout mon cœur. — Voulez-vous prendre soin de (*cuidar dos*) mes habits (*meus vestidos*) ? — Je veux en prendre soin. — Prenez-vous soin du livre que je vous ai prêté ? — J'en prend soin. — Qui prendra soin de mon domestique ? — L'aubergiste en prendra soin. — Jetez-vous votre chapeau ? — Je ne le jette pas, car il me va (*me está*) à merveille (*ás mil maravilhas*). — Votre ami vend-il son habit ? — Il ne le vend pas, car il lui va extrêmement bien. — Qui a gâté mon livre ? — Personne ne l'a gâté, parce que personne n'a osé le toucher.

TROISIÈME MOIS
TERCEIRO MEZ

CINQUANTE ET UNIÈME LEÇON
Lição quinquagesima primeira.

Le monde viendra-t-il bientôt ?	A gente virá em breve ?
Bientôt.	*Em breve*
Un violon.	Um violino, uma rebeca.
Jouer du violon.	† Tocar rebeca.

Rem. En portugais, l'action de jouer d'un instrument de musique, quel qu'il soit, se rend par le verbe *tocar*, toucher. Exem.: *Elle toca piano*, il joue du piano.

Le piano.	O piano.
Jouer du piano.	† Tocar piano.
De quel instrument jouez vous ?	† Que instrumento toca V^{ce} ?

Toucher.	*Tocar 1.*

Près de.	*Cerca, perto de, ao lado de, ao pé de.*
Près de moi.	Cerca de mim, perto de mim, ao meu lado.
Près d'eux.	Cerca de, ao lado de, junto a. elles.
Près du feu.	Cerca do, ao lado do, junto ao. fogo.
Près des arbres.	Cerca das, ao lado das, junto ás. arvores.
Près d'aller.	Proximos a ir.
Où demeurez-vous ?	Onde mora V^{ce} ?
Je demeure près du château.	Moro junto do castello.
Que faites-vous près du feu ?	Que faz V^{ce} ao pé do fogo ?

CINQUANTE ET UNIÈME LEÇON

Danser.	Bailar 1, dançar 1.
Tomber.	Cahir.
Laisser tomber.	Deixar cahir.
A-t-il laissé tomber quelque chose ?	Deixou elle cahir alguma cousa ?
Il n'a rien laissé tomber.	Não deixou cahir nada.

Retenir.	Reter * 2.

S'approcher.	Acercar-se, aproximar-se.
Vous approchez-vous du feu ?	Aproxima-se V^{ce} do fogo ?
Je m'en approche.	Aproximo-me d'elle.
Approcher quelqu'un.	Aproximar-se d'alguem.
C'est un homme qu'on ne peut approcher.	† Não se podem aproximar d'esse homem.
Je m'éloigne du feu.	Afasto-me do fogo.
S'éloigner.	Afastar-se, desviar-se.
Je m'en éloigne.	Desvio me d'elle.
Pourquoi cet homme s'éloigne-t-il du feu ?	Porque se afasta esse homen do fogo.
Il s'en éloigne parce qu'il n'a pas froid.	Afasta-se d'elle porque não tem frio.

Se rappeler.	Recordar 1, trazer á memoria.
Vous rappelez-vous cela ?	Recorda-se V^{ce} d'isso ?
Je me le rappelle.	Recordo-me.
Votre frère se rappelle-t-il cela ?	O irmão de V^{ce} recorda-se d'isso ?
Il se le rappelle.	Recorda-se.
Vous rappellez-vous les mots ?	Recorda-se V^{ce} das palavras ?
Je me les rappelle.	Recordo-me d'ellas.
Vous êtes-vous rappelé les mots ?	Recordou V^{ce} as palavras ?
Je me les suis rappelés.	Recordei-as.
Je ne me les suis pas rappelés.	Não as recordei.

Vous les êtes-vous rappelés.	Recordou-as V^{ce} ?
Vous vous les êtes rappelés.	V^{ce} recordou-as.
Se les est-il rappelés ?	Recordou-as elle ?
Il se les est rappelés.	Recordou-as.
Nous nous les sommes rappelés.	Recordamo-nos d'ellas.
Ils se les sont rappelés.	Elles lembraram-se dellas.

CINQUANTE ET UNIÈME LEÇON

Se souvenir.	*Lembrar — se.*
Se ressouvenir.	
Vous souvenez-vous de cet homme ?	Lembra-se V^{ce} d'esto homem ?
Je m'en souviens.	Lembro-me d'elle.
Vous souvenez-vous de cela ?	Lembra-se V^{ce} d'isso ?
Je m'en souviens.	Lembro-me d'isso.
De quoi vous souvenez-vous ?	De que se lembra V^{ce} ?
Je ne me souviens de rien.	Não me lembro de nada.

S'asseoir.	*Sentar-se* 1. *tomar assento.*
Vous asseyez-vous ?	Senta-se V^{ce} ?
Je m'assieds.	Eu sento-me.
Tu t'assieds.	Tu sentas-te.
Il s'assied.	Elle senta-se.
Je m'assiérai.	Eu me sentarei.
Il est assis près du feu.	Está sentado ao pé do lume.

Aimer mieux.	*Preferir* 3, *gostar mais.*
Aimez-vous mieux rester ici que de sortir ?	Prefere V^{ce} ficar aqui a sahir ?
J'aime mieux rester ici que de sortir.	Prefiro ficar aqui a sahir.
Il aime mieux jouer que d'étudier.	Prefere jogar a estudar.
Aimez-vous mieux écrire que de parler ?	Prefere V^{ce} escrever a fallar ? Gosta V^{ce} mais d'escrever que de fallar ?
J'aime mieux parler que d'écrire	Gosto mais de fallar que d'escrever.
Mieux — que de.	*Melhor que, mais — que de.*

Il aime à faire l'un ou l'autre.	Gosta de fazer uma e outra cousa.
J'aime mieux le bœuf que le mouton.	Gosto mais de carne de vacca que de terneiro.
Aimez-vous mieux le pain que le fromage ?	Gosta V^{ce} mais de pão que de queijo ?
Je n'aime ni l'un ni l'autre.	Não gosto nem d'um nem d'outro.
J'aime tout autant le thé que le café.	Tanto gosto de chá como de café.
Tout autant.	Tanto, outro tanto.
Du veau.	Vitella.
Un veau, des veaux.	Uma vitella, vitellas.

CINQUANTE ET UNIÈME LEÇON

Vite.	*Depressa.*
Lentement.	*Devagar.*
Haut ou *à haute voix.*	*Alto* ou *em alta voz.*
Votre maître parle-t-il haut ?	O mestre de V^{ce} falla alto?
Il parle haut.	Falla alto.
Pour apprendre le français, il faut parler haut.	Para aprender francz é necessario fallar alto.
Plus vite.	*Mais depressa.*
Pas si vite, moins vite.	*Nao tão depressa, mais devagar.*
Aussi vite que vous.	Tão depressa como V^{ce}.
Il mange plus vite que moi.	Come mais depressa que eu.
Apprenez-vous aussi vite que moi ?	Aprende V^{ce} tão depressa como eu ?
J'apprends plus vite que vous.	Eu aprendo mais depressa que V^{ce}.
Je ne vous comprends pas, parce que vous parlez trop vite.	Não o entendo (a V^{ce}), porque falla depressa de mais.

Vendre à bon marché.	*Vender barato.*
Vendre cher.	*Vender caro.*
Vend-il à bon marché ?	Vende barato ?
Il ne vend pas cher.	Não vende caro.
Il m'a vendu fort cher.	Vendeu-me muito caro.

Si.	*Tão.*
Cet homme vend tout si cher, qu'on ne peut rien acheter chez lui.	Este homem vende tudo tão caro, que não se pode comprar nada em casa d'elle.
Vous parlez si vite, que je ne puis vous comprendre.	V^{ce} falla tão depressa que não posso entendel-o.
Acheter quelque chose à quelqu'un.	Comprar alguma cousa a alguem.
Je le lui ai acheté.	Comprei-lh'o.

Tant.	*Tanto.*
J'ai écrit tant de billets, que je ne puis plus en écrire.	Escrevi tantos bilhetes que não posso escrever mais.

Craignez-vous de sortir.	Tem V^ce medo de sahir?
Je crains de sortir.	Temo sahir.
Se sauver, s'enfuir.	*Escapar-se, fugir.*
Vous êtes-vous sauvé?	Fugiu V^ce?
Je ne me suis pas sauvé.	Não me escapei.
Pourquoi cet homme s'est-il sauvé?	Porque fugiu este homem?
Il s'est sauvé parce qu'il a eu peur.	Fugiu porque teve medo.
Qui s'est enfui?	Quem fugiu?
Qui s'est sauvé?	Quem se escapou?
Il s'est enfui.	Elle fugiu.
Il s'est sauvé.	Elle escapou-se.

THÈMES.

157.

Jouez-vous (*toca* V^ce.) du violon? — Je ne joue pas (*não toco*) du violon, mais du clavecin. — Aurons-nous un bal ce soir? — Nous en aurons un. — A quelle heure? — A onze heures moins un quart. — Quelle heure est-il à présent? — Il est près de onze heures, et le monde va bientôt venir. — De quel instrument (*que instrumento*) jouerez-vous (*tocará* V^ce.)? — Je jouerai du violon. — Si vous jouez du violon, je jouerai du clavecin. — Doit-il y avoir beaucoup de monde à (*em*) notre bal? — Il doit y en avoir beaucoup. — Danserez-vous? — Je danserai. — Vos enfants danseront-ils? — Ils danseront si cela leur plaît. — A quoi passez-vous le temps (*en que passa V. o tempo*) dans ce pays? — Je passe le temps (*passo o tempo*) à (*em*) jouer du clavecin et à lire. — A quoi votre cousin s'amuse-t-il? — Il s'amuse à jouer du violon. — Quelqu'un danse-t-il quand vous jouez? — Beaucoup de monde danse quand je joue. — Qui? — D'abord nos enfants, ensuite nos cousins, enfin nos voisins. — Vous amusez-vous? — Je vous assure que nous nous amusons beaucoup. — Qui plaignez-vous? — Je plains votre ami. — Pourquoi le plaignez-vous? — Je le plains, parce qu'il est malade. — Quelqu'un vous a-t-il plaint? — Personne ne m'a plaint, parce que je n'ai pas été malade. — M'offrez-vous quelque chose? — Je vous offre un beau fusil. — Mon père que vous a-t-il offert? — Il m'a offert un beau livre. — A qui avez-vous offert vos beaux chevaux? — Je les ai offerts au capitaine anglais. — Offres-tu ton joli petit chien à ces enfants? — Je leur offre, car je les aime de tout mon cœur. — Pourquoi avez-vous donné un coup de poing à ce garçon? — Parce qu'il m'a empêché de dormir. — Quelqu'un vous a-t-il

CINQUANTE ET UNIÈME LEÇON

empêché d'écrire ? — Personne ne m'a empêché d'écrire, mais j'ai empêché quelqu'un de faire du mal à votre cousin.

158.

Avez-vous laissé tomber quelque chose? — Je n'ai rien laissé tomber, mais mon cousin a laissé tomber de l'argent. — Qui l'a ramassé ? — Des hommes l'ont ramassé. — Le lui a-t-on rendu. — On le lui a rendu, car ceux qui l'ont ramassé n'ont pas voulu le garder. — Fait-il froid aujourd'hui ? — Il fait (*faz*) très (*muito*) froid. — Voulez-vous (*quer V^{ce}.*) vous approcher du feu ? — Je ne peux pas m'en approcher, car je crains de me brûler. — Pourquoi votre ami s'éloigne-t-il du feu ? — Il s'en éloigne, parce qu'il a peur de se brûler. — T'approches-tu du feu ? — Je m'en approche parce que j'ai très froid. — Vous éloignez-vous du feu ? — Je m'en éloigne. — Pourquoi vous en éloignez-vous ? — Parce que je n'ai pas froid. — Avez-vous froid ou chaud (*calor*) ? — Je n'ai ni froid ni chaud (*calor*). — Pourquoi vos enfants s'approchent-ils du feu ? — Ils s'en approchent parce qu'ils ont froid. — Quelqu'un a-t-il froid ? — Quelqu'un a froid. — Qui a froid ? — Le petit garçon dont le père vous a prêté un cheval a froid. — Pourquoi ne se chauffe-t-il pas ? — Parce que son père n'a pas d'argent pour acheter (*para comprar*) du bois (*lenha*). — Voulez-vous lui dire de venir chez-moi se chauffer ? — Je veux le lui dire. — Vous souvenez-vous de quelque chose ? — Je ne me souviens de rien. — Votre oncle, que se rappelle-t-il ? — Il se rappelle ce que (*do que*) vous lui avez promis. — Que lui ai-je promis ? — Vous lui avez promis d'aller en France avec lui l'hiver prochain. — Je compte le faire, s'il ne fait pas trop froid. — Pourquoi vous éloignez-vous du feu ? — Il y a une heure et demie que je suis assis près du feu, de sorte que je n'ai plus froid. — Votre ami n'aime-t-il pas à être assis près du feu. — Il aime, au contraire, beaucoup à être assis près du feu, mais seulement quand il a froid. — — Peut-on s'approcher de votre oncle ? — On peut l'approcher, car il reçoit tout le monde. — Voulez-vous vous asseoir ? — Je veux m'asseoir. — Où votre père s'assied-il ? — Il s'assied près de moi. — Où m'assiérai-je ? — Vous pouvez vous asseoir près de moi. — Vous asseyez-vous près du feu ? — Je ne m'assieds pas près du feu, car j'ai peur d'avoir trop chaud. — Vous rappelez-vous mon frère ? — Je me le rappelle.

159.

Vos parents se rappellent-ils (*lembram-se*) leurs vieux amis (*dos seus antigos amigos*) ? — Ils se les rappellent. — Vous rappelez-vous ces mots ? — Je ne me les rappelle pas. — Vous êtes-vous rappelé cela ? — Je me le suis rappelé. — Votre oncle (*o tio de V^{ce}*) s'est-il rappelé ces mots ? — Il se les est rappelés. — Me suis-je rappelé mon thème ? — Vous vous l'êtes rappelé. — Vous êtes-vous rappelé vos thèmes ? — Je me les suis rappelés, car je les ai appris par cœur ; et mes frères se sont rappelé les leurs, parce qu'ils les ont (*os aprenderam*) appris par cœur. — Y a-t-il longtemps que vous n'avez vu votre ami de Paris ? — Je l'ai vu il y a quinze jours. — Vos écoliers aiment-ils à apprendre par cœur ? — Ils n'aiment pas à apprendre par cœur ; ils aiment mieux lire et écrire que d'apprendre par cœur. — Aimez-vous mieux le cidre que le vin ? — J'aime mieux le vin que le cidre. — Votre frère aime-t-il à jouer. — Il aime mieux étudier que de jouer. — Aimez-vous mieux le veau que le mouton ? — J'aime mieux celui-ci que celui-là. — Aimez-vous mieux boire que de manger ? — J'aime mieux manger que de boire ; mais mon oncle aime mieux boire que de manger. — Le Français aime-t-il mieux le poulet (*prango*) que le poisson ? — Il aime mieux le poisson (*pescado*) que le poulet. — Aimez-vous mieux écrire que de parler ? — J'aime à faire l'un et l'autre. — Aimez-vous mieux le miel que le sucre ? — Je n'aime ni l'un ni l'autre. — Votre père aime-t-il mieux le café que le thé ? — Il n'aime ni l'un ni l'autre. — Pouvez-vous me comprendre ? — Non, Monsieur (*não senhor*), car vous parlez trop vite (*porque falla V^{ce} demasiado depressa*). — Voulez-vous avoir la bonté de ne pas parler (*de não fallar*) si vite (*tam depressa*) ? — Je ne parlerai pas si vite, si vous voulez m'écouter.

160.

Pouvez-vous comprendre ce que mon frère vous dit ? — Il parle si vite que je ne puis le comprendre. — Vos élèves peuvent-ils vous comprendre ? — Il me comprennent quand je parle lentement, car pour être compris, il faut parler lentement. — Faut-il parler haut pour apprendre le français. — Il faut parler haut. — Votre maître parle-t-il haut ? — Il parle haut et lentement. — Pourquoi n'achetez-vous pas quelque chose à ce marchand ? — Il vend si cher (*tão caro*) que je ne puis rien acheter chez lui. — Voulez-vous me mener chez un autre ? — Je veux vous mener chez le fils de celui à qui vous avez acheté l'année passée. — Vend-il aussi cher que celui-ci ? — Il vend (*vende*) moins cher (*mais barato*). — Vos enfants aiment-ils mieux apprendre l'italien que l'espagnol ? — Ils n'aiment à apprendre ni l'un ni l'autre ; ils n'aiment à apprendre que le français. — Aimez-vous le mouton ? — J'aime mieux le bœuf que le mouton. — Vos enfants aiment-ils mieux le gâteau que le pain ? — Ils aiment l'un et l'autre. — A-t-il lu tous les livres qu'il a achetés ? — Il en a tant achetés qu'il ne peut les lire tous. — Voulez-vous écrire des thèmes ? — J'en ai tant écrit, que je ne peux plus en écrire. — Pourquoi cet homme s'enfuit-il ? — Il s'enfuit, parce qu'il a peur. — Quelqu'un veut-il lui faire du mal ? — Personne ne veut lui faire du mal ; mais il n'ose pas rester, parce qu'il n'a pas fait son devoir, et il a peur d'être puni. — Quelqu'un veut-il le toucher ? — Personne ne veut le toucher, mais il sera puni par son maître, pour n'avoir pas fait son devoir.

CINQUANTE-DEUXIÈME LEÇON

Lição quinquagesima segunda.

A côté de.	*Ao lado de, junto a, cerca de.*
Passer à côté de quelqu'un.	Passar junto a alguem.
J'ai passé à côté de vous.	Passei junto a V^ce.
Avez-vous passé à côté de mon frère ?	Passou V^ce junto a meu irmão ?
J'ai passé à côté de lui.	Passei junto a elle.

Passer auprès d'un endroit.	*Passar junto d'um sitio.*
J'ai passé auprès du théâtre.	Passei junto ao theatro.
Il a passé auprès du château.	Elle passou junto ao castello.
Vous avez passé devant mon magasin.	† V^ce passou pelo meu armazem.

Oser.	*Ousar 1, atrever-se 2.*
Je n'ose pas y aller.	Não me atrevo a ir.
Il n'ose pas le faire.	† Não se atreve a fazel-o.
Je n'ai pas osé le lui dire.	† Não me atrevi a dizer-lh'o.

Se servir de.	*Servir-se de, fazer uso de.*
Vous servez-vous de mon cheval ?	Serve-se V^ce do meu cavallo ?
Je m'en sers.	† Sirvo-me.
Votre père s'en sert-il ?	† Serve-se d'elle o pai de V^ce ?
Il s'en sert.	† Serve-se d'elle.
Vous êtes-vous servi de mon fusil ?	† Serviu-se V^ce da minha espingarda ?
Je m'en suis servi.	† Servi-me d'ella.
Ils se sont servis de vos livres.	† Serviram-se dos livros de V^ce.
Ils s'en sont servis.	† Serviram-se d'elles.

Instruire.	*Instruir 3.*
J'instruis, tu instruis, il instruit.	Eu instruo, tu instrues, elle instrue.

CINQUANTE-DEUXIÈME LEÇON

Enseigner. Apprendre.	Ensinar 1.
Enseigner quelque chose à quelqu'un.	Ensinar alguma coisa a alguem.
Il m'enseigne le calcul.	Ensina-me a contar.
Je vous enseigne le français.	Ensino o francez a V^{ce}.
Je lui ai enseigné le français.	Ensinei-lhe o francez.
Apprendre à quelqu'un à faire quelque chose.	Ensinar alguem a fazer alguma coisa.
Il m'apprend à lire.	Ensina-me a lêr.
Je lui apprends à écrire.	Ensino-o a escrever.

Le maître de français.	O mestre de francez.
Le maître français.	O mestre francez.

Raser.	Fazer a barba.
Se faire raser.	Mandar fazer a barba.
Habiller.	Vestir 3.
Déshabiller.	Despir 3.
S'habiller.	Vestir-se.
Se déshabiller.	Despir-se.
Vous êtes-vous habillé ?	Vestiu-se V^{ce} ?
Je ne me suis pas encore habillé.	Ainda não me vesti.
Avez-vous habillé l'enfant ?	Vestiu V^{ce} o menino ?
Je l'ai habillé.	Vesti-o.

Défaire.	Desfazer 2.
Se défaire de.	Desfazer-se de.
Vous défaites-vous de votre sucre avarié ?	Defaz-se V^{ce} do seu assucar avariado ?
Je m'en défais.	† Desfaço-me.
Vous êtes-vous défait de votre vieux vaisseau ?	† Desfez-se V^{ce} do seu navio velho ?
Je m'en suis défait.	† Desfiz-me d'elle.

Le dessein.	O designio, a intenção, o intento, a tenção.
Avoir dessein.	Ter tenção.
J'ai dessein d'y aller.	† Tenho tenção d'ir lá.
Nous avons dessein de le faire.	† Temos tenção de fazel-o.
Avez-vous dessein de vous défaire de vos chevaux ?	Tem V^{ce} tenção de se desfazer dos seus cavallos ?
Je m'en suis déjà défait.	Já me desfiz d'elles.

Il s'est défait de son fusil.	† Desfez-se da sua espingarda.
Vous êtes-vous défait de votre domestique ?	† Desfez-se V^{ce} do seu criado ?
Je m'en suis défait.	† Desfiz-me d'elle.

Se débarrasser de quelqu'un.	*Livrar-se, desembaraçar-se d'alguem.*
Je me suis débarrassé de lui.	† Livrei-me d'elle.
Votre père s'est-il débarrassé de cet homme ?	† Livrou-se o seu pai d'este homem ?
Il s'en est débarrassé.	† Livrou-se d'elle.

Eveiller. Réveiller. *S'éveiller. Se réveiller.*	*Despertar* 1. *Acordar* 1.
Je m'éveille ordinairement à six heures du matin.	Eu acordo d'ordinario ás seis da manhã.
Mon domestique m'éveille ordinairement à six heures du matin.	O meu criado acorda-me d'ordinario ás seis da manhã.
Un bruit léger me réveille.	Um leve ruido me desperta.
Un songe m'a réveillé.	Despertou-me um sonho.
Je ne fais pas de bruit pour ne pas le réveiller.	† Não faço ruido para não o acordar.

Un songe, un rêve.	Um sonho.
Ordinairement.	Ordinariamente, geralmente, de ordinario.

Descendre.	*Descer* 2, *apear-se* 1.
Descendre de cheval.	† Apear-se do cavallo.

Se conduire. *Se comporter.*	*Portar-se* 1, *proceder* 2. *Comportar-se, portar-se.*
Je me conduis bien.	Porto-me bem.
Comment se conduit-il ?	Como se porta ?

Envers ou *vers.*	*Com, para, para com.*
Il se comporte mal envers cet homme.	Porta-se mal com este homem.
Il s'est mal comporté envers moi.	† Portou-se mal commigo.

Valoir la peine.	*Merecer a pena, valer a pena.*
Cela vaut-il la peine ?	† Vale isso a pena ?
Cela vaut la peine.	† Isso vale a pena.
Cela ne vaut-il pas la peine ?	† Não vale isso a pena?
Cela vaut-il la peine de le faire?	† Vale isso a pena de fazel-o?
Cela vaut-il la peine de lui écrire.	† Vale isso a pena d'escrever-lhe?
Est-ce la peine de lui écrire ?	† Merece a pena escrever-lhe ?
Cela ne vaut rien.	Isso não vale nada.]
Vaut-il mieux ?	† Vale mais ?
Il vaut mieux.	† Mais vale.
Vaudra-t-il mieux ?	† Valerá mais.
Il ne vaudra pas mieux.	† Não valerá mais.
Il vaut mieux faire ceci que de faire cela.	† Mais vale fazer isto que aquillo.
Il vaut mieux rester ici que de se promener.	† Mais vale ficar aqui que ir passear.

THÈMES.

161.

A-t-on trouvé vos livres? — On les a trouvés. — Où ? — Sous le lit. — Mon habit est-il sur le lit ? — Il est dessous. — Les bas de votre frère sont-ils sous le lit ? — Ils sont dessus. — Ai-je été vu de quelqu'un ? — Vous n'avez été vu de personne. — Avez-vous passé près de quelqu'un ? — J'ai passé à côté de vous, et vous ne m'avez pas vu. — Quelqu'un a-t-il passé à côté de vous ? — Personne n'a passé à côté de moi. — Où votre fils est-il passé ? Il est passé près du théâtre. — Passerez-vous près du château ? — J'y passerai. — Pourquoi n'avez-vous pas nettoyé mon coffre ? — J'avais peur (*tinha medo*) de (*de*) me salir (*emporcar-me*) les doigts. — Le domestique de mon frère a-t-il nettoyé les fusils de son maître ? — Il les a nettoyés. — N'a-t-il pas eu peur de (*de*) se salir (*emporcar-se*) les doigts ? — Il n'a pas eu peur de se les salir, parce que ses doigts ne sont jamais propres (*limpos*). — Vous servez-vous des livres que je vous ai prêtés ? — Je m'en sers. — Puis-je me servir de votre couteau ? — Tu peux t'en servir, mais il ne faut pas te couper. — Mes frères peuvent-ils se servir de vos livres ? — Ils peuvent s'en servir. — Pouvons-nous nous servir de votre fusil ? — Vous pouvez vous en servir, mais il ne faut pas le gâter. — Qu'avez-vous fait de mon bois ? — Je m'en suis servi pour me chauffer. — Votre père s'est-il servi de mon cheval ? — Il s'en est servi. — Nos voisins se sont-ils servis de nos habits ? — Ils ne s'en sont pas servis, parce qu'ils n'en ont pas eu besoin. — Qui s'est servi de mon chapeau ? — Personne ne s'en est servi. — Avez-vous dit (*disse* V^{ce}) à votre frère (*a seu irmão*) de (*que*) descendre ? — Je n'ai pas osé le lui dire. — Pourquoi n'avez-vous pas osé le lui dire ? — Parce que je n'ai pas voulu le réveiller. — Vous a-t-il dit de ne pas le réveiller ? — Il m'a dit de ne pas le réveiller, quand il dort.

162.

Vous êtes-vous rasé aujourd'hui (*hoje*) ? — Je me suis rasé. — Votre frère s'est-il rasé ? — Il ne s'est pas rasé, mais il s'est fait raser. — Vous rasez-vous souvent ? — Je me rase tous les matins, et quelquefois aussi le soir. — Quand vous rasez-vous le soir ? — Quand je ne dîne pas (*quando não janto*) à la maison (*em casa*). — Combien de fois par jour votre père se rase-t-il ? — Il ne se rase qu'une fois par jour, mais mon oncle se rase deux fois par jour. — Votre cousin se rase-t-il souvent ? — Il ne se rase que de deux jours l'un. — A quelle heure vous habillez-vous le matin ? — Je m'habille aussitôt que j'ai déjeuné, et je déjeune tous les jours à huit heures, ou à huit heures et un quart. — Votre voisin s'habille-t-il avant de déjeuner ? — Il déjeune avant de s'habiller. — A quelle heure du soir te déshabilles-tu ? — Je me déshabille aussitôt que je reviens du théâtre. — Vas-tu au théâtre tous les soirs ? — Je n'y vais pas tous les soirs, car il vaut mieux étudier que d'aller au théâtre. — A quelle heure te déshabilles-tu quand tu ne vas pas au théâtre ? — Alors je me déshabille aussitôt que j'ai soupé, et je vais me coucher à dix heures. — Avez-vous déjà habillé l'enfant ? — Je ne l'ai pas encore habillé, car il dort encore. — A quelle heure se lève-t-il ? — Il se lève aussitôt qu'on le réveille. — Vous levez-vous d'aussi bonne heure que moi ? — Je ne sais pas à quelle heure vous vous levez, mais je me lève aussitôt que je me réveille. — Voulez-vous dire à mon domestique de m'éveiller demain à quatre heures ? — Je veux le lui dire. — Pourquoi vous êtes-vous levé de si bonne heure ? — Mes enfants ont fait tant de bruit (*ruido*) qu'ils m'ont réveillé. — Avez-vous bien dormi ? — Je n'ai pas bien dormi, car vous avez fait trop de bruit. — A quelle heure le bon capitaine s'est-il éveillé ? — Il s'est éveillé à cinq heures et un quart du matin.

163.

Comment mon enfant s'est-il comporté ? — Il s'est très bien comporté. — Comment mon frère s'est-il comporté envers (*com*) vous (V^{ce}) ? — Il s'est très bien comporté envers moi, car il se comporte bien envers tout le monde. — Est-ce la peine (*vale a pena*) d'écrire à cet homme ? — Ce n'est pas la peine de lui écrire. — Est-ce la peine (*vale a'pena*) de descendre de cheval (*baixar*) pour (*para*) acheter un gâteau ? — Ce n'est pas la peine, car il n'y a pas longtemps que vous avez mangé. — Est-ce la peine de descendre de cheval pour donner quelque chose à ce pauvre ? — Oui, car il paraît en avoir besoin ; mais vous pouvez lui donner quelque chose sans (*sin*) descendre de cheval. — Vaut-il mieux aller au théâtre que d'étudier ? — Il vaut mieux (*vale mais*) faire ceci (*fazer esto*) que cela. — Vaut-il mieux apprendre à lire le français que d'apprendre à le parler ? — Ce n'est pas la peine d'apprendre à le lire sans apprendre à le parler. — Vaut-il mieux aller se coucher que d'aller se promener ? — Il vaut mieux faire ceci que cela. — Vaut-il mieux aller en France qu'en Allemagne ? — Ce n'est pas la peine d'aller en France ou en Allemagne, quand on n'a pas envie de voyager. — Vous êtes-vous enfin débarrassé de cet homme ? — Je m'en suis débarrassé. — Pourquoi votre père s'est-il défait de ses chevaux ? — Parce qu'il n'en avait plus besoin. — Votre marchand est-il enfin parvenu à se défaire de son sucre avarié ? — Il est parvenu à s'en défaire. — L'a-t-il vendu à crédit ? — Il a pu le vendre comptant, de sorte qu'il ne l'a pas vendu à crédit. — Qui vous a appris à lire ? — Je l'ai appris chez un maître français. — Vous a-t-il appris à écrire ? — Il m'a appris à lire et à écrire. — Qui a appris le calcul à votre frère ? — Un maître français le lui a appris. — M'appelez-vous ? — Je vous appelle. — Que vous plaît-il ? — Pourquoi ne vous levez-vous pas ; ne savez-vous pas qu'il est déjà tard ? — Que me demandez-vous ? — J'ai perdu tout mon argent, et je viens vous prier de m'en prêter. — Quelle heure est-il ? — Il est déjà six heures et un quart, et vous avez assez dormi. — Y a-t-il longtemps que vous vous êtes levé ? — Il y a une heure et demie que je me suis levé. — Voulez-vous faire un tour de promenade avec moi ? — Je ne puis aller me promener, car j'attends mon maître de français.

CINQUANTE-TROISIÈME LEÇON

Lição quinquagesima terceira.

Espérer.	*Esperar* 1.
J'espère.	Eu espero.
Tu espères.	Tu esperas.
Il espère.	Elle espera.
Espérez-vous ?	Espera V^{ce}, esperam V^{ces} ?
Nous espérons.	Nós esperámos.

Espérez-vous l'y trouver ?	Espera V^{ce} achal-o ?
Je l'espère.	Espero-o.

Changer.	*Trocar* 1.
Changer quelque chose contre quelque chose.	Trocar uma coisa por outra.
Je change mon chapeau contre le sien.	Troco o meu chapeu pelo d'elle.

Changer de.	*Mudar de* 1.
Changez-vous de chapeau ?	† Muda V^{ce} de chapeu ?
J'en change.	† Mudo-o.
Il change de linge.	† Mudo de roupa branca.
Ils changent d'habits.	† Mudam de vestidos.

Se mêler.	*Metter-se* 2, *misturar-se* 1.
Je me mêle parmi les hommes.	† Metto-me entre os homens.
Il se mêle parmi les soldats.	† Mette-se entre os soldados.
Parmi.	Entre.

Reconnaître.	*Reconhecer* 2, *lembrar-se.*
Reconnaissez-vous cet homme ?	Reconhece V^{ce} este homem ?
Il y a si longtemps que je ne l'ai vu que je ne le reconnais plus.	Ha tanto tempo que o não vi que já não o reconheço.

CINQUANTE-TROISIÈME LEÇON 249

J'ai plus de pain que je n'en puis manger.	† Tenho mais pão do que posso comer.
Cet homme a plus d'argent qu'il n'en dépensera.	Este homem tem mais dinheiro que o que póde gastar.
Il y a plus de vin qu'il n'en faut.	† Ha mais vinho que o necessario.
Vous avez plus d'argent qu'il ne vous en faut.	Tem V^{ce} mais dinheiro de que precisa.
Nous avons plus de souliers qu'il nous en faut.	† Temos mais sapatos de que precisamos.
Cet homme a moins d'amis qu'il ne pense.	Este homem tem menos amigos que pensa.
S'imaginer.	Imaginar 1, figurar-se 1.
Penser.	Pensar.

Gagner.	Ganhar 1.
Votre père est-il déjà parti ?	† Partiu já o pai de V^{ce} ?
Il est prêt à partir.	Está para partir.
Prêt.	Prompto, disposto, preparado.
Préparer.	Preparar 1.
Se préparer.	Preparar-se 1.
Se tenir prêt.	Estar disposto, preparado, prompto.

Fendre.	Partir 3, fender 2.
Fendre le cœur à quelqu'un.	Partir o coração a alguem.
Vous fendez le cœur à cet homme.	V^{ce} parte o coração a este homem.
A qui est-ce que je fends le cœur ?	† A quem parto eu o coração.

Répandre.	Verter 2, derramar 1.
Etendre.	Estender 2.
S'étendre sur.	Estender-se em, sobre.
Cet homme s'étend toujours sur ce sujet.	Este homem estende-se sempre sobre este assumpto.
Le sujet.	O assumpto.
Toujours.	Sempre.
S'étendre sur le plancher.	Estender-se no chão.

Pendre à.	Pendurar em 1, enforcar 1.
Le mur.	A parede.
Je pends mon habit au mur.	Penduro o meu vestido na parede.

250 CINQUANTE-TROISIÈME LEÇON

Il pend son chapeau à l'arbre.	† Pendura o seu chapeu na arvore.
Nous pendons nos souliers aux clous.	† Penduramos os nossos sapatos nos pregos.
Le voleur a été pendu.	† Enforcaram o ladrão.
Qui a pendu le panier à l'arbre ?	† Quem pendurou a cesta na arvore ?
Le voleur.	O ladrão.
Le brigand, le voleur de grand chemin.	O bandido, ladrão de estrada.
Vous êtes toujours studieux, et vous le serez toujours.	V^{ce} é sempre estudioso, e sempre o será.
Votre frère est toujours sage et il le sera toujours.	O irmão de V^{ce} é sempre judicioso e sel-o-ha sempre.
Un fils bien élevé ne fait jamais de chagrin à son père; il l'aime, l'honore, et le respecte.	Um filho bem educado não dá nunca desgostos a seu pai; ama-o, honra-o e respeita-o.

THÈMES.

164.

Espérez-vous recevoir un billet aujourd'hui ? — J'espère en recevoir un. — De qui ? — D'un de mes amis. — Qu'espères-tu ? — J'espère voir mes parents aujourd'hui, car mon précepteur m'a promis de me mener chez eux. — Votre ami espère-t-il recevoir quelque chose ? — Il espère recevoir quelque chose, car il a bien travaillé. — Espérez-vous arriver de bonne heure à Paris ? — Nous espérons y arriver à huit heures et un quart, car notre père nous attend ce soir. — Espérez-vous le trouver à la maison ? — Nous l'espérons. — Contre quoi avez-vous changé votre carrosse, dont vous m'avez parlé ? — Je l'ai changé contre un beau cheval arabe. — Voulez-vous changer votre livre contre le mien ? — Je ne le puis, car j'en ai besoin pour étudier le français. — Pourquoi ôtez-vous votre chapeau ? — Je l'ôte parce que je vois venir mon vieux maître. — Changez-vous de chapeau pour aller au marché? — Je n'en change pas pour aller au marché, mais pour aller au concert. — Quand le concert aura-t-il lieu ? — Il aura lieu après-demain. — Pourquoi vous en allez-vous ? Ne vous amusez-vous pas ici ? — Vous vous trompez, quand vous dites que je ne m'amuse pas ici ; car je vous assure que je trouve beaucoup de plaisir à causer avec vous; mais je m'en vais parce qu'on m'attend au bal de mon parent. — Avez-vous promis d'y aller ? — J'ai promis. — Avez-vous changé de chapeau pour aller chez le capitaine anglais ? — J'ai changé de chapeau, mais je n'ai changé ni d'habit ni de souliers. — Combien de fois par jour changes-tu d'habits ? — J'en change pour dîner et pour aller au théâtre.

165.

Pourquoi vous mêlez-vous parmi ces hommes ? — Je me mêle parmi eux pour savoir ce qu'ils disent de moi. — Que deviendrez-vous si vous vous mêlez toujours parmi les soldats ? — Je ne sais pas ce que je deviendrai, mais je vous assure qu'ils ne me feront pas de mal, car ils ne font de mal à personne. — Avez-vous reconnu votre père ? — Il y a si longtemps que je ne l'ai vu, que je ne l'ai pas reconnu. — Vous a-t-il reconnu ? — Il m'a reconnu sur-le-champ. — Combien y a-t-il que vous avez cet habit ? — Il y a longtemps que je l'ai. — Combien de temps y a-t-il que votre frère a ce fusil ? — Il y a très longtemps qu'il l'a. — Parlez-vous toujours le français ? — Il y a si longtemps que je ne l'ai parlé, que je l'ai presque tout oublié. — Combien de temps y a-t-il que votre cousin apprend le français ? — Il n'y a que trois mois. — Sait-il autant que vous ? — Il sait plus que moi, car il y a plus longtemps qu'il l'apprend. — Savez-vous pourquoi cet homme ne mange pas ? — Je crois qu'il n'a pas faim, car il a plus de pain qu'il n'en peut manger. — Avez-vous donné de l'argent à votre fils ? — Je lui en ai donné plus qu'il n'en dépensera. — Voulez-vous me donner un verre de cidre ? — Vous n'avez pas besoin de boire du cidre, car il y a plus de vin qu'il n'en faut. — Dois-je vendre mon fusil pour acheter un chapeau neuf ? — Vous n'avez pas besoin de le vendre, car vous avez plus d'argent qu'il ne vous en faut. — Voulez-vous parler au cordonnier ? — Je ne veux pas lui parler, car nous avons plus de souliers qu'il nous en faut. — Pourquoi les Français se réjouissent-ils ? — Ils se réjouissent, parce qu'ils se flattent d'avoir beaucoup de bons amis. — N'ont-ils pas raison de se réjouir ? — Ils ont tort, car ils ont moins d'amis qu'ils ne pensent.

166.

Êtes-vous prêt à partir avec moi ? — Je le suis. — Votre oncle part-il avec nous ? — Il part avec nous s'il le veut. — Voulez-vous lui dire d'être prêt à partir demain à six heures du soir ? — Je veux le lui dire. — Ce jeune homme est-il prêt à sortir ? — Pas encore, mais il sera bientôt prêt. — Pourquoi a-t-on pendu cet homme ? — On l'a pendu parce qu'il a tué quelqu'un. — A-t-on pendu l'homme qui a volé un cheval à votre frère ? — On l'a puni, mais on ne l'a pas pendu ; on ne pend que les voleurs de grand chemin dans notre pays. — Qu'avez-vous fait de mon habit? — Je l'ai pendu au mur. — Voulez-vous pendre mon chapeau à l'arbre? — Je veux l'y pendre. — N'avez-vous pas vu mes souliers ? — Je les ai trouvés sous votre lit, et je les ai pendus aux clous. — Le voleur qui a volé votre fusil a-t-il été pendu ? — Il a été puni, mais il n'a pas été pendu. — Pourquoi vous étendez-vous tant sur ce sujet ? — Parce qu'il faut parler sur tous les sujets ? — S'il faut vous écouter et vous répondre, quand vous vous étendez sur ce sujet, je pendrai mon chapeau au clou, je m'étendrai sur le plancher, je vous écouterai et je vous répondrai de mon mieux. — Vous ferez bien.

CINQUANTE-QUATRIÈME LEÇON

Lição quinquagesima quarta.

Se porter bien.	† Estar bom, passar bem.
Comment vous portez-vous ?	† Como está ? Como passa ?
	† Estou bom.
Je me porte bien.	† Passo bem.

Comment se porte monsieur votre père ?	† Como está o senhor seu pai ?
	† Passa mal.
Il se porte mal.	† Não está bom.
Monsieur votre frère.	O senhor seu irmão.
Monsieur votre cousin.	O senhor seu primo.
Messieurs vos frères.	Os senhores seus irmãos.
Messieurs vos oncles.	Os senhores seus tios.

Rem. Senhor, monsieur, fait au pluriel *senhores*, messieurs ; *senhora*, madame, fait *senhoras*, mesdames, suivant en cela la règle établie pour la formation du pluriel.

Douter de quelque chose.	Duvidar d'alguma cousa.
Doutez-vous de cela ?	Duvida V^{ce} d'isso ?
J'en doute.	† Duvido.
Je n'en doute pas.	† Não o duvido.
De quoi doutez-vous ?	De que duvida V^{ce} ?
Je doute de ce que cet homme m'a dit.	Duvido do que me disse este homem.
Le doute.	A duvida.
Sans doute.	Sem duvida.

Convenir de quelque chose.	Convir n'alguma cousa, ficar d'accordo n'alguma cousa.
Convenez-vous de cela ?	† Convem V^{ce} n'isso ?
J'en conviens.	† Convenho n'isso.

Combien avez-vous payé ce chapeau ?	† Quanto pagou (deu) V^{ce} por este chapeu ?
Je l'ai payé trois écus.	† Paguei por elle tres escudos.

J'ai acheté ce cheval cinq cents francs.	† Comprei este cavallo por quinhentos francos.
Le prix.	O preço.
Êtes-vous convenus du prix ?	Estão V^{ces} concordes. / Concordaram V^{ces} } no preço ?
Nous en sommes convenus.	† Concordamos n'elle.
De quoi êtes-vous convenus ?	† Em que concordaram V^{ces} ?
Du prix.	† No preço.

S'accorder.	*Pôr-se d'accordo.*
Sentir.	*Sentir* * 3.
Je sens, tu sens, il sent.	Eu sinto, tu sentes, elle sente.
Consentir.	*Consentir* * 3.
Je consens à y aller.	Consinto em lá ir.
Cependant.	Todavia, apesar d'isso.

Porter.	*Levar* 1, *trazer* 2.
Quels vêtements porte-t-il ?	Que vestidos leva ?
Il porte de beaux vêtements.	† Leva bellos vestidos.
Le vêtement.	O vestido.

Contre mon ordinaire.	Contra meu costume.
Comme à l'ordinaire.	Como de costume.
Mon associé.	O meu socio.

S'apercevoir de quelque chose.	*Notar alguma coisa.*
Vous apercevez-vous de cela ?	Nota V^{ce} isso ?
Je m'en aperçois.	† Noto-o.
Vous êtes-vous aperçu de cela ?	Notou V^{ce} isso ?
Vous êtes-vous aperçu de ce qu'il a fait ?	Notou V^{ce} o que elle fez ?
Je m'en suis aperçu.	† Notei-o.

S'attendre.	*Esperar* 1.
Vous attendez-vous à recevoir un billet de votre oncle ?	† Espera V^ce receber uma carta de seu tio ?
Je m'y attends.	† Espero-o.
Il s'y attend.	† Elle espera-o.
Nous nous y attendons.	† Nós esperamol-o.
Nous y sommes-nous attendus ?	† Esperamol-o nós ?
Nous nous y sommes attendus.	† Nós o esperamos.

Se procurer.	*Arranjar* 1, *obter para si.*
Je ne peux pas me procurer d'argent.	
Je ne puis me procurer de l'argent.	† Não posso arranjar dinheiro.
Il ne peut se procurer de quoi manger.	† Não póde arranjar que comer.

Se moquer de quelqu'un ou de quelque chose.	Mofar, zombar d'alguem ou d'alguma coisa.
Il se moque de tout le monde.	Zomba de toda a gente.
Vous moquez-vous de cet homme ?	Zomba V^ce d'esse homem ?
Je ne m'en moque pas.	Não zombo d'elle.

S'arrêter.	*Deter-se, parar* 1.
Vous êtes-vous arrêté longtemps à Berlin ?	† Deteve-se V^ce muito em Berlim ?
Je ne m'y suis arrêté que trois jours.	† Não me detive mais que tres dias.

Séjourner.	*Morar* 1, *viver* 2.
Où Monsieur votre frère séjourne-t-il actuellement ?	† Onde vive actualmente o senhor seu irmão ?
Actuellement.	Actualmente, na actualidade.
Le séjour.	A morada, a habitação, a estancia.
C'est un beau séjour que Paris.	† Paris é uma bella estancia.

Après avoir lu.	† Depois de ter lido.
Après m'être coupé.	† Depois de ter-me cortado.
Après vous être habillé.	† Depois de V^{ce} se ter vestido.
Après s'être habillé.	† Depois de ter-se vestido.
Après nous être rasés.	† Depois de nos ter-mos feito a barba.
Après s'être chauffé.	† Depois de se terem aquecido.
J'ai rendu le livre après l'avoir lu.	† Devolvi o livro depois de o ter lido.
J'ai jeté le couteau après m'être coupé.	† Deitei fóra a faca depois de ter-me cortado.
Vous êtes allé au concert après vous être habillé.	† V^{ce} foi ao concerto depois de vestir-se.
Il est allé au théâtre après s'être habillé.	† Foi ao theatro depois de vestir-se.
Nous avons déjeuné après nous être rasés.	† Almoçamos depois de ter feito a barba.
Ils sont sortis après s'être chauffés.	† Sahiram depois de se aquecer.

Le malade.	O enfermo, o doente.
Assez bien, passablement.	Assás bem, soffrivelmente.
Il est bien tard.	† É muito tarde, bem tarde.
C'est bien loin.	† Está bem longe.

THÈMES.

167.

Comment se porte (*como está*) Monsieur votre père (*o senhor seu pae*) ? — Il se porte comme cela. — Comment se porte votre malade ? — Il se porte un peu mieux aujourd'hui qu'hier. — Y a-t-il longtemps que vous n'avez vu Messieurs vos frères ? — Il y a deux jours que je ne les ai vus. — Comment te portes-tu ? — Je me porte assez bien. — Combien de temps y a-t-il que Monsieur votre cousin apprend le français ? — Il n'y a que trois mois qu'il l'apprend. — Le parle-t-il déjà ? — Il le parle, le lit et l'écrit déjà mieux que Monsieur votre frère qui l'apprend depuis deux ans. — Y a-t-il longtemps que vous n'avez entendu parler de mon oncle ? Il y a à peine quinze jours que j'en ai entendu parler. — Où séjourne-t-il maintenant ? — Il séjourne à Berlin, mais mon père est à Londres. — Vous êtes vous arrêté (*ficou*) longtemps (*muito tempo*) à (*em*) Vienne ? — Je m'y suis arrêté quinze jours.

Combien de temps Monsieur votre cousin s'est-il arrêté à (*em*) Paris ? — Il ne s'y est arrêté qu'un mois. — Aimez-vous à parler à mon oncle ? — J'aime beaucoup à lui parler, mais je n'aime pas qu'il se moque de moi. — Pourquoi se moque-t-il de vous ? — Il se moque de moi parce que je parle mal. — Pourquoi Monsieur votre frère n'a-t-il pas d'amis ? — Il n'en a pas, parce qu'il se moque de tout le monde. — Pourquoi vous moquez-vous de cet homme ? — Je n'ai pas dessein de me moquer de lui. — Je vous prie de ne pas le faire, car vous lui fendrez le cœur, si vous vous moquez de lui. — Doutez-vous de ce que je vous dis ? — Je n'en doute pas. — Doutez-vous de ce que cet homme vous a dit ? — J'en doute, car il a souvent menti. — Avez-vous enfin acheté le cheval que vous avez voulu acheter le mois passé ? — Je ne l'ai pas acheté, car je n'ai pas pu me procurer d'argent.

168.

Votre oncle a-t-il enfin acheté le jardin ? — Il ne l'a pas acheté, car il n'a pu convenir du prix. — Êtes-vous enfin convenus du prix (*no preço*) de ce tableau ? — Nous en sommes convenus. — Combien l'avez-vous payé ? — Je l'ai payé quinze cents francs. — Qu'as-tu acheté aujourd'hui ? — J'ai acheté deux beaux chevaux, trois beaux tableaux et un beau fusil. — Combien as-tu payé les tableaux ? — Je les ai achetés sept cents francs. — Les trouvez-vous chers ? — Je ne les trouve pas chers. — Vous êtes-vous accordé avec votre associé ? — Je me suis accordé avec lui. — Consent-il à vous payer le prix du vaisseau ? — Il consent à me le payer. — Consentez-vous à (*em*) aller (*ir*)en (*d*) France ? — Je consens à y aller. — Avez-vous revu votre vieil ami ? — Je l'ai revu. — L'avez-vous reconnu ? — Je ne l'ai presque plus reconnu, car, contre son ordinaire, il porte un grand chapeau. — Comment se porte-t-il ? — Il se porte très bien. — Quels vêtements porte-t-il ? — Il porte de beaux vêtements neufs. — Vous êtes-vous aperçu de ce que votre garçon a fait ? — Je m'en suis aperçu. — L'en avez-vous puni ? — Je l'en ai puni. — Monsieur votre père vous a-t-il déjà écrit ? — Pas encore, mais je m'attends à recevoir un billet de lui aujourd'hui. — De quoi vous plaignez-vous ? — Je me plains de ne pouvoir me procurer de l'argent. — Pourquoi ces pauvres hommes se plaignent-ils ? — Ils se plaignent parce qu'ils ne peuvent se procurer de quoi manger. — Comment se portent vos parents ? — Ils se portent, comme à l'ordinaire (*como de costume*), fort bien. — Monsieur votre oncle se porte-t-il bien ? — Il se porte mieux (*está melhor*) qu'à l'ordinaire (*que de costume*). — Avez-vous déjà entendu parler de votre ami qui est (*está*) en Allemagne ? — Je lui ai déjà écrit plusieurs fois, cependant il ne m'a pas encore répondu.

169.

Qu'avez-vous fait des livres que le capitaine vous a prêtés ? — Je les lui ai rendus, après les avoir lus. — Pourquoi avez-vous jeté votre couteau ? — Je l'ai jeté après m'être coupé. — Quand ai-je été au concert ? — Vous y avez été après vous être habillé. — Quand votre frère est-il allé au bal ? — Il y est allé après s'être habillé. — Quand avez-vous déjeuné ? — Nous avons déjeuné après nous être rasés. — Quand nos voisins sont-ils sortis ? — Ils sont sortis après s'être chauffés. — Pourquoi avez-vous puni votre garçon ? — Je l'ai puni, parce qu'il a cassé mon plus beau verre. — Je lui ai donné du vin, et, au lieu de le boire, il l'a répandu sur le tapis neuf, et il a cassé le verre. — Qu'avez-vous fait ce matin ? — Je me suis rasé après m'être levé, et je suis sorti après avoir déjeuné. — Monsieur votre père, qu'a-t-il fait hier soir ? — Il a soupé après être allé au spectacle, et il est allé se coucher après avoir soupé. — S'est-il levé de bonne heure ? — Il s'est levé au lever du soleil.

CINQUANTE-CINQUIÈME LEÇON.

Lição quinquagesima quinta.

SUBSTANTIFS ET ADJECTIFS FÉMININS
DÉCLINAISON DE L'ARTICLE DÉFINI FÉMININ.

	Nom.	Gén.	Dat.	Accus.
Singulier	a	da	á	a
Pluriel	as	das	ás	as.

La femme,	les femmes.	A mulher,	as mulheres.
La mère,	les mères.	A mãe,	as mães.
La fille,	les filles.	A filha,	as filhas.
La sœur,	les sœurs.	A irmã,	as irmãs.
La chandelle,	les chandelles.	A vela de sebo,	as velas de sebo.
La bouteille,	les bouteilles.	A garrafa,	as garrafas.
La clef,	les clefs.	A chave,	as chaves.
La chemise,	les chemises.	A camisa,	as camisas.

Elle—Elles	Ella—Ellas

Voir Leçon XX. (*Tableau des pronoms personnels.*)

A-t-elle ?	Tem ella ?
Elle a.	Ella tem.
Elle n'a pas.	Ella não tem.

Ont-elles ?	Teem ellas ?
Elles ont.	Ellas teem.
Elles n'ont pas.	Ellas não teem.

FÉMININ.

Ma.	Minha.
Ta.	Tua.
Sa.	Sua.
Mes.	Minhas.

La mienne,	A minha.
La tienne.	A tua.
La sienne.	A sua.
La nôtre.	A nossa.
La vôtre.	A de V^{ce}, a sua, a vossa.
La leur.	A sua, a d'elles.

Le père et son fils ou sa fille.	O pae e seu filho ou sua filha.
La mère et son fils ou sa fille.	A mãe e seu filho ou sua filha.
L'enfant et son frère ou sa sœur.	O menino e seu irmão ou sua irmã.

Ma plume,	mes plumes,	A minha penna,	as minhas pennas.
Ta cuillère,	tes cuillères.	A tua culhera,	as tuas culheras.
Sa noix,	ses noix.	A sua noz,	as suas nozes.
Notre main,	nos mains.	A nossa mão,	as nossas mãos.
Votre bouche,	vos bouches	A sua bocca (de V^{ce}).	as suas boccas (de V^{ces}).
Leur porte,	leurs portes.	A sua porta,	as suas portas.

La jolie femme,	les jolies femmes.	A mulher bonita,	as mulheres bonitas.
La petite chandelle,	les petites chandelles.	A velinha de sebo,	as velinhas de sebo.
La grande bouteille,	les grandes bouteilles.	A garrafa grande,	as garrafas grandes.

Quelle femme ?	quelles femmes ?	Que mulher ?	que mulheres ?
Quelle fille ?	quelles filles ?	Que menina ?	que meninas ?

Cette femme.	Esta mulher.
Ces femmes.	Estas mulheres.

CINQUANTE-CINQUIÈME LEÇON

Cette demoiselle-ci, ces demoiselles-ci.	Esta menina, estas meninas.
Cette demoiselle-là, ces demoiselles-là.	Aquella menina, aquellas meninas.

La main, les mains.	A mão, as mãos.
La main droite.	A mão direita.
La main gauche.	A mão esquerda.
J'ai mal à la main.	Doe-me uma mão.

La dent, les dents.	O dente, os dentes.
Avez-vous mal aux dents ?	† Doem-lhe os dentes ?
J'ai mal à la tête.	† Doe-me a cabeça.
J'ai mal au côté.	† Doe-me a ilharga.
Il a mal aux pieds.	† Doem-me os pés.
La figure.	A cara.
La bouche.	A bocca.
La joue.	A face.
La langue.	A lingua.
La porte.	A porta.
La fenêtre.	A janella.
La rue.	A rua.
La ville.	A cidade.
La toile.	A teia.
La vieille femme.	A velha.

Un homme aimable.	Um homem amavel.
Une femme aimable.	Uma mulher amavel.

La chambre.	O quarto.
La chambre du devant ou sur le devant.	O quarto que deita para a rua, o quarto da frente.
La chambre du derrière ou sur le derrière.	O quarto das trazeiras.
La chambre du haut.	O quarto de cima.

De la lumière.	Luz.
De la soie.	Séda.
De bonne soupe.	Boa sopa.

Une cruelle certitude.	Uma cruel certeza.
Une pareille promesse.	Uma semelhante promessa.
Une ancienne connaissance.	Um antigo conhecimento.
Une bonne vérité.	Uma boa verdade.
Une femme muette.	Uma muda.
Une femme vertueuse	Uma mulher virtuosa.
Une demoiselle heureuse.	Uma menina feliz.
Une jeune personne active.	Uma joven activa.
Une robe neuve.	Um vestido novo.
Une proposition naïve.	Uma proposição ingenua.

Avez-vous ma plume ?	Tem V^{ce} a minha penna ?
Non, Madame, je ne l'ai pas.	Não, senhora, não a tenho.
Quelle bouteille avez-vous cassée ?	† Que garrafa quebrou V^{ce} ?
Quelle porte avez-vous ouverte ?	† Que porta abriu V^{ce} ?
Quelles fenêtres avez-vous ouvertes ?	† Que janellas abriram V^{ces} ?
Quelles bouteilles la femme a-t-elle cassées ?	† Que garrafas quebrou a mulher ?
Quelle demoiselle avez-vous conduite au bal ?	† Que menina levou V^{ce} ao baile ?
Quelle eau avez-vous bue ?	† Que agua bebeu V^{ce} ?
Quelles lettres avez-vous écrites ?	† Que cartas escreveu V^{ce} ?

Celles-ci.	*Estas.*
Celles-là.	*Aquellas.*
Avez-vous cette plume-ci ou celle-là ?	Tem V^{ce} esta penna ou aquella ?
Je n'ai ni celle-ci ni celle-là.	Não tenho nem esta nem aquella.

La—les.	*A—as.*
Voyez-vous cette femme ?	Vê V^{ce} esta mulher ?
Je la vois.	Vejo-a.
Avez-vous vu mes sœurs ?	Viu V^{ce} minhas irmãs ?
Non, Mademoiselle, je ne les ai pas vues.	Não senhora, não as vi.

Lui (à elle)—leur (à elles).	Lhe—lhes.
Parlez-vous à mes sœurs ?	Falla V^{co} as minhas irmãs ?
Je leur parle.	Fallo-lhes.
Voulez-vous le lui (à elle) dire?	Quer V^{co} dizer-lh'o ?
Je leur (à elles) ai parlé aujourd'hui.	Fallei-lhes hoje.
De grosse toile.	Panno grosso.
De bonne eau.	Boa agua.
Une serviette.	Um guardanapo.

REMARQUE

Les adjectifs portugais terminés en *o* forment leur féminin en changeant l'*o* en *a* et sont réguliers au pluriel, c'est-à-dire qu'ils prennent seulement *s* pour les deux genres.

Gras,	grasse.	Gordo,	gorda.
Las,	lasse.	Cançado,	cançada.
Nul,	nulle.	Nullo,	nulla.
Profès,	professe.	Professo,	professa.

REMARQUE

Les adjectifs terminés en *or* prennent *a* au féminin. Au pluriel ils ajoutent *es* pour le masculin et *s* pour le féminin. — EXEMP. :

Parleur,	parleuse,	Fallador,	falladora.
Exécuteur,	exécutrice,	Executor,	executora.
Persécuteur,	persécutrice,	Perseguidor,	perseguidora.
Enchanteur,	enchanteresse,	Encantador,	encantadora.
Pécheur,	pécheresse,	Pecador,	pecadora.
Vengeur,	vengeresse,	Vingador,	vingadora.

qui font au pluriel masculin *falladores, executores*, etc. ; et pour le féminin pluriel *falladoras, executoras*, etc.

Persan,	persane.	Persa,	persa.
Gros,	grosse.	Grosso,	grossa.
Doux,	douce.	Doce,	doce.
Faible,		Fraco,	fraca.
Eminent,	éminente.	Eminente,	eminente.
Éloquent,	éloquente.	Eloquente,	eloquente.

Austral,	Austral.	Diamétral,	Diametral.
Bénéficial,	Beneficial.	Experimental	Experimental.
Boréal,	Boreal.	Labial,	Labial.
Brumal,	Brumal.	Lingual,	Lingual.
Canonical,	Canonical.	Lustral,	Lustral.
Frugal,	Frugal.	Commun,	Comun.
Facile,	Facil.	Familier,	Familiar.
Faible,	Fraco.	Séculaire,	Secular.
Bleu,	Azul.	Poli,	Politico.
Vil,	Vil, ruin.		

Rem. Il y a plusieurs adjectifs des deux genres terminés en *l*, *al*, *n*, *r*, *s*, qui forment leur pluriel en ajoutant *s* ou *es*, c'est-à-dire : ceux en *al* ou en *l* forment le pluriel en *es* ; ceux en *r* prennent un *s*; et ceux en *s* restent invariables.

Les mots *facil*, *debil*, *vil*, font leur pluriel *faceis*, *debeis*, *vis*.

Les adjectifs terminés par *z* sont aussi des deux genres et forment leur pluriel en prenant *es*. Ex.: *feroz*, féroce, *ferozes*; *feliz*, heureux *felizes*.

Rem. Quelques adjectifs de nation, comme :

Français,	française.	Francez,	franceza.
Espagnol,	espagnole.	Hespanhol,	hespanhola.
Andalous,	andalouse.	Andaluz,	andaluza.

forment leur féminin de différentes manières ainsi que leur pluriel.

Le chrétien,	la chrétienne.	O christão,	a christã.
Le saint,	la sainte.	O santo,	a santa.
Le juif,	la juive.	O judeu,	a judea.
Le nègre,	la négresse.	O negro,	a negra.
Un compagnon,	Une compagne.	Um companheiro,	uma companheira.
Un ami.	Une amie.	Um amigo,	uma amiga.

Célébrer, fêter. | *Celebrar, festejar.*

THÈMES.

170.

Comment se portent Messieurs vos frères ? — Ils se portent fort bien depuis quelques jours. — Où séjournent-ils ? — Ils séjournent à Paris. — Quel jour de la semaine les Turcs fêtent-ils ? — Ils fêtent le vendredi ; mais les chrétiens fêtent le dimanche, les juifs le samedi et les nègres le jour de leur naissance. — Parmi vous autres gens de campagne il y a beaucoup de fous, n'est-ce pas ? demanda l'autre jour un philosophe à un paysan. Celui-ci répondit : — Monsieur, on en trouve dans tous les états. — Les fous disent quelquefois la vérité, dit le philosophe. — Votre sœur a-t-elle mon (*a minha*) ruban (*fita*) d'or ? — Elle ne l'a pas. — Qu'a-t-elle ? — Elle n'a rien. — Votre mère a-t-elle quelque chose ? — Elle a une belle fourchette d'or. — Qui a ma grande bouteille ? — Votre sœur l'a. — Voyez-vous quelquefois ma mère ? — Je la vois souvent. — Quand avez-vous vu Mademoiselle (*Senhora*) votre sœur ? — Je l'ai vu il y a quinze jours. — Qui a mes belles noix ? — Votre bonne sœur les a. — A-t-elle aussi mes (*as minhas*) cuillers d'argent ? — Elle ne les a pas. — Qui les a ? — Votre mère les a. — Quelle fourchette avez-vous ? — J'ai ma fourchette de fer. — Vos sœurs ont-elles eu mes plumes ? — Elles ne les ont pas eues, mais je crois que leurs enfants les ont eues. — Pourquoi votre frère se plaint-il ? — Il se plaint, parce qu'il a mal à la main droite (*tem a mão direita doente*). — Pourquoi vous plaignez-vous ? — Je me plains, parce que j'ai mal à la main gauche (*tem doente a mão esquerda*).

171.

Votre sœur est-elle aussi âgée que ma mère ? — Elle n'est pas si âgée, mais elle est plus grande. — Votre frère a-t-il fait des emplettes ? — Il en a fait. — Qu'a-t-il acheté ? — Il a acheté de belle toile et de bonnes plumes. — N'a-t-il pas acheté des bas de soie ? — Il en a acheté. — Votre sœur écrit-elle ? — Non, Madame, elle n'écrit pas. — Pourquoi n'écrit-elle pas ? — Parce qu'elle a mal à la main. — Pourquoi la fille de votre voisin ne sort-elle pas ? — Elle ne sort pas, parce qu'elle a mal aux pieds. — Pourquoi ma sœur ne parle-t-elle pas ? — Parce qu'elle a mal à la bouche. — N'as-tu pas vu ma plume d'argent ? — Je ne l'ai pas vue. — As-tu une chambre sur le devant ? — J'en ai une sur le derrière, mais mon frère en a une sur le devant. — Est-ce une chambre du haut ? — C'en est une. — La femme de notre cordonnier sort-elle déjà ? — Non, Madame, elle ne sort pas encore, car elle est encore très malade. — Quelle bouteille votre petite sœur a-t-elle cassée (part. pas. irrégul. du verbe *romper*, rompre) ? — Elle a cassé celle que sa mère a achetée hier. — Avez-vous mangé de ma soupe ou de celle de ma mère ? — Je n'ai mangé ni de la vôtre, ni de celle de votre mère, mais de celle de ma bonne sœur. — Avez-vous vu la femme qui a été chez moi ce matin ? — Je ne l'ai pas vue. — Votre mère s'est-elle fait mal ? — Elle ne s'est pas fait mal.

172.

Avez-vous mal au nez ? — Je n'ai pas mal au nez, mais j'ai mal aux dents. — Vous êtes-vous coupé le doigt ? — Non, Madame, je me suis coupé la main. — Voulez-vous me donner une plume? — Je veux vous en donner une. — Voulez-vous avoir celle-ci ou celle-là? — Je ne veux avoir ni l'une ni l'autre. — Laquelle voulez-vous? — Je veux celle que votre sœur a. — Voulez-vous la bonne soie noire de ma mère, ou celle de ma sœur? — Je ne veux ni celle de votre mère, ni celle de votre sœur, mais celle que vous avez. — Pouvez-vous écrire avec cette plume? — Je puis écrire avec. — Chaque femme se croit aimable, et chacune a de l'amour-propre. — De même que les hommes, mon cher ami: tel se croit savant, qui ne l'est pas, et bien des hommes surpassent les femmes en vanité. — Qu'avez-vous ? — Je n'ai rien. — Pourquoi votre sœur se plaint-elle ? — Parce qu'elle a mal à la joue. — Votre frère a-t-il mal à la main ? — Non, mais il a mal au côté. — Ouvrez-vous la fenêtre ? — Je l'ouvre, parce qu'il fait trop chaud. — Quelles fenêtres votre sœur a-t-elle ouvertes? — Elle a ouvert celles de la chambre du devant. — Avez-vous été au bal de mon ancienne connaissance ? — J'y ai été. — Quelles demoiselles avez-vous conduites au bal ? — J'y ai conduit les amies de ma sœur. — Ont-elles dansé? — Elles ont beaucoup dansé. — Se sont-elles amusées ? — Elles se sont amusées. — Sont-elles restées longtemps au bal ? — Elles y sont restées deux heures. — Cette demoiselle est-elle Turque ? — Non, elle est Grecque. — Parle-t-elle français ? — Elle le parle. — Ne parle-t-elle pas anglais? — Elle le parle aussi, mais elle parle mieux le français. — Votre sœur a-t-elle une compagne? — Elle en a une. — L'aime-t-elle? Elle l'aime beaucoup, car elle très aimable.

CINQUANTE-SIXIEME LEÇON
Lição quinquagesima sexta.

Aller à la campagne.	Ir ao campo.
Être à la campagne.	Estar no campo.
Aller à la banque.	Ir ao banco.
Être à la banque.	Estar no banco.
A la bourse.	A bolsa.
A la rivière.	Ao rio.
A la cuisine.	A cozinha.
A la cave.	A adega.
A l'école.	A escola, á aula.
A l'école de français.	A aula de francez.
A l'école de danse.	A aula de dansa.
La comédie.	A comedia.
L'opéra.	A opera.
Aller à la chasse.	† Ir á caça.
Être à la chasse.	† Estar na caça.
Aller à la pêche.	Ir á pesca.
Être à la pêche.	Estar na pesca.
Chasser.	*Caçar.*

Toute la journée.	Todo o dia.
Toute la matinée.	Toda a manhã.
Toute la soirée.	Toda a tarde.
Toute la nuit.	Toda a noite.
Toute l'année.	Todo a anno.
Toute la semaine.	Toda a semana.
Toute la société.	Todo a sociedade.
Tout à la fois.	Tudo a um tempo, ao mesmo tempo.
Tout à coup.	De repente, repentinamente.
Soudainement.	Subitamente.

Cette semaine.	Esta semana.
Cette année.	Este anno.
La semaine passée.	A semana passada.

La semaine prochaine.	A semana que vem.
Toutes les femmes.	Todas as mulheres.
Toutes les fois.	Todas as vezes.
Toutes les semaines.	Todas as semanas.

Madame votre mère.	A senhora sua mãi.
Mademoiselle votre sœur.	A senhora sua irmã.
Mesdemoiselles vos sœurs.	As senhoras suas irmãs.

Une personne.	Uma pessoa.
Le mal d'oreille.	† Dôr d'ouvido.
Le mal de cœur.	† Dôr de coração.
Le mal de ventre.	† Dôr de barriga.
Le mal d'estomac.	† Dôr de estomago.
Elle a une douleur à l'estomac.	† Tem uma dôr no estomago.
Sa sœur a un violent mal de tête.	† A irmã d'elle dôe-lhe muito a cabeça.
J'ai des maux d'estomac.	† Tenho dôres de estomago.

Singulier.	*Singular.*
La mienne, la tienne, la sienne.	A minha, as tua, a sua.
La nôtre, la vôtre, la leur.	A nossa, as de V^{ce}, a sua (d'elles).

Pluriel.	*Plural.*
Les miennes, les tiennes, les siennes.	As minhas, as tuas, as suas.
Les nôtres, les vôtres, les leurs.	As nossas, as de V^{ce}, as suas (d'elles).
Avez-vous ma plume ou la sienne?	Tem V^{ce} á minha penna ou a sua ?
J'ai la sienne.	Tenho a sua.

Que voulez-vous envoyer à votre tante ?	Que quer V^{ce} mandar a tia de V^{ce} ?
Je veux lui envoyer une tourte.	Quero mandar-lhe uma torta.
Voulez-vous lui envoyer aussi des fruits ?	Quer V^{ce} mandar-lhe tambem frutas ?
Je veux lui en envoyer.	Quero mandar-lhe algumas.
Avez-vous envoyé les livres à mes sœurs ?	Mandou V^{ce} os livros a minhas irmãs ?
Je les leur ai envoyés.	Enviei-lh'os.

La douleur,	A dôr.	La cousine,	A prima.
La tourte,	A torta.	La nièce,	A sobrinha.
La pêche,	O pecego.	La servante,	A criada.
La fraise,	O morango.	La parente,	A parenta.
La cerise,	A cereja.	La voisine,	A vizinha.
La gazette,	A gazeta.	La cuisinière,	A cozinheira.
Le journal,	O jornal.	Le beau-frère,	O cunhado.
La marchandise,	A mercadora.	La belle-sœur,	A cunhada.

Rem. — Les noms suivants forment leur féminin de différentes manières.

Masc.	Fém.	Masc.	Fém.
Un abbé,	une abbesse,	un abbade,	una abbadessa,
Un acteur,	une actrice,	un actor,	una actriz,
Un baron,	une baronne,	un barão,	una baroneza.
Un chanteur,	une chanteuse, une cantatrice,	un cantor,	una cantora,
Un comte,	une comtesse	un conde,	una condessa,
Un duc,	une duchesse,	un dugue,	una duquesa,
Un empereur,	une impératrice,	un imperador,	una imperatriz,
Un prince,	une princesse,	un princepe,	una princeza,
Un roi,	une reine,	un rei,	una rainha,
Un accusateur,	une accusatrice,	un acusador,	una acusadora,
Un ambassadeur,	une ambassadrice,	un embaixador,	una embaixahiz,
Un apprenti,	une apprentie,	un aprendiz,	una aprendiz,
Un berger,	une bergère,	un pastor,	una pastora,
Un bienfaiteur,	une bienfaitrice,	un bemfeitor,	una bemfeitora,
Un chanoine,	une chanoinesse,	un canonigo,	una canega,
Un chasseur, (en poésie)	une chasseuse, une chasseresse,	un caçador,	una caçadora,
Un danseur,	une danseuse,	un dansador, bailador,	una dansadora, bailarina,
Un dieu,	une déesse,	un deus,	una deusa,
Un électeur,	une électrice,	un eleitor,	una eleitora,
Un fondateur,	une fondatrice,	un fondador,	una fundadora,
Un jouvenceau,	une jouvencelle,	un rapaz,	una rapariga,
Un lion,	une lionne,	un leão,	una leoa,
Un païen,	une païenne,	un pagão,	una pagoa,
Un paon,	une paonne,	un pavão,	una pavoa,
Un paysan,	une paysanne,	un camponez,	una camponeza,
Un prieur,	une prieure,	un prior,	una priora,
Un protecteur,	une protectrice,	un protector,	una protectora.

CINQUANTE-SIXIÈME LEÇON

Elle est poëte.	É poetisa.
Est-elle peintre?	É pintora?
Elle est auteur.	É autora.

Louer.	Alugar, arrendar.
Avez-vous déjà loué une chambre?	Alugou já V^{ce} um quarto?

Convenir de quelque chose.	† Convir em alguma coisa.
Convenez-vous de cela?	† Convem V^{ce} n'isso?
J'en conviens.	† Convenho n'isso.
Convenez-vous de votre faute?	† Está V^{ce} conforme na sua falla?
J'en conviens.	† Convenho n'ella.
Je conviens que c'est une faute.	Convenho que é uma falta.
Avouer.	Confessar.
Confesser.	Confesar.

Tant.	Tanto.
Elle a tant de chandelles qu'elle ne peut pas les brûler toutes.	Tem tantas velas de sebo que não póde gastalas todas.
S'enrhumer.	Constiparse, encatharroar-se.
Rendre malade.	Fazer mal, porse doente.
Si vous mangez tant, *cela* vous rendra malade.	Se V^{ce} come tanto, far-le-ha mal.

Vous convient-il de prêter votre fusil?	Convem a V^{ce} emprestar a sua espingarda?
Il ne me convient pas de le prêter.	Não me convem emprestal-a.
Cela ne me convient pas.	Não me convem isso.
Où vous êtes-vous enrhumé?	† Onde se constipou V^{ce}?
Je me suis enrhumé en sortant de l'opéra.	† Constipei-me a sahida da opera.
Être enrhumé.	Estar constipado.
Le rhume.	A constipação, o catarrho.
La toux.	A tosse.
J'ai un rhume de cerveau.	† Tenho um catarrho cerebral.
Vous avez un rhume de poitrine.	† V^{ce} tem um catarrho peitoral.
Le cerveau.	O cerebro.
La poitrine.	O peito.

THÈMES.

173.

Où est votre cousin ? — Il est dans la cuisine. — Votre cuisinière a-t-elle déjà fait la soupe ? — Elle l'a faite, car elle est déjà sur la table. — Où est Madame votre mère ? — Elle est à l'église. — Votre sœur est-elle allée à l'école ? — Elle y est allée. — Madame votre mère va-t-elle souvent à l'église ? — Elle y va tous les matins et tous les soirs. — A quelle heure du matin va-t-elle à l'église ? — Elle y va aussitôt qu'elle se lève. — A quelle heure se lève-t-elle ? — Elle se lève au lever du soleil. — Vas-tu à l'école aujourd'hui ? — J'y vais. — Qu'apprends-tu à l'école ? — J'y apprends à lire, à écrire et à parler. — Où est votre tante ? — Elle est allée au spectacle avec ma petite sœur. — Mesdemoiselles vos sœurs vont-elles ce soir à l'opéra ? — Non, Madame, elles vont à l'école de danse. — Ne vont-elles pas à l'école de français ? — Elles y vont le matin, mais non le soir. — Monsieur votre père est-il allé à la chasse ? — Il n'a pas pu aller à la chasse, car il est enrhumé. — Aimez-vous à aller à la chasse ? — J'aime mieux aller à la pêche que d'aller à la chasse. — Monsieur votre père est-il encore à la campagne ? — Oui, Madame, il y est encore. — Qu'y fait-il ? — Il va à la chasse et à la pêche. — Avez-vous chassé à la campagne ? — J'ai chassé toute la journée (*todo o dia*). — Jusqu'à quand êtes-vous resté chez ma mère ? — J'y suis resté toute la soirée (*toda a moite*). — Y a-t-il longtemps que vous n'avez été au château ? — J'y ai été la semaine dernière. — Y avez-vous trouvé beaucoup de monde ? — Je n'y ai trouvé que trois personnes : le comte, la comtesse et leur fille.

174.

Ces filles sont-elles aussi sages que leurs frères ? — Elles sont plus sages qu'eux. — Mesdemoiselles vos sœurs savent-elles parler allemand ? — Elles ne le savent pas, mais elles l'apprennent. — Avez-vous apporté quelque chose à Madame votre mère ? — Je lui ai apporté de bons fruits et une belle tourte. — Votre nièce que vous a-t-elle apporté ? — Elle nous a apporté de bonnes cerises, de bonnes fraises et de bonnes pêches. — Aimez-vous les pêches ? — Je les aime beaucoup. — Combien de pêches votre voisine vous a-t-elle données. — Elle m'en a donné plus de vingt. — Avez-vous mangé beaucoup de cerises cette année ? — J'en ai mangé beaucoup. — En avez-vous donné à votre petite sœur ? — Je lui en ai donné tant qu'elle ne peut pas les manger toutes. — Pourquoi n'en avez-vous pas donné à votre bonne voisine ? — J'ai voulu lui en donner, mais elle n'a pas voulu en prendre, parce qu'elle n'aime pas les cerises. — Y a-t-il eu beaucoup de poires l'année (o *anno*) dernière (*passado*)? — Il n'y en a pas eu beaucoup. — Votre cousine a-t-elle des fraises? — Elle en a tant qu'elle ne peut pas les manger toutes.

175.

Pourquoi Mesdemoiselles vos sœurs ne vont-elles pas au spectacle? — Elles ne peuvent pas y aller parce qu'elles sont enrhumées, et cela les rend très malades. — Où se sont-elles enrhumées? — Elles se sont enrhumées en sortant de l'Opéra hier soir. — Convient-il à votre sœur de manger des pêches? — Il ne lui convient pas d'en manger, car elle en a déjà beaucoup mangé, et si elle en mange tant, cela la rendra malade. — Avez-vous bien dormi la nuit dernière? — Je n'ai pas bien dormi, car mes enfants ont fait trop de bruit dans ma chambre. — Où avez-vous été hier au soir? — J'ai été chez mon beau-frère. — Avez-vous vu Madame votre belle-sœur? — Je l'ai vue. — Comment se porte-t-elle? — Elle se porte mieux qu'à l'ordinaire. — Avez-vous joué? — Nous n'avons pas joué, mais nous avons lu quelques bons livres; car ma belle-sœur aime mieux lire que jouer. — Avez-vous lu la gazette aujourd'hui? — Je l'ai lue. — Y a-t-il quelque chose de nouveau? — Je n'y ai rien lu de nouveau. — Où avez-vous été depuis que je ne vous ai vu? — J'ai été à Vienne, à Paris et à Berlin. — Avez-vous parlé à ma tante? — Je lui ai parlé. — Que dit-elle? — Elle dit qu'elle veut vous voir. — Où avez-vous mis ma plume? — Je l'ai mise sur le banc. — Comptez-vous voir votre nièce aujourd'hui? — Je compte la voir, car elle m'a promis de dîner avec nous. — J'admire cette famille, car le père en est le roi et la mère en est la reine. Les enfants et les domestiques sont les sujets de l'État. Les précepteurs des enfants sont les ministres qui partagent avec le roi et la reine le soin du gouvernement. La bonne éducation qu'on donne aux enfants est la couronne des monarques.

176.

Avez-vous déjà loué une chambre? — J'en ai déjà loué une. — Où l'avez-vous louée? — Je l'ai louée dans la rue Guillaume, numéro cent cinquante-deux. — Chez qui l'avez-vous louée? — Chez l'homme dont le fils vous a vendu un cheval. — Pour qui votre père a-t-il loué une chambre? — Il en a loué une pour son fils qui vient d'arriver de France. — Pourquoi n'avez-vous pas tenu votre promesse? — Je ne me ressouviens pas de ce que je vous ai promis. — Ne nous avez-vous pas promis de nous mener au concert jeudi dernier? — Je confesse que j'ai eu tort de vous le promettre; cependant le concert n'a pas eu lieu. — Votre frère convient-il de sa faute? — Il en convient. — Votre oncle que dit-il de ce billet? — Il dit qu'il est très bien écrit; mais il convient qu'il a eu tort de l'envoyer au capitaine. — Convenez-vous de votre faute à présent? Je conviens que c'est une faute. — Où avez-vous trouvé mon habit? — Je l'ai trouvé dans la chambre bleue. — Voulez-vous pendre mon chapeau à l'arbre? — Je veux l'y pendre. — Comment vous portez-vous aujourd'hui? — Je ne me porte pas très bien. — Qu'avez-vous? — J'ai un violent mal de tête et un rhume de cerveau. — Où vous êtes-vous enrhumé? — Je me suis enrhumé hier soir en sortant du spectacle.

CINQUANTE-SEPTIÈME LEÇON
Lição quinquagesima setima.

DU PARTICIPE PRÉSENT OU GÉRONDIF.

Le participe présent ou gérondif se forme, en portugais, de l'infinitif, savoir : pour la première conjugaison, en changeant la terminaison *ar* en *ando*. Ex : amar, amando, aimer, aimant ; et pour les deuxième et troisième conjugaisons, en changeant les terminaisons *er* ou *ir* en *endo* et *indo*. Ex : Temer, temendo, craindre, craignant ; partir, partindo, partir, partant.

Parler,	parlant.	Fallar,	fallando.
Rendre,	rendant.	Entregar,	entregando.
Partir,	partant.	Partir,	partindo.

L'homme mange en courant.	O homem come correndo.
Je corrige en lisant.	Eu corrijo lendo.
Je questionne en parlant.	Eu questiono fallando.
Vous parlez en me répondant.	V^ce falla respondendo.

Questionner.	*Questionar 1.*
La cravate.	A gravata.
La voiture.	A carruagem.
La maison.	A casa.
La lettre.	A carta.
La table.	A mesa.
La famille.	A familia.
La promesse.	A promessa.
La jambe.	A perna.
Le mal de gorge.	A dôr de garganta.
La gorge.	A garganta.
J'ai mal à la gorge.	Dóe-me a garganta.
La viande.	A carne.
De la viande salée.	Carne salgada.
De la viande fraîche.	Carne fresca.
Du bœuf frais.	Carne de vacca fresca.
De l'eau fraîche.	Agua fresca.
L'aliment.	O alimento.
Le mets.	A comida.
Des mets salés.	Comidas salgadas.
Du laitage.	Lacticinio.

CINQUANTE-SEPTIÈME LEÇON 275

Le voyageur.	O viajante.
Marcher.	*Marchar, andar.*
J'ai marché beaucoup aujourd'hui.	Andei hoje muito.
Je me suis promené dans le jardin avec ma mère.	Passeei no jardim com minha mãi.
Faire un mille.	† Andar uma milha.
Faire une lieue.	† Andar uma legoa.
Faire un pas.	† Andar um passo.
Faire une démarche.	† Dar um passo.
Faire un voyage.	Fazer uma viagem.
Faire un discours.	Fazer um discurso.
Une affaire.	Um negocio.
Faire des affaires.	Fazer negocio.

Se mêler de quelque chose.	*Metter-se, intrometter-se em alguma coisa.*
De quoi vous mêlez-vous ?	Em que se occupa o senhor ?
Je me mêle de mes propres affaires.	Metto-me em meus proprios negocios.
Ce homme se mêle toujours des affaires des autres.	Este homem mette-se sempre nos negocios dos outros.
Je ne mêle pas des affaires d'autrui.	† Não me metto em negocios alheios.
Autrui.	*Outrem, alheio, alheia, alheios, alheias.*
Il se mêle de peindre.	Elle se mette a pintar.
Il s'occupe de peinture.	Elle se occupa de pintura.
La peinture.	A pintura.
La chimie.	A chimica.
Le chimiste.	O chimico.
L'art.	A arte.
Étrange, étonnant.	Estranho, assombroso.
C'est étrange.	É estranho.
S'occuper de ou à.	*Occupar-se de ou em.*

Concerner ou *regarder quelqu'un.*	*Concernir* ou *dizer respeito.*
Regarder quelqu'un.	*Importar a alguem.*
Je n'aime pas me mêler de ce qui ne me regarde pas.	Não gosto de metter-me no que me não diz respeito.
Cela ne regarde personne.	Isto não importa a ninguem.
Ne pas se soucier de quelque chose.	Não fazer caso de alguma coisa.

Attirer.
L'aimant attire le fer.
Son chant m'attire.
Charmer.
Enchanter.
J'en suis charmé.
La beauté.

Attrahir.
O iman attrahe o ferro.
Seu canto attrahe-me.
Encantar, enfeitiçar.
Estou encantado.
A belleza, a formosura.

L'harmonie.
La voix.
Le pouvoir.

A harmonia.
A voz.
O poder.

Répéter.
La répétition.
Le commencement.
La sagesse.
L'étude.
Le seigneur.
Une bonne mémoire.
Un mémoire.
Le rossignol.
Tous les commencements sont difficiles.

Repetir.
A repetição.
O começo, o principio.
O juizo, a discreção.
O estudo.
O senhor.
Uma boa memoria.
Uma memoria.
O rouxinhol.
Todos os principios são difficeis.

Créer.
La création.
Le Créateur.
Le bienfait.
La crainte du Seigneur.
Le ciel.
La terre.
La solitude.
La leçon.
La bonté.
De la farine.
Le moulin.

Crear.
A creação.
O Creador.
O beneficio.
O temor do Senhor.
O céo.
A terra.
A solidão.
A lição.
A bondade.
Farinha.
O moinho.

Rem. — Les verbes suivants, comme beaucoup d'autres qui, en français, prennent l'auxiliaire *être*, se conjuguent en portugais avec l'auxiliaire *ter*, avoir (v. la *Rem.* sur les verbes neutres, leçon XXXIV, pag. 139).

Aller,	ir.	Tomber,	cahir.
S'arrêter,	parar.	Venir,	vir.
Arriver,	chegar,		tornar-se.
Déchoir,	cahir.	Devenir,	converter-se.
Décéder,	fallecer.		desaccordar.
Entrer,	entrar.	Disconvenir,	desconvir.
Mourir,	morrer.	Intervenir,	intervir.
Naître,	nascer.	Parvenir,	chegar.
Partir,	partir.	Revenir,	voltar.
Sortir,	sahir.	Survenir,	sobrevir.

Votre mère est-elle venue?	Veio a mãi de V^{ce}?
Elle n'est pas encore venue.	Ainda não veio.
Les femmes sont-elles déjà venues?	Já vieram as mulheres?
Elles ne sont pas encore venues.	Ainda não vieram.
Votre sœur est-elle arrivée?	Chegou a sua irmã?

Le participe passé est invariable en portugais, quand il est précédé de l'auxiliaire *ter*, avoir; il est invariable et s'accorde en genre et en nombre, lorsqu'il est précédé de *ser* ou *estar*, être, pour former la voix passive, comme nous le verrons dans la leçon suivante.

THÈME.

177.

Voulez-vous dîner avec nous aujourd'hui? — Avec beaucoup de plaisir. — Quels mets avez-vous? — Nous avons de bonne soupe, de la viande fraîche et de la viande salée, et du laitage. — Aimez-vous le laitage? — Je le préfère à tout autre aliment. — Êtes-vous prêt à dîner? — Je suis prêt. — Comptez-vous bientôt partir? — Je compte partir la semaine prochaine. — Voyagez-vous seul? — Non, Madame, je voyage avec mon oncle. — Voyagez-vous à pied ou en voiture? — Nous voyageons en voiture. — Avez-vous rencontré quelqu'un dans votre dernier voyage à Berlin? — Nous avons rencontré beaucoup de voyageurs. — A quoi comptez-vous passer le temps cet été? — Je compte faire un petit voyage. — Avez-vous beaucoup marché dans votre dernier voyage? — J'aime beaucoup à marcher, mais mon oncle aime à aller en voiture. — N'a-t-il pas voulu marcher? — Il a voulu marcher d'abord, mais il a voulu monter en voiture après avoir fait quelques pas, de sorte que je n'ai pas beaucoup marché. — Qu'avez-vous fait aujourd'hui à l'école? — Nous avons écouté notre professeur. — Qu'a-t-il dit? — Il a fait un grand discours sur la bonté de Dieu. Après avoir dit : « La répétition est la mère des études, et une bonne mémoire est un grand bienfait de Dieu, » il a dit : « Dieu est le créateur du ciel et de la terre ; la crainte du Seigneur est le commencement de toute sagesse. » — Que faites-vous toute la journée (*todo o dia*) dans ce jardin? — Je m'y promène. — Qu'est-ce qui vous y attire? — Le chant des oiseaux m'y attire. — Y a-t-il des rossignols? — Il y en a, et l'harmonie de leur chant m'enchante. — Ces rossignols ont-ils plus de pouvoir sur vous que les beautés de la peinture, ou que la voix de votre tendre mère, qui vous aime tant? — J'avoue que l'harmonie du chant de ces petits oiseaux a plus de pouvoir sur moi que les paroles les plus tendres de mes plus chers amis.

178.

A quoi votre nièce s'amuse-t-elle dans sa solitude? — Elle lit beaucoup et elle écrit des lettres à sa mère. — A quoi votre oncle s'amuse-t-il dans sa solitude? — Il s'occupe de peinture et de chimie. — Ne fait-il plus d'affaires? — Il n'en fait plus, car il est trop âgé pour en faire. — Pourquoi se mêle-t-il de vos affaires? — Il ne se mêle pas ordinairement des affaires des autres, mais il se mêle des miennes, parce qu'il m'aime. — Votre maître vous a-t-il fait répéter votre leçon aujourd'hui? — Il me l'a fait répéter. — L'avez-vous sue? — Je l'ai sue assez bien. — Avez-vous aussi fait des thèmes? — J'en ai fait ; mais qu'est-ce que cela vous fait, je vous prie? — Je ne me mêle pas ordinairement des choses qui ne me regardent pas, mais je vous aime tant que je m'intéresse beaucoup à ce que vous faites. — Quelqu'un se soucie-t-il de vous? — Personne ne se soucie de moi, car je n'en vaux pas la peine. — Qui est-ce qui corrige vos thèmes? — Mon maître les corrige. — Comment les corrige-t-il? — Il les corrige en les lisant, et en les lisant il me parle. — Combien de choses votre maître fait-il à la fois? — Il fait quatre choses à la fois. — Comment cela? — Il lit et corrige mes thèmes, il me parle et me questionne tout à la fois. — Mademoiselle votre sœur chante-t-elle en dansant? — Elle chante en travaillant, mais elle ne peut pas chanter en dansant. — Votre mère est-elle partie? — Elle n'est pas encore partie (*não partiu ainda*). — Quand partira-t-elle? — Elle partira demain soir. — A quelle heure? — A sept heures moins un quart. — Vos sœurs sont-elles arrivées? — Elles ne sont pas encore arrivées, mais nous les attendons ce soir. — Passerontelles la soirée avec nous? — Elles la passeront avec nous, car elles m'ont promis de le faire. — Où avez-vous passé la matinée? — Je l'ai passée à la campagne? — Allez-vous tous les matins à la campagne? — Je n'y vais pas tous les matins, mais deux fois par semaine. — Pourquoi votre nièce n'est-elle pas venue me voir? — Elle est très malade, et elle a passé toute la journée dans sa chambre.

CINQUANTE-HUITIÈME LEÇON

Lição quinquagesima oitava.

DU FUTUR PASSÉ.

Le futur passé se forme du futur de l'auxiliaire, joint au participe passé du verbe à conjuguer.

J'aurai aimé.	Eu terei amado.
Tu auras aimé.	Tu terás amado.
Il ou elle aura aimé.	Elle ou ella terá amado.
Nous aurons aimé.	Nós teremos amado.
Vous aurez aimé.	Vós tereis amado.
Ils ou elles auront aimé.	Elles ou ellas terão amado.

Je serai venu.	Eu terei vindo.
Tu seras venu.	Tu terás vindo.
Il ou elle sera venu.	Elle ou ella terá vindo.
Nous serons venus.	Nós teremos vindo.
Vous serez venus.	Vós tereis vindo.
Ils ou elles seront venus.	Elles ou ellas terão vindo.

J'aurai été loué.	Eu terei sido louvado.
Tu auras été loué.	Tu terás sido louvado.
Il aura été loué	Elle terá sido louvado.
Elle aura été louée.	Ella terá sido louvada.
Nous aurons été loués.	Nós teremos sido louvados.
Vous aurez été loués.	Vós tereis sido louvados.
Ils auront été loués.	Elles terão sido louvados.
Elles auront été louées.	Ellas terão sido louvadas.

Rester.	*Ficar, sobrar, restar.*
Quand j'aurai payé le cheval il ne me restera que dix écus.	Quando eu tiver pago o cavallo, não me ficarão mais que dez escudos.
Combien d'agent vous reste-t-il ?	Que dinheiro lhe fica ?

Il me reste un franc.	Fica-me um franco.
Il ne me reste qu'un franc.	Não me resta senão um franco.
Combien reste-t-il à votre frère ?	Quanto resta ao irmão de V^{ce} ?
Il lui reste un écu.	Resta-lhe um escudo.
Combien reste-t-il à votre sœur ?	Quanto resta á sua irmã ?
Il ne lui reste que trois sous.	Não lhe resta senão trez soldos.
Combien reste-t-il à vos frères ?	Quanto resta a seus irmãos ?
Il leur reste un louis.	Resta-lhes um luiz.
Quand ils auront payé le tailleur, il leur restera cent francs.	Quando elles tiverem pago ao alfaiate restar-lhes-hão cem francos.
Quand je serai chez ma tante, viendrez-vous me voir ?	Quando eu estiver em casa de minha tia virá V^{ce} ver-me ?
Quand vous aurez fini d'écrire, viendrez-vous faire un tour avec moi ?	Quando V^{ce} tiver concluido de escrever virá passear commigo ?
Vous jouerez quand vous aurez fini votre thème.	Brincará quando tiver acabado o seu thema
Que ferez-vous quand vous aurez dîné ?	Que fará V^{ce} quando tiver jantado ?
Quand j'aurai parlé à votre frère je saurai ce que j'ai à faire.	Quando eu tiver fallado a seu irmão saberei o que tenho que fazer.

Fait-il de la pluie ?	Chove ?
Il fait de la pluie.	Chove.
Fait-il de la neige ?	Neva ?
Il fait de la neige.	Neva.
Fait-il de la boue ?	Ha lama ?
Il fait de la boue.	Ha lama.
Fait-il sale dehors ?	Está sujo lá por fóra.
Il fait très sale.	Está muito sujo.
Fait-il de la poussière ?	Ha poeira ?
Il fait beaucoup de poussière.	Ha muita poeira.
Fait-il de la fumée ?	Ha fumo.
Il fait trop de fumée.	Ha demasindo fumo.
Dehors.	Fóra.

Entrer dans.	*Entrar em.*
Voulez-vous entrer dans ma chambre ?	Quer o senhor entrar no meu quarto.
Je veux y entrer.	Quero lá entrar.

Y entrerez-vous ?	Entra ná o senhor lá ?
J'y entrerai.	Entrarei.

S'asseoir.	Sentar-se.
Etre assis.	*Estar sentado.*
Il est assis sur la grande chaise.	Está sentado na grande cadeira.
Elle est assise sur le banc.	Está sentado no banco.

Remplir de.	*Encher de.*
Remplir de vin une bouteille.	Encher de vinho uma garrafa.
Remplissez-vous d'eau cette bouteille ?	Enche V^{ce} d'agua esta garrafa ?
Je remplis d'argent ma bourse.	Encho de dinheiro a minha bolsa.
Il se remplit de viande le ventre.	Encheu de carne a barriga.
La poche.	A algibeira.

Etes-vous venu tout seul ?	Veio o senhor só ?
Non, j'ai amené tout mon monde.	Não, trouxe toda a minha gente.
Amener.	*Trazer.*
Il a amené tout son monde.	Trouxe toda a sua gente.
Avez-vous amené votre frère ?	Trouxe o senhor o seu irmão ?
Je l'ai amené.	Trouxe-o.
Avez-vous dit au palefrenier d'amener le cheval ?	Disse o senhor ao palafreneiro de trazer o cavallo ?
Je lui ai dit de vous l'amener.	Disse-lhe de trazel-o.
Le palefrenier.	O palafreneiro.
M'apportez-vous mes livres ?	Traz-me o senhor os meus livros ?
Je vous les apporte.	Trago-os a V^{ce}.
Mener.	*Levar, conduzir.*
Voulez-vous mener ce cheval à l'écurie ?	Quer o senhor levar este cavallo á estribaria ?
Je veux l'y mener.	Quero leval-o lá.
Portez-vous ce fusil à mon père ?	Leva o senhor esta espingarda a meu pai ?
Je le lui porte.	Levo-lha.
La canne.	A bengala.
L'écurie.	A cavalhariça.

Descendre.	Descer.
Descendre dans le puits.	Descer ao poço.
Descendre la montagne.	Descer a montanha.
Descendre la rivière.	Descer o rio.
Descendre de cheval.	Apear-se do cavallo.
Descendre de voiture.	Apear-se da carruagem.

Monter.	Montar, subir.
Monter la montagne.	Subir a montanha.
Où votre frère est-il allé?	Onde foi o seu irmão?
Il a monté la colline.	Subiu a colina.
Monter à cheval.	Montar a cavallo.
Monter en voiture.	Montar em carruagem.
Monter sur un vaisseau.	Subir a um navio.

Prier.	Supplicar, rogar.
Voulez-vous prier votre frère de descendre.	Quer o senhor supplicar ao seu irmão de descer?
La barbe.	A barba.
La rivière, le fleuve.	O rio.
Le torrent.	A torrente.
Remonter la rivière.	Remontar o rio.

THÈMES.

179.

Vos parents iront-ils demain à la campagne? — Ils n'iront pas, car il fait trop de poussière. — Irons-nous nous promener aujourd'hui? — Nous n'irons pas nous promener, car il fait trop sale dehors. — Voyez-vous le château de mon parent derrière cette montagne-là? — Je le vois. — Y entrerons-nous? — Nous y entrerons si cela vous plaît. — Voulez-vous entrer dans cette chambre? — Je n'y entrerai pas, car il y fait de la fumée. — Je vous souhaite le bonjour, Madame. — Ne voulez-vous pas entrer? Ne voulez-vous pas vous asseoir? — Je m'assiérai sur cette grande chaise. — Voulez-vous me dire ce qu'est devenu votre frère? — Je vais vous le dire. — Où est votre sœur? — Ne la voyez-vous pas? — Elle est assise sur le banc. — Votre père est-il assis sur le banc? — Non, il est assis sur la chaise. — As-tu dépensé tout ton argent? — Je n'ai pas tout dépensé. — Combien t'en reste-t-il? — Il ne m'en reste pas beaucoup; il ne me reste plus que cinq francs. — Combien d'argent reste-t-il à tes sœurs? — Il ne leur reste plus que trois écus. — Vous reste-t-il assez d'argent pour payer votre tailleur? — Il m'en reste assez pour le payer; mais si je le paye, il ne m'en restera guère. — Combien d'argent restera-t-il à vos frères? — Il leur restera cent écus. — Quand irez-vous en (*d*) Italie ? — J'irai aussitôt que j'aurai appris l'italien (*o italiano*). — Quand vos frères iront-ils en France ? — Ils iront aussitôt qu'ils sauront le français. — Quand l'apprendront-ils ? — Ils l'apprendront quand ils auront trouvé un bon maître. — Combien nous restera-t-il d'argent, quand nous aurons payé nos chevaux ? — Quand nous les aurons payés, il ne nous restera que cent écus.

180.

Gagnez-vous quelque chose à (*em*) cette affaire ? — Je n'y gagne pas beaucoup ; mais mon frère y gagne beaucoup. Il remplit d'argent sa bourse. — Combien d'argent y avez-vous gagné? — Je n'y ai guère gagné, mais mon cousin y a gagné beaucoup. Il a rempli sa poche d'argent. — Pourquoi cet homme ne travaille-t-il pas? — C'est un vaurien, car il ne fait que manger toute la journée. Il remplit toujours de viande son ventre, de sorte qu'il se rendra malade, s'il continue à manger tant (*amsis*). — De quoi avez-vous rempli cette bouteille? — Je l'ai remplie de vin. — Cet homme veut-il avoir soin de mon cheval ? — Il veut en avoir soin. — Qui aura soin de mon domestique ? — L'aubergiste aura soin de lui. — Votre domestique a-t-il soin de vos chevaux ? — Il en a soin. — A-t-il soin de vos habits ? — Il en a soin, car il les brosse tous les matins (*manhãs*). — Avez-vous jamais bu du vin français?—Je n'en ai jamais bu. — Y a-t-il longtemps que vous n'avez mangé du pain français ? — Il y a près de trois ans que je n'en ai mangé. — Avez-vous fait mal à mon beau-frère ? — Je ne lui ai pas fait de mal mais il m'a coupé le doigt. — Avec quoi vous a-t-il coupé le doigt ? — Avec le couteau que vous lui avez prêté.

181.

Votre père est-il enfin arrivé ? — Tout le monde dit qu'il est arrivé; mais je ne l'ai pas encore vu. — Le médecin a-t-il fait mal à votre fils ? — Il lui a fait mal, car il lui a coupé le doigt. — A-t-on coupé la jambe à cet homme ? — On la lui a coupée. — Êtes-vous content de votre domestique ? — J'en suis très content, car il est propre à tout. — Que sait-il ? — Il sait tout. — Sait-il monter à cheval ? — Il le sait. — Votre frère est-il enfin revenu d'Angleterre ? — Il en est revenu, et il vous a amené un beau cheval. — A-t-il dit à son palefrenier de me l'amener ? — Il lui a dit de vous l'amener. — Que dites-vous de ce cheval ? — Je dis qu'il est beau et bon, et je vous prie de le mener à l'écurie. —

A quoi avez-vous passé le temps hier ? — J'ai été au concert et ensuite au spectacle. — Quand cet homme est-il descendu dans le puits ? — Il y est descendu ce matin. — Est-il déjà remonté ? — Il y a une heure qu'il est remonté. — Où est votre frère ? — Il est dans sa chambre. — Voulez-vous lui dire de descendre ? — Je veux le lui dire; mais il n'est pas encore habillé. — Votre ami est-il toujours sur la montagne ? — Il en est déjà descendu. — Avez-vous descendu ou remonté la rivière ? — Nous l'avons descendue. — Mon cousin vous a-t-il parlé avant de partir ? — Il m'a parlé avant de monter en voiture. — Avez-vous vu mon frère ? — Je l'ai vu avant de monter sur le vaisseau. — Vaut-il mieux aller en voiture que de monter sur un vaisseau ? — Ce n'est pas a peine de monter en voiture, ni de monter sur le vaisseau, quand on n'a pas envie de voyager.

CINQUANTE-NEUVIÈME LEÇON.

Lição quinquagesima nona.

IMPARFAIT.

En portugais, l'imparfait se forme de l'infinitif, en changeant, pour la première conjugaison, la terminaison *ar* en :

	1re *personne.*	2e *personne.*	3e *personne.*
Pour le sing.	AVA,	AVAS,	AVA
Pour le plur.	AVAMOS,	AVAIS,	AVÃO.

Et pour les deux autres conjugaisons, en changeant les terminoisons *er* ou *ir* en :

Pour le sing.	IA,	IAS,	IA.
Pour le plur.	IAMOS,	IAIS,	IAO.

Infinitif.

Parler, je parlais.	Fallar,	eu fallava.
Rendre, je rendais.	Entregar,	eu entregava.
Finir, je finissais.	Acabar,	eu acabava.
Avoir, j'avais.	Haver,	eu havia.
Savoir, je savais.	Saber,	eu sabia.
J'étais, tu étais, il (elle) était.		eu era, tu eras, elle (ella), era.
Nous étions, vous étiez, ils (elles) étaient.		nós eramos, vós ereis, elles ou ellas eram.

Rem. On se sert de l'imparfait comme en français.

Quand j'étais à Berlin, j'allais souvent voir mes amis.	Quando eu estava en Berlim, ia muitas vezes ver os meus amigos.
Quand vous étiez à Paris; vous alliez souvent aux Champs-Elysées.	Quando o senhor estava em Paris, ia frequentemente aos Campos Elyseos.
Rome était d'abord gouvernée par des rois.	Roma era primeiramente governada por reis.
César était un grand homme.	Cesar era um grande homem.
Cicéron était un grand orateur.	Cicero era um grande orador.
Nos ancêtres allaient tous les jours à la chasse.	Nossos antepassados iam todos os dias á caça.

Les Romains cultivaient les sciences et les arts, et récompensaient le mérite.	Os romanos cultivam as sciencias e as artes e recompensavam o merito.
Vous promeniez-vous?	Passeaya o senhor?
Je ne me promenais pas.	Não passeava.
Étiez-vous à Paris lorsque le roi y était?	Estava o senhor em Paris quando lá estava o rei?
J'y étais lorsqu'il y était.	Estava quando elle estava.
Où étiez-vous lorsque j'étais à Londres?	Onde estava o senhor quando eu estava em Londres?
Quand déjeuniez-vous lorsque vous étiez en Allemagne?	Quando almoçava o senhor quando estava n'Allemanha?
Je déjeunais lorsque mon père déjeunait.	Almoçava quando o meu pai almoçava.
Travailliez-vous lorsqu'il travaillait.	Trabalhava o senhor quando elle trabalhava.
Du poisson.	Peixe, pescado.
Du gibier.	A caça.
Quand je demeurais chez mon père, je me levais de meilleure heure que je ne le fais à présent.	Quando eu morava em casa de meu pai levantava-me mais cedo que agora.
Quand nous demeurions dans ce pays-là nous allions souvent à la pêche.	Quando nos habitavamos aquelle paiz, iamos frequentemente á pesca.
Quand j'étais malade je gardais le lit toute la journée.	Quando eu estava doente, ficava na cama todo o dia.
L'été passé, quand j'étais à la campagne, il y avait beaucoup de fruits.	O verão passado, quando estava no campo, havia muita fruta.

Une chose.	*Uma coisa.*
La même chose.	O mesmo.
Le même homme.	O mesmo homem.
C'est égal.	É a mesma coisa; é o mesmo.

Un tel, une telle.	*Um tal, uma tal.*
Un tel homme (un tel).	Tal homem.
De tels hommes.	Táes homens.
Une telle femme.	Tal mulher.
De telles choses.	Táes coisas.
Pareil, *fem.* pareille.	Igual, semelhante.
De pareils hommes méritent de l'estime.	Semelhantes homens merecem estima.

Hors de | *Fóra de.*
Hors de la ville. | Fóra da cidade.
Dehors. | A fóra.
L'église est hors de la ville. | Ai greja é fóra da cidade.
Je vous attendrai devant la porte de la ville. | Eu lhe esperarei está á porta da cidade.
La porte de la ville. | A porta da cidade.
La barrière. | A barreira.

Rarement. | Raramente.
De l'eau-de-vie. | Aguardente.
La vie. | A vida.
Gagner sa vie à. | Ganhar a vida em *ou* a.
Je gagne ma vie à travailler. | Ganho a minha vida a trabalhar.
Je gagne mon argent à travailler. | Eu ganho o meu dinheiro trabalhando.
Il gagne sa vie à écrire. | Elle ganha a sua vida à escrever.
Il gagne mon argent à travailler. | Ganha a meu dinheiro a trabalhar.
A quoi cet homme gagne-t-il sa vie ? | Em que ganha este homen a sua vida ?

Continuer. | *Continuar.*
Il continue son discours. | Elle continua o seu discurso.
Un bon appétit. | Bom appetite.
Le conte (la narration). | O conto (a narração).
Le bord. | A margem, o bordo a praia.
Le bord du ruisseau. | A margem do rejato.
Au bord de la mer. | † A beira mar.
Le rivage, la rive. | A margem, a pria, a riba.

Gens. | Gente.
Ce sont de bonnes gens. | E boa gente.
Ce sont de méchantes gens. | E má gente.

THÈMES.

182.

Étiez-vous aimé quand vous étiez à Dresde ? — Je n'étais pas haï. — Votre frère était-il estimé lorsqu'il était à Londres ? — Il était aimé et estimé. — Quand étiez-vous en Espagne ? — J'y étais lorsque vous y étiez. — Qui était aimé et qui était haï ? — Ceux qui étaient sages, assidus et obéissants étaient aimés, et ceux qui étaient méchants, paresseux et désobéissants étaient punis, haïs et méprisés. — Étiez-vous à Berlin lorsque le roi y était ? — J'y étais lorsqu'il y était. — Votre oncle était-il à Londres lorsque j'y étais ? — Il y était lorsque vous y étiez. — Où étiez-vous lorsque j'étais à Dresde ? — J'étais à Paris. — Où était votre père lorsque vous étiez à Vienne ? — Il était en Angleterre. — Quand déjeuniez-vous lorsque vous étiez en France ? — Je déjeunais lorsque mon oncle déjeunait. — Travailliez-vous lorsqu'il travaillait ? — J'étudiais lorsqu'il travaillait. — Votre frère travaillait-il lorsque vous travailliez ? — Il jouait lorsque je travaillais. — De quoi nos ancêtres vivaient-ils (*viviam*) ? — Ils ne vivaient que de poisson et de gibier, car ils allaient (*iam*) tous les jours à la chasse et à la pêche. — Quelles gens étaient les Romains ? — C'étaient de très bonnes gens, car ils cultivaient les arts et les sciences et récompensaient le mérite. — Alliez-vous souvent voir vos amis lorsque vous étiez à Berlin ? — J'allais souvent les voir. — Alliez-vous quelquefois aux Champs-Elysées lorsque vous étiez à Paris ? — J'y allais souvent.

183.

Que faisiez-vous lorsque vous demeuriez (*viviam*) dans ce pays ? — Quand nous y demeurions, nous allions souvent à la pêche. — N'alliez-vous pas vous promener ? — J'allais me promener quelquefois. — Vous levez-vous de bonne heure ? — Pas si tôt que vous ; mais quand je demeurais chez mon oncle je me levais de meilleure heure que je ne le fais maintenant. — Gardiez-vous le lit quelquefois, lorsque vous demeuriez chez votre oncle ? — Quand j'étais malade, je gardais le lit toute la journée. — Y a-t-il beaucoup de fruit cette année ? — Je ne le sais pas, mais l'été dernier, lorsque j'étais à la campagne, il y avait beaucoup de fruits. — A quoi gagnez-vous votre vie ? — Je gagne ma vie à travailler. — Votre ami gagne-t-il sa vie à écrire ? — Il la gagne à parler et à écrire. — Ces messieurs gagnent-ils leur vie à travailler ? — Ils la gagnent à ne rien faire, car ils sont trop paresseux pour travailler. — A quoi votre ami a-t-il gagné cet argent ? — Il l'a gagné à travailler. — A quoi gagniez-vous votre vie lorsque vous étiez en Angleterre ? — Je la gagnais à écrire. — Votre cousin gagnait-il sa vie à écrire ? — Il la gagnait à travailler. — Avez-vous jamais vu une telle personne ? — Je n'en ai jamais vu une pareille. — Avez-vous déjà vu notre église ? — Je ne l'ai pas encore vue. — Où est-elle ? — Elle est hors de la ville. Si vous voulez la voir, j'irai avec vous pour vous la montrer. — De quoi vivent les gens qui habitent le bord de la mer ? — Ils ne vivent que de poisson. —

Pourquoi ne voulez-vous plus aller à la chasse? — J'ai chassé hier toute la journée et je n'ai tué qu'un vilain oiseau, de sorte que je n'irai plus à la chasse. — Pourquoi ne mangez-vous pas? — Parce que je n'ai pas bon appétit. — Pourquoi votre frère mange-t-il tant? — Parce qu'il a bon appétit.

184.

Qui cherchez-vous? — Je cherche mon petit frère. — Si vous voulez le trouver, il faut aller dans le jardin, car il y est. — Le jardin est grand, et je ne pourrai pas le trouver, si vous ne me dites pas dans quelle partie du jardin il est. — Il est assis sous le grand arbre, sous lequel nous étions assis hier. — A présent je le trouverai. — Pourquoi ne m'avez-vous pas apporté mes habits? — Ils n'étaient pas faits, de sorte que je ne pouvais pas vous les apporter; mais je vous les apporte à présent. — Vous avez appris votre leçon, pourquoi votre sœur n'a-t-elle pas appris la sienne? — Elle est allée se promener avec ma mère, de sorte qu'elle n'a pas pu l'apprendre; mais elle l'apprendra demain. — Quand corrigerez-vous mes thèmes? — Je les corrigerai lorsque vous m'apporterez ceux de votre sœur. — Pensez-vous y avoir fait des fautes? — Je ne le sais pas. — Si vous avez fait des fautes, vous n'avez pas bien étudié vos leçons, car il faut bien apprendre les leçons pour ne pas faire de fautes dans les thèmes. — C'est égal: si vous ne me les corrigez pas aujourd'hui, je ne les apprendrai que demain. — Il ne faut pas faire de fautes dans vos thèmes, car vous avez tout ce qu'il faut pour n'en pas faire.

SOIXANTIÈME LEÇON.

Lição sexagesima.

IMPARFAIT (Continuation).

J'oubliais, tu oubliais, il oubliait, nous oubliions, vous oubliiez, ils ou elles oubliaient.	Eu esquecia, tu esquecias, elle esquecia, nós esqueciamos, vós esquecieis, elles ou ellas esqueciam.
Quand nous allions à l'école, nous oubliions souvent nos livres.	Quando iamos á escóla esqueciamos muitas vezes os nossos livros.
Quand vous alliez à l'église vous priiez souvent le Seigneur pour vos enfants.	Quando ias a igreja regava muitas vezes ao Senhor por seus filhos.

Je payais, tu payais, il ou elle payait.	Eu pagava, tu pagavas, elle ou ella pagava.
Nous payions, vous payiez, ils ou elles payaient.	Nós pagavamos, vós pagaveis, elles pagavam.
Quand nous recevions de l'argent, nous l'employions à acheter de bons livres.	Quando recebiamos dinheiro, empregavamolo em comprar bons livros.
Quand vous achetiez chez ce marchand, vous ne payiez pas toujours comptant.	Quando V^{ce} comprava, em casa deste negociante, não pagava sempre ao contado.

Votre sœur est-elle parvenue à raccommoder votre cravate ?	Conseguiu a sua irmã arranjar-lhe a gravata ?
Elle y est parvenue.	Conseguiu-o.
La femme est-elle revenue du marché ?	Voltou a mulher do mercado ?
Elle n'en est pas encore revenue.	Ainda não voltou de lá.
Les femmes sont-elles convenues de cela ?	Convieram as mulheres n'isto ?
Elles en sont convenues.	Convieram.

Où votre sœur est-elle allée ? | Onde foi a sua irmã ?
Elle est allée à l'église. | Foi á igreja.

DU CONDITIONNEL PRESENT.

Ce mode se forme, comme en français, du futur, en changeant les terminaisons

en AO, EIS, EMO, AS, EI.
IAO, IAIS, IAMO, IAS, IA.

J'aurais, tu aurais, il ou elle aurait.	Eu teria, tu terias, elle ou ella teria.
Nous aurions, vous auriez, ils ou elles auraient.	Nós teriamos, vós terieis, elles ou ellas teriam.
Je serais, tu serais, il ou elle serait.	Eu seria, tu serias, elle ou ella seria.
Nous serions, vous seriez, ils ou elles seraient.	Nós seriamos, vós serieis, elles ou ellas seriam.
Je parlerais, tu parlerais, il ou elle parlerait.	Eu fallarei, tu fallarias, elle ou ella fallaria.
Nous parlerions, vous parleriez, ils ou elles parleraient.	Nós fallariamos, vós fallarieis, elles ou ellas fallariam.

Si j'avais de l'argent j'aurais un habit neuf.	Se eu tivesse dinheiro, teria um casaco novo.
Si tu savais faire ceci tu voudrais faire cela.	Se tu soubesses fazer isto quererias fazer aquillo.
S'il pouvait il voudrait.	Se elle podesse elle quereria.
J'irais si j'avais le temps.	Iria si tivesse tempo.
S'il savait ce que vous avez fait il vous gronderait.	Si elle soubesse o que fizestes, reprehendel-o-hia.
Gronder.	*Reprehender, ralhar.*
S'il y avait du bois il ferait du feu.	Se tivesse lenha elle faria fogo.
Si les hommes venaient, il faudrait leur donner quelque chose à boire.	Se os homens viessem, seria necessario dar-lhes alguma coisa de beber.
Si nous recevions nos lettres nous ne les lirions pas avant demain.	Se recebessos as nossas cartas, não as leriamos ate amanhã.

SOIXANTIÈME LEÇON 293

Pas avant. | Não antes; até.

DU CONDITIONNEL PASSÉ.

Ce temps se compose, comme en français, du participe passé précédé de l'un des deux verbes auxiliaires.

J'aurais, tu aurais, il ou elle aurait parlé.	Eu teria, tu terias, elle ou ella teria fallado.
Nous aurions, vous auriez, ils ou elles auraient parlé.	Nós teriamos, vós terieis, elles ou ellas teriam fallado.

Je serais, tu serais, il ou elle serait.	Parti. fem. partie.	Eu teria, tu terias, elle ou ella teria.	partido.
Nous serions. Vous seriez. Ils ou elles seraient.	Masculin plur. partis; fem. plur. pars ties.	Nós teriamos vós terieis. Elles ou ellas teriam.	partido.

Si j'avais reçu mon argent, j'aurais acheté des souliers neufs.	Se eu tivesse recebido o meu dinheiro, teria comprado sapatos novos.
S'il avait eu une plume il se serait rappelé le mot.	Se elle tivesse tido uma penna recordar-se-hia da palavra.
Si vous vous étiez levé de bonne heure vous ne vous seriez pas enrhumé.	Se V.ᶜᵉ se tivesse levantado cedo não se teria constipado.
S'ils s'étaient défaits de leur vieux cheval, il s'en seraient procuré un meilleur.	Se elles se tivessem desfeito de seu velho cavallo, procura-se-hiam um melhor.
S'il s'était lavé les mains il se les serait essuyées.	Se tivesse lavado as mãos tel-has-hia limpadi.
Si je savais cela, je me comporterais différemment.	Se eu soubesse isso procederia d'outra maneira.
Si j'avais su cela, je me serais comporté autrement.	Se eu tivesse sabido isso teria procedido d'outro modo.

Si tu t'étais aperçu de cela, tu ne te serais pas trompé.	Se tivesses cahido n'isso, não te terias enganado.

Apprendriez-vous le français si je l'apprenais?	Aprenderia V.ce o francez se eu o aprendera?
Je l'apprendrais si vous l'appreniez.	Aprendel-o-hia se o senhor o aprendera.
Auriez-vous appris l'allemand si je l'avais appris?	Teria o senhor aprendido o allemão se eu o tivesse aprendido?
Je l'aurais appris si vous l'aviez appris.	Tel-o-hia aprendido se o senhor o tivesse aprendido.
Iriez-vous en France si j'y allais avec vous?	Iria o senhor á França se eu fosse comsigo?
J'irais, si vous y alliez avec moi.	Eu iria, se o senhor fosse commigo.
Seriez-vous allé en Allemagne si j'y étais allé avec vous?	Teria o senhor ido a Allemanha se eu tivesse ido comsigo?
Sortiriez-vous si je restais à la maison?	Sahiria o senhor se eu ficasse em casa?
Je resterais à la maison, si vous sortiez.	Eu ficaria em casa se o senhor sahisse.
Auriez-vous écrit une lettre si j'avais écrit un billet?	Teria o senhor escripto uma carta, se eu tivesse escripto um bilhete?

Voilà mon livre.	Eis alli o meu livro.
Voici mon livre.	Eis aqui o meu livro.
Le voilà, la voilà.	Ei-l-o ahi.
Les voilà.	Eil-os aqui.
Me voici.	Eis-me aqui.
Voilà pourquoi.	Eis aqui porque.
Voilà pourquoi je le dis.	Eis porque digo.
Voici.	Eis aqui.
Voilà.	Eis ahi, alli, etc.

J'ai froid aux pieds.	Tenho os pés frios.
Il a froid aux pieds.	Tem os pés frios.
Elle a froid aux mains.	Ella tem as mãos frias.
J'ai froid au corps.	Tenho o corpo frio.
La tête me fait mal.	Doe-me a cabeça.
La jambe lui fait mal.	Doe-lhe a perna.

SOIXANTIÈME LEÇON

Il a mal au côté.	Doe-lhe a ilharga.
La langue lui fait beaucoup de mal.	Doe-lhe muito a lingua.

Une assiette.	Um prato.
Le beau-fils — le gendre.	O genro.
La belle-fille — la bru.	A nora.
Le progrès.	O progresso.
Faire des progrès.	Fazer progressos.
Faire des progrès dans les études, dans les sciences.	Fazer progressos nos estudos, nas sciencias.
Le progrès ou les progrès d'une maladie.	O progresso, os progressos de uma doença.
Le beau-père.	O sogro.
La belle-mère.	A sogra.

THÈMES.

185.

Oubliiez-vous quelque chose lorsque vous alliez à l'école ? — Nous oubliions souvent nos livres. — Où les oubliiez-vous ? — Nous les oubliions à l'école. — Oubliions-nous quelque chose ? — Vous n'oubliiez rien. — Votre mère priait-elle pour quelqu'un lorsqu'elle allait à l'église ? — Elle priait pour ses enfants. — Pour qui priions-nous ? Vous priiez pour vos parents. — Pour qui nos parents priaient-ils ? — Ils priaient pour leurs enfants. — Lorsque vous receviez votre argent, qu'en faisiez-vous ? — Nous l'employions à acheter de bons livres. — Employiez-vous aussi le vôtre à acheter des livres ? — Non, nous l'employions à secourir les pauvres. — Ne payiez-vous pas votre tailleur ? — Nous le payions. — Payiez-vous toujours comptant lorsque vous achetiez chez ce marchand ? — Nous payions toujours comptant, car nous n'achetons jamais à crédit. — Votre sœur est-elle parvenue à raccommoder vos bas ? — Elle y est parvenue. — Votre mère est-elle revenue de l'église ? — Elle n'en est pas encore revenue. — Où votre tante est-elle allée ? — Elle est allée à l'église. — Où nos cousines sont-elles allées ? — Elles sont allées au concert. — N'en sont-elles pas encore revenues ? — Elles n'en sont pas encore revenues.

186.

Qui est là (*quem está là*)? — C'est moi (*sou eu*). — Qui sont ces hommes? — Ce sont des étrangers qui veulent vous parler. — De quels pays sont-ils? — Ce sont des Américains. — Où est mon livre? — Le voilà. — Et ma plume? — La voici. — Où est Mademoiselle votre sœur? La voilà. — Où sont nos cousines? — Les voilà. — Où êtes-vous, Jean? — Me voici. — Pourquoi vos enfants demeurent-ils en France? — Ils veulent apprendre le français; voilà pourquoi (*por isso*) ils demeurent en France. — Pourquoi êtes-vous assis près du feu? — J'ai froid aux mains et aux pieds, voilà pourquoi (*por isso*) je suis assis près du feu. — Votre sœur a-t-elle froid aux mains? — Non, mais elle a froid aux pieds. — Madame votre tante qu'a-t-elle? — La jambe lui fait mal. — Avez-vous quelque chose? — La tête me fait mal (*doe-me*). — Cette femme qu'a-t-elle? — La langue lui fait beaucoup de mal. — Pourquoi ne mangez-vous pas? — Je ne mangerai pas avant d'avoir bon appétit. — Votre sœur a-t-elle bon appétit? — Elle a très bon appétit; voilà pourquoi (*por isso*) elle mange (*come*) tant (*tanto*). — Si vous avez lu les livres que je vous ai prêtés, pourquoi ne me les rendez-vous pas? — Je compte les lire encore une fois; voilà pourquoi (*por isso*) je ne vous les ai pas encore rendus; mais je vous les rendrai aussitôt que je les aurai lus pour la seconde fois. — Pourquoi n'avez-vous pas apporté mes souliers? — Ils n'étaient pas faits; c'est pourquoi je ne les ai pas apportés; mais je vous les apporte à présent: les voici. — Pourquoi votre fille n'a-t-elle pas appris ses thèmes? — Elle a été faire un tour de promenade avec sa compagne; voilà pourquoi elle ne les a pas appris; mais elle promet de les apprendre demain, si vous ne la grondez pas.

187.

Auriez-vous de l'argent (*teria Vce dinheiro*) si votre père était ici? — J'en aurais (*o teria*), s'il était ici. — Auriez-vous été content, si j'avais eu des livres? — J'aurais été très content, si vous en aviez eu. — Auriez-vous loué mon petit frère, s'il avait été sage? — S'il avait été sage, je l'aurais certainement non seulement loué, mais aussi aimé, honoré et récompensé. — Serions-nous loués, si nous faisions nos thèmes? — Si vous les faisiez sans faute, vous seriez loués et récompensés. — Est-ce que mon frère n'aurait pas été puni, s'il avait fait ses thèmes? — Il n'aurait pas été puni, s'il les avait faits. — Ma sœur aurait-elle été louée, si elle n'avait pas été habile? — Elle n'aurait certainement pas été louée, si elle n'avait pas été très habile et si elle n'avait pas travaillé depuis le matin jusqu'au soir. — Me donneriez-vous quelque chose si j'étais très sage? — Si vous étiez très sage et si vous travailliez bien, je vous donnerais un beau livre. — Auriez-vous écrit à votre sœur si j'avais été à Paris ? — Je lui aurais écrit et je lui aurais envoyé quelque chose de beau, si vous y aviez été. — Parleriez-vous si je vous écoutais ? — Je parlerais si vous m'écoutiez et si vous me répondiez. — Auriez-vous parlé à ma mère si vous l'aviez vue ! — Je lui aurais parlé et je l'aurais priée de vous envoyer une belle montre en or, si je l'avais vue.

188.

Un des valets de chambre de Louis XIV demandait à ce prince, comme il se mettait au lit, de faire recommander à Monsieur le premier président un procès qu'il avait contre son beau-père, et disait, en le pressant : « Hélas ! Sire, vous n'avez qu'un mot à dire. — Eh ! dit Louis XIV, ce n'est pas de quoi je suis en peine ; mais, dis-moi, si tu étais à la place de ton beau-père, et ton beau-père à la tienne, serais-tu bien aise si je disais ce mot ? »

Si les hommes venaient, il faudrait leur donner quelque chose à boire. — S'il pouvait faire ceci, il voudrait faire cela. — Je me suis toujours flattée, mon cher frère, que vous m'aimiez autant que je vous aime ; mais je vois à présent que je me suis trompée. Je voudrais savoir pourquoi vous avez été vous promener sans moi ? — J'ai appris, ma chère sœur, que vous étiez fâchée contre moi, parce que j'ai été me promener sans vous. Je vous assure que si j'avais su que vous n'étiez pas malade, je serais venu vous chercher ; mais je me suis informé de votre santé chez votre médecin, et il m'a dit que vous gardiez le lit depuis huit jours.

189.

Un officier français étant arrivé à la cour de Vienne, l'impératrice Thérèse lui demanda s'il croyait que la princesse de N., qu'il avait vue la veille, était réellement la plus belle femme du monde, comme on le disait. « Madame, répliqua l'officier, je le croyais hier. » — Comment trouvez-vous cette viande ? — Je la trouve fort bonne. — Oserais-je vous demander un morceau de ce poisson ? — Si vous voulez avoir la bonté de me passer votre assiette, je vous en donnerai. — Voudriez-vous avoir la bonté de me verser à boire ? — Avec beaucoup de plaisir. — Cicéron voyant son beau-fils, qui était très petit, venir avec une longue épée au côté, dit : « Qui est-ce qui a attaché mon beau-fils à cette épée ? »

SOIXANTE ET UNIÈME LEÇON

Lição sexagesima primeira.

Qu'est devenue votre tante ?	Que é feito da tia de V^{cc} ?
Je ne sais pas ce qu'elle est devenue.	Não sei o que é feito d'ella.
Que sont devenues vos sœurs ?	Que é feito das irmãs de V^{cc} ?
Je ne peux pas vous dire ce qu'elles sont devenues.	Não lhe posso dizer o que é feito dellas.

Mourir.	Morrer.
Je meurs, tu meurs, il ou elle meurt.	Eu morro, tu morres, elle ou ella morre.
Mourrez-vous ?	Morrerá V^{cc} ?
Je mourrai.	Morrerei.
L'homme est mort ce matin et sa femme est morte aussi.	O homem morreu esta manhã e a sua mulher morreu tambem.
L'homme est mort.	O homem morreu.
La femme est morte ce matin.	A mulher morreu esta manhã.

Le vin se vend bien.	O vinho vende-se bem.
Le vin se vendra bien l'année prochaine.	O vinho vender-se-ha bem no anno que vem.
Cette porte se ferme facilement.	Esta porta fecha-se facilmente.
Cette fenêtre ne s'ouvre pas facilement.	Esta janella não se abre facilmente.
Ce tableau se voit de loin.	Este quadro vê-se de longe.
De loin.	De longe, ao longe.
Les vêtements d'hiver ne se portent pas en été.	A roupa de inverno não se veste no verão.
Cela ne se dit pas.	Isso não se diz.
Cela ne se conçoit pas.	Isso não se concebe.
Concevoir.	Conceber.
C'est clair.	E' claro.

Selon les circonstances.	Segundo as circumstancias.
La circonstance.	A circumstancia.
C'est selon.	Isso é conforme.
	Conforme.

Bien aise.	Contente, alegre.
Content.	Contente.
Fâché.	Zangado, enfadado.
Êtes-vous riche ?	E o senhor rico ?
Je le suis.	Sou-o.
Les femmes sont-elles bien ?	Estão bem as mulheres ?
Elles le sont; elles sont riches et belles.	Estão; são ricas e bellas.
Êtes-vous de France.	E'o senhor de França ?
J'en suis.	Sou.
De quel pays est-elle ?	De que paiz é ella ?
Elle est de France.	E' de França.
Seriez-vous fâché si vous étiez riche ?	Zangar-se-hia a senhor de ser rico ?
Je n'en serais pas fâché.	Não me zangaria.
Être fâché contre quelqu'un.	Estar zangado com alguem.
Être fâché de quelque chose.	Zangar-se por alguma coisa.
De quoi êtes-vous fâché.	Porque se zangou o senhor.
Êtes-vous fâché de l'avoir fait ?	Zangou-se o senhor de tel-o feito ?
J'en suis fâché.	Zanguei-me.
Honnête.	Decente, honesto.
Malhonnête.	Indecente deshonesto.
Poli.	Politico, cortez.
Impoli.	Impolitico, descortez.
Heureux, heureuse.	Feliz.
Malheureux, malheureuse.	Infeliz.
Facile.	Facil.
Difficile.	Difficil.
Utile.	Util.
Inutile.	Inutil.
Est-il utile d'écrire beaucoup ?	E' util escrever muito ?
C'est utile.	E'util.
Est-il bien de prendre le bien des autres ?	E' bom tomar os bens d'ou-brem ?
C'est mal.	E' máu.
Ce n'est pas bien.	Não é bem.
Bien.	Bem.
Mal.	Mal.

SOIXANTE ET UNIÈME LEÇON

A quoi cela est-il bon ?	Para que serve isso ?
Cela n'est bon à rien.	Não serve para nada.
Qu'est-ce que c'est que cela ?	Que é isto ?
Je ne sais pas ce que c'est que cela.	Não sei o que é isso ?
Qu'est-ce que c'est ?	Que é isso ?
Je ne sais pas ce que c'est.	Não sei o que é.

Comment vous appelez-vous ?	Como se chama o senhor ?
Je m'appelle Charles.	Chamo-me Carlos.
Comment cela s'appelle-t-il en français ?	Como se chama isto em francez ?
Comment dit-on cela en français ?	Como se diz isto em francez ?
Comment appelle-t-on cela ?	Como se chama isto ?
Henri premier.	Henrique primeiro.
Henri second ou deux.	Henrique segundo.
Georges trois.	George terceiro.
Henri quatre.	Henrique qurato.
Charles-Quint parlait couramment plusieurs langues européennes.	Carlos quinto fallava correntemente varias linguas europeas.

Rem. En portugais, après les noms de souverains, on se sert des nombres ordinaux pour les neuf premières dénominations ; à partir du dixième nombre, on se sert des cardinaux.

Louis quatorze.	Luiz quatorse.
L'Europe, Européen.	A Europa, Europeu.
Couramment.	Correntemente.
Plutôt que.	Melhor que. / Mais bem do que.
Plutôt que de.	Antes do. / Em lugar de. / Em vez de.

Plutôt que de dissiper mon argent je le garderai.	Conservarei o meu dinheiro em lugar de dissipal-o.
Je le paierai plutôt que d'y aller.	Pagalo-hei antes que ir lá.

Je brûlerai plutôt l'habit que de le porter.	Quemarei o casaco antes do que leval-o.
Il est arrivé plus tôt que moi.	Chegou antes que eu.
Un habit à demi usé.	Um casaco meio usado.
Faire les choses à demi.	Fazer as coisas à meias.

THÈMES.

190.

Qu'est devenu votre oncle? — Je vous dirai ce qu'il est devenu. Voici la chaise sur laquelle il était assis souvent. — Est-il mort? — Il est mort. — Quand est-il mort? — Il est mort il y a deux ans. — J'en suis très affligé. — Pourquoi ne vous asseyez-vous pas? — Si vous voulez rester auprès de moi, je m'assiérai; mais si vous vous en allez, je m'en irai avec vous. — Qu'est devenue votre tante? — Je ne sais pas ce qu'elle est devenue. — Voulez-vous me dire ce qu'est devenue votre sœur? — Je veux vous dire ce qu'elle est devenue. — Est-elle morte? — Elle n'est pas morte. — Qu'est-elle devenue? — Elle est allée à Vienne. — Que sont devenues vos sœurs? — Je ne peux pas vous dire ce qu'elles sont devenues, car il y a deux ans que je ne les ai vues. — Vos parents vivent-ils? — Ils sont morts. — Combien de temps y a-t-il que votre cousine est morte? — Il y a six mois qu'elle est morte. — Le vin se vendait-il bien l'année dernière? — Il ne se vendait pas trop bien; mais il se vendra mieux l'année prochaine, car il y en aura beaucoup, et il ne sera pas cher. — Pourquoi ouvrez-vous la porte? — Ne voyez-vous pas comme il fait de la fumée ici? — Je le vois, mais il faut ouvrir la fenêtre au lieu d'ouvrir la porte. — La fenêtre ne s'ouvre pas facilement, voilà pourquoi j'ouvre la porte. — Quand la fermerez-vous? — Je la fermerai aussitôt qu'il n'y aura plus de fumée. — Alliez-vous souvent à la pêche lorsque vous étiez dans ce pays? — Nous allions souvent à la pêche et à la chasse. — Si vous voulez venir avec nous à la campagne, vous verrez le château de mon père. — Vous êtes très poli (V^ce é muito) Monsieur (politico), mais j'ai déjà vu ce château.

191.

Quand avez-vous vu le château de mon père? — Je l'ai vu en voyageant l'année dernière. — C'est un très beau château, et il se voit de loin (longe). — Comment cela se dit-il (como se diz isso)? — Cela ne se dit pas. Cela ne se conçoit pas. — Ne peut-on pas tout dire dans votre langue? — On peut tout dire, mais non comme dans la vôtre. — Vous lèverez-vous de bonne heure (cedo) demain (amanhã)? — C'est selon; si je me couche de bonne heure ; mais si je me couche tard, je me lèverai tard. — Aimerez-vous mes enfants? — S'ils sont sages, je les aimerai. — Dînerez-vous avec nous demain? — Si vous faites préparer les mets que j'aime, je dînerai avec vous. — Avez-vous déjà lu la lettre que vous avez reçue ce matin? — Je ne l'ai pas encore ouverte. — Quand la lirez-vous (*quando da lerá V.*)? — Je la lirai aussitôt que j'aurai le temps. — A quoi cela est-il bon? — Cela n'est bon à rien. — Pourquoi l'avez-vous ramassé? — Je l'ai ramassé pour vous le montrer. — Pouvez-vous me dire ce que c'est? — Je ne peux pas vous le dire, car je ne le sais pas; mais je demanderai à mon frère qui vous le dira. — Où l'avez-vous trouvé? — Je l'ai trouvé au bord de la rivière, près du bois. — L'avez-vous aperçu de loin? — Je n'avais pas besoin de l'apercevoir de loin, car je passais à côté de la rivière. — Avez-vous jamais vu une telle chose? — Jamais. — Est-il utile de parler beaucoup? — C'est selon : quand on veut apprendre une langue étrangère, il est utile de parler beaucoup. — Est-il aussi utile d'écrire que de parler? — Il est plus utile de parler que d'écrire; mais, pour apprendre une langue étrangère, il faut faire l'un et l'autre. — Est-il utile d'écrire ce qu'on dit? — Cela est inutile.

192.

Où avez-vous pris ce livre? — Je l'ai pris dans la chambre de votre amie. — Est-il bien de prendre les livres des autres? — Ce n'est pas bien, je le sais, mais j'en avais besoin, et j'espère que votre amie n'en sera pas fâchée; car je le lui rendrai aussitôt que je l'aurai lu. — Comment vous appelez-vous? — Je m'appelle Guillaume (*Guilherme*). — Comment s'appelle votre sœur? — Elle s'appelle Léonore. — Pourquoi Charles se plaint-il de sa sœur? — Parce qu'elle a pris ses plumes. — De qui ces enfants se plaignent-ils? — François se plaint de Léonore, et Léonore de François. — Qui a raison? — Ils ont tort tous deux; car Léonore veut prendre les livres de François, et François ceux de Léonore. — A qui avez-vous prêté les œuvres de Racine? — J'ai prêté le premier volume à Guillaume (*Guilherme*) et le second à Louise (*Luiza*). — Comment cela se dit-il en français? — Cela se dit ainsi. — Comment cela se dit-il en allemand? — Cela ne se dit pas en allemand. — Le tailleur vous a-t-il apporté votre habit neuf? — Il me l'a apporté, mais il ne me va pas bien. — Vous en fera-t-il un autre? — Il m'en fera un autre; car plutôt de le porter, je le donnerai. — Vous servirez-vous de ce cheval? — Je ne m'en servirai pas. — Pourquoi ne vous en servirez-vous pas? — Parce qu'il ne me convient pas. — Le payerez-vous? — Je le payerai plutôt que de m'en servir. — A qui appartiennent ces beaux livres? — Ils appartiennent à Guillaume. — Qui les lui a donnés?

— Son père. — Les lira-t-il ? — Il les déchirera plutôt que de les lire. — Qui vous a dit cela ? — Il me l'a dit lui-même.

193.

De quel pays cette dame est-elle ? — Elle est de France. — Êtes-vous de France ? — Non, je suis d'Allemagne. — Pourquoi ne donnez-vous pas vos habits à raccommoder ? — Ce n'est pas la peine, car il me faut des habits neufs. — L'habit que vous portez n'est-il pas bon ? — C'est un habit à demi usé, et il ne vaut rien. — Seriez-vous fâché si votre mère arrivait aujourd'hui ? — Je n'en serais pas fâché. — Votre sœur serait-elle fâchée si elle était riche ? — Elle n'en serait pas fâchée. — Êtes-vous fâché contre quelqu'un ? — Je suis fâché contre Louise qui est allée à l'Opéra sans m'en dire un mot. — Où étiez-vous quand elle est sortie ? — J'étais dans ma chambre. — Je vous assure qu'elle en est très fâchée ; car si elle avait su que vous étiez dans votre chambre, elle vous aurait appelé pour vous emmener avec elle à l'Opéra. — Charles-Quint, qui parlait couramment plusieurs langues européennes, avait coutume de dire qu'il fallait parler espagnol avec les dieux, italien avec son amie, français avec son ami, allemand avec les soldats, anglais avec les oies, hongrois avec les chevaux, et bohémien avec le diable.

SOIXANTE-DEUXIÈME LEÇON

Lição sexagesima segunda.

Quant à.	Em quanto á.
Quant à cela je ne sais que dire.	Quanto á isto não sei o que dizer.
Je ne sais que faire.	Não sei o que fazer.
Je ne sais où aller.	Não sei adonde ir.
Il ne sait que répondre.	Não sabe o que responder.
Nous ne savons qu'acheter.	Não sabemos o que comprar.

Mourir d'une maladie.	Morrer de uma enfernce dade.
Elle est morte de la petite vérole.	Morreu de bexigas.
La petite vérole.	As bexigas (sans singulier).
La fièvre.	A febre.
La fièvre intermittente.	A febre intermitente.
L'attaque d'apoplexie.	A attaque apopletico, a apoplecia.
L'apoplexie.	A apoplexia.
Il avait un accès de fièvre.	Tinha um accesso de febre.
La fièvre l'a pris.	A febre attacou-o.
La fièvre l'a repris.	A febre voltou-lhe.
Il a été frappé d'apoplexie.	Teve um attaque apopletico.
Frapper.	Bater, golpear.

Sûr, fém. sûre.	Seguro, fem. segura.
Être sûr de quelque chose.	Estar seguro de alguma coisa.
J'en suis sûr.	Estou seguro.
Je suis sûr de cela.	Estou seguro disto.
Je suis sûr qu'elle est arrivée.	Estou seguro que ella chegou.
J'en suis sûr.	Estou seguro.
Il est arrivé quelque chose.	Aconteceu alguma coisa.
Il n'est rien arrivé.	Não aconteceu nada.
Qu'est-il arrivé?	Que succedeu?
Que lui est-il arrivé?	Que lhe succedeu?
Il lui est arrivé un accident.	Aconteceu-se um accidente.

SOIXANTE-DEUXIÈME LEÇON

Verser.	Deitar, verter.
Une larme.	Uma lagrima.
Verser des larmes.	Verter lagrimas.
Verser à boire.	Deitar de beber.
Je verse à boire à cet homme.	Deito de beber a este homem.
Les larmes aux yeux.	As lagrimas nos olhos.

Doux; *fém.*: douce.	Doce, suave (pour les deux genres), benigno; *fem.*: benigna.
Sûr.	Seguro, azedo.
Du vin doux.	Vinho doce.
Un air doux.	Um ar suave.
Un doux zéphir.	Um suave zefiro.
Un doux sommeil.	Um doce somno.
Rien ne rend la vie si douce que la société et le commerce de nos amis.	Nada faz a vida tão suave como a sociedade e o commercio de nossos amigos.

Se rendre à.	Voltar a.
Se rendre à l'armée, à son régiment.	Voltar ao exercito, ao seu regimento.
Une armée, un régiment.	Um exercito. Um regimento.
Je me suis rendu à cet endroit.	Voltei a este lugar.

Crier.	Gritar, *reganhar* (style populaire).
Aider.	Ajudar.
Je l'aide à le faire.	Ajudo-o a fazer.
Je vous aide à écrire.	Ajudo-o a escrever.
Je veux vous aider à travailler.	Vou ajudar-lhe a trabalhar.
Crier à l'aide.	Pedir ajuda, soccorro.
Appeler à l'aide.	Chamar ao soccorro.
L'aide, le secours.	A ajuda, o auxilio, o soccorro.

S'informer de quelqu'un.	Informar-se de alguem.
Voulez-vous avoir la bonté de me passer ce plat?	Quer o senhor ter a bondade de me passar este prato?
Voulez-vous me passer ce plat, s'il vous plaît?	Quer o senhor fazer-me o favor de me passar este prato?

MÉTH. PORTUG.

S'il vous plaît. | Se lhe agrada, se me faz favor.
Comme il vous plaira. | Como lhe agradar.
Frapper à la porte. | Bater á porta.

Se fier à quelqu'un. | *Confiar em alguem.*
Se défier de quelqu'un. | *Desconfiar de alguem.*
Vous fiez-vous à cet homme ? | Confia o senhor n'este homem ?
Je me fie. | Confio n'elle.
Il se fie à moi. | Confia em mim.
Il ne faut pas se fier à tout le monde. | E'preciso desconfiar do mundo.

Rire de quelque chose. | *Rir de alguma coisa.*
Je ris, tu ris, il ou elle rit. | Eu rio, tu ris, elle ou ella ri.
Riez-vous de cela ? | Ri o senhor d'isto ?
J'en ris. | Rio.
De quoi rient-ils, fem. elles ? | De que riem elles ; fem. ellas.
Rire au nez de quelqu'un. | Rir ao nariz de alguem.
Nous lui avons ri au nez. | Rimos-lhe ao nariz.
Se rire, ou se moquer de quelqu'un. | Caçoar, ou rir de alguem.
Je me ris (me moque) de vous. | Rio-me do senhor.
Vous riez-vous de nous ? | Riam-se os senhores de mim ?
Nous ne riions pas de vous. | Não riamos do senhor.

Plein, pleine. | Cheio, cheia.
Un livre plein de fautes. | Um livro cheio de faltas.
Avoir les moyens. | *Ter os meios.*
Avez-vous les moyens d'acheter ce cheval ? | Tem o senhor os meios de comprar este cavallo ?
J'en ai les moyens. | Tenho os meios.
Je n'en ai pas les moyens. | Não tenho os meios.

Qui est là ? | Quem está lá ?
C'est moi. | Sou eu.
Ce n'est pas moi. | Não sou eu.
Est-ce lui ? | E' elle ?
Ce n'est pas lui. | Não é elle.
Sont-ce vos frères ? ou | São os nossos irmãos ?
Est-ce que ce sont vos frères ?

Ce sont eux.	São elles.
Ce ne sont pas eux.	Não são elles.
Est-ce elle ?	E'ella ?
C'est elle.	E'ella.
Ce n'est pas elle.	Não é ella.
Sont-ce vos sœurs ? ou Est-ce que ce sont vos sœurs ?	São as suas irmãs.
Ce sont elles.	São ellas.
Ce ne sont pas elles.	Não são ellas.
C'est moi qui parle.	
Sont-ce ceux (elles) qui rient ? ou Est-ce que ce sont eux (elles) qui rient ?	São ellas que riem ?
C'est vous qui riez.	Sois vós que ris.
C'est toi qui l'as fait ?	Foste tu quem o fireste ?
C'est vous, Messieurs, qui avez dit cela.	Foi o senhor que disse isto.
Mon frère et moi nous apprenons le français.	Meu irmão e eu aprendemos o francez.
Vous et moi *nous* irons à la campagne.	O senhor e eu iremos ao campo.
Vous et lui *vous* resterez à la maison.	O senhor e elle ficarão em casa.
Vous irez à la campagne, et moi je reviendrai à la ville.	O senhor irá ao campo, e eu voltarei a cidade.
Une dame.	Uma senhora.
Que faisiez-vous quand votre instituteur était ici ?	Que fazia o senhor quando o seu instituidor estava aqui ?
Je ne faisais rien.	Não fazia nada.
Que disiez-vous ?	Que dizia o senhor ?
Je ne disais rien.	Não dizia nada.

THÈMES.

194.

De quelle maladie votre sœur est-elle morte ? — Elle est morte de la fièvre. — Comment se porte Monsieur votre frère ? — Mon frère ne vit plus. Il est mort il y a trois mois. — J'en suis étonné, car il se portait fort bien l'été dernier, lorsque j'étais à la campagne. — De quoi est-il mort ? — Il est mort d'apoplexie. — Comment se porte la mère de votre amie ? — Elle ne se porte pas bien ; la fièvre l'a prise avant-hier et ce matin elle l'a reprise. — A-t-elle une fièvre intermittente ? — Je ne sais, mais elle a souvent des accès de fièvre. — Qu'est devenue la femme que j'ai vue chez votre mère? — Elle est morte ce matin d'apoplexie. — Vos écoliers apprennent-ils leurs thèmes par cœur? — Ils les déchireront plutôt que de les apprendre par cœur. — Que me demande cet homme? — Il vous demande l'argent que vous lui devez. — S'il veut se rendre demain matin chez moi, je lui payerai ce que je lui dois. — Il perdra son argent plutôt que de s'y rendre. — Pourquoi la mère de notre vieux domestique verse-t-elle des larmes? Que lui est-il arrivé? — Elle verse des larmes, parce que le vieil ecclésiastique, son ami, qui lui faisait tant de bien, est mort il y a quelques jours. — De quelle maladie est-il mort? — Il a été frappé d'apoplexie. — Avez-vous aidé votre père à écrire ses lettres? — Je l'ai aidé. — M'aiderez-vous à travailler quand nous irons à la ville? — Je vous aiderai à travailler, si vous m'aidez à gagner ma vie.

195.

Vous êtes-vous informé du marchand qui vend à si bon marché? — Je m'en suis *(informei-me)* informé; mais personne n'a pu me dire ce qu'il est devenu. — Où demeurait-il lorsque vous étiez ici il y a trois ans? — Il demeurait alors rue Charles *(Cárlos)*, numéro cinquante-sept. — Comment trouvez-vous ce vin? — Je le trouve fort bon, mais il est un peu sûr. — Comment votre sœur trouve-t-elle ses pommes? — Elle les trouve très bonnes, mais elle dit qu'elles sont un peu trop douces. — Voulez-vous avoir la bonté de me passer ce plat? — Avec beaucoup de plaisir. — Faut-il vous passer ces poissons? — Je vous prie de me les passer. — Faut-il passer le pain à votre sœur? Vous lui ferez plaisir de le lui passer. — Comment Madame votre mère trouve-t-elle nos mets? — Elle les trouve très bons, mais elle dit qu'elle a assez mangé. — Que me demandes-tu? — Je vous prie de me donner *(me dé)* un petit morceau *(um pedacinho)* de ce mouton. — Voulez-vous me passer la bouteille, s'il vous plaît? — N'avez-vous pas assez bu? — Pas encore, car j'ai encore soif. — Faut-il vous verser du vin? — Non, j'aime mieux le cidre. — Pourquoi ne mangez-vous pas? — Je ne sais que manger. — Qui frappe à la porte? — C'est un étranger. — Pourquoi crie-t-il? — Il crie parce qu'il lui est arrivé un grand malheur. — Que vous est-il arrivé? — Il ne m'est rien arrivé. — Où irez-vous ce soir? — Je ne sais où aller. — Où vos frères iront-ils? — Je ne sais pas où ils iront; quant à moi, j'irai au théâtre. — Pourquoi allez-vous à la ville? — J'y vais pour y acheter des livres. — Voulez-vous y aller avec moi *(commigo)*? — Je veux y aller avec vous, mais je ne sais qu'y faire.

196.

Faut-il vendre à crédit à cet homme ? — Vous pouvez lui vendre, mais non pas à crédit ; il ne faut pas vous fier à lui, car il ne vous payera pas. — A-t-il déjà trompé quelqu'un ? — Il a déjà trompé plusieurs marchands qui se sont fiés à lui. — Faut-il me fier à ces dames ? — Vous pouvez vous fier à elles ; mais quant à moi, je ne m'y fierai pas ; car j'ai été souvent trompé par les femmes, et voilà pourquoi je dis : Il ne faut pas se fier à tout le monde. — Ces marchands se fient-ils à vous (em V^{ce}.) ? — Ils se fient à moi et je me fie à eux. — De qui ces messieurs se rient-ils ? — Ils se rient de ces dames qui portent des robes rouges avec des rubans jaunes. — Pourquoi ces gens se rient-ils de nous ? — Ils se rient de nous parce que nous parlons mal. — Faut-il se moquer des personnes qui parlent mal ? — Il ne faut pas s'en moquer ; il faut, au contraire, les écouter, et si elles font des fautes, il faut les leur corriger. — De quoi riez-vous ? — Je ris de votre chapeau ; depuis quand le portez-vous si grand ? — Depuis que je suis revenu d'Allemagne. — Avez-vous les moyens d'acheter un cheval et une voiture ? — J'en ai les moyens. — Votre frère a-t-il les moyens d'acheter cette grande maison ? — Il n'en a pas les moyens. — Votre cousin achètera-t-il ce cheval ? — Il l'achètera, s'il lui convient. — Avez-vous reçu ma lettre ? — Je l'ai reçue avec beaucoup de plaisir. — Je l'ai montrée à mon maître de français, qui s'est étonné, car il n'y avait pas une seule faute. — Avez-vous déjà reçu les œuvres de Corneille et de Boileau ? — J'ai reçu celles de Boileau ; quant à celles de Corneille, j'espère les recevoir la semaine prochaine.

196.

Est-ce toi, Charles, qui as sali mon livre ? — Ce n'est pas moi, c'est votre petite sœur qui l'a sali. — Qui a cassé mon bel encrier ? — C'est moi qui l'ai cassé. — Est-ce vous qui avez parlé de moi ? — C'est nous qui avons parlé de vous, mais nous n'avons dit de vous que du bien. — Qui frappe (*quem chama*) à la porte ? — C'est moi (*eu*) ; voulez-vous ouvrir ? — Que désirez-vous ? — Je viens vous demander l'argent que vous me devez, et les livres que je vous ai prêtés (*prestei*). — Si vous voulez avoir la bonté de venir demain, je vous rendrai l'un et l'autre. — Est-ce votre sœur qui joue (*toca*) du clavecin ? — Ce n'est pas elle. — Qui est-ce ? — C'est ma cousine (*prima*). — Sont-ce vos sœurs qui viennent ? — Ce sont elles. — Sont-ce vos voisines qui se sont moquées de vous ? — Ce ne sont pas nos voisines. — Qui est-ce ? — Ce sont les filles de la comtesse dont le frère a acheté votre maison. — Sont-ce les dames dont vous m'avez parlé ? — Ce sont elles. —

Apprendrez-vous l'allemand ? — Mon frère et moi nous l'apprendrons. — Irons-nous demain à la campagne? — J'irai à la campagne, et vous resterez à la ville. — Ma sœur (*minha irmã*), et moi irons-nous à l'opéra ? — Vous et elle vous resterez à la maison, et votre frère ira à l'opéra. — Que disiez-vous quand votre instituteur vous grondait? — Je ne disais rien, parce que je n'avais rien à dire, car je n'avais pas fait mon devoir, et il avait raison de me gronder. — Que faisiez-vous pendant qu'il était dehors ? — Je jouais (*tocava*) du violon (*a rabeca*), au lieu de faire ce qu'il m'avait donné à faire. — Que vous a dit mon frère ? — Il m'a dit qu'il serait l'homme le plus heureux du monde, s'il savait la langue française, la plus utile de toutes les langues.

SOIXANTE-TROISIÈME LEÇON

Lição sexagesima terceira.

S'attirer de mauvaises affaires.
Se tirer d'affaire.
S'il se tire d'affaire, il viendra.
S'il s'était tiré d'affaire, nous l'aurions vu.
Vous vous êtes attiré là une mauvaise affaire.
Je me suis tiré d'affaire.
Cet homme s'attire toujours de mauvaises affaires, mais il s'en tire toujours.

Procurar-se maus negocios.
Arranjar-se.
Se elle se arranjar, virá.
Si elle tivesse saido bem do negocio o teriamos visto.
O senhor caio n' um máu negocio.
Arranjei-me.
Este homem mette-se sempre em máus negocios, mas arranja-se sempre.

Entre.
Parmi.
Faire connaissance avec quelqu'un.
J'ai fait sa connaissance.
Le (ou la) connaissez-vous?
Je le (ou la) connais.
Il est de ma connaissance.
Elle est de ma connaissance.
Ce n'est pas un ami, ce n'est qu'une connaissance.

Entre.
Tomar conhecimento com alguem.
Conheci-o.
Conhece-o ou a V^{ce}?
Conhece-o ou a.
E' do meu conhecimento.
E' do meu conhecimento.
Não é um amigo, não é senão um conhecimento.

Jouir de.
Jouissez-vous d'une bonne santé?
Être bien portant, portante.
Être en bonne santé.
Elle est bien portante.

Gozar de.
Goza V^{ce} d'uma boa saude?
Estar bem ou bom, boa.
Estar de boa saude.
Ella está de boa saude.

Elle se porte bien.	Ella está bem.
Elle est en bonne santé.	Ella está de boa saude.
S'imaginer.	*Imaginar, figurar.*
Nos semblables.	Nossos semelhantes.
Il n'a pas son semblable.	Não tem o seu semelhante *ou* não tem igual.
Ressembler à quelqu'un.	*Parecer-se com alguem.*
Cet homme ressemble à mon frère.	Este homem parece-se com meu irmão.
Cette bière ressemble à de l'eau.	Esta cerveja parece agua.
L'un l'autre, l'une l'autre.	Um e outro, uma e outra.
Nous nous ressemblons.	Parecemo-nos.
Ils (ou elles) ne se ressemblent pas.	Elles ou ellas se não parecem.
Le frère et la sœur s'aiment l'un l'autre.	O irmão e a irmã amam-se um ao outro.
Êtes-vous contents l'un de l'autre?	Estaes vós contentes um do outro?
Nous le sommes.	Estamos.
Ainsi que.	Assim como, como, logo que.

La mine.	O semblante.
Faire mine de.	*Fazer semblante de.*
Cet homme que vous voyez fait mine de nous approcher.	Este homem que o senhor vê faz semblante de aproximar-se de nós.
Faire bonne mine à quelqu'un.	*Fazer boa cara a alguem.*
Faire mauvaise mine à quelqu'un.	Fazer má cara a alguem.
Quand je vais voir cet homme.	Quando eu fôr ver a este homem.
Un homme de bonne mine.	Um homem de boa cara.
Un homme de mauvaise mine.	Um homem de má cara.
Des gens de mauvaise mine.	Gente de má cara.
Aller voir quelqu'un.	Ir ver a alguem.
Faire une visite } à quelqu'un. Rendre une visite	Fazer uma visita a alguem.
Fréquenter un lieu.	Frequentar um lugar.
Fréquenter des sociétés.	
Fréquenter quelqu'un.	Frequentar a alguem.

SOIXANTE-TROISIÈME LEÇON 313

Avoir l'air.	*Parecer, ter ar.*
Quelle mine a-t-il ?	Que semblante tem elle.
Il a l'air enjoué (triste, content).	Tem ar alegre, triste, contente.
Vous avez l'air bien portant.	O senhor parece estar bem.
Vous avez l'air d'un médecin.	O senhor parece um medico.
Elle a l'air fâché.	Ella parece zangada.
Ils ont l'air content.	Elles parecem contentes.
Avoir l'air bon.	Ter bom ar.
Avoir bonne mine.	Ter bom semblante.
Avoir mauvaise mine.	Ter máu ar, máu semblante.

Boire à quelqu'un.	
Boire à la santé de quelqu'un.	Beber a saude de alguem.
Je bois à votre santé.	Bebo a sua saúde.

C'est fait de moi.	Que será de mim.
C'en est fait.	Acabou-se.

Faire de la peine à quelqu'un.	Fazer pena a alguem.
Vous avez fait de la peine à cet homme.	O senhor fez mal a este homem.

Un endroit.	Um lugar.
Je connais un bon endroit pour nager.	Eu conheço um bom lugar para nadar.

Éprouver.	*Experimentar.*
J'ai éprouvé beaucoup de malheurs.	Experimentei muitas desgraças.

Souffrir.	*Soffrer.*
Souffres-tu ?	Soffres-tu ?
Je souffre.	Eu soffro.
Il souffre.	Elle soffre.
Souffrir de la tête, du pied.	Soffrer da cabeça, do pé.
J'ai souffert de l'œil.	Soffri dos olhos.

314   SOIXANTE-TROISIÈME LEÇON

Négliger.	*Descuidar.*
Céder.	Ceder.
Il faut céder à la nécessité.	E' necessario ceder á necessedade.

S'élancer.	Lançar-se.
Le chat s'élance sur le rat.	O gato lança-se sobre o rato.
S'élancer sur son cheval.	Lançar-se sobre o seu cavallo.

Un surcroît.	Um cumulo.
Pour surcroît de malheur.	Por cumulo de desgraça.
Pour surcroît de bonheur.	Por cumulo de felicidade.
J'ai perdu ma bourse.	Perdi a minha bolsa.

Perdre la tête.	Perder a cabeça.
Cet homme a perdu la tête, et il ne sait que faire.	Este homem perdeu a cabeça e não sabe o que fazer.

A toute force.	*A toda força.*
Cet homme veut à toute force me prêter son argent.	Este homem quer a toda força emprestar-me o seu dinheiro.

Suivre.	*Seguir.*
Je suis, tu suis, il *ou* elle suit.	Eu sigo, tu segues, elle *ou* ella segue.
Poursuivre.	Perseguir, continuar.
Conserver.	Conservar.

THÈMES.
198.

Pourquoi fréquentez-vous ces gens ? — Je les fréquente parce qu'il me sont utiles. — Si vous continuez à les fréquenter, vous vous attirerez de mauvaises affaires, car ils ont beaucoup d'ennemis. — Comment votre cousin (*primo*) se conduit-il ? — Il ne se conduit pas très bien, car il se fait toujours quelque mauvaise affaire. — Ne vous faites-vous pas quelquefois de mauvaises affaires? — Il est vrai que je m'en fais quelquefois, mais je m'en tire toujours. — Voyez-vous ces gens qui font mine de s'approcher de nous? — Je les vois, mais je ne les crains pas, car ils ne font de mal à personne. — Il faut nous éloigner, car je n'aime pas à me mêler parmi les gens que je ne connais pas. — Je vous prie de n'en avoir pas peur, car j'aperçois mon oncle parmi eux. — Connaissez-vous un bon endroit pour nager? — J'en connais un. — Où est-ce? — Au delà de la rivière, derrière la forêt, près du grand chemin. — Quand irons-nous nager? — Ce soir, si vous voulez. — Voulez-vous m'attendre devant la porte de la ville? — Je vous y attendrai; mais je vous prie de ne pas l'oublier. — Vous savez que je n'oublie jamais mes promesses. — Où avez-vous fait connaissance avec cette dame (senhora)? — J'ai fait connaissance avec elle chez un de mes parents. — Pourquoi votre cousin me demande-t-il de l'argent et des livres? — Parce que c'est un fou, car à moi, qui suis son plus proche parent et son meilleur ami, il ne me demande rien. — Pourquoi n'êtes-vous pas venu dîner? — J'ai été empêché, mais vous avez pu dîner sans moi. — Croyez-vous que nous ne dînerons pas si vous ne pouvez pas venir? — Jusqu'à quand m'avez-vous attendu? — Nous vous avons attendu jusqu'à sept heures et un quart, et comme vous ne veniez pas, nous avons dîné sans vous. — Avez-vous bu à ma santé? — Nous avons bu à la vôtre et à celle de vos parents.

199.

Votre oncle quelle mine a-t-il (que cara tem o tio de V^{ce})? — Il a l'air très enjoué, car il est très content de ses enfants. — Ses amis ont-ils la mine aussi gaie (tão alegre) que lui (como elle)? — Ils ont au contraire l'air triste, parce qu'ils sont mécontents (não estão contentes). — Mon oncle n'a pas d'argent et il est toujours content, et ses amis, qui en ont beaucoup, ne le sont presque jamais. — Aimez-vous votre sœur? — Je l'aime beaucoup, et comme elle très complaisante envers moi, je le suis envers elle; mais comment aimez-vous la vôtre? — Nous nous aimons l'un l'autre, parce que nous sommes contents l'un de l'autre. — Un certain homme aimait (certo homem gostava) beaucoup le vin; mais il lui trouvait deux mauvaises qualités: « Si j'y mets de l'eau (se eu ponho agua n'elle), » disait-il, « je le gâte; et si je n'y en mets pas (se não o misturo com agua), il me gâte. » — Votre cousin vous ressemble-t-il? — Il me ressemble. — Vos sœurs se ressemblent-elles? — Elles ne se ressemblent pas; car l'aînée (a mais velha) est paresseuse et méchante, et la cadette (a mais moça) assidue et complaisante envers (para) tout le monde. — Comment se porte Madame votre tante? — Elle se porte très bien. —

Madame votre mère jouit-elle d'une bonne santé ? — Elle s'imagine jouir d'une bonne santé, mais je crois qu'elle se trompe, car il y a six mois qu'elle a une mauvaise toux dont elle ne peut se défaire. — Cet homme est-il fâché contre vous (*está zangado com V^ce*) ? — Je pense qu'il est fâché contre moi, parce que je ne vais pas le voir ; mais je n'aime pas à aller chez lui, car lorsque j'y vais, au lieu de me recevoir avec plaisir, il a l'air mécontent (*parece que está desgostado*). — Il ne faut pas croire cela ; il n'est pas fâché contre vous, car il n'est pas si méchant (*tão máu*) qu'il en a l'air (*como parece.*) — C'est le meilleur homme du monde ; mais il faut le connaître pour pouvoir l'apprécier. — Il y a une grande différence entre vous et lui : vous faites bonne mine (*V^ce faz boa cara*) à ceux qui viennent vous voir, et il leur fait mauvaise mine (*e ella lhes faz má cara*).

200.

Est-ce bien de se moquer (*de burlar-se*) ainsi de tout le monde ? — Si je me moque de votre habit, je ne me moque pas de tout le monde. — Votre fils ressemble-t-il à quelqu'un ? — Il ne ressemble à personne. — Pourquoi ne buvez-vous pas ? — Je ne sais que boire, car j'aime le bon vin, et le vôtre ressemble à du vinaigre. — Si vous en voulez d'autre, je descendrai à la cave pour vous en chercher. — Vous êtes trop poli (*attento*). Monsieur (*meu Senhor*), je ne boirai plus aujourd'hui. — Y a-t-il longtemps que vous connaissez mon père ? Il y a longtemps que je le connais (*comnosco*), car j'ai fait connaissance avec lui quand j'étais encore à l'école. Nous travaillions souvent l'un pour l'autre et nous nous aimions comme frères. — Je le crois, car vous vous ressemblez. — Quand je n'avais pas fait mes thèmes, il les faisait pour moi, et quand il n'avait pas fait les siens, je les faisais pour lui. — Pourquoi votre père envoie-t-il chercher le médecin ? — Il est malade et comme le médecin ne vient pas, il l'envoie chercher. — Ah ! c'est fait de moi ! — Mais, mon Dieu ? pourquoi criez-vous comme cela ? — On m'a volé (*roubaram-me*) mes bagues (*minhas sortilhas*) d'or, mes meilleurs habits, et tout mon argent : voilà pourquoi je crie. — Ne faites pas tant de bruit, car c'est nous qui avons pris tout cela pour vous apprendre (*para ensinar ao Senhor*) à avoir plus de soin de vos affaires, et à fermer la porte de votre chambre quand vous sortez. — Pourquoi avez-vous l'air si (*tan*) triste ? — J'ai éprouvé de grands malheurs ; après avoir perdu tout mon argent, j'ai été battu par des hommes de mauvaise mine, et pour surcroît de malheur, j'apprends que mon bon oncle, que j'aime tant, a été frappé d'apoplexie. — Il ne faut pas tant vous affliger, car vous savez qu'il faut céder à la nécessité.

SOIXANTE-QUATRIÈME LEÇON
Lição sexagesima quarta.

Que vous êtes bon !	Como o senhor é bom !
Que de bonté vous avez !	Quanta bondade tem o senhor !
Qu'il est sot !	Como elle é tolo !

Quelle est sotte !	Como é ella tola !
Que cet homme est riche !	Como é rico este homem !
Que cette femme est belle !	Como é bella esta mulher.
Que de bonté vous avez pour moi !	Quanta bondade tem o senhor por commigo !
Que d'obligations je vous ai !	Quantas obrigações lhe devo !
Avoir des obligations à quelqu'un.	*Dever obrigações a alguem.*
Je lui ai beaucoup d'obligations.	Devo-lhe muitas obrigações.
Que de monde !	Quanta gente !
Que vous êtes heureux !	† Como o senhor é feliz !
Que de richesses cet homme a !	Quantas riquezas tem este homem !
Que d'argent cet homme a dépensé dans sa vie ?	Quanto dinheiro tem gasto este homem na sua vida ?

Être obligé à quelqu'un de quelque chose.	Ser obrigado a alguem por alguma coisa.
Être redevable à quelqu'un de quelque chose.	
Je lui en suis redevable.	Sou-lhe obrigado.

Remercier.	*Agradecer.*
Remercier quelqu'un de quelque chose.	Agradecer a alguem alguma coisa.
Je vous remercie de la peine que vous avez prise pour moi.	Agradeço-lhe a pena que tomou por mim.
Il n'y a pas de quoi.	Não há de que.

Qu'y a-t-il de plus grand ?	Que há de maior?
Y a-t-il rien de plus cruel ?	Há nada mais cruel?
Qu'y a-t-il de plus méchant !	Que há de peor!
Est-il rien de plus beau !	Existe alguma coisa mais bella!

De quelle grandeur ?	De que grandeza ?
De quelle hauteur ?	De que altura ?
De quelle profondeur ?	De que profundeza ?
Combien sa maison a-t-elle de haut *ou* de hauteur ?	Quanto tem de alto *ou* de altura a sua casa ?
Elle a environ cinquante pieds de haut *ou* de hauteur.	Ella tem perto de cincoenta pés de alto ou de altura.
Notre maison a trente pieds de large *ou* de largeur.	Nossa casa tem trinta pés de largo.
Cette table a six pieds de long *ou* de longueur.	Esta mesa tem seis pés de comprimento.
Cette rivière a vingt pieds de profondeur.	Este rio tem vinte pés de profundeza.
La taille.	A talhe.
De quelle taille cet homme est-il ?	De que talhe é este homem?
Comment cet enfant était-il habillé ?	Como estava vestido este menino?
Il était habillé de vert.	Estava vestido de verde.
L'homme à l'habit bleu.	O homem do casaca azul.
La femme à la robe rouge.	A mulher do vestido encarnado.

Vrai.	*Verdadeiro.*
Est-il vrai que sa maison est brûlée ?	E' verdade que a sua casa está queimada ?
C'est vrai.	E' verdade.
N'est-ce pas vrai ?	Não é verdade ?
La vérité.	A verdade.

Peut-être.	Talvez.
J'irai peut-être.	Irei talvez.
Partager.	*Dividir.*

SOIXANTE-QUATRIÈME LEÇON

A qui ?	De quem, a quem ?
A qui est ce cheval ?	De quem é este cavallo ?
C'est le mien, *ou* il est à moi.	E' meu.
A qui sont ces chevaux ?	De quem são estes cavallos ?
Ce sont les miens, *ou* ils sont à moi.	São meus.
A qui est cette maison ?	De quem é esta casa ?
C'est la mienne, *ou* elle est à moi.	E' minha.
A qui sont ces maisons ?	De quem são estas casas ?
Ce sont les miennes *ou* elles sont à moi.	São minhas.
A qui sont ces enfants ?	De quem são estes meninos.
Ce sont les nôtres, *ou* ils sont à nous.	São nossos.
Ces plumes sont-elles à vous ?	São suas estas pennas ?
Non, elles sont à mon frère.	Não, são do meu irmão.
Accourir, aller ou venir au secours de quelqu'un.	*Accorrer, ir ou vir ao soccorro de alguem.*
Beaucoup d'hommes étaient accourus ; mais au lieu d'éteindre le feu, les misérables s'étaient mis à piller.	Muitos homens accorrêram, mas em lugar de apagar o fogo os miseraveis puzeram-se a pilhar.
Accourir au secours de quelqu'un.	Ir ao auxilio de alguem.
Sauver.	*Salvar.*
Sauver la vie à quelqu'un.	Salvar a vida a alguem.
Piller.	Pilhar.
Se mettre à quelque chose.	Pôr-se a fazer alguma coisa.
Est-on parvenu à éteindre le feu ?	Conseguiram apagar o fogo ?
On y est parvenu.	Conseguiram.
La montre marque les heures.	O relogio marca as horas.
Marquer ; indiquer	*Marcar ; indicar.*

Se quereller.	*Disputar-se.*
Quereller quelqu'un.	Disputar com alguem.
Disputer sur quelque chose.	*Disputar sobre alguma coisa.*
Sur quoi ces gens disputent-ils ?	Sobre que disputa essa gente ?
Ils disputent à qui ira le premier.	Disputam sobre quem irá primeiro.

Ainsi.	Assim.
Ignorer.	Ignorar.
La veille.	*A vespera.*
La veille de ce jour-là était un samedi.	A vespera d'aquelle dia era um sabbado.
La veille de dimanche est samedi.	A vespera do domingo é o sabbado.

THÈMES.

201.

Ne pouvez-vous pas vous débarrasser de cet homme? — Je ne peux pas m'en débarrasser; il veut à toute force me suivre. — N'a-t-il pas perdu (*perdeo*) la tête? — Cela se peut. — Que vous demande-t-il? — Il veut me vendre un cheval dont je n'ai que faire. — A qui sont ces maisons? — Ce sont les miennes. (Elles sont à moi.) — Ces plumes vous appartiennent-elles (*são de Vce estas pennas*)? — Non, elles appartiennent à ma sœur. — Sont-ce là les plumes avec lesquelles elle écrit si bien? — Ce sont les mêmes. — A qui est ce fusil? — Il est à mon père. — Ces livres sont-ils à votre sœur? — Ils sont à elle. — A qui est cette voiture? — Elle est à moi. — Quel est l'homme dont vous vous plaignez? — C'est celui qui porte un habit rouge. — « Quelle différence y a-t-il entre une montre et moi? » demanda une dame à un jeune officier. « Madame, » lui répondit celui-ci, « une montre indique les heures, et auprès de vous on les oublie. » — Un paysan russe, qui n'avait jamais vu d'ânes, en voyant plusieurs en France, dit : « Mon Dieu! qu'il y a de grands lièvres dans ce pays! » — Que d'obligations je vous ai, mon cher ami! vous m'avez sauvé la vie! Sans vous c'était fait de moi. — Ces misérables vous ont-ils fait du mal? — Ils m'ont battu et volé, et quand vous êtes accouru à mon secours ils allaient me déshabiller (*iam elles despir-me*) et me tuer (*e dar-me a morte*). — Je suis heureux de vous avoir délivré des mains de ces brigands. — Que vous êtes bon!

202.

Irez-vous chez M. Tortenson ce soir? — J'irai peut-être (*póde ser que vá*). — Et vos sœurs iront-elles? — Elles iront peut-être. — Vous êtes-vous amusé hier au concert? — Je ne m'y suis pas amusé, car il y avait tant de monde qu'on pouvait à peine y entrer (*que no se podia apénas entrar*). — Je vous apporte un joli présent dont vous serez très content. — Qu'est-ce? — C'est une cravate de soie. — Où est-elle ? — Je l'ai dans ma poche. — Vous plaît-elle ? — Elle me plaît beaucoup, et je vous en remercie de tout mon cœur. J'espère que vous accepterez enfin quelque chose de moi ? — Que comptez-vous me donner ? — Je ne veux pas vous le dire, car si je vous le dis, vous n'aurez pas de plaisir lorsque je vous le donnerai. — Avez-vous vu quelqu'un au marché ? — J'y ai vu beaucoup de monde. — Comment était-on habillé ? — Quelques-uns étaient habillés de bleu, d'autres de vert, d'autres de jaune, et plusieurs de rouge. — Qui sont ces hommes ? — Celui qui est habillé de gris est mon voisin, et l'homme à l'habit noir est le médecin dont le fils a donné un coup de bâton à mon voisin. — Qui est l'homme à l'habit vert ? — C'est un de mes parents. — Y a-t-il beaucoup de philosophes dans votre pays ? — Il y en a autant (*tantos*) que dans le vôtre. — Comment ce chapeau me va-t-il ? — Il vous va très bien. — Comment cet habit va-t-il à votre frère ? — Il lui va à merveille (*ás mil maravilhas*). — Votre frère est-il aussi grand que vous ? — Il est plus grand que moi, mais je suis plus âgé que lui. — De quelle taille est cet homme ? — Il a cinq pieds quatre pouces. — De quelle hauteur est la maison de notre aubergiste ? — Elle a soixante pieds de hauteur. — Votre puits est-il profond ? — Oui, Monsieur, car il a cinquante pieds de profondeur. — « Il y a beaucoup de savants à Rome, n'est-ce pas ? » demanda Milton à un Romain. « Pas autant que lorsque vous y étiez, » répondit le Romain.

203.

Est-il vrai que votre oncle est arrivé ? — Je vous assure qu'il est arrivé. — Est-il vrai que le roi vous a assuré de son assistance ? — Je vous assure que cela est vrai. — Est-il vrai (*é verdade*) que les six mille hommes que nous attendions (*aguardávamos*) sont arrivés (*chegaram*) ? — Je l'ai entendu dire. — Voulez-vous dîner avec nous ? — Je ne puis dîner avec vous, car je viens de manger. — Votre frère veut-il boire un verre de vin ? — Il ne peut boire, car je vous assure qu'il vient de boire. — Pourquoi ces hommes se querellent-ils ? — Ils se querellent, parce qu'ils ne savent que faire. — Est-on parvenu à éteindre le feu ? — On y est enfin parvenu ; mais on dit que plusieurs maisons ont été brûlées (*se queimaram*). — N'a-t-on pu rien sauver ? — On n'a pu rien sauver, car au lieu d'éteindre le feu, les misérables qui étaient accourus, se sont mis à piller. — Qu'est-il arrivé (*que succedeo*) ? — Il est arrivé un grand malheur. — Pourquoi mes amis sont-ils partis sans moi ? — Ils vous ont attendu jusqu'à midi, et voyant que vous ne veniez pas, ils sont partis. — Comment s'appelle la veille de lundi (*segunda-feira*)? — La veille de lundi c'est dimanche (*domingo*). — Pourquoi n'avez-vous pas couru au secours de votre voisin dont la maison a été brûlée ? — J'ignorais entièrement que le feu fût à sa maison ; car si je l'avais su, je serais accouru à son secours.

SOIXANTE-CINQUIÈME LEÇON.

Lição sexagesima quinta.

Je me propose de faire ce voyage.	Proponho-me a fazer uma viagem.
Il se propose d'aller à une partie de chasse.	† Propõe-se a ir a uma *caçada*.
Une partie d'échecs.	Uma partida de ajedrez.
Une partie de billard.	Uma partida de bilhar.
Une partie de cartes.	Uma partida de cartas.

Réussir à.	*Conseguir, lograr.*
Réussissez-vous à faire cela ?	† Consegue V^{ce} fazer isto ?
J'y réussis.	Consigo.
Tâcher de.	Buscar, fazer o possivel.
Je tâche de le faire.	Busco fazel-o.
Je tâche d'y réussir.	Busco logral-o.
Tâchez de faire mieux.	Busque fazer melhor.
Tâchez de faire de votre mieux.	Traté de fazer o possivel.
Je tâcherai de faire de mon mieux.	Eu tratarei de fazer o melhor possivel.

Puisque.	*Postoque.*
Puisque vous êtes heureux, pourquoi vous plaignez-vous ?	Postoque é V^{ce} feliz, porque se queixa ?

Être au fait de quelque chose.	*Estar ao facto de alguma coisa.*
Se mettre au fait de quelque chose.	*Pôr-se ao facto de alguma coisa.*
Cet homme est au fait de cette affaire.	Este homem está ao facto d'este negocio.
Je suis au fait de cela.	Estou ao facto d'isto.

SOIXANTE-CINQUIÈME LEÇON

Depuis.	*Depois, desde.*
Depuis ce moment.	Depois d'este momento.
Depuis ma jeunesse.	Depois da minha mocidade.
Depuis le matin jusqu'au soir.	Desde a manhã até a tarde (noite).
Depuis le commencement jusqu'à la fin.	Desde o começo até o fim.
Depuis ici jusque-là.	Desde aqui até lá.
J'ai ce livre depuis deux ans.	Tenho este livro desde faz dois annos.

Souffler.	*Soprar, ou assopar.*
Réduire.	*Reduzir.*
Réduis-tu ?	Reduzes-tu ?
Je réduis.	Eu reduzo.
Il réduit.	Elle reduz.
Traduire.	*Traduzir.*
Produire.	*Produzir.*
Détruire.	*Destruir.*
Construire.	*Construir.*
Introduire.	*Introduzir.*

Réduire le prix.	Reduzir o preço.
Réduire le prix à un écu.	Reduzir o preço a um escudo.
Traduire en français.	Traduzir em francez.
Traduire du français en anglais.	Traduzir do francez ao inglez.
Traduire d'une langue dans une autre.	Traduzir d'uma lingua a outra.
Je l'introduis chez vous.	Eu introduzo-o em sua casa.
Je vous le présente.	Eu apresento-o.

Même, mêmes.	Mesmo, a, mesmos, as.
Moi-même.	Eu mesmo, a.
Toi-même.	Tu mesmo, a.
Lui-même.	Elle mesmo.
Elle-même.	Ella mesma.
Nous-mêmes.	Nós mesmos, as.
Vous-mêmes.	Vós mesmos, as.
Eux-mêmes, elles-mêmes.	Elles ou ellas mesmos, as.
Soi-même.	A si mesmo, a.
Il me l'a dit lui-même.	Elle mesmo disse m'o.

SOIXANTE-CINQUIÈME LEÇON

Il me l'a dit à moi-même.	Elle disse m'o a mim mesmo.
On n'aime pas à se flatter soi-même.	Se não gosta de lisongear-se a si mesmo.

Il n'a pas même assez d'argent pour acheter du pain.	Não tem mesmo bastante dinheiro para comprar pão.
Il faut aimer tout le monde, même nos ennemis.	E'precico amar a todos, mesmo aos nossos inimigos.

De nouveau.	De novo.
Il parle de nouveau.	Elle falla de novo.
Baisser.	*Baixar.*
La marchandise baisse de prix.	O negociante baixa o preço.
Rabattre.	*Rebater, rebaixar.*
Surfaire.	*Levantar o preço.*
Ne vous ayant pas surfait, je ne saurais rien rabattre.	Não lhe tendo levantado o preço, não poderia rebaixar nada.
Une aune.	† Uma vara.
Un mètre.	Um metro.
Rapporter.	*Produzir.*
Combien cet emploi (cette charge) vous rapporte-t-il (elle) par an?	Quanto lhe produz este emprego por anno?
Un emploi, une charge.	Um emprego, um cargo.

Prendre la fuite.	*Fugir.*
Déserter.	*Desertar.*
Il a déserté après la bataille.	Desertou depois da batalha.
S'évader.	*Evadir-se, escapar-se.*
Le voleur s'est évadé.	O ladrão evadio-se.

Pas du tout.	Nada d'isso.
Point du tout.	De nenhum modo.

THÈMES.

204.

Eh bien ! votre sœur fait-elle des progrès ? — Elle en ferait si elle était aussi assidue que vous. — Vous me flattez. — Point du tout, je vous assure que je serais très content, si tous mes élèves travaillaient comme vous. — Pourquoi ne sortez-vous pas aujourd'hui ? — Je sortirais s'il faisait beau temps. — Aurai-je le plaisir de vous voir demain ? — Si vous le désirez, je viendrai. — Serai-je encore ici à votre arrivée ? — Aurez-vous occasion d'aller à la ville ce soir ? — Je ne sais pas, mais j'irais à présent, si j'avais une bonne occasion. — Vous n'auriez pas tant de plaisir, et vous ne seriez pas si heureux, si vous n'aviez pas des amis et des livres. — L'homme n'éprouverait pas tant de misère dans sa carrière, et il ne serait pas si malheureux, s'il n'était pas si aveugle. — Vous n'auriez pas cette insensibilité pour les pauvres, et vous ne seriez pas si sourd à leurs prières, si vous aviez été vous-même quelque temps dans la misère. — Vous ne diriez pas cela si vous me connaissiez bien. — Pourquoi votre sœur n'a-t-elle pas fait ses thèmes ? — Elles les aurait faits si elle n'en avait pas été empêchée. — Si vous travailliez davantage, et si vous parliez plus souvent (*e fallasse mais a miudo*), vous parleriez mieux. — Je vous assure, Monsieur, que j'apprendrais mieux, si j'avais plus de temps. — Je ne me plains pas de vous, mais de votre sœur. — Vous n'auriez pas lieu de vous plaindre d'elle, si elle avait eu le temps de faire ce que vous lui avez donné à faire. — Savez-vous déjà ce qui est arrivé ? — Je n'ai rien entendu dire. — La maison de notre voisin a été brûlée. — N'a-t-on pu rien sauver ? — On a été bien heureux de sauver les personnes qui y étaient ; mais des effets qui s'y trouvaient, on n'a pu rien sauver. — Qui vous a dit cela ? — Notre voisin lui-même me l'a dit.

205.

Pourquoi êtes-vous sans lumière ? — Le vent l'a soufflée quand vous êtes entré. — Quel est le prix de ce drap ? — Je le vends trois écus et demi l'aune. — Je le trouve très cher. — Le prix du drap n'a-t-il pas baissé ? — Il n'a pas baissé ; le prix de toutes les marchandises a baissé, excepté celui du drap. — Je vous en donnerai trois écus. — Je ne peux pas vous le donner à ce prix, car il me coûte davantage. — Voulez-vous avoir la bonté de me montrer quelques pièces de drap anglais? — Avec beaucoup de plaisir. — Ce drap vous convient-il? — Il ne me convient pas. — Pourquoi ne vous convient-il pas? — Parce qu'il est trop cher; si vous voulez en rabattre quelque chose, j'en achèterai vingt aunes. — Ne vous ayant pas surfait, je ne puis rien rabattre. — Vous apprenez le français; votre maître vous fait-il traduire? — Il me fait lire, écrire et traduire. — Est-il utile de traduire en apprenant une langue étrangère? — Il est utile de traduire, quand on sait presque la langue qu'on apprend; mais quand on ne sait rien encore, cela est tout à fait inutile. — Votre maître de français que vous fait-il faire? — Il me fait lire une leçon, ensuite il me fait traduire des thèmes espagnols en français sur la leçon qu'il m'a fait lire, et depuis le commencement jusqu'à la fin de la leçon, il me parle espagnol, et il me faut lui répondre dans la langue même qu'il m'enseigne. — Avez-vous déjà appris beaucoup de cette manière? — Vous voyez que j'ai déjà appris quelque chose, car il y a à peine trois mois que je l'apprends, et je vous comprends déjà lorsque vous me parlez, et je puis vous répondre. — Savez-vous lire aussi bien? — Je sais lire et écrire aussi bien que parler. — Votre maître enseigne-t-il aussi l'allemand? — Il l'enseigne. — Désirant faire sa connaissance, je vous prierai de m'introduire chez lui.

206.

Combien de thèmes traduisez-vous par jour? — Si les thèmes ne sont pas difficiles, j'en traduis trois à quatre par jour, et quand ils le sont, je n'en traduis qu'un. — Combien en avez-vous déjà fait aujourd'hui? — C'est le troisième que je traduis, mais demain j'espère pouvoir en faire un de plus, car je serai seul. — Avez-vous rendu visite à ma tante? — J'ai été la voir il y a deux mois, et comme elle m'a fait mauvaise mine, je ne suis plus allé chez ell depuis ce temps. — Comment vous portez-vous aujourd'hui? — Je me porte très mal. — Comment trouvez-vous cette soupe — Je la trouve très mauvaise, mais depuis que j'ai perdu l'appétit, je ne trouve rien de bon. — Combien cet emploi rapporte-t-il à votre père? — Il lui rapporte plus de quatre mille écus. — Que dit-on de nouveau? — On ne dit rien de nouveau. — Que comptez-vous faire demain? — Je me propose d'aller à une partie de chasse. — Votre frère se propose-t-il de faire une partie de billard? — Il se propose de faire une partie d'échecs (*ajedrez*). — Pourquoi y a-t-il des gens qui rient quand je parle? — Ce sont des gens impolis; vous n'avez qu'à rire aussi, et ils ne se moqueront plus de vous. — Si vous faisiez comme moi (como eu), vous parleriez bien. Il vous faut étudier un peu tous les jours, et vous n'aurez bientôt plus peur de parler. — Je tâcherai de suivre votre conseil car je me suis proposé de me lever tous les matins à six heures, d'étudier jusqu'à dix, et de me coucher (e a deitar-me) de bonne heure (cedo). — Pourquoi votre sœur se plaint-elle? — Je ne sais pas ; puisque tout lui réussit, et qu'elle est heureuse, et même plus heureuse que vous et moi, pourquoi se plaint-elle? — Peut-être se plaint-elle, parce qu'elle n'est pas au fait de cette affaire. — Cela se peut.

SOIXANTE-SIXIÈME LEÇON
Lição sexagesima sexta.

Une espèce.	*Uma especie.*
Quel espèce de fruit est cela (ou est-ce là)?	Que especie de fruta é esta?
Un noyau.	Caroço?
Un noyau de pêche, d'abricot, de prune.	Um caroço de pecego, de damasco, de ameixa.
Fruits à noyau.	Frutas com caroço.
Il faut casser le noyau pour en avoir l'amande.	E' preciso quebrar o caroço pára ter a amendoa.
Une amande, un pépin.	Uma amendoa, uma pevide.
Une amande.	Uma amendoa.
Fruits à pépin.	Frutas com pevide.
C'est un fruit à pépin.	E' uma fruta com pevide.
Cueillir.	*Colher.*
Je cueille, tu cueilles, il cueille.	Eu colho, tu colhes, elle colhe.
Cueillir du fruit.	*Colher fruta.*
Servir la soupe.	*Servir a sopa.*
Servir le dessert.	*Servir a sobremesa.*
Le fruit.	O fruto.
Un abricot.	Um damasco.
Une pêche.	Um pecego.
Une prune.	Uma ameixa.
Une anecdote.	Uma anedocta.
Du rôti.	Assado.

Le dernier, la dernière.	O ultimo, a ultima.
La semaine dernière.	A semana ultima.
Cesser de.	Cessar de.
Je cesse de lire.	Cesso de ler.
Elle cesse de lire.	Ella cessa de ler.
Elle cesse de parler.	Ella cessa de fallar.

Éviter. | *Evitar.*
Echapper. | Escapar.
Échapper à un malheur. | Escapar d'uma desgraça.
Il a pris la fuite pour échapper à la mort. | Elle fugio para escapar á morte.

Se passer de quelque chose. | Privar-se de alguma coisa.
Pouvez-vous vous passer de pain ? | Póde o senhor privar-se de pão ?
Je puis m'en passer. | Pósso privar-me.
Il y a bien des choses dont il faut se passer. | Há muitas coisas de que é preciso privar-se.

S'acquitter d'une commission. | Cumprir uma commissão.
Je me suis acquitté de votre commission. | Desempenhei a sua commissão.
Vous êtes-vous acquitté de ma commission ? | Desempenhou o senhor a minha commissão ?
Avez-vous fait ma commission ? | Cumprio o senhor a minha commissão ?
Je m'en suis acquitté. | Desempenhei-a.
Faire son devoir. | *Fazer ou cumprir o seu dever.*
Remplir son devoir. | *Cumprir o seu dever.*
Cet homme fait toujours son devoir. | Este homem faz sempre o seu dever.
Cet homme s'acquitte toujours de son devoir. | Este homem desempenha sempre o seu dever.

Compter sur quelque chose. | Contar sobre alguma coisa.
Il y compte. | Conto com isto, sobre isto.
Je compte sur vous. | Conto com o senhor.
Je me fie à vous. | Conto com o senhor.
Vous pouvez-vous fier à lui. | Póde contar com elle.
Vous pouvez vous y fier. | Póde confiar n'isto.
Vous pouvez compter sur lui. | Póde contar com elle.

Suffire. | *Bastar, chegar; ser sufficiente.*
Ce pain vous suffit-il ? | Basta-lhe este pão ?
Il me suffit. | Basta-me.

Je suffis, tu suffis.	Eu sou sufficiente, tu es sufficiente.
Cet argent suffira-t-il à cet homme ?	Este dinheiro chegará a este homem ?
Il lui suffira.	Chegar-lhe-há.
Peu de bien suffit au sage.	Pouco bem basta ao sabio.
Cette somme a-t-elle suffi à cet homme ?	Chegou esta quantia a este homem ?
Cet homme s'est-il contenté de cette somme ?	Contentou-se este homem com esta quantia ?
Elle lui a suffi.	Ella bastou-lhe.
Il s'en est contenté.	Contentou-se.
Se contenter de quelque chose.	Contentar-se com alguma coisa.
Elle lui suffirait, si vous vouliez seulement y ajouter quelques écus. Il lui suffirait, si vous vouliez seulement y ajouter quelques écus.	Contentar-se-hia, se o senhor quizesse ajuntar-lhe alguns escudos.
Ajouter	*Ajuntar, addir, addicionar, augmentar.*
Bâtir.	*Construir, edificar.*
S'embarquer.	*Embarcar-se.*
Une voile.	Uma vella.
Mettre à la voile.	Dar-se á vella, fazer-se á vella.
Faire voile pour.	Fazer-se á vella para.
Faire voile pour l'Amérique.	Fazer á vella para a America.
Marcher.	Caminhar, marchar.
A peines voiles.	A toda a vella.
Marcher à pleines voiles.	Marchar a toda vella.
Il s'est embarqué le seize du mois dernier.	Embarcou-se a dezeseis do mez ultimo.
Il a mis à la voile le trois courant.	Fez-se á vella a trez do corrente.
Le courant.	O corrente.
Le quatre ou le cinq du courant.	A quatro ou cinco do corrente.

C'est-à-dire. Savoir.	Isto é, a saber.
Et cœtera (etc.).	Et cœtera (etc.).
Ma plume est meilleure que la vôtre.	A minha penna é melhor do que a sua.
J'écris mieux que vous.	Escrevo melhor do que o senhor.

On fera chauffer la soupe.	Aquentarão a sopa.
On a servi.	Serviram.
Vous servirai-je de la soupe ?	Servir-lhe-hei sopa.
Je vous en demande un peu.	Peço-lhe um pouco de sopa.
Servir.	*Servir.*

THÈMES.

207.

Je voudrais bien savoir pourquoi je ne sais pas parler aussi bien que vous. — Je vais vous le dire : vous parleriez tout aussi bien que moi, si vous n'étiez pas si timide. — Mais si vous aviez mieux étudié vos leçons, vous n'auriez pas peur de parler : car pour bien parler, il faut savoir, et il est très naturel que celui qui ne sait pas bien ce qu'il a appris, soit timide. — Vous ne seriez pas si timide que vous l'êtes, si vous étiez sûr de ne pas faire de fautes.

Je viens vous souhaiter le bonjour. — Vous êtes très aimable. — Voudriez-vous me faire un plaisir ? — Dites-moi ce qu'il vous faut, car je ferais tout pour vous obliger. — J'ai besoin de cinq cents écus, et je vous prie de me les prêter ; je vous les rendrai aussitôt que j'aurai reçu mon argent. Vous m'obligeriez beaucoup si vous vouliez me rendre ce service. — Je le ferais de tout mon cœur si je le pouvais ; mais ayant perdu tout mon argent, il m'est impossible de vous rendre ce service. — Voulez-vous demander à votre frère s'il est content de l'argent que je lui ai envoyé ? — Quant à mon frère, il en est content, mais je ne le suis pas ; car ayant fait naufrage, j'ai besoin de l'argent que vous me devez.

208.

A-t-on servi la soupe ? — On l'a servie il y a quelques minutes. — Alors elle doit être froide, et je n'aime que la soupe chaude. — On vous la fera chauffer. — Vous m'obligerez. — Vous servirai-je de ce rôti ? — Je vous en demanderai un peu. — Voulez-vous manger de ce mouton ? — Je vous remercie, j'aime mieux le poulet. — Vous offrirai-je du vin ? — Je vous en demanderai un peu. — A-t-on déjà servi le dessert ? — On l'a servi. — Aimez-vous les fruits ? — J'aime les fruits, mais je n'ai plus d'appétit. — Voulez-vous manger un peu de fromage ? J'en mangerai un peu. — Vous servirai-je du fromage anglais ou du fromage de Hollande ? — Je mangerai un peu de fromage de Hollande. — Quelle espèce de fruit est cela ? — C'est du fruit à noyau. — Comment l'appelle-t-on ? — On l'appelle ainsi. — Voulez-vous vous laver les mains ?

— Je voudrais bien me les laver, mais je n'ai pas de serviette pour me les essuyer. — Je vais vous faire donner une serviette, du savon et de l'eau. — Je vous serai fort obligé. — Oserais-je vous demander un peu d'eau ? — En voici. — Pouvez-vous vous passer de savon ? — Quant au savon, je peux m'en passer, mais il me faut une serviette pour m'essuyer les mains. — Vous passez-vous souvent de savon ? — Il y a beaucoup de choses dont il faut se passer. — Pourquoi cet homme a-t-il pris la fuite ? — Parce qu'il n'avait pas d'autre moyen d'échapper à la punition qu'il avait méritée. — Pourquoi vos frères ne se sont-ils pas procuré un meilleur cheval ? — S'ils s'étaient défaits de leur vieux cheval, ils s'en seraient procuré un meilleur. — Votre père est-il déjà arrivé ? — Pas encore, mais nous espérons qu'il arrivera aujourd'hui même. — Votre ami est-il parti à temps ? — Je ne sais pas, mais j'espère qu'il sera parti à temps.

209.

Vous êtes-vous acquitté de ma commission ? — Je m'en suis acquitté. — Votre frère s'est-il acquitté de la commission que je lui ai donnée ? — Il s'en est acquitté. — Voudriez-vous me faire une commission ? — Je vous ai tant d'obligations que je m'acquitterai toujours de vos commissions, quand il vous plaira de m'en donner. — Voulez-vous demander au marchand s'il peut me donner le cheval au prix que je lui ai offert ? — Je suis sûr qu'il se contenterait, si vous vouliez ajouter encore quelques écus. — Si j'étais sûr de cela, j'ajouterais encore quelques écus. — Bonjour, mes enfants ! Avez-vous fait votre devoir ? — Vous savez bien que nous le faisons toujours ; il faudrait que nous fussions malades pour ne pas le faire. — Que nous donnez-vous à faire aujourd'hui ? — Je vous donne à étudier la soixante-sixième leçon, et à faire les thèmes qui en dépendent, c'est-à-dire le 207e le 208e et le 209e. Tâcherez-vous de ne pas faire de fautes ? — Nous tâcherons de n'en pas faire. Ce pain vous suffit-il ? — Il me suffirait, si je n'avais pas grand'faim. — Quand votre frère s'est-il embarqué pour l'Amérique ? — Il a mis à la voile le trente du mois dernier. — Me promettez-vous de parler à votre frère ? — Je vous le promets, vous pouvez y compter. — Je compte sur vous. — Travaillerez-vous mieux pour la prochaine leçon, que vous n'avez travaillé pour celle-ci ? — Je travaillerai mieux. — Puis-je y compter ? — Vous le pouvez.

SOIXANTE-SEPTIÈME LEÇON

Lição sexagesima setima.

Se connaître en quelque chose.	*Entender de alguma coisa.*
Vous connaissez-vous en drap ?	Entende o senhor de panno ?
Je m'y connais.	Entendo.
Je ne m'y connais pas.	Não entendo.
Je m'y connais très bien.	Entendo muito bem.
Je ne m'y connais pas beaucoup.	Não entendo muito.

Dessiner.	*Desenhar.*
Calquer.	*Copiar.*
Dessiner un paysage.	Desenhar uma paizagem.
Dessiner d'après nature.	Desenhar segundo a natureza.
Le dessin.	O desenho.
Le dessinateur.	O desenhador.
La nature.	A natureza.

S'y prendre.	*Arranjar-se.*
Comment vous y prenez-vous pour faire du feu sans pincettes ?	Como se arranjar senhor para acender fogo sem tenaz.
Je m'y prends comme cela.	Arranjo-me assim
Vous vous y prenez mal.	O senhor se arranja mal.
Je m'y prends bien.	Arranjo-me bem.
Comment votre frère s'y prend-il pour faire cela ?	Como se arranja o seu irmão para fazer isto.
Adroitement.	Destramente.
Maladroitement.	Sem manha.

Les adverbes terminés en *mente* se forment des adjectifs, en ajoutant *mente* à ceux qui n'ont qu'une terminaison pour les deux genres, comme facil, facile, facilemente ; doce, doux, docemente ; et en remplaçant les terminaisons o, a, par amente par amente pour les autres adjectifs : ainsi de docto-a, savant, ante, doctamente ; de destro-a adroit-oite, destramente, etc.

Défendre.	*Prohibir.*
Je vous défends de faire cela.	Prohibo-o de fazer isto.
Baisser.	*Baixar.*
Baisser les yeux.	Baixar os olhos.
La toile, le rideau.	O panno, o cortina.
La toile se lève, se baisse.	O panno levanta-se, e baixa-se.
Le change a baissé.	O cambio baixou.
Le jour baisse.	O dia cáe.
Il se fait nuit.	Anoitece.
Il se fait tard.	Faze-se tarde.
Se baisser.	*Abaixar-se.*

Sentir.	*Cheirar.*
Il sent l'ail.	Sente *ou* cheira a alho.
Tâter le pouls à quelqu'un.	Tomar o pulso a alguem.
Consentir à quelque chose.	*Consentir em alguma coisa.*
J'y consens.	Consinto.

Cacher.	Occultar.
L'esprit.	O espirito.
En vérité.	Em verdade.
En effet.	Com effeito.
La vérité.	A verdade.
L'effet.	O effeito.
Vrai.	Verdadeiro.
Un homme vrai.	Um homem verdadeiro.
Voilà la vraie place de ce tableau.	Eis-ahi o verdadeiro lugar d'este quadro.

Faire cas de quelqu'un.	*Fazer caso de alguem.*
Estimer quelqu'un.	*Estimar a alguem.*
Je ne fais pas grand cas de cet homme.	Não faço grande caso d'este homem.
Je fais grand cas de lui.	Faço grande caso d'elle.
Je l'estime beaucoup.	Estimo-o muito.
Le cas.	O caso.

La fleur.	A flôr.
A fleur de.	*A flór de.*
Cet homme a les yeux à fleur de tête.	Este homem tem os olhos saidos.
Fleurir.	*Florescer, deitar flôres.*
Croître.	*Crescer.*
Je crois, tu crois, il ou elle croît.	Eu cresço, tu cresces, elle ou ella cresce.
Croître rapidement.	Crescer rapidamente.
Grandir.	Engrandecer.
Cet enfant grandit à vue d'œil.	Este menino cresce a golpe de vista.
Cet enfant a bien grandi en peu de temps.	Este menino cresceo em pouco tempo.
Cette pluie a fait grandir les blés.	Esta chuva fez crescer os trigos.
Du blé.	Trigo.

Un gîte.	Um albergue.
Un abri.	Um abrigo
Une chaumière.	Uma choça.
Se mettre à l'abri de quelque chose.	Pôr-se ao abrigo de alguma coisa.
Mettons-nous à l'abri de la pluie, du vent.	Ponhamo-nos ao abrigo da chuva, do vento.
Entrons dans cette chambre, pour être à couvert de la tempête *ou* pour être à l'abri des injures du temps.	Entremos n'este quarto, para nos pôr a coberto da tempestade *ou* para estar ao abrigo das injurias do tempo.
Partout.	*Por todas as partes.*
Par toute la ville.	Por toda a cidade.
Une ombre.	Uma sombra.
A l'ombre.	*A sombra.*
Allons nous asseoir à l'ombre de cet arbre.	Vamos-nos sentar a sombra d'esta arvore.

Faire semblant de.	*Fingir, dar mostras.*
Cet homme fait semblant de dormir.	Este homem finge dormir.
Cette demoiselle fait semblant de savoir le français.	Esta menina finge saber o francez.
Ils font semblant de s'approcher de nous.	Fingem approximar-se de nós.

Maintenant.	Agora.
Dès.	Desde.
Dès le matin.	Desde pela manhã.
Dès le point du jour.	Desde o amanhecer.
Dès le berceau.	Desde o berço.
Dès à présent.	Desde agora.
Dès que.	Desde que.
Dès que je le verrai je lui parlerai.	Logo que o vir fallar-lhe-hei.

De crainte ou de peur de.	De medo de.
Prendre froid, s'enrhumer.	Constipar-se.
Je ne veux pas sortir de peur de m'enrhumer.	Não quero sair com medo de constipar-me.
Il ne veut pas aller à la ville de peur de rencontrer un de ses créanciers.	Não quer ir á cidade com medo de encontrar um dos seus acredores.
Il ne veut pas ouvrir sa bourse, de peur de perdre son argent.	Não quer abrir a bolsa com medo de perder o seu dinheiro.
Copier.	Copiar.
Décliner. Mettre au net.	Declinar. Tirar a limpo.
Un substantif, un adjectif, un pronom.	Um substantivo, um adjectivo, um pronome.
Un verbe, une préposition, une grammaire, un dictionnaire.	Um verbo, uma preposição, uma grammatica, um diccionario.

DE L'ADVERBE.

Il y a en portugais des adverbes qui se forment des adjectifs, en prenant la terminaison *mente*, comme il y en a en français, qui se forment en prenant la terminaison *ment*.

Si les adjectifs ont une seule forme pour les deux genres on ajoute simplement la terminaison *mente* : prudente, prudent, prudente, prudentemente, prudemment, etc.

Si les adjectifs ont deux formes, on ajoute *mente* à la forme féminine. Ex. *sabio*, savant, *sabia*, savante, *sabiamente*, savamment, etc.

Les adverbes formés des adjectifs en ajoutant *mente* sont susceptibles, comme l'adjectif lui-même, des trois degrés de significations et ils forment leurs trois comparatifs au moyen des adverbes *mais*, plus ; *menos*, moins ; *tão*, aussi, et leurs superlatifs au moyen des adverbes *mui* ou *muito*, bien ; *très*, fort ; *o mais*, le plus : Ex. *mais sabiamente*, plus sagement ; *menos favoravelmente*, moins favorablement ; *tão gravemente*, aussi gravement ; *muito graciosamente*, très gracieusement ; *o mais claramente*, le plus clairement ; si on ajoute *mente* au superlatif féminin en *ima* de l'adjectif on a le superlatif de l'adverbe ; ex. *riquissima* très riche, *riquissimamente*, très richement, etc.

Quand il y a plusieurs adverbes le dernier seul prend la terminaison *mente*, ou on le répète pour appuyer sur la valeur des mots Ex. *prudente, sabia e constante mente*, prudemment, savamment et constamment ; *vivamos n'este mundo, diz o Apostolo, sobriamente, piamente e justamente.* Vivons dans ce monde, dit l'Apôtre, sobrement, pieusement et avec justice.

Le nombre de ces adverbes est très grand, mais tous les adjectifs ne peuvent servir à les former.

THÈMES.

210.

Vous connaissez-vous en drap ? — Je m'y connais. — Voulez-vous m'en acheter quelques aunes ? — Si vous voulez me donner l'argent, je vous en achèterai. — Vous m'obligerez. — Cet homme se connaît-il en drap ? — Il ne s'y connaît pas beaucoup. — Comment vous y prenez-vous pour faire cela ? — Je m'y prends ainsi. — Voulez-vous me montrer comment vous vous y prenez ? — Je le veux bien. — Que me faut-il faire pour ma leçon de demain ? — Vous mettrez vos thèmes au net, vous en ferez trois autres, et vous étudierez la leçon suivante. — Comment vous y prenez-vous pour vous procurer des marchandises sans argent ? — J'achète à crédit. — Comment votre sœur s'y prend-elle pour apprendre le français sans dictionnaire ? — Elle s'y prend de cette manière. — Elle s'y prend très adroitement. Mais Monsieur votre frère comment s'y prend-il ? — Il s'y prend très maladroitement : il lit et cherche les mots dans le dictionnaire. — Il peut apprendre vingt ans de cette manière sans savoir faire une seule phrase. — Pourquoi Mademoiselle votre sœur baisse-t-elle les yeux ? — Elle les baisse parce qu'elle a honte de n'avoir pas fait son devoir. — Déjeunerons-nous aujourd'hui dans le jardin ? — Le temps est si beau, qu'il faut en profiter. — Comment trouvez-vous ce café ? — Je le trouve excellent. — Pourquoi vous baissez-vous ? — Je me baisse pour ramasser le mouchoir que j'ai laissé tomber. — Pourquoi Mesdemoiselles vos sœurs se cachent-elles ? — Elles ne se cacheraient pas si elles ne craignaient pas d'être vues. — De qui ont-elles peur? — Elles ont peur de leur institutrice, qui les a grondées hier, parce qu'elles n'avaient pas fait leur devoir.

211.

Avez-vous déjà vu mon fils? — Je ne l'ai pas encore vu; comment se porte-t-il? — Il se porte très bien; vous ne pourrez pas le reconnaître, car il a beaucoup grandi en peu de temps. — Pourquoi cet homme ne donne-t-il rien aux pauvres? — Il est trop avare; il ne veut pas ouvrir sa bourse, de peur de perdre son argent. — Quel temps fait-il? — Il fait très chaud; il y a longtemps que nous n'avons eu de pluie. Je crois que nous aurons un orage. — Cela se peut bien. — Le vent s'élève, il tonne déjà; l'entendez-vous? — Oui, je l'entends, mais l'orage est encore bien loin. — Pas si loin que vous pensez; voyez comme il fait des éclairs. — Mon Dieu! quelle averse! Si nous entrons quelque part, nous serons à l'abri de l'orage. — Entrons donc dans cette chaumière; nous y serons à l'abri du vent et de la pluie. — Où irons-nous à présent? Quel chemin prendrons-nous? — Le plus court sera le meilleur. — Il fait trop de soleil, et je suis encore très fatigué; asseyons-nous à l'ombre de cet arbre. Quel est l'homme qui est assis sous l'arbre? — Je ne le connais pas. Il paraît qu'il veut être seul; car quand nous voulons nous approcher de lui, il fait semblant de dormir. — Il est comme Mademoiselle votre sœur : elle entend fort bien le français; mais quand je commence à lui parler, elle fait semblant de ne pas me comprendre. — Vous m'avez promis de parler au capitaine; pourquoi ne l'avez-vous pas fait? — Je ne l'ai pas encore vu, mais dès que je le verrai, je lui parlerai.

SOIXANTE-HUITIÈME LEÇON

Lição sexagesima oitava.

DU PRÉTÉRIT DÉFINI.

Le prétérit défini se forme de l'infinitif, en changeant, pour la première, ar en :
Sing. 1er pers. 2e pers. 3e pers. Plur. 1re pers. 2e pers 3e pers.
ei, aste, ou, ámos, asteis, aram.
Pour la seconde et la troisième conjugaison, er et ir en :
Sing. 1er pers. 2e pers 3e pers Plur. 1er pers. 2e pers. 3e pers.
i, iste, iu, imos isteis iram.
este, eo, emos esteis eram.

EXEMPLES.

PRÉTÉRIT DÉFINI.

INFINITIF.	Eu	Tu	Elle ou ella
Amar.	Amei,	Amaste,	Amou.
Temer.	Temi,	Temeste,	Temeo.
Partir,	Parti,	Partiste,	Partiu.
	Nós	Vós	Elles ou ellas
	Amámos,	Amasteis	Amaram.
	Tememos,	Temesteis,	Temeram.
	Partimos,	Partisteis	Partiram.

DE L'EMPLOI DU PRÉTÉRIT DÉFINI.

J'écrivais à mon frère lorsqu'il arriva.	Eu escrevia a meu irmão quando elle chegou?
J'avais fini de lire, quand il entra.	Acabava de ler, quando elle entrou.
Vous aviez perdu votre bourse, quand je trouvai la mienne.	O senhor tinha perdido a sua bolsa, quando eu achei a minha.

SOIXANTE-HUITIÈME LEÇON 341

Nous avions dîné, lorsqu'il arriva.	Tinhamos jantado, quando elle chegou.
Le roi avait nommé un amiral quand on lui parla de vous.	O rei tinha nomeado um almirante, quando lhe fallarão do senhor.
Après avoir parlé, vous vous en allâtes.	Depois de ter fallado, o senhor se foi embora.
Après m'être rasé, je me lavai la figure.	Depois de me ter barbeado, lavei o rosto.
Après s'être chauffés, ils allèrent au jardin.	Depois de aquentar-se, foram ao jardim.
Dès que la cloche sonna vous vous réveillâtes.	Logo que tocou o sino, o senhor acordou se.
Dès qu'ils m'appelèrent je me levai.	Logo que me chamaram, levantei-me.
Aussitôt qu'il fut prêt, il vint me voir.	Logo que esteve prompto, veio a ver-me.
Aussitôt que nous eûmes notre argent, nous convînmes de cela.	Logo que recebemos o nosso dinheiro, concordamos n'isto.
Aussitôt qu'il eut son cheval, il vint me le montrer.	Logo que teve o seu cavallo, veio mostrar-m'o.
Après avoir essayé plusieurs fois, ils parvinrent à le faire.	Depois de ter provado varias vezes, conseguiram fazel-o.
Aussitôt que je le vis, j'obtins ce dont j'avais besoin.	Logo que o vi, obtive o que necessitava.
Aussitôt que je lui parlai, il fit ce que je lui dis.	Logo que lhe fallei, elle fez o que eu disse.
L'affaire fut bientôt faite.	O negocio foi logo feito.

Rem. Les Portugais préfèrent les temps simples aux temps composés, emploient le prétérit défini dans beaucoup de cas où le prétérit indéfini est d'usage en français, exemple :

Hier j'ai été au théâtre, c'est pour cela que je ne suis pas allé chez vous.	Hontem estive no theatro, foi por isto que não fui a sua casa.
Il y a quatre ans que j'ai été à Madrid.	Ha quatro annos que estive em Madrid.

DU PRÉTÉRIT ANTÉRIEUR.

Ce temps se forme du prétérit défini, de l'auxiliaire et du participe passé du verbe conjugué ; il sert à exprimer, comme son nom l'indique, qu'une action s'est passée immédiatement avant une autre action également passée, et ne s'emploie guère qu'après les conjonctions suivantes :

Aussitôt que.	Desde que, logo que.
Sitôt que.	Assim que,
D'abord que.	Depois que.
Dès que.	
Après que.	Desde que.
Lorsque.	
Quand.	Quando.
Pas plutôt.	Não antes.
A peine.	Apenas.
A peine fut-il sorti, qu'il lui vint une pensée.	Logo que saio, veio-lhe uma idea.
A peine les eut-il vus qu'il se leva.	Apenas vio-os, levantou-se.
Il n'eut pas plutôt fini, que le roi lui dit.	Não acabou antes, que o lhe disse.

Mais en portugais le temps est souvent remplacé par le prétérit défini.

Aussitôt que j'eus fini mon ouvrage, je le lui portai.	Logo que acabei o meu trabalho, levei-lh'o.
Aussitôt que je me fus habillé, je sortis.	Logo que me vesti, sai.
Quand ils eurent achevé de jouer ils se mirent à chanter.	Desde que acabaram de brincar, puzeram-se a cantar.
Quand j'eus dîné, midi sonna.	Quando jantei, tocou meiodia.

Dès que les convives se furent assemblés, le repas commença.	Desde que se reuniram os convivos, o jantar começou.
J'eus bientôt fini de manger.	Acabei logo de comer.
Après que les soldats eurent pillé la ville, ils égorgèrent sans pitié les femmes et les enfants.	Desde que os soldados pilharam a cidade, degollaram sem piedade as mulheres e as crianças.

A peine fûmes-nous arrivés, qu'on nous conduisit au roi. Il ne nous eut pas plutôt aperçus qu'il s'avança vers nous.	Apenas chegámos, conduzeram-nos ao rei. Logo que nos vio, approximou-se.

212.

Que fîtes-vous quand vous eûtes fini votre lettre? — J'allai chez mon frère, qui me conduisit au théâtre, où j'eus le plaisir de trouver un de mes amis, que je n'avais pas vu depuis dix ans. — Que fis-tu après t'être levé ce matin? — Quand j'eus lu la lettre du comte polonais, je sortis pour voir le théâtre du prince, que je n'avais pas encore vu. — Monsieur votre père que fit-il quand il eut déjeuné? — Il se rasa et sortit. — Que fit votre ami après avoir été se promener? — Il alla chez le baron. — Le baron coupa-t-il la viande après avoir coupé le pain? — Il coupa le pain après avoir coupé la viande. — Quand partez-vous? — Je ne pars que demain; car avant de partir je veux voir encore une fois mes bons amis. — Que firent vos enfants quand ils eurent déjeuné? — Ils allèrent faire un tour de promenade avec leur cher précepteur. — Où votre oncle alla-t-il après s'être chauffé? — Il n'alla nulle part. Après s'être chauffé, il se déshabilla et se coucha. — A quelle heure se leva-t-il? — Il se leva au lever du soleil. — L'éveillâtes-vous? — Je n'eus pas besoin de l'éveiller, car il s'était levé avant moi. — Que fit votre cousin quand il apprit la mort de son meilleur ami? — Il fut très affligé, et se coucha sans dire un mot. — Vous rasâtes-vous avant de déjeuner? — Je me rasai quand j'eus déjeuné. — Vous couchâtes-vous quand vous eûtes soupé? — Quand j'eus soupé, j'écrivis mes lettres, et quand je les eus écrites, je me couchai. — De quoi (*porque*) êtes-vous affligé? — Je suis affligé de (*por*) cet accident. — Êtes-vous affligé de (*por*) la mort de votre parent? — J'en suis très affligé. — Quand votre parent mourut-il? — Il mourut (*morreo*) le mois dernier (*o mes passado*). — De qui vous plaignez-vous? — Je me plains de votre garçon. — Pourquoi vous plaignez-vous de lui? — Parce qu'il a tué le joli chien que j'avais reçu d'un de mes amis. — De quoi votre oncle s'est-il plaint? — Il s'est plaint de ce que vous avez fait. — S'est-il plaint de la lettre que je lui écrivis avant-hier? — Il s'en est plaint.

213.

Pourquoi n'êtes-vous pas resté plus longtemps en Hollande? — Lorsque j'y étais il y faisait cher vivre, et je n'avais pas assez d'argent pour y rester plus longtemps. — Quel temps faisait-il lorsque vous étiez sur le chemin de Vienne? — Il faisait très mauvais temps ; car il faisait de l'orage et de la neige, et il pleuvait à verse. — Où avez-vous été depuis que je vous ai vu? — Nous séjournâmes longtemps au bord de la mer, jusqu'à l'arrivée d'un vaisseau qui nous amena en France. — Voulez-vous continuer votre narration? — A peine fûmes-nous arrivés en France, qu'on nous conduisit au roi, qui nous reçut très bien et nous renvoya dans notre pays. — Un paysan ayant vu que les vieillards se servaient de lunettes pour lire, alla (*foi*) chez un opticien et en demanda (*pedio algumas*). Le paysan prit alors un livre, et l'ayant ouvert, il dit que les lunettes n'étaient pas bonnes. L'opticien lui en mit une autre paire des meilleures qu'il put trouver dans sa boutique, mais le paysan ne pouvant toujours pas lire, le marchand lui dit : « Mon ami, peut-être ne savez-vous pas lire du tout? — Si je savais lire (*lêr*) dit le paysan, je n'aurais pas (*teria*) besoin de vos lunettes » — Henri IV, rencontrant un jour dans son palais un homme qui lui était inconnu, lui demanda à qui il appartenait : « Je m'appartiens à moi-même, répliqua cet homme. — Mon ami, dit le roi, vous avez un sot maître. » — Racontez-nous ce qui vous est arrivé l'autre jour. — Très volontiers, mais sous la condition que vous m'écouterez sans m'interrompre. — Nous ne vous interromprons pas, vous pouvez en être sûr. — Étant dernièrement au théâtre, je vis représenter *le Tableau parlant* et *la Femme pleurante*. Cette dernière pièce n'étant pas trop amusante pour moi, j'allai au concert où la musique me causa une violente migraine. Alors je quittai le concert, en le maudissant, et je fus droit à l'hôpital des fous, pour voir mon cousin. En entrant dans l'hôpital de mon cousin, je fus saisi d'horreur en voyant plusieurs fous qui s'approchèrent de moi en sautant et hurlant. — Que fîtes-vous alors? — J'en fis autant et ils se mirent à rire en se retirant.

SOIXANTE-NEUVIÈME LEÇON.
Lição sexagesima nona.

Se faire battre.	† Deixar-se bater.
Se faire payer.	† Deixar-se ultrajar.
Se faire inviter à dîner.	† Obrigar a pagar.
D'abord.	† Fazer convidar para jantar.
Premièrement, en premier lieu.	Antes.
	Em primeiro lugar, primeiramente.
Secondement, en second lieu.	Em segundo lugar.
Troisièmement, en troisième lieu.	Em terceiro lugar.
Votre mère est-elle chez elle ?	
Votre mère est-elle à la maison ?	Está sua mãe em sua casa ?
Elle y est.	Está lá.
Je vais chez elle.	Eu vou a sua casa.

Un sujet.	*Um assumpto.*
Un sujet de chagrin.	Uma causa de pena.
Un sujet de tristesse.	Uma causa de tristeza.
Elle a un sujet de tristesse.	Tem uma causa de tristeza.
Le chagrin, la tristesse.	A pena, a tristeza.
Cette femme est-elle prête à sortir ?	Está esta senhora prompta a sair ?
Elle l'est.	Está.

Malgré, en dépit de.	*Apezar.*
Malgré cela.	Apezar d'isto.
Malgré lui, elle, eux.	Contra a vontade d'elle, d'ella, d'elles.

Faire en sorte de.	Fazer de sorte que.
Faites-vous en sorte de finir votre ouvrage tous les samedis soir ?	Faz o senhor de sorte que acabe o seu trabalho todos os sabbados pela tarde ?
Faites-vous en sorte d'avoir fini votre ouvrages tous les samedis soir?	Faz o senhor de modo que tenha acabado a sua obra todos os sabbados pela tarde ?
Faites en sorte de faire cela pour m'obliger.	Faz o senhor de sorte que eu lhe seja obrigado ?
Je ferai tout pour vous obliger.	Eu farei tudo para agradar-lhe.

Donner sur.	*Dar sobre.*
La fenêtre donne sur la rue.	A janella dá sobre a rua.
La fenêtre donne sur la rivière.	A janella dá sobre o rio.
La porte de derrière donne sur le jardin.	A porta de atraz dá sobre o jardim.
Noyer.	*Afogar.*
Noyer un chien.	Afogar um cão.
Se noyer.	Afogar-se.
Sauter par la fenêtre.	Saltar, pular pela janella.
Jeter par la fenêtre.	Lançar, deitar pela janella.
Je me noie.	Eu me afogo.
Il sauta par la fenêtre.	Elle saltou pela janella.
Attacher.	*Amarrar.*
On l'attacha à un arbre.	Amarraram-o a uma arvore.

Le bétail; *plur.* les bestiaux,	O rebanho; *plur,* os rebanhos.
Se tenir chaud.	Conservar-se quente.
Se tenir frais.	Conservar-se fresco.
Se tenir propre.	Conservar-se limpo.
Se tenir en garde contre quelqu'un.	Pôr-se em guarda contra alguem.
Tenez-vous en garde contre cet homme.	Ponha-se o senhor em guarda contra este homem.

Prendre garde à quelqu'un ou à quelque chose.	*Tomar cuidado em alguem ou em alguma coisa.*
Si vous ne prenez pas garde à ce cheval, il vous donnera un coup de pied.	Se o senhor não toma cuidado n'este cavallo, elle dar-lhe-há um coice.

SOIXANTE-NEUVIÈME LEÇON

Prenez garde de tomber.	Tome cuidado em cair.
Se tenir sur ses gardes avec quelqu'un.	Precaver-se de alguem.
Se garder de quelqu'un ou de quelque chose.	Precaver-se de alguem ou de alguma coisa.
Tenez-vous sur vos gardes avec cet homme.	Precava-se o senhor d'este homem.
Prenez garde.	Tomar cuidado.

Une pensée.	Um pensamento.
Une idée.	Uma idea.
Une saillie.	Um rasgo, uma agudeza.
Venir en pensée.	Vir a idea.
Il me vient une pensée.	Vem-me uma idea.
Cela ne m'est jamais venu à l'esprit.	Isto me não passou nunca pelo espirito.
S'aviser 1.	*Imaginar, pensar.*
Il s'avisa, l'autre jour, de me voler.	Pensou roubar-me n'outro dia.
De quoi vous avisez-vous ?	Em que pensa o senhor ?

A ma, votre, sa place.	Em meu, vosso, seu lugar.
Il faut mettre chaque chose à sa place.	E'preciso pôr cada coisa em seu lugar.
Autour.	Em redor, a roda de.
Tout autour.	Ao redor.
Nous naviguâmes autour de l'Angleterre.	Navegámos em roda da Inglaterra.
Ils allèrent çà et là dans la ville, pour en voir les choses remarquables.	Andaram por toda a cidade para ver as coisas notaveis.
Aller autour de la maison.	Andar a roda da casa.
Faire le tour de la maison.	Fazer a volta da casa.
Aller çà et là dans la maison.	Andar por todos os lados da casa.
Coûter 1.	*Custar.*
Combien cela vous coûte-t-il ?	Quanto lhe custa isto ?
Combien ce livre vous coûte-t-il ?	Quanto lhe custa este livro ?
Il me coûte trois écus et demi.	Custa-me trez escudos e meio.
Cette table lui coûte sept écus.	Esta mesa custa-lhe sete escudos.

Seul ; fem. seule.	Só (dous generos).
J'étais seul.	Eu estava só.
Une seule femme.	Uma unica mulher.
Un seul Dieu.	Um só deus.
Dieu seul peut faire cela.	Deus só póde fazer isto.
La seule pensée de cela est criminelle.	Só o pensar n'isto é um crime.
Une seule lecture ne suffit pas pour contenter un homme qui a du goût.	Uma unica lectura não basta para contentar um homem que tem gosto.

Tuer d'un coup d'arme à feu.	Matar com um tiro.
Brûler la cervelle à quelqu'un.	† Fazer saltar os miolos a alguem.
Se brûler la cervelle d'un coup de pistolet.	Saltar os miolos com um tiro de pistola.
Il s'est brûlé la cervelle.	Elle se saltou os miolos.
Il s'est brûlé la cervelle d'un coup de pistolet.	Elle se saltou os miolos com um tiro de pistola.

Il servit longtemps, parvint aux honneurs, et mourut content.	Servio muito tempo, conseguio as honras e morreo contente.
Il arriva pauvre, devint riche en peu de temps, et perdit tout en moins de temps encore.	Chegou pobre, tornou-se rico em pouco tempo e perdeo tudo em menos tempo ainda.

THÈMES.

214.

Qu'avez-vous ? Pourquoi avez-vous l'air si mélancolique ? — Je n'aurais pas l'air si mélancolique, si je n'avais pas un sujet de tristesse. Je viens d'apprendre (*acabo de saber*) qu'un de mes amis s'est brûlé la cervelle d'un coup de pistolet, et qu'une des meilleures amies de ma femme s'est noyée. — Où s'est-elle noyée ? — Elle s'est noyée dans la rivière qui est derrière sa maison. Hier à quatre heures du matin elle se leva sans dire un mot à personne (*sem dizer uma palavra a ninguem*), sauta par la fenêtre (*janella*) qui donne sur le (*que dá para*) jardin et se jeta (*atirou-se*) dans la rivière où elle s'est noyée. — J'ai grande envie de me baigner aujourd'hui. — Où voulez-vous vous baigner? — Dans la rivière. — N'avez-vous pas peur de vous noyer? — Oh! non, je sais nager. — Qui vous l'a appris? — L'été dernier j'ai pris quelques leçons à l'école de natation. — Quand eûtes-vous fini votre devoir? — Je l'avais fini quand vous entrâtes. — Ceux qui avaient le plus contribué à son élévation sur le trône de ses ancêtres, furent ceux qui travaillèrent avec le plus d'acharnement à l'en précipiter. — Dès que César eut passé le Rubicon, il n'eut plus à délibérer: il dut vaincre ou mourir. — Un empereur, irrité contre un astrologue, lui demanda: « Misérable! de quel genre de mort crois-tu que tu mourras? — Je mourrai de la fièvre, repartit l'astrologue. — Tu mens, dit l'empereur, tu mourras (*morrerás*) sur-le-champ de mort violente. » Comme on allait le saisir, il dit à l'empereur: « Seigneur, ordonnez (*ordene*) qu'on me tâte le pouls (*que me tomem o pulso*) et l'on trouvera que j'ai la fièvre. » Cette saillie lui sauva (*salvou-lhe*) la vie.

215.

Apercevez-vous cette maison là-bas? — Je l'aperçois; quelle maison est-ce? — C'est une auberge; si vous voulez, nous y entrerons (*entraremos*) pour boire un verre de vin, car j'ai bien soif (*sede*). — Vous avez toujours soif (*sede*) quand vous voyez une auberge. — Si nous y entrons, je boirai (*beberei*) à votre santé (*a sua saúde*). — Plutôt que d'entrer dans une auberge, je ne boirai pas. — Quand me payerez-vous ce que vous me devez? — Quand j'aurai de l'argent; il est inutile de m'en demander aujourd'hui, car vous savez fort bien qu'il n'y a rien à avoir de celui qui n'a rien. — Quand pensez-vous avoir de l'argent? — Je pense en avoir l'année prochaine. — Voulez-vous faire ce que je vous dirai? — Je veux le faire, si ce n'est pas trop difficile. — Pourquoi riez-vous de moi? — Je ne ris pas de vous, mais de votre habit. — Ne ressemble-t-il pas au vôtre? — Il ne lui ressemble pas, car le mien est court, et le vôtre est trop long; le mien est noir et le vôtre est vert. — Pourquoi fréquentez-vous cet homme? — Je ne le fréquenterais pas s'il ne m'avait pas rendu de grands services. — Ne vous y fiez pas, car si vous ne vous tenez pas sur vos gardes, il vous trompera. — Pourquoi travaillez-vous tant? — Je travaille pour être un jour utile à mon pays. — Étant encore petit, je dis un jour à mon père: « Je n'entends pas le commerce et je ne sais pas vendre; permettez-moi de jouer. » Mon père me répondit en souriant: « C'est en marchandant que l'on apprend à marchander, et en vendant qu'on apprend à vendre. — Mais, mon cher père, répliquai-je, en jouant on apprend aussi à jouer. — Vous avez raison, me dit-il; mais il faut apprendre auparavant ce qui est nécessaire et utile. » — Ne jugez point, vous qui ne voulez pas être jugés ! Pourquoi apercevez-vous une paille dans l'œil de votre frère, vous qui n'apercevez pas la poutre qui est dans votre œil ? — Copieriez-vous vos thèmes, si je copiais les miens ? — Je les copierais si vous copiez les vôtres. — Votre sœur aurait-elle transcrit sa lettre, si j'avais transcrit la mienne ? — Elle l'aurait transcrite. — Serait-elle partie, si j'étais parti ? — Je ne puis vous dire ce qu'elle aurait fait si vous étiez parti.

SOIXANTE-DIXIÈME LEÇON

Lição septuagesima.

DE L'IMPÉRATIF

L'impératif se forme en portugais de la manière suivante : La 2ᵉ personne du singulier et la 2ᵉ personne du pluriel se forment des deux personnes correspondantes du présent de l'indicatif, en supprimant l's finale. Les trois autres personnes de l'impératif ne sont autres que la troisième personne du singulier, la première et la troisième personne du pluriel du présent du subjonctif.

Ayez patience.	Tenha paciencia.
Soyez attentifs.	Esteja attento.
Allez-y (plur.).	Ide lá.
Donnez-le moi.	Dê m'o.
Envoyez-le lui.	Envie-lhe.
Prêtez-le moi.	Empreste-m'o.
Ayez la bonté de me passer ce plat.	Tenha a bondade de me passar este prato.

Emprunter.	*Emprestar.*
Je veux vous emprunter de l'argent.	Quero emprestar-lhe dinheiro.
Je veux vous emprunter cet argent.	Quero emprestar-lhe este dinheiro.
Empruntez-le lui.	Empreste-lh'o.
Je le lui emprunte.	Eu empresto-lhe.
Ne le lui dites pas.	Não lh'o diga.
Ne le leur rendez pas.	Não lh'o entregue.
La patience, l'impatience.	A paciencia, a impaciencia.
Le prochain.	O proximo.
La tabatière.	A caixa de rapé.
Soyons bons.	Sejamos bons.
Sachez-le.	Saiba-o.

Obéissez à vos maîtres, et ne leur donnez jamais de chagrin.	Obedecei a vossos mestres e não lhes causai pena.
Payez ce que vous devez, consolez les malheureux, et faites du bien à ceux qui vous ont offensés.	Pague o que deve, console os desgraçados, e faça bem aos que lhe offenderam.
Aimez le bon Dieu, et le prochain comme vous-même.	Amai a Deus e ao proximo como a vós mesmos.
Obéir.	*Obedecer.*
Consoler.	*Consolar.*
Offenser.	*Offender.*
Aimons et pratiquons toujours la vertu et nous serons heureux dans cette vie et dans l'autre.	Amemos e pratiquemos sempre a virtude e seremos felizes n'esta vida e na outra.
Pratiquer.	*Praticar.*
Voyons qui tirera le mieux.	Vejamos quem atira melhor.
Exprimer.	*Exprimir.*
S'exprimer.	*Expressar-se. Exprimir-se.*
Se faire comprendre.	*Se fazer comprehender.*
Avoir l'habitude.	*Ter costume.*
Accoutumer.	*Acostumar.*
S'accoutumer à quelque chose.	*Acostumar-se a alguma coisa.*
Il faut accoutumer de bonne heure les enfants au travail.	E' necessario acostumar cedo as crianças ao trabalho.
Etre accoutumé à quelque chose.	*Estar acostumado a alguma coisa.*
J'y suis accoutumé.	Estou acostumado a isto.
Je ne puis pas bien m'exprimer en français, parce que je n'ai pas l'habitude de parler.	Não me posso exprimir bem em francez, porque não tenho o costume de fallal-o.
Vous parlez comme il faut.	O senhor falla como é preciso.
Causer.	*Conversar, fallar, charlar.*
Bavarder.	
Jaser.	Charlar, parlar.
Un causeur, (fem.) euse.	Um conversador, (fem.) conversadora.
Un jaseur, (fem.) euse.	Um parlador, (fem.) parladora.
Exercer.	Exercer, exercitar.
Je m'exerce à parler.	Exercito-me a fallar.

Permettre.	Permittir.
La permission.	A permissão.
Je vous promets d'y aller.	Prometto-lhe lá ir.
Faites du bien aux pauvres, et ayez compassion des malheureux, et le bon Dieu aura soin du reste.	Fazei bem aos pobres e tende compaixão dos desgraçados e Deus terá cuidado do resto.
Faire du bien a quelqu'un.	*Fazer bem a alguem.*
Avoir compassion de quelqu'un.	Ter compaixão de alguem.
La compassion.	A compaixão.
La pitié.	A piedade.
Le reste.	O resto, o excesso.
S'il vient, dites-lui que je suis au jardin.	Si elle vier, diga-lhe que estou no jardim.
Demandez au marchand s'il peut me donner le cheval au prix que je lui ai offert.	Pergunte ao negociante si elle me póde dar o cavallo pelo preço que lhe offereci.
J'ai lu, et l'on m'a raconté.	Li, e me contaram.

THEMA.

216.

Ayez patience (*tenha paciencia*), mon cher ami, et ne soyez pas triste, car la tristesse ne change rien, et l'impatience empire le mal. N'ayez pas peur de vos créanciers; soyez sûr qu'ils ne vous feront pas de mal. Ils attendront, si vous ne pouvez pas encore les payer. — Quand me payerez-vous ce que vous me devez? — Aussitôt que j'aurai (*logo que tiver*) de l'argent, je payerai (*pagarei*) tout ce que vous avez avancé (*adiantado*) pour moi. Je ne l'ai pas oublié, car j'y pense tous les jours. Je suis votre débiteur et je ne le nierai (*negarei*) jamais. — Quel bel encrier vous avez là! prêtez-le moi, je vous prie. — Que voulez-vous en faire? — Je veux le montrer à ma sœur. — Prenez-le, mais ayez en soin, et ne le cassez pas. — Ne craignez rien. — Que désirez-vous de mon frère? — Je veux lui emprunter de l'argent. — Empruntez-en à un autre. — S'il ne veut pas m'en prêter, j'en emprunterai à un autre. — Vous ferez bien. — Ne souhaitez pas ce que vous ne pouvez pas avoir, mais contentez-vous de ce que la Providence vous a donné, et considérez qu'il y a beaucoup de gens qui n'ont pas ce que vous avez. — La vie étant courte, tâchons de nous la rendre aussi agréable qu'il est possible. Mais considérons aussi que l'abus des plaisirs la rend amère. — Avez-vous fait vos thèmes? — Je n'ai pas pu les

MÉTH. PORTUG. 23

faire parce que mon frère n'était pas à la maison. — Il ne faut pas faire faire vos thèmes par votre frère, mais il faut les faire vous-même. Que faites-vous là ? — Je lis le livre que vous m'avez prêté. — Vous avez tort de le lire toujours. — Que dois-je faire ? — Dessinez ce paysage, et quand vous l'aurez dessiné, vous déclinerez des substantifs avec des adjectifs.

217.

Que faut-il faire pour être heureux ? — Aimez et pratiquez toujours la vertu, et vous serez heureux dans cette vie et dans l'autre. — Puisque nous voulons être heureux, faisons du bien aux pauvres et ayons compassion des malheureux; obéissons à nos maîtres et ne leur donnons jamais de chagrins; consolons les infortunés, aimons notre prochain comme nous-mêmes, et ne haïssons pas ceux qui nous ont offensés; en un mot, remplissons toujours notre devoir, et Dieu aura soin du reste. — Mon fils, pour être aimé, il faut être laborieux et sage. On t'accuse d'avoir été paresseux et négligent dans tes affaires. Tu sais pourtant que ton frère a été puni pour avoir été méchant. Étant l'autre jour à la ville, je reçus de ton instituteur une lettre, dans laquelle il se plaignait fort de toi. Ne pleure pas : va (*vá*) maintenant dans (*a*) ta chambre, apprends ta leçon et sois (*sê*) sage; autrement tu n'auras rien à dîner. — Je serai (*serei*) si sage, mon cher père, que vous serez certainement content de moi. — Le petit garçon a-t-il tenu parole (*cumprio com a sua palavra*) ? — Pas tout à fait; car après avoir dit cela, il alla (*foi*) dans sa chambre, prit (*tomou*) ses livres, se mit à une table et s'endormit (*adormeceo*). — « C'est un fort bon garçon, quand il dort (*quando dorme*), » dit son père, en le voyant quelque temps après.

Bon jour (*bons dias*), Mademoiselle. — Ah ! vous voilà enfin; je vous ai attendue avec impatience. — Vous me pardonnerez, ma chère, je n'ai pas pu venir plus tôt. — Asseyez-vous, s'il vous plaît. — Comment se porte Madame votre mère ? — Elle se porte mieux aujourd'hui qu'elle ne se portait hier. — J'en suis bien aise. — Avez-vous été au bal hier ? — J'y ai été. — Vous êtes-vous beaucoup divertie (*divertio-se*) ? — Passablement. — A quelle heure êtes-vous retournée (*voltou*) chez vous ? — A onze heures et un quart.

218.

Y a-t-il longtemps que vous apprenez le français ? — Non, Monsieur, je ne l'apprends que depuis six mois. — Est-il possible ! vous parlez assez bien pour si peu de temps. Vous plaisantez; je n'en sais pas encore beaucoup. — En vérité, vous parlez déjà bien. — Je crois que vous me flattez un peu. — Pas du tout, vous parlez comme il faut. — Pour parler comme il faut, il faut en savoir plus que je n'en sais. — Vous en savez assez pour vous faire comprendre. — Je fais encore beaucoup de fautes. — Cela ne fait rien, il ne faut pas être timide; d'ailleurs vous n'avez pas fait de fautes dans tout ce que vous venez de dire. — Je suis encore timide, parce que j'ai peur qu'on ne se moque de moi. — Il faudrait être bien impoli pour se moquer de vous. Qui serait (*quem seria*) assez impoli pour se moquer de vous? Ne savez-vous pas le proverbe? — Quel proverbe? — Celui qui veut bien parler, doit commencer par mal parler. Comprenez-vous tout ce que je vous dis? — Je l'entends et le comprends fort bien ; mais je ne peux pas encore bien m'exprimer en français, parce que je n'ai pas l'habitude de le parler. —. Cela viendra avec le temps. — Je le souhaite de tout mon cœur.

Voyez-vous quelquefois mon frère ? — Je le vois quelquefois; quand je le rencontrai l'autre jour, il se plaignit (*queixou-se*) de vous. « S'il s'était mieux comporté et s'il avait été plus économe, disait-il, il n'aurait pas de dettes, et je n'aurais pas été fâché contre lui. » Je le priai d'avoir pitié de vous, en lui disant que vous n'aviez pas même assez d'argent pour acheter du pain. « Dites-lui, quand vous le verrez, me répliqua-t-il (*me respondeo*), que nonobstant sa mauvaise conduite envers moi (*commigo*), je lui pardonne. Dites-lui aussi, continua-t-il (*proseguio*), qu'on ne se moque pas de ceux à qui l'on a des obligations. Ayez la bonté de faire cela et je vous serai fort obligé, » ajouta-t-il (*accrescentou*) en s'éloignant (*retirándo-se*).

SOIXANTE ET ONZIÈME LEÇON

Lição septuagesima primeira.

Être debout.	*Estar em pé.*
Rester debout.	*Ficar de pé.*
Voulez-vous me permettre d'aller au marché ?	Quer o senhor permittir-me de ir ao mercado.
Se dépêcher.	*Ir depressa.*
Dépêchez-vous et revenez bientôt.	Vá depressa e volte logo.

Allez-lui dire que je ne puis venir aujourd'hui. — Vá dizer-lhe que não posso vir hoje.
Il vint nous dire qu'il ne pouvait pas venir. — Veio dizer-nos que não podia vir hoje.
Allez voir vos amis. — Vá ver os seus amigos.

Pleurer.	*Chorar.*
Le moindre coup le fait pleurer.	O menor golpe faz-lhe chorar.
Effrayer.	*Intimidar.*
S'effrayer.	*Intimidar-se.*
La moindre chose l'effraie.	A menor coisa intimida-o.
Ne vous effrayez pas.	Não se intimide.
S'effrayer de quelque chose.	Intimidar-se de alguma coisa.
De quoi vous effrayez-vous ?	Porque se intimida o senhor ?

A mes dépens. — A meus gastos.
A ses, à nos dépens. — A seus, a nossos gastos.
Aux dépens d'autrui. — Aos gastos de outrem.
Cet homme vit aux dépens de tout le monde. — Este homem vive á custa da gente.
Dépendre de. — *Depender de.*
Cela dépend des circonstances. — Isto depende das circumstancias.
Cela ne dépend pas de moi. — Isto não depende de mim.

Il dépend de lui de faire cela. | Depende d'elle fazer isto.
Oh! oui, cela dépend de lui. | Oh! sim, isto depende d'elle.

Étonner. | *Admirar.*
S'étonner. | *Admirar-se.*
Être étonné de quelque chose. | *Estar admirado de alguma coisa.*
J'en suis étonné. | Estou admirado.
Il arriva une chose extraordinaire qui étonna tout le monde. | Aconteceo uma coisa extraordinaria que admirou a todos.
Se passer. | *A contecer.*
Il s'est passé plusieurs choses qui vous surprendront. | Aconteceram varias coisas que nos surprenderão.
Surprendre. | *Surprender.*
Il se passera plusieurs jours avant cela. | Passar-se-há varios dias antes d'isso.
Il entra un homme qui me demanda comment je me portais. | Entrou um homem que me preguntou como eu estava.

Donc. | *Pois.*
C'est pourquoi. | E' porque.
L'autre jour. | O outro dia.
Dernièrement. | Ultimamente.
Dans peu de temps. | Em pouco tempo.
Dans, en. | Em, dentro.
Il arrivera dans huit jours. | Chegou dentro em oito dias.
Il a fait ce voyage en huit jours. | Fez esta viagem em oito dias.
Il aura fini ses études dans trois mois. | Acabará os seus estudos dentro em trez meses.
Il a fini ses études en un an. | Acabou os seus estudos em um anno.
Il a fait une étude particulière de la géométrie. | Fez um estudo particular da geometria.

Il a bien des amis. | } Tem muitos amigos.
Il a beaucoup d'amis. |
Vous avez bien de la patience. | O senhor tem muita paciencia.
Ils ont bien de l'argent. | Elles tem muito dinheiro.
Vous avez bien du courage. | O senhor tem muita coragem.

Faire présent de quelque chose à quelqu'un.	*Fazer presente de alguma coisa a alguem.*
Monsieur Lambert m'écrivit l'autre jour que mesdemoiselles ses sœurs viendraient ici dans peu de temps, et me pria de vous le dire. Vous pouvez donc les voir et leur donner les livres que vous avez achetés. Elles espèrent que vous leur en ferez présent. Leur frère m'a assuré qu'elles vous estiment sans vous connaître.	O senhor Lambert escreveo-me o outro dia que as suas irmãs viriam cá em pouco tempo e pedio-me que lhe dissesse. O senhor póde pois vél-as e dar-lhes os livros que comprou. Ellas esperam que o senhor lhes faça presente. Seu irmão assegurou-me que ellas o estimam sem conhecel-o.

S'ennuyer.	Aborrecer-se.
Comment pourrais-je m'ennuyer auprès de vous?	Como poderia aborreçer-me ao pé do senhor?
Il s'ennuie partout.	Elle aborrece-se em toda a parte.

Agréable.	Agradavel.
Être le bienvenu.	Ser o bemvindo.
Vous êtes partout le bienvenu.	O senhor é o bemvindo em toda a parte.

THÈME.

219.

Voulez-vous prendre une tasse de thé? — Je vous remercie; je n'aime pas le thé. — Aimez-vous le café? — Je l'aime, mais je viens d'en prendre. — Ne vous ennuyez-vous pas ici? — Comment pourrais-je *(poderia)* m'ennuyer dans cette agréable société? — Quant à moi je m'ennuie toujours. — Si vous faisiez comme moi, vous ne vous ennuieriez pas: car j'écoute tous ceux qui me disent quelque chose. De cette manière j'apprends mille choses agréables, et je n'ai pas le temps de m'ennuyer; mais vous ne faites rien de tout cela, voilà pourquoi vous vous ennuyez. — Je ferais *(eu faria)* tout comme vous si je n'avais pas sujet d'être triste. — Avez-vous vu M. Lambert? — Je l'ai vu; il m'a dit que ses sœurs seraient ici dans peu de temps, et il m'a prié de vous le dire. Quand elles seront arrivées, vous pourrez leur donner les bagues d'or que vous avez achetées : elles se flattent que vous leur en ferez présent ; car elles vous aiment sans vous connaître personnellement. — Ma sœur vous a-t-elle déjà écrit ? — Elle m'a écrit ; je vais lui répondre. — Faut-il lui dire que vous êtes ici ? — Dites-le lui, mais ne lui dites pas que je l'attends avec impatience. — Pourquoi n'avez-vous pas amené votre sœur ? — Laquelle ? — Celle que vous amenez toujours, la cadette. — Elle ne voulait (*não queria*) pas sortir, parce qu'elle a mal aux dents. — J'en suis bien fâché, car c'est une fort bonne fille. — Quel âge a-t-elle ? — Elle a près de quinze ans. — Elle est très grande (*mui alta*) pour son âge. — Quel âge avez-vous ? — J'ai vingt-deux ans. — Est-il possible ! je croyais (*pensava*) que vous n'en aviez pas encore vingt.

SOIXANTE-DOUZIÈME LEÇON

Lição septuagesima segunda.

SUR LA NÉGATION.

Non!	
Ne pas.	Não.
Ne point.	
N'avez-vous pas mon livre?	Não tem o senhor o meu livro?
Je ne l'ai pas.	Não o tenho.
Ne parlez pas à cet homme.	Não falle a este homem.
N'avez-vous pas vu mon frère?	Não vio meu irmão?
N'a-t-il pas appris le français?	Não aprendeo o francez?
Il ne l'a pas appris.	Não o aprendeo.
Il m'aime trop pour ne pas le faire.	Ama-me demasiado para o não fazer.
Je m'en vais pour ne pas lui déplaire.	Vou-me embora para lhe não desagradar.
Il faut être peu sensé pour ne pas voir cela.	E' preciso ser pouco sensato para não ver isto.

Cesser.	*Cessar.*
Oser.	*Ousar.*
Pouvoir.	*Poder 2*.*
Savoir.	*Saber 2*.*
Vous ne cessez de me demander de l'argent.	O senhor não cessa de me pedir dinheiro.
Elle ne cesse de se plaindre.	Ella não cessa de queixar-se.
Je n'ose vous le demander.	Não ouso pedir-lhe.
Elle n'ose vous le dire.	Não ousa dizer-lh'o.
Je ne puis y aller.	Não posso lá ir.
Je ne saurais vous dire.	Não poderia dizer-lhe.
Vous ne sauriez le croire.	Não poderia crêl-o.
Entre outre, d'ailleurs. Outre cela.	*Além d'isso.*
Outre ce que je viens de dire.	Alem do que eu acabo de dizer.
Il n'y a pas moyen de trouver de l'argent à présent.	Não há meio de achar dinheiro agora.

SOIXANTE-DOUZIÈME LEÇON

Pousser.	Empurrar, impellir, crescer, brotar.
Le long du chemin.	Ao longo do caminho.
Le long de la rue.	Ao longo da rua.
Tout le long de.	Por todo o comprimento.
Tout le long de l'année.	Durante o anno.

Mettre à même de.	Pôr em estado de.
Être en état ou être à même de.	Estar em estado de.
A droite. Sur la gauche.	A direita. Sobre a esquerda.
Ne pourriez-vous pas me dire quel est le chemin le plus court pour arriver à la porte de la ville ?	Não poderia dizer-me qual é o caminho o mais curto para chegar á porta da cidade ?
Suivez toute cette rue, et quand vous serez au bout, tournez à droite ; vous trouverez un carrefour que vous traverserez.	Continue toda esta rua, quando chegar ao fim, volte a direita ; encontrará uma passagem que atravessará.
Et puis ?	E depois ?
Puis vous entrerez dans une rue assez large, qui vous mènera sur une grande place où vous verrez un cul-de-sac.	Depois entrará n'uma rua assaz larga, que o conduzirá a uma grande praça aonde verá um beco sur saida.
Vous laisserez le cul-de-sac à main gauche, et vous passerez sous les arcades qui sont à côté.	Deixará o beco sem saida á mão esquerda, passará sob as arcardas que estão ao lado.
Ensuite vous demanderez.	Em seguida perguntará.

Une arcade.	Uma arcada.
Le carrefour.	Passagem.
Le cul-de-sac.	Beco sem saida.
Le rivage.	A margem.

Se marier.	Casar-se.
Épouser quelqu'un.	Casar-se com alguem.
Marier (donner en mariage).	Casar.
Mon cousin, ayant marié sa sœur, épousa mademoiselle Delby.	Meu primo, tendo casado a sua irmã, casou-se com a senhora Delby.

Monsieur votre cousin est-il marié?	E' o seu primo casado?
Non, il est encore garçon.	Não, elle é solteiro.
Être garçon.	Solteiro.
Embarrasser.	*Embaraçar.*
Un embarras.	Um embaraço.
Vous m'embarrassez.	O senhor embaraça-me.
Vous me mettez dans l'embarras.	O senhor põe-me em embaraço.
Le mariage.	O casamento.
Il demande ma sœur en mariage.	Pedio a minha irmã em casamento.

La mesure.	*A medida.*
Prendre des mesures.	Tomar medidas.
Je prendrai d'autres mesures.	Tomarei outras medidas.

Mon Dieu! que le temps passe vite en votre compagnie!	Meu Deus! como o tempo passa depressa em sua companhia!
Le compliment.	O comprimento.
Vous me faites un compliment auquel je ne sais que répondre.	O senhor faz-me um elogio ao qual não sei responder.
La faute.	*A falta.*
Ce n'est pas ma faute.	A culpa não é minha.
Ne me l'imputez pas.	Não m'a impute.
Imputer à quelqu'un.	*Culpar a alguem*
A qui est la faute?	De quem é a falta?
Je ne sais qu'y faire.	Não sei o que fazer a isto.
Je ne saurais qu'y faire.	Não saberia o que fazer a isto.

Le délai.	A demora.
Il le fait sans délai.	O faz sem demora.
Je vais me sauver.	Vou escapar, retirar (me).
Sauvez-vous! allez-vous en!	Retire-se! va-se embora!

Plaisanter.	*Gracejar.*
La plaisanterie, le badinage.	O gracejo, a caçoada.
Vous badinez.	O senhor graceja.
Vous vous moquez.	O senhor caçoa.

SOIXANTE-DOUZIÈME LEÇON

Il n'entend pas raillerie.	Não comprehende as caçoadas
Demander pardon à quelqu'un.	Pedir perdão a alguem.
Je vous demande pardon.	Peço-lhe perdão.
Le pardon.	O perdão.

Avancer.	*Adiantar.*
La montre avance.	O relogio adianta.
Ma montre s'est arrêtée.	O meu relogio parou.
S'arrêter.	Parar.

Où en étions-nous?	Aonde estavamos nós?
Nous en étions leçon quarante, page cent trente-six.	Estavamos na lição quarenta, pagina cento e trinta e seis.

Monter une montre.	Dar corda a um relogio.
Régler une montre.	Arranjar um relogio. Pôr á hora.
Votre montre avance de vingt minutes, et la mienne retarde d'un quart d'heure.	O seu relogio adianta de vinte minutos, e o meu atraza d'um quarto de hora.
Il va sonner midi.	Vái dar meiodia.
Midi est-il déjà sonné ?	Já deo meiodia?
Sonner.	Dar, soar.

A condition.	Com a condição.
Sous condition.	Sob condição.
Je vous prêterai de l'argent, à condition que vous serez désormais plus économe que vous n'avez été jusqu'ici.	Emprestar-lhe-hei dinheiro com a condição que o senhor para o futuro será mais economico do que tem sido até aqui.
Désormais, dorénavant, à l'avenir.	Para o futuro, d'aqui em diante.
L'avenir.	O futuro, o porvir.
Econome, économique, ménager.	Economico, poupar.
Renoncer au jeu.	Renunciar ao jogo.
Suivre un conseil.	Seguir um conselho.
Vous avez l'air si mélancolique.	O senhor tem o ar tão melancolico.
Adieu.	Adeus.
Au plaisir de vous revoir; au revoir.	Até mais ver, até a vista.

THÈMES.

220.

Quelle heure est-il? — Il est une heure et demie. — Vous dites qu'il est une heure et demie, et à ma montre, il n'est que midi et demi. — Il va bientôt sonner deux heures. — Pardonnez-moi, il n'a pas encore sonné une heure. — Je vous assure qu'il est une heure vingt-cinq minutes, car ma montre va très bien. — Mon Dieu! que le temps passe vite dans votre société! — Vous me faites-là un compliment auquel je ne sais que répondre. — Avez-vous acheté votre montre à Paris? — Je ne l'ai pas achetée, mon oncle m'en a fait présent. — Cette femme que vous a-t-elle confié? — Elle m'a confié un secret d'un grand comte qui est dans l'embarras à cause du mariage de l'une de ses filles. — Quelqu'un la demande-t-il en mariage? — Celui qui la demande en mariage est un gentilhomme du voisinage. — Est-il riche? — Non, c'est un pauvre diable qui n'a pas le sou. — Vous dites que vous n'avez pas d'amis parmi vos condisciples, mais n'est-ce pas votre faute? Vous avez mal parlé d'eux, et ils ne vous ont pas offensé. Ils vous ont fait du bien, et néanmoins vous les avez querellés. Croyez-moi, celui qui n'a pas d'amis ne mérite pas d'en avoir.

221.

Dialogue entre un tailleur et son garçon. — Charles, avez-vous porté les habits à Monsieur le comte de Narissi? — Oui, monsieur, je les lui ai portés. — Qu'a-t-il dit? — Il n'a rien dit, sinon qu'il avec grande envie de me donner des soufflets, parce que je ne les avais pas apportés plus tôt. — Que lui répondîtes-vous? — Monsieur, lui dis-je, je n'entends point cette plaisanterie : payez-moi ce que vous me devez; et si vous ne le faites pas sur-le-champ, je prendrai d'autres mesures. A peine eus-je dis cela, qu'il porta la main à son épée, et je pris la fuite.

222.

De quoi vous étonnez-vous? — Je m'étonne de vous trouver encore au lit. — Si vous saviez combien je suis malade, vous n'en seriez pas étonnée. — Midi est-il sonné? — Oui, madame, il est déjà midi et demi. — Il est si tard! est-il possible? — Ce n'est pas tard, c'est encore de bonne heure. — Votre montre va-t-elle bien? — Non, Mademoiselle, elle avance d'un quart d'heure. — Et la mienne retarde d'une demi-heure. — Peut-être s'est-elle arrêtée? — En effet, vous avez raison. — Est-elle montée? — Elle est montée, et pourtant elle ne va pas. — Entendez-vous?

il sonne une heure. — Alors je vais régler ma montre et m'en aller chez moi. — De grâce, restez encore un peu! — Je ne puis, car nous dînons à une heure précise. — Adieu donc, au revoir.

222.

Qu'avez-vous, mon cher ami? Pourquoi avez-vous l'air si mélancolique? — Je n'ai rien. — Auriez-vous par hasard quelque chagrin? — Je n'ai rien, et même moins que rien, car je n'ai pas le sou, et je dois beaucoup à mes créanciers. Ne suis-je pas malheureux? — Quand on se porte bien et qu'on a des amis, on n'est pas malheureux. — Oserai-je vous demander un service? — Que désirez-vous? — Ayez la bonté de me prêter cinquante écus. — Je vous les prêterai de tout mon cœur, mais à condition que vous renoncerez au jeu, et serez plus économe que vous n'avez été jusqu'ici. — Je vois maintenant que vous êtes mon ami, et je vous aime trop pour ne pas suivre votre conseil.

Jean! — Que vous plaît-il, Monsieur? — Apporte du vin. — A l'instant, Monsieur. — Henri! — Madame? — Faites du feu. — La servante en a déjà fait. — Apportez-moi du papier, des plumes et de l'encre. Apportez-moi aussi de la poudre ou du papier brouillard, de la cire à cacheter et de la lumière. Allez dire à ma sœur de ne pas m'attendre; et soyez de retour à midi pour porter mes lettres à la poste. — Bien, Madame.

SOIXANTE-TREIZIÈME LEÇON.

Lição septuagesima terceira.

Durer.	Durar.
Ce drap durera bien.	Este panno durará muito.
Combien de temps cet habit vous a-t-il duré ?	Quanto tempo lhe durou esta casaca ?

À mon gré.	A meu prazer.
Au gré de tout le monde.	Ao prazer de todos.
On ne peut rien faire à son gré.	Não se póde fazer nada a sua vontade.

Une pension.	Uma pensão.
Tenir pension.	Dirigir uma pensão.
Etre en pension.	Estar em pensão.
Se mettre en pension.	Pôr em pensão.

S'écrier.	Exclamar.
Inquiéter.	Inquietar.
S'inquiéter.	Inquietar-se.
Etre inquiet.	Estar inquieto.
Pourquoi vous inquiétez-vous ?	Porque se inquieta o senhor ?
Je ne m'inquiète pas.	Não me inquieto.
Cette nouvelle m'inquiète.	Esta noticia inquieta-me.

Je suis inquiet de ne point recevoir de nouvelles.	Estou inquieto de não receber noticias.
Elle est inquiète sur cette affaire.	Ella está inquieta sobre este negocio.
Ne vous inquiétez pas.	Não se inquiete.
L'inquiétude.	A inquietação.
Tranquille.	Tranquillo.

Tranquilliser. | Tranquillisar.
Tranquillisez-vous. | Tranquillise-se.
Changer. | *Mudar.*
Cet homme a beaucoup changé depuis que je ne l'ai vu. | Muito mudou este homem depois que o vi.

Servir. | Servir.
A quoi cela vous sert-il ? | De que lhe serve isto ?
Cela ne me sert à rien. | Não me serve para nada.
A quoi cela sert-il à votre frère ? | De que serve isto a seu irmão ?
Cela ne lui sert à rien. | Não lhe serve para nada.
A quoi ce bâton vous sert-il ? | De que lhe serve este bastão ?
Il me sert à battre mes chiens. | Serve-me para bater nos meus cães.
A quoi ce cheval sert-il à votre frère ? | De que serve este cavallo a seu irmão ?
Il lui sert à porter ses légumes au marché. | Serve-lhe para levar os seus legumes ao mercado.
A quoi ces bouteilles servent-elles à votre hôte ? | De que servem estas garrafas ao seu hospede ?
Elles lui servent à mettre son vin. | Servem-lhe para pôr o seu vinho.
Servir de. | *Servir de.*
Mon fusil me sert de bâton. | A minha espingarda serve-me de bastão.
Ce trou lui sert de maison. | Este buraco serve-lhe de casa.
Sa cravate lui a servi de bonnet de nuit. | A sua gravata servio-lhe de bonné de dormir.
Servir. | *Servir.*
A quoi vous sert-il de pleurer ? | De que lhe serve chorar ?
Cela ne me sert à rien. | Isto não me serve para nada.

Vis-à-vis de. | Vis-à-vis de.
Vis-à-vis de cette maison. | Vis-à-vis d'esta casa.
Vis-à-vis du jardin. | Em face do jardim.
Vis-à-vis de moi. | Em face de mim.
Tout vis-à-vis. | Completamente em face.
Il demeure vis-à-vis du château. | Elle mora em face do castello.
Je demeure vis-à-vis de la bibliothèque royale. | Moro em face da bibliotheca real.

S'emparer de.	Apoderar-se de.
Témoigner.	Testemunhar.
Témoignager contre quelqu'un.	Testemunhar contra alguem.
Il m'a témoigné beaucoup d'amitié.	Testemunhou-me muita amisade.
Tourner quelqu'un en ridicule.	Pôr alguem em rediculo.
Tomber dans le ridicule.	Cair em rediculo.
Se rendre ridicule.	Tornar-se ridiculo.

Être né.	*Ter nascido.*
Où êtes-vous né?	Aonde nasceo o senhor?
Je suis né dans ce pays.	Nasci n'este paiz.
Où votre sœur est-elle née?	Aonde nasceo sua irmã?
Elle est née aux États-Unis de l'Amérique du Nord.	Nasceo nos Estados-Unidos da America do Norte.
Où vos frères sont-ils nés?	Aonde nasceram seus irmãos?
Ils sont nés en France.	Nasceram em França.

Le pensionnaire.	O pensionario, o pensiomista, o pupillo.
La gibecière.	O guarda caça.
Un oreiller.	Um travesseiro.
Le duvet.	A penna.

THÈMES.

224.

Monsieur, oserai-je vous demander où demeure le comte de B.? — Il demeure près du château, au delà de la rivière. — Pourriez-vous (*poderia V*$^{\infty}$) me dire quel chemin je dois prendre pour y aller? — Suivez le long de la rive, et quand vous serez au bout, prenez une petite rue à droite, qui vous conduira directement à sa maison. C'est une belle maison; vous la trouverez facilement. — Je vous remercie, Monsieur. — Le comte N. demeure-t-il ici? — Oui, Monsieur; donnez-vous la peine d'entrer, s'il vous plaît. — Le comte est-il chez lui? Je désire avoir l'honneur de lui parler. — Oui, Monsieur, il est chez lui; qui aurai-je l'honneur d'annoncer? — Je suis de B., et je m'appelle F.

Quel est le chemin le plus court pour aller à l'arsenal? — Suivez cette rue, et quand vous serez au bout, tournez à gauche; vous trouverez un carrefour que vous traverserez; ensuite vous entrerez dans une rue plus étroite, qui vous mènera à une grande place, où vous verrez un cul-de-sac (*beco sem saida*). — Par lequel je passerai ? — Non, car il n'y a pas d'issue. Vous le laisserez à droite (*à direita*), et vous passerez sous les arcades qui sont à côté. — Et puis ? — Et puis vous demanderez. — Je vous suis fort obligé. — Il n'y a pas de quoi. — Pouvez-vous traduire une lettre anglaise en français ? — Je le puis. — Qui vous l'a appris ? — Mon maître de français m'a mis en état de le faire.

225.

Pourquoi Madame votre mère s'inquiète-t-elle ? — Elle s'inquiète de ne pas recevoir de nouvelles de son fils qui est à l'armée. — Elle n'a pas besoin de s'inquiéter de lui, car toutes les fois qu'il s'attire de mauvaises affaires, il sait s'en tirer. L'été dernier, quand nous étions ensemble à la chasse (*caça*), la nuit nous surprit à dix lieues au moins de notre maison de campagne. — Eh bien, où passâtes-vous la nuit ? — J'étais d'abord très inquiet, mais votre frère pas le moins du monde ; au contraire, il me tranquillisait, de sorte que je perdis mon inquiétude. Nous trouvâmes enfin une cabane de paysan, où nous passâmes la nuit. Là j'eus occasion de voir combien votre frère est habile. Quelques bancs et une botte de paille lui servirent à faire un lit commode ; une bouteille lui servit de chandelier, nos gibecières nous servirent d'oreillers et nos cravates de bonnets de nuit. Quand nous nous éveillâmes (*nos despertamos*), le (*pela*) matin, nous étions aussi frais et bien portants que si nous avions dormi sur le duvet et sur la soie. — Un candidat demandait au roi de Prusse un emploi. Ce prince lui demanda où il était né. « Je suis né à Berlin, répondit-il. — Allez-vous-en, dit le monarque, tous les Berlinois ne sont bons à rien. — Je demande pardon à Votre Majesté, répliqua (*contestou*) le candidat, il y en a de bons, et j'en connais (*conheço*) deux. — Qui sont ces deux ? demanda le roi. — Le premier, répliqua le candidat, c'est Votre Majesté, et le second c'est moi. » Le roi ne put s'empêcher de rire de cette réponse, et accorda la demande.

SOIXANTE-QUATORZIÈME LEÇON
Lição septuagesima quarta.

Perdre de vue.	Perder de vista.
La vue.	A vista.
Je porte des lunettes parce que j'ai la vue mauvaise.	Eu uso de luneta porque tenho má vista.
J'ai la vue courte.	Tenho a vista curta.
Le bâtiment est si loin que nous le perdrons bientôt de vue.	O edificio está tão longe que o perderemos logo de vista.
J'ai perdu cela de vue.	Perdi de vista isto.
Comme il y a longtemps que je n'ai été en Angleterre, j'ai perdu votre frère de vue.	Como ha muito tempo que não fui a Inglaterra, perdi de vista o seu irmão.
Vous devriez faire cela.	O senhor deveria fazer isto.
Il ne devrait pas parler ainsi à son père.	Não deveria fallar assim a seu pai.
Nous devrions y aller de meilleure heure.	Deveriamos lá ir mais cedo.
Ils devraient écouter ce que vous dites.	Deveriam ouvir o que diz.
Vous devriez faire plus d'attention à ce que je vous dis.	Deveria fazer mais attenção ao que lhe digo.
Vous auriez dû faire cela.	Deveria fazer isto.
Il aurait dû s'y prendre mieux qu'il n'a fait.	Deveria arranjar-se melhor do que fez.
Vous auriez dû vous y prendre d'une manière différente.	Deveria arranjar-se d'um modo differente.
Ils auraient dû s'y prendre comme je m'y suis pris.	Deveria arranjar-se como me arranjei.

SOIXANTE-QUATORZIÈME LEÇON 374

Rem. En français on se sert du conditionnel *passé* avec le *présent* de l'infinitif, tandis qu'en portugais on se sert du conditionnel présent avec le présent de l'infinitif.

Souhaiter.	Desejar, dar.
Je vous souhaite le bonjour.	Dou-lhe os bons dias.
Je vous souhaite un bon voyage.	Desejo-lhe uma boa viagem.

Faire une partie de billard.	Jogar uma partida de bilhar.
Jouer de la flûte.	Tocar flauta.
Une chute.	Uma caida.
Faire une chute.	Cair.
Un séjour.	Uma demora.
Faire un séjour.	Demorar.
Comptez-vous faire un long séjour dans la ville ?	Pensa o senhor demorar muito tempo na cidade ?
Je ne compte pas y faire un long séjour.	Não conto demorar muito.

Se proposer.	*Propor-se.*
Je me propose de faire le voyage.	Proponho-me a fazer a viagem.
Je me propose d'aller à une partie de chasse.	Proponho-me a ir a uma caçada.
Se douter.	*Prever, suspeitar.*
Je me doute de ce qu'il a fait.	Suspeito que elle fez.
Il ne se doute pas de ce qui va lui arriver.	Não prevê o que lhe vae acontecer.
Penser à quelqu'un ou à quelque chose.	Pensar em alguem *ou* em alguma coisa.
A qui pensez-vous ?	Em quem pensa senhor ?
A quoi pensez-vous ?	Em que pensa o senhor ?
S'agir de.	*Tratar-se de.*
Il s'agit de.	Trata-se de.
Il ne s'agit pas de votre plaisir, mais de vos progrès.	Não se trata do seu prazer, mas dos seus progressos.
Vous jouez, monsieur, mais il ne s'agit pas de jouer, il s'agit d'étudier.	O senhor brinca; mas não se trata de brincar; trata-se de estudar.

De quoi s'agit-il?	De que se trata.
Il s'agit de savoir ce que nous ferons pour passer notre temps agréablement.	Trata-se de saber o que faremos para passar o nosso tempo agradavelmente.
Exprès.	*De propósito.*
Je vous demande pardon, je ne l'ai pas fait exprès.	Peço-lhe perdão, não o fiz de propósito.
Se taire.	*Calar.*
Vous taisez-vous?	Cala-se o senhor?
Je me tais.	Calo-me.
Il se tait.	Cala-se.
Après avoir parlé pendant une demi-heure, il se tut.	Depois de ter fallado meia hora, calou-se.

THÈMES.

226.

Un voleur étant entré un jour dans une pension, vola (*roubou*) trois manteaux. En sortant, il fut rencontré par un pensionnaire (*hospedo*) qui avait un beau manteau galonné. En voyant tant de manteaux, il demanda (*perguntou-lhe*) à cet homme où il les avait pris. Le voleur répondit (*contestou*) froidement qu'ils appartenaient à trois messieurs de la maison qui les lui avaient donnés à dégraisser. « Dégraissez donc aussi le mien, car il en a grand besoin, dit le pensionnaire; mais, ajouta-t-il, il faut me le rendre à trois heures. — Je n'y manquerai pas, monsieur, » répondit le voleur (*contestou o ladrão*), en emportant les quatre manteaux qu'il n'a pas encore rapportés. — Vous chantez, Messieurs, mais il ne s'agit pas de chanter; vous devriez vous taire et écouter ce qu'on vous dit. — Nous sommes embarrassés. — Quel est votre embarras? — Je vais vous le dire : il s'agit de savoir comment nous passerons notre temps agréablement. — Faites une partie (*uma partida*) de billard ou une (*uma*) partie d'échecs. Nous nous sommes proposé d'aller à une partie de chasse; êtes-vous des nôtres? — Je ne puis, car je n'ai pas encore fait mon devoir, et si je le néglige, mon maître me grondera. — Chacun à son gré; si vous aimez mieux rester à la maison que d'aller à la chasse, nous ne saurions vous en empêcher. — Monsieur B. vient-il avec nous? — Peut-être, je n'aimerais pas à aller avec lui, car il est trop bavard. A cela près, il est honnête homme.

Qu'avez-vous? vous avez l'air fâché? — J'ai lieu d'être fâché, car il n'y a pas moyen de se procurer de l'argent à présent ? — Avez-vous été chez M. A. ? — J'ai été chez lui, mais il n'y a pas moyen de lui en emprunter. Je me doutais bien qu'il ne m'en prêterait pas, voilà pourquoi je n'ai pas voulu lui en demander ; et si vous ne m'aviez pas dit de le faire, je ne me serais pas exposé à un refus.

227.

Je me doutais (*suspeitava*) bien que vous auriez soif et que Mademoiselle votre sœur aurait faim ; voilà pourquoi je vous ai amenés ici. — Je suis fâché pourtant de ne pas voir Madame votre mère. — Pourquoi ne prenez-vous pas votre café ? — Si je n'avais pas sommeil, je le prendrais. — Tantôt vous avez sommeil, tantôt froid, tantôt chaud, et tantôt quelque autre chose. — Je crois que vous pensez trop au malheur qui est arrivé à votre amie. — Si je n'y pensais pas, qui y penserait ? — A quoi Monsieur votre frère pense-t-il ? — Il pense à moi ; car nous pensons toujours l'un à l'autre, quand nous ne sommes pas ensemble. J'ai vu aujourd'hui six joueurs qui gagnaient tous en même temps. — Cela ne se peut ; car un joueur ne peut gagner que lorsqu'un autre perd. — Vous auriez raison, si je parlais de joueurs de cartes ou de billard ; mais je parle de joueurs de flûte et de violon (*de tocadores de flauta e de violino*). Faites-vous quelquefois de la musique ? — Très souvent, car je l'aime beaucoup. — De quel instrument jouez-vous ? — Je joue du violon et ma sœur joue du clavecin. Mon frère qui joue (*toca*) de la basse nous accompagne, et Mademoiselle Stolz nous applaudit quelquefois. — Ne joue-t-elle pas (*não toca ella*) aussi de quelque instrument de musique ? — Elle joue (*ella toca*) de la harpe (*harpa*), mais elle est trop fière pour faire de la musique avec nous. — Une ville assez pauvre fit une dépense considérable en fêtes et en illuminations à l'occasion du passage de son prince. Celui-ci en parut lui-même étonné. « Elle n'a fait, dit un courtisan, que ce qu'elle devait. — Cela est vrai, reprit un autre, mais elle doit tout ce qu'elle a fait. »

SOIXANTE-QUINZIÈME LEÇON

Lição septuagesima quinta.

Vers.	A ou para.
Envers.	Com.
Il vient vers moi.	Vem a mim.
Il s'est comporté très bien envers moi.	Comportou-se muito bem comigo.
Il faut nous comporter toujours bien envers tout le monde.	E' preciso comportar-nos sempre bem com todos.
La conduite des autres n'est qu'un écho de la nôtre. Si nous nous comportons bien avec eux, ils se comporteront bien aussi envers nous, mais si nous en usons mal avec eux, nous ne devons pas attendre mieux de leur part.	O procedimento dos outros não é senão um écho do nosso. Se nós nos comportamos bem com elles, elles comportar-se hão bem comnosco, mas si nós nos comportámos mal com elles, não devemos esperar um melhor comportamento da sua parte.
En user bien avec quelqu'un.	*Tratar bem alguem.*
En user mal avec quelqu'un.	*Tratar mal alguem.*
Comme vous en avez usé toujours bien avec moi, je n'en userai pas mal avec vous.	Como o senhor sempre me tratou bem, não lhe tratarei mal.
Comme il en a toujours bien usé avec moi, j'en ai toujours usé de la même manière avec lui.	Como elle tratou-me sempre bem eu correspondi-lhe do mesmo modo.
Tarder.	Tardar.
Ne tardez pas à revenir.	Não tarda em voltar.
Je ne tarderai pas à revenir.	Não tardarei a voltar.
Il me tarde de.	Desejo muito.
Il me tarde de voir mon frère.	Desejo muito ver meu irmão.
Il lui tarde de recevoir son argent.	Deseja muito receber o seu dinheiro.

SOIXANTE-QUINZIÈME LEÇON — 375

Il nous tarde de dîner, parce que nous avons bien faim.	Desejamos jantar porque temos fome.
Il leur tarde de dormir parce qu'ils sont fatigués.	Desejam dormir porque estão canssados.
Être à son aise.	Estar a sua vontade.
Être mal à son aise.	Estar incommodado.
Je suis bien à mon aise sur cette chaise.	Estou a minha vontade sobre esta cadeira.
Vous êtes mal à votre aise sur votre chaise.	O senhor esta incommodado na sua cadeira.
Qu'est-ce que cela peut-être ?	Que póde ser isto?
Nous sommes mal à notre aisé dans cette pension.	Estamos mal n'esta pensão.
Cet homme est à son aise, car il a beaucoup d'argent.	Este homem está bem porque tem muito dinheiro.
Cette homme est mal à son aise parce qu'il est pauvre.	Este homem esta mal porque é pobre.
Se mettre à son aise.	Pôr-se a sua vontade.
Être gêné.	Estar apurado.
Se gêner.	Incommodar-se.
Ne vous gênez pas.	Não se incommode.
Cet homme ne se gêne jamais ; il ne se gêne jamais pour personne.	Este homem não se incommoda; elle não se incommoda por minguem.
Pouvez-vous, sans vous gêner, me prêter votre fusil ?	Póde o senhor, sem se incommodar, emprestar-me a sua espingarda.
Faire des instances.	Instar 1.
Prier avec instances.	Supplicar 1.
Je l'en ai sollicité avec toutes les instances possibles.	Solicitei-o por todos os meios possíveis.
Solliciter.	Solicitar.
Par-ci par-là.	De um lado, de outro, por todos os lados.
De loin en loin.	De longe em longe.
De temps en temps.	De tempos em tempos, de vez em quando.
Tant bien que mal.	Bem ou mal.
J'ai fait ma composition tant bien que mal.	Bem ou mal, fiz a minha composição.

Remettre à, ajourner.	Aprazar 1.
	Deixar para.
Remettons cela à demain.	Deixemos isto para amanhã.
Remettons cette leçon à une autre fois.	Deixemos esta lição, para uma outra vez.
Faire part de quelque chose à quelqu'un.	Participar alguma coisa a alguem.
Avez-vous fait part de cela à votre père?	Participou isto a seu pai?
Je lui en ai fait part.	Fiz-lhe parte d'isto.

Avoir beau.	Em vão, por mais que.
J'avais beau regarder tout autour de moi, je ne voyais ni homme, ni maison, pas la moindre apparence d'habitation.	Por mais que olhasse ao redor de mim, não vi nem homem nem casa, nem a menor apparencia de habitação.
Une habitation.	Uma habitação.
J'ai beau parler, vous ne m'écoutez pas.	Por mais que falle, não me escuta.
J'ai beau faire de mon mieux, je ne peux rien faire à mon gré.	Em vão faço o possivel, nada sáe a minha vontade.
Vous avez beau dire, personne ne vous croira.	Por mais que diga, ninguem creditará.
Ils ont beau gagner de l'argent, ils ne seront jamais riches.	Por mais que ganhem dinheiro, não serão nunca ricos.
Nous avons beau chercher, nous ne pourrons pas trouver ce que nous avons perdu.	Por mais que procuremos, não poderemos nunca achar o que perdemos.

Saluer.	Comprimentar.
J'ai l'honneur de vous saluer.	Tenho a honra de o comprimentar.
Dites-lui bien des choses de ma part.	Diga-lhe muitas coisas da minha parte.
Je vous prie de faire mes compliments à Mademoiselle votre sœur.	Comprimente de minha parte a sua irmã.
Présentez-lui mes civilités (mes très humbles respects).	† Apresente-lhe os meus respeitos.
Je n'y manquerai pas.	Não deixarei de fazel-o.

SOIXANTE-QUINZIÈME LEÇON.

Le présent. O presente.
Le passé. O passado.
L'avenir, le futur. O futuro, o porvir.
La perte du temps. A perda do tempo.
Jouissez de tous les plaisirs que Gozai de todos os prazeres que
la vertu permet. a virtude permitte.

THÈMES.

228.

Avez-vous fait votre composition française? — Je l'ai faite. — Votre instituteur en a-t-il été content? — Il ne l'a pas été. J'ai beau faire de mon mieux (em vão faço quanto posso), je ne puis faire à son gré. — Vous avez beau dire, personne ne vous croira. — Pouvez-vous, sans vous gêner, me prêter cinq cents francs? — Comme vous en avez toujours bien usé avec moi, j'en userai de même avec vous; je vous prêterai d'argent qu'il vous faut, mais à condition que vous me le rendrez la semaine prochaine. — Vous pouvez y compter. — Comment mon fils s'est-il comporté envers vous? — Il s'est bien comporté envers moi, car il se comporte bien envers tout le monde. Son père lui disait souvent : « La conduite des autres n'est qu'un écho de la nôtre. Si nous nous comportons bien envers eux, ils se comporteront bien aussi envers nous; mais si nous en usons mal avec eux, nous ne devons pas attendre mieux de leur part. » — Puis-je voir Messieurs vos frères? — Vous les verrez demain. Comme ils ne font que d'arriver d'un long voyage, il leur tarde de dormir (*desejam dormir*), car ils sont très fatigués. — Ma sœur qu'a-t-elle dit? — Elle a dit qu'il lui tardait de dîner, parce qu'elle avait grand'faim. — Êtes-vous bien à votre pension? — J'y suis très bien. — Avez-vous fait part à Monsieur votre frère de ce que je vous ai dit? — Comme il était très fatigué, il lui tardait de dormir, de sorte que j'ai remis à demain à lui en faire part.

229.

J'ai l'honneur de vous souhaiter le bonjour. — Comment vous portez-vous? — Très bien, à vous rendre mes devoirs. — Et comment se porte-t-on chez vous? — Assez bien, Dieu merci. — Ma sœur a été un peu indisposée, mais elle est rétablie; elle m'a chargé de bien des compliments pour vous. — Je suis charmé d'apprendre qu'elle se porte bien. Quant à vous, vous êtes la santé même; vous avez la meilleure mine du monde. — Je n'ai pas le temps d'être malade; mes affaires ne me le permettraient pas. — Donnez-vous la peine de vous asseoir; voici une chaise. —

Je ne veux pas vous distraire de vos occupations; je sais que le temps est précieux à un négociant. — Je n'ai rien de pressé à faire maintenant; mon courrier est déjà expédié. — Je ne m'arrêterai pas davantage. J'ai voulu seulement, en passant par ici, m'informer de votre santé. — Vous me faites beaucoup d'honneur. — Il fait bien beau temps aujourd'hui. — Si vous le permettez, j'aurai le plaisir de vous revoir cette après-dînée, et si vous avez le temps, nous irons faire un petit tour ensemble. — Avec le plus grand plaisir. — Dans ce cas, je vous attendrai. — Je viendrai vous prendre vers les sept heures. — Adieu donc, au revoir. — J'ai l'honneur de vous saluer.

230.

La perte du temps est une perte irréparable. — On ne peut plus recouvrer une seule minute pour tout l'or du monde. Il est donc de la dernière importance de bien employer le temps qui ne consiste qu'en minutes, dont il faut tirer parti. On n'a que le présent; le passé n'est plus rien, et l'avenir est incertain. — Une infinité d'hommes se ruinent à force de vouloir se faire du bien. Si la plupart des hommes savaient se contenter de ce qu'ils ont, ils seraient heureux; mais leur avidité les rend assez souvent malheureux. Pour être heureux il faut oublier le passé, ne pas s'inquiéter de l'avenir, et jouir du présent. — J'étais fort triste lorsque mon cousin vint chez moi. « Qu'avez-vous? me demanda-t-il. — Ah! mon cher cousin, lui répondis-je, en perdant cet argent, j'ai tout perdu. — Ne vous inquiétez pas, me dit-il, car j'ai trouvé votre argent. »

SOIXANTE-SEIZIÈME LEÇON.
Lição septuagesima sexta

Vouloir dire.
Que voulez-vous dire?
Je veux dire.
Que veut dire cet homme?
Il veut dire.
Qu'est-ce que cela veut dire?
Que veut dire cela?
Cela veut dire.
Cela ne veut rien dire.
Je ne sais pas ce que cela veut dire.

Querer dizer.
Que quer o senhor dizer?
Quero dizer.
Que quer dizer este homem?
Quer dizer.
Que quer dizer isto?
Isto quer dizer.
Isto não quer dizer nada.
Não sei o que quer dizer isto.

Y regarder de près.
Je n'aime pas à faire des affaires avec cet homme, car il y regarde de trop près.
S'impatienter de.
Ne vous impatientez pas de cela.

Ver claro.
Não gosto de fazer negocios com este homem, porque elle vê claro.
Impacientar-se por.
Não se impaciente por isto.

Veiller.
J'ai veillé toute la nuit.
Conseiller.
La mise.
Une mise élégante.
Se mettre.
Cet homme se met toujours bien.

Passar a noite.
Passei toda a noite.
Aconselhar.
O trajo.
Um trajo elegante.
Arranjar-se.
Este homem traja-se sempre bem.

SOIXANTE-SEIZIÈME LEÇON

Trouver à redire à quelque chose.	*Achar que dizer de alguma coisa.*
Cet homme trouve toujours à redire à tout ce qu'il voit.	Este homem acha sempre que dizer de tudo que vê.
Trouvez-vous à dire à cela?	Acha o senhor que dizer d'isto?
Je n'y trouve rien à redire.	Não acho nada que dizer.

Un tour.	*Uma volta.*
Jouer un tour.	Pregar uma peça.
Jouer un tour à quelqu'un.	Pregar uma peça a alguem.
Faire un tour.	Dar uma volta.
J'ai fait un tour de jardin.	Dei uma volta no jardim.
Il a fait deux tours de jardin.	Elle deo duas voltas no jardim.
Faire le tour de l'Europe.	Fazer viagem na Europa.

De plus.	*De mais.*
Vous m'avez donné trois livres, mais j'en veux trois de plus.	O senhor deo-me trez livros, mas eu quero mais trez.
De moins.	*De menos.*
Trois de moins.	Treze de menos.
Trois de trop.	Treze de mais.

Ma portée.	*Meu alcance.*
A ma portée.	Ao meu alcance.
Hors de ma portée.	Fóra de meu alcance.
Ces choses ne sont pas à la portée de tout le monde.	Estas coisas não estão ao alcance de todos.
A la portée du fusil.	Ao alcance da espingarda.
Une portée de fusil.	Um alcance de espingarda.

Deux portées de fusil.	Dois alcances de espingarda.
Combien de coups de fusil avez-vous tirés?	Quantos tiros atirou o senhor?
Je voudrais bien savoir pourquoi cet homme fait un tel bruit.	Quizera saber porque este homem faz um tal ruido.
Tant que.	*Em quanto.*
Tant que vous vous comporterez bien, on vous aimera.	Em quanto o senhor se comportar bem, amar lhe-hão.
Enlever.	Levantar, tirar.

SOIXANTE-SEIZIÈME LEÇON 381

Une bouchée.	Um bocado.
Combler.	Colmar, encher.
Combler quelqu'un de joie.	Colmar alguem de prazer.
Généreux.	Generoso.
Bienfaisant, charitable.	Bemfazejo *ou* bemfazente, caridoso.
Vous m'avez comblé de bienfaits.	O senhor colmou-me de beneficios.
Sincère.	Sincero.
Sincèrement.	Sinceramente.
Un avantage.	Uma vantagem.
Le désavantage.	A desvantagem.
Je ne dirai jamais rien à votre désavantage.	Não direi nunca nada em desvantagem sua.
Se rendre.	*Entregar-se.*
Les ennemis se sont rendus.	Os inimigos entregaram-se.
Préférer.	*Preferir.*
Je préfère l'utile à l'agréable.	Eu prefiro o util ao agradavel.

Remarque. — Les adjectifs, verbes, adverbes, etc., pris substantivement sont précédés de l'article.

Le boire.	O beber.
Le manger.	O comer.
Le oui et le non.	O sim e o não.
Le pour et le contre.	O por e o contra.

Regarder.	*Olhar.*
Regardez ces superbes fleurs au teint si frais et si éclatant.	Olhe estas superbas flores de tinta tão fresca e tão bella.
La couleur.	A côr.
Le teint.	A côr.
Le lis.	O lyrio.
La violette.	A violeta.
La germandrée.	A germandria.
La rose.	A rosa.
Un emblème.	Um emblema.
La verdure fraîche fait du bien à nos yeux.	A verdura fresca faz bem aos nossos olhos.

THÈMES.

231.

Pourquoi avez-vous joué un tour à cet homme? — Parce qu'il trouve toujours à redire à tout ce qu'il voit. — Qu'est-ce que cela veut dire, Monsieur? — Cela veut dire que je n'aime pas à faire des affaires avec vous, parce que vous y regardez de trop près. — Je voudrais bien savoir pourquoi votre frère n'a pas fait son devoir. — Il était trop difficile. Il a veillé toute la nuit, et n'a pas pu le faire, parce que ce devoir était hors de sa portée. — Aussitôt que M. Flausen me voit *(me vê)*, il commence à parler anglais pour s'exercer, et me comble d'honnêtetés, de sorte que souvent je ne sais que lui répondre. Ses frères en font autant: cependant il ne laissent pas d'être de fort bonnes gens; non seulement ils sont riches et aimables; mais ils sont aussi généreux et bienfaisants. Ils m'aiment sincèrement; c'est pourquoi je les aime aussi, et par conséquent je ne dirai jamais rien à leur désavantage, s'ils ne faisaient pas tant de cérémonies; mais chacun a ses défauts, et le mien c'est de trop parler de leurs cérémonies.

232.

Les ennemis se sont-ils rendus? — Ils ne se sont pas rendus, car ils ne préféraient pas la vie à la mort; ils n'avaient ni pain, ni viande, ni eau, ni armes, ni argent, et nonobstant ils ont mieux aimé mourir que de se rendre. — Pourquoi êtes-vous si triste? — Vous ne savez pas ce qui m'inquiète, ma chère amie. — Dites-le moi; car je vous assure que je partage vos peines aussi bien que vos plaisirs. — Je suis sûre que vous prenez part à mes peines, mais je ne puis vous dire en ce moment ce qui m'inquiète. Je vous le dirai cependant à l'occasion. Parlons d'autre chose maintenant. Que pensez-vous de l'homme qui nous parla *(fallou)* hier au *(hontem)* au *(no)* concert? — C'est un homme de beaucoup d'esprit, et il n'est pas du tout infatué de son mérite. Mais pourquoi me demandez-vous cela? — Pour parler de quelque chose. — On dit : Contentement passe richesse; soyons donc toujours contents. Partageons ce que nous avons et demeurons toute notre vie amis inséparables. Vous serez toujours le bienvenu chez moi, et j'espère l'être aussi chez vous. Si je vous voyais *(visse)* heureux je le serais *(seria)* aussi, et nous serions *(estariamos)* plus contents que les plus grands princes, qui ne le sont pas *(os quaes não estão)* toujours. Nous serons *(serémos)* heureux quand nous serons *(estivermos)* parfaitement contents de ce que nous avons; et si nous faisons bien notre devoir, le bon

Dieu aura soin du reste. Le passé n'étant plus rien, ne nous inquiétons pas de l'avenir et jouissons (*gozemos*) du présent.

233.

Regardez, Mesdames, ces belles fleurs au teint si frais et si éclatant; elles ne boivent que de l'eau. Le lis blanc a la couleur de l'innocence; la violette marque la douceur; on peut la voir dans les yeux de Louise. La germandrée a la couleur du ciel, notre demeure future, et la rose, la reine des fleurs, est l'emblème de la beauté et de la joie. On voit tout cela personnifié en voyant la belle Amélie. Que la verdure fraîche est belle! Elle fait du bien à nos yeux, et elle a la couleur de l'espérance, notre amie la plus fidèle, qui ne nous quitte jamais, pas même à la mort. — Encore un mot, mon cher ami. — Que vous plaît-il? — J'ai oublié de vous prier de faire mes compliments à Madame votre mère. Dites-lui, s'il vous plaît, que je regrette de ne m'être pas trouvé à la maison, lorsque dernièrement elle m'honora (*me honrou*) de sa (*com a sua*) visite. — Je vous remercie de sa part, je n'y manquerai pas. — Adieu donc.

SOIXANTE-DIX-SEPTIÈME LEÇON

Lição septuagesima setima.

Un voile de dentelle.	O veo de renda.
Une robe soie.	O vestido de seda.
Une table de cuisine.	A meza de cozinha.
Une table d'acajou.	A meza de acaju.
Une maison de briques.	A casa de ladrilho de tijolo.
Une maison de pierre.	A casa de pedra.
Un moulin à vent.	O moinho de vento.
Un moulin à café.	O moinho de café.
Un chapeau de velours.	O chapeo de veludo.
Un pot d'argent.	O jarro de prata.
Un moulin à eau.	O moinho a agua.
Un moulin à vapeur.	O moinho a vapor.
De la poudre à canon.	A polvora.
Des armes à feu.	Armas de fogo.
Une voiture à un cheval.	Uma carruagem a um cavallo.
Une voiture à quatre chevaux.	Uma carruagem a quatro cavallos.
Une voiture à deux roues.	Uma carruagem de duas rodas.
Une voiture à quatre roues.	Uma carruagem de quatro rodas.
Une maison à un étage.	Uma casa d'um andar.
Une maison à deux étages.	Uma casa de dous andares.
Une maison à trois étages.	Uma casa de trez andares.

Rem. Deux mots dont le second désigne la matière ou l'usage du premier se joignent en français au moyen des prépositions *de* et *à*. En portugais, on se sert de la préposition *de* lorsque le second mot désigne la matière renfermée dans le premier. Exemple: *Uma garrafa de vinho*, une bouteille de vin.

Outrer.	*Exagerar.*
Cet homme outre tout ce qu'il dit et tout ce qu'il fait.	Este homem exagera o que diz e o que faz.
Tenir lieu de.	*Fazer as vezes de.*
Cet homme me tient lieu de père, *ou*	Este homem faz-me as vezes de pai, *ou*
Cet homme me sert de père.	Este homem serve-me de pai.

Ce parapluie lui tient lieu de canne, *ou*	Este chapeo de sol faz-lhe as vezes de bengala, *ou*
Ce parapluie lui sert de canne.	Este chapeo de sol serve-lhe de bengala.

Un pouce.	Uma polegada.
En petit.	Em pequeno.
En grand.	Em grande.
A peu près, *ou* tour à tour.	Pouco mais ou menos, coisa de.
S'efforcer.	Esforçar-se.
S'abandonner à la douleur.	Abandonar-se á dôr.
Fondre.	Desfazer-se.
Fondre en larmes.	Desfazer-se em lagrimas.

Faire naître.	*Fazer nascer.*
Faire naître des difficultés.	Fazer nascer difficuldades.
Faire naître des querelles.	Fazer nascer questões.
Faire naître des soupçons.	Fazer nascer suspeitas.
La conduite de cet homme a fait naître des soupçons dans mon esprit.	A conducta d'este homem faz suspeitar o meu espirito.

Secouer.	*Sacudir.*
Secouez cet arbre, et les fruits tomberont.	Sacuda o senhor esta arvore, os frutos cahirão.
Manquer de.	Faltar de.
Cet homme manque de tout.	A este homem falta-lhe tudo.
Je ne manque de rien.	A mim não me falta nada.

Un couvert.	Um prato.
Une table de quatre couverts.	Uma mesa de quatro pratos.
Une table de dix couverts.	Uma mesa de dez pratos.
Une table à écrire.	Uma mesa d'escrever.
Une salle à manger.	Uma sala de jantar.
Une chambre à coucher.	Um quarto de dormir.
Une montre à répétition.	Um relogio de repetição.
Une bouteille à l'huile.	Uma garrafa de azeite.
Un pot à moutarde.	Um pucaro de mostarda.
Un pot à l'eau.	Um pote para agua.
Un fusil de chasse.	Uma espingarda de caça.
Une ligne à pêcher.	Uma linha de pescar.

MÉTH. PORTUG.

Exiger.	Exigir.
Qu'exigez-vous de moi ?	Que exige o senhor de mim ?
Je n'exige rien de vous.	Não exijo nada do senhor.
Un pot au lait.	Um pucaro de leite.

Caligula.	Caligula.
Dolabella.	Delabella.
Cléopâtre.	Cleopatra.
Diane.	Diana.
Julie.	Julia.

L'Arabie.	A Arabia.
L'Asie.	A Asia.
Fribourg.	Friburgo.
Hambourg.	Hamburgo.

L'Amérique du Nord.	A America do Norte.
J'ai été en Amérique.	Estive na America.
J'ai été dans l'Amérique du Sud.	Estive na America do Sul.
Les premiers califes régnaient sur toute l'Asie mahométane.	Os primeiros califes reinaram em toda a Asia mahometana.
J'ai visité la Turquie d'Europe.	Visitei a Turquia d'Europa.
J'ai été dans le Midi de la France.	Estive no Meiodia da França.
Irez-vous cet été dans la haute ou la basse Allemagne ?	Irá o senhor este verão a alta ou a baixa Allemanha ?
Non, je passerai les Alpes et j'irai au Tyrol.	Não, atravessarei os Alpes e irei ao Tyrol.

Les bons morceaux.	Os bons pedaços *ou* bocados.
Il aime les bons morceaux.	Elle gosta dos bons bocados.
En plein jour.	Em pleno dia.
Se mettre à table.	Pôr-se à mesa.

THÈMES.

234.

Mademoiselle votre sœur est-elle sortie aujourd'hui? — Elle est sortie pour faire quelques emplettes (*compras*). — Qu'a-t-elle acheté? — Elle s'est achetée une robe de soie, un chapeau de velours et un voile de dentelle. — Qu'avez-vous fait de mon pot d'argent? — Il est sur ta table de cuisine avec la bouteille (*garrafa*) à l'huile, le pot au lait, le pot à l'eau, le pot à moutarde et le moulin à café. — Demandez-vous une bouteille à vin? — Non, je demande une bouteille de vin et non pas une bouteille à vin. — Si vous voulez avoir la bonté de me donner la clef de la cave au vin, j'irai en chercher une. — Cet homme qu'exige-t-il de moi? — Il n'exige rien; mais il acceptera ce que vous lui donnerez, car il manque de tout. — Je vous dirai que je ne l'aime pas, car sa conduite fait naître des soupçons dans mon esprit. Il outre tout ce qu'il dit et tout ce qu'il fait. — Vous avez tort d'en avoir si mauvaise opinion, car il vous a tenu lieu de père. — Je sais ce que je dis. Il m'a trompé en petit et en grand, et toutes les fois qu'il vient me voir, il me demande quelque chose. C'est ainsi qu'il m'a demandé tour à tour tout ce que j'avais; mon fusil de chasse, ma ligne à pêcher, ma montre à répétition et mes chandeliers d'or. — Ne vous abandonnez pas tant à la douleur, sinon vous me ferez fondre en larmes.

Démocrite et Héraclite étaient deux philosophes d'un caractère bien différent : le premier riait des folies des hommes, et l'autre en pleurait. Ils avaient raison tous deux, car les folies des hommes méritent qu'on en rie et qu'on en pleure.

235.

Avez-vous vu Mademoiselle votre nièce? — Oui, c'est une très bonne fille qui écrit bien et qui parle encore mieux le français : c'est pourquoi elle est aimée et honorée de tout le monde. — Et son frère, que fait-il? — Ne me parlez pas de lui; c'est un méchant garçon, qui écrit toujours mal et qui parle encore plus mal le français : aussi n'est-il aimé de personne. Il aime beaucoup les bons morceaux; mais les livres, il ne les aime pas. Quelquefois il se met au lit en plein jour, et se dit malade; mais, quand on se met à table, il est ordinairement rétabli. Il doit étudier la médecine, mais il n'en a aucune envie. Il parle presque toujours de ses chiens qu'il aime passionnément. Son père en est extrêmement fâché. Le jeune imbécile disait dernièrement à sa sœur : « Je me ferai enrôler aussitôt que le paix sera publiée. »

Mon cher père et ma chère mère dînèrent hier avec quelques

amis au roi d'Espagne. — Pourquoi parlez-vous toujours anglais et jamais français? — Parce que je suis trop timide. — Vous plaisantez; est-ce qu'un Anglais est jamais timide? — J'ai grand appétit : donnez-moi quelque chose de bon à manger. — Avez-vous de l'argent? — Non, Monsieur. — Alors je n'ai rien à manger pour vous. — Ne me donnez-vous pas à crédit? j'engage mon honneur. — C'est trop peu. — Comment, Monsieur!

SOIXANTE-DIX-HUITIÈME LEÇON

Lição septuagesima.

DU PRÉSENT DU SUBJONCTIF.

Le présent du subjonctif se forme en portugais, comme tous les temps réguliers, de l'infinitif en changeant la première conjugaison *ar* en ;

E, Es, E, Emos, Eis, Em ;

Pour la seconde et la troisième conjugaison *er* ou *ir* en ;

A, As, A, Amos, Ais, Am.

Parler. — Que je parle, que tu parles, qu'il *ou* elle parle.
Que nous parlions, que vous parliez, qu'ils *ou* qu'elles parlent.
Finir. — Que je finisse, que tu finisses, qu'il *ou* qu'elle finisse.
Que nous finissions, que vous finissiez, qu'ils *ou* qu'elles finissent.
Savoir. — Que je sache, que tu saches, qu'il *ou* qu'elle sache.
Que nous sachions, que vous sachiez, qu'ils *ou* qu'elles sachent.
Rendre. — Que je rende, que tu rendes, qu'il *ou* qu'elle rende.
Que nous rendions, que vous rendiez, qu'ils *ou* qu'elles rendent.

Fallar. — Que eu falle, que tu falles, que elle *ou* ella falle.
Que nós fallemos, que vós falleis, que elles *ou* ellas fallem.

Acabar. — Que eu acabe, que tu acabes, que elle *ou* ella acabe.
Que nós acabemos, que vós acabeis, que elles *ou* ellas acabem.

Saber. — Que eu saiba, que tu saibas, que elle *ou* ella saiba.
Que nós saibamos, que vós saibais, que elles *ou* ellas saibam.

Entregar. — Que eu entregue, que tu entregues, que elle *ou* ella entregue.
Que nós entreguemos, que vós entregueis, que elles *ou* ellas entreguem.

Partir. — Que je parte, que tu partes, qu'il *ou* qu'elle parte.	*Partir*. — Que eu parta, que tu partas, que elle *ou* ella parta.
Que nous partions, que vous partiez, qu'ils *ou* qu'elles partent.	Que nós partamos, que vós partais, que elles *ou* ellas partam.

DE L'EMPLOI DU SUBJONCTIF.

Le subjonctif s'emploie en portugais, à peu près constamment de même qu'en français, et il se place après les verbes impersonnels suivants, lorsque le verbe qui les suit est précédé de la conjonction *que* :

Il faut que.	E' preciso que.
Il est nécessaire que.	E' mister que.
Il est extraordinaire que.	E' extraordinario que.
Il est fâcheux que.	E' triste que.
Il est injuste que.	E' injusto que.
Il est à propos que.	E' a proposito que.
Il est surprenant que.	E' extraordinario que.
Il convient que.	Convem que.
Il est temps que.	E' tempo que.
Il importe *ou* il est important que.	Importa que.
Il suffit que.	Basta que.
Il est à désirer que.	E' de desejar que.
Il est à souhaiter que.	Parece que.
Il semble que.	
Il est possible que.	E' possivel que.
Il vaut mieux que.	E' melhor que.

Il faut que vous ayez la bonté de faire cela.	E' preciso que tenha a bondade de fazer isto.
Il faut que vous fassiez cela.	E' preciso que faça isto.
Il est nécessaire qu'on ait de l'argent.	E' necessario que se tenha dinheiro.
Il faut que j'aille au marché.	E' preciso que eu va ao mercado.
Il faut que je m'en aille.	E' preciso que eu me vá embora.
Il est injuste que vous soyez puni.	E' injusto que o senhor seja castigado.
Il suffit que vous sachiez cela.	Basta que saiba isto.
Il est temps que vous parliez.	E' tempo que falle.
Il faut que nous vendions nos marchandises tout de suite.	E' preciso que vendamos as nossas mercadorias immediatamente.

SOIXANTE-DIX-HUITIÈME LEÇON

Que faut-il que je dise ?	Que é necessario que eu diga ?
Il importe que cela se fasse.	Importa que isto se faça.
Il est à propos que nous partions.	E' a proposito que nos partamos.
Il est à souhaiter que tu ailles à la campagne.	E' de desejar que tu vás ao campo.
Il est à désirer que tu reviennes promptement.	E' de desejar que voltes promptamente.
Il semble que vous soyez fâché.	Parece que o senhor se zanga.
Il est nécessaire que je finisse aujourd'hui.	E' necessario que eu concluia hoje.
Il serait possible que tu ne partisses que demain.	Seria possivel que tu não partisses senão amanhã.
Il vaut mieux que nous soyons arrivés ce matin.	E' preferivel que cheguemos esta manhã.

Je doute qu'il soit arrivé.	Duvido que chegasse.
Je ne doute pas qu'il ne soit fâché.	Não duvido que esteja zangado.
Je veux qu'on m'obéisse.	Quero que me obedeçam.
Je souhaite qu'on le lui dise.	Desejo que lh'o digam.
Il veut que j'aie patience.	Quer que eu tenha paciencia.
Il nie qu'il l'ait fait.	Nega que o tenha feito.
Je crains qu'il ne soit malade.	Receio que esteja doente.
Je ne crains pas qu'il s'échappe.	Não receio que se escape.
Il se plaint que vous l'ayez mal traité.	Queixa-se que o senhor o tenha maltratado.
Je suis au désespoir que vous l'ayez fait.	Estou desesperado que o senhor o tenha feito.
Je regrette que vous ayez été obligé d'attendre.	Sinto que fosse obrigado a esperar.
Vous trouverez bon que je n'y aille pas.	Achará bom que eu não me va embora.
Il a trouvé mauvais que vous l'ayez dit.	Achou máu que o senhor o tivesse dito.

Que voulez-vous que ces hommes achètent ?	Que quer o senhor que comprem estes homens ?!
Que voulez-vous qu'il réponde ?	Que quer o senhor que responda ?
Que voulez-vous que je boive ?	Que quer o senhor que eu beba ?

SOIXANTE-DIX-HUITIÈME LEÇON

Je crois qu'il a raison.	Creio que elle tem razão.
Croyez-vous que ce cheval vaille cent écus ?	Cré o senhor que este cavallo valha cem escudos ?
Je ne crois pas qu'il vaille cent écus.	Não creio que valha cem escudos.
J'espère qu'il viendra.	Espero que virá.
Espérez-vous qu'il vienne ?	Espera o senhor que elle venha ?
Je pense qu'il l'a fait.	Penso que elle o fez.
Pensez-vous qu'il l'ait fait ?	Pensa o senhor que elle o tenha feito ?
Si vous pensez qu'il fasse beau temps, partons pour la campagne.	Se crê que fará bom tempo, partamos para o campo.

Il est certain que vous avez tort.	E' certo que o senhor faz mal.
Il n'est pas certain que vous ayez raison.	Não é certo que o senhor tenha razão.
Il est probable qu'il le fera.	E' provável que elle o fará.
Est-il probable qu'il le fasse ?	E' possivel que elle o faça ?
Il est vrai qu'il en est capable.	E' verdade que elle é capaz.
S'il était vrai qu'il en fût capable.	Se fosse verdade que elle fosse capaz.

Parece, il semble, est suivi aussi de l'indicatif, particulièrement lorsque que ce verbe a un régime indirect, comme : *me parece*, il me semble ; *te parece*, il te semble ; *lhe parece*, il lui semble, etc.

THÈMES.
236.

Voulez-vous me raconter quelque chose ? — Que voulez-vous que je vous raconte ? — Une petite anecdote, si vous voulez. — Un petit garçon demandait un jour à table de la viande ; son père lui dit qu'il n'était pas honnête d'en demander, et qu'il devait attendre qu'on lui en donnât. Le pauvre petit garçon, voyant que tout le monde mangeait et qu'on ne lui donnait rien, dit à son père : « Mon cher père, donnez-moi, s'il vous plaît, un peu de sel. — Qu'en veux-tu faire ? demanda (*perguntou*) le père. — C'est pour le manger avec la viande que vous me donnerez, » répliqua (*contestou*) l'enfant. Tout le monde admira l'esprit du petit garçon, et son père, s'apercevant qu'il n'avait rien, lui donna de la viande, sans qu'il en demandât. — Qui était ce petit garçon, qui demanda de la viande à table ? — C'était le fils d'un de mes amis. — Pourquoi demanda-t-il de la viande ? — Il en demanda parce qu'il avait bon appétit. — Pourquoi son père ne lui en donna-t-il pas de suite ? — Parce qu'il l'avait oublié. — Le petit garçon eut-il tort d'en demander ? — Il eut tort, car il aurait dû attendre. — Pourquoi demanda-t-il du sel à son père ? — Il demanda du sel, afin que son père s'aperçût qu'il n'avait pas de viande, et qu'il lui en donnât.

Voulez-vous que je vous raconte une autre anecdote ? — Vous m'obligerez beaucoup. — Un homme faisant des emplettes chez un marchand, lui disait : « Vous me surfaites trop ; vous ne devriez pas me vendre aussi cher qu'à un autre, puisque je suis des amis de la maison. » Le marchand répliqua : « Monsieur, il faut que nous gagnions quelque chose avec nos amis, car nos ennemis ne viendront jamais chez nous. »

237.

Un jeune prince, âgé de sept ans, était admiré de tout le monde à cause de son esprit ; se trouvant un jour en société d'un vieil officier, celui-ci fit observer, en parlant du jeune prince, que quand les enfants avaient tant d'esprit dans les premières années, ils en ont ordinairement fort peu lorsqu'ils sont avancés en âge. « En ce cas, dit le jeune prince, qui l'avait entendu, il faut que vous ayez eu infiniment d'esprit dans votre enfance. »

Un Anglais, à sa première visite en France, rencontra dans les rues de Calais un fort jeune enfant qui parlait le français couramment et avec élégance. « Mon Dieu ! est-il possible, s'écria-t-il, que même les enfants ici parlent français avec pureté ! »

Recherchons l'amitié des bons et évitons la société des méchants ; car les mauvaises sociétés corrompent les bonnes mœurs. — Quel temps fait-il aujourd'hui ? — Il neige toujours comme il neigea hier, et selon toute apparence il neigera aussi demain. — Qu'il neige ; je voudrais qu'il neigeât encore plus, car je me porte toujours très bien quand il fait très froid. — Et moi, je me porte toujours très bien quand il ne fait ni froid ni chaud. — Il fait trop de vent aujourd'hui, et nous ferions mieux de rester à la maison. — Quelque temps qu'il fasse (faça), il faut que je sorte ; car j'ai promis d'être chez ma sœur à onze heures et un quart, et il faut que je tienne parole.

SOIXANTE-DIX-NEUVIÈME LEÇON

Lição septuagesima nona.

IMPARFAIT DU SUBJONCTIF.

L'imparfait du subjonctif se forme de l'infinitif en changeant, pour la première conjugaison, *ar* en :

 Asse, Asses, Asse, Assemos, Asseis, Assem,

Pour la seconde *er* en :

 Esse, Esses, Esse, Essemos, Esseis, Essem,

Pour la troisième *ir* en :

 Isse, Isses, Isse, Issemos, Isseis, Issem.

Parler. — Que je parlasse, que tu parlasses, qu'il parlât.	*Fallar.* — Que eu fallasse, que tu fallasses, que elle ou ella fallasse.
Finir. — Que je finisse, que tu finisses, qu'il finît.	*Concluir.* — Que eu concluisse, que tu concluisses, que elle ou ella concluisse.
Vendre. — Que je vendisse, que tu vendisses, qu'il vendît.	*Vender.* — Que eu vendesse, que tu vendesses, que elle ou ella vendesse.
Recevoir. — Que je reçusse, que tu reçusses, qu'il reçût.	*Receber.* — Que eu recebesse, que tu recebesses, que elle ou ella recebesse.

Rem. — Le parfait et le plus-que-parfait du subjonctif se forment exactement comme en français, du parfait et du plus-que-parfait du subjonctif de l'auxiliaire joints au participe passé du verbe conjugué.

EXEMPLES.

Que je sois venu.	Que eu tenha amado.
Que je sois aimé.	Que eu tenha vindo.
Que je fusse venu.	Que eu tivesse amado.
Que je fusse aimé.	Que eu tivesse vindo.

SOIXANTE-DIX-NEUVIÈME LEÇON

Rem. — Comme en français, on met le verbe au subjonctif après les locutions suivantes :

Afin que.	*Para que.*
A moins que.	*Menos que* ou *de* (le verb. à l'inf.).
Au cas que.	*Em caso que.*
Avant que.	*Antes que.*
Bien que.	*Bem que.*
De crainte que.	*Com receio de* (le verbe à l'inf.), ou *receiando que.*
De peur que.	*Com medo de* (le verbe à l'inf.).
En cas que.	*Em caso que.*
Encore que.	*Ainda que.*
Jusqu'à ce que.	*Até que.*
Loin que.	*Longe de* (le verbe à l'inf.).

Voulez-vous rester ici jusqu'à ce que je puisse sortir avec vous ?	Quer o senhor ficar aqui até que eu possa sair comsigo ?
Je sortirai avant qu'il ne revienne.	Sairei antes que o senhor venha.
Supposé que vous eussiez ce que vous n'avez pas, vous seriez riche.	Supposto que o senhor tivesse o que não tem, seria rico.
Je vous envoie mon livre, afin que vous le lisiez.	Envio-lhe o meu livro para que o leia.
A moins que vous ne l'accompagniez, elle ne sortira pas.	Em caso que a não acompanhe, ella não sairá.
Bien que vos enfants soient paresseux, ils font des progrès.	Bem que sejão preguiçosos os seus meninos, elles fazem progressos.
Pour peu qu'un homme fût connu d'un autre, il fallait qu'il entrât dans la dispute, et qu'il payât de sa personne, comme s'il avait été lui-même en colère.	Por pouco que fosse conhecido um homem de outro, seria necessario que entrasse na disputa, e que pagasse com a sua pessoa, como se elle proprio estivesse em colera.
Quoi qu'il en soit.	*Postoque.*
Quoi qu'elle soit petite et qu'elle ait mauvaise mine, elle ne laisse pas d'être aimable.	Postoque seja pequena e tenha má cara, não deixa de ser amavel.
Je ne la voudrais pas pour femme, quoi qu'elle soit riche, et qu'elle ait beaucoup d'esprit, parce qu'elle n'a pas bon cœur.	Não a quizera por mulher, postoque seja rica e que tenha muito talento, porque não tem bom coração.
Pourvu que vous soyez de mes amis je suis content.	Com tanto que o senhor seja um dos meus amigos, estou contente.

Soit que vous ayez raison ou tort.	Tenha o senhor razão ou não.
Quand cela n'arriverait pas, et quand bien même le ciel, dans sa bonté, le laisserait vivre longtemps et bien portant, il pourrait arriver qu'il restât pauvre comme auparavant.	Quando isto não acontecesse e quando o ceo mesmo, na sua bondade, o deixasse viver muito tempo e de boa saude, poderia acontecer que ficasse pobre como d'antes.

De façon que.	De modo que.
De manière que.	De maneira que.
De sorte que.	De sorte que.
En sorte que.	
Tellement que.	Tal que.
Sinon que.	Senão que.
Vous vous conduisez de façon que vous êtes aimé de tout le monde.	O senhor se porta de modo que por todos é amado.
Conduisez-vous de façon que vous soyez aimé.	Comporta-se o senhor de modo que seja querido.

Dès que vous le connaissez et que vous répondez de lui.	Já que o senhor o conhece e responde por elle.
A moins que vous ne soyez attentif et que vous ne fassiez régulièrement votre devoir, vous n'apprendrez pas.	Menos não esteja attento e não faça regularmente o seus trabalhos, não aprendera.
Si votre ami était ici et qu'il voulût venir me voir.	Se o seu amigo estivesse aqui e quizesse vir ver-me.
S'il m'aimait et qu'il désirât sincèrement mon bonheur.	Se elle me amasse e desejasse sinceramente a minha felicidade.
Si quelqu'un venait et que je ne fusse pas à la maison, envoyez-moi chercher.	Se alguem viesse e eu não estivesse em casa, mande-me buscar.
Si votre frère vous écrit et que vous soyez content de sa lettre, je vous prie de m'en faire part.	Se seu irmão lhe escrever e se a carta d'elle fôr do seu agrado, peço-lhe me de parte.

EXEMPLES.

Rem. — Le subjonctif s'emploie aussi après la conjonction que, substituée aux locutions suivantes : *afin que ; seja que,* soit que ; *sem que,* sans que; *antes que,* avant que ; *até que,* jusqu'à ce que.

Appliquez-vous à ce que vos parents soient contents.	Applique-se o senhor para contentar aos seus parentes.
Que (*pour* soit que) je lise on que j'écrive, on y trouve toujours à redire.	Que eu leia ou que escreva, acham sempre o que dizer.
Je ne puis rien dire que tu ne le saches.	Não posso dizer nada que não saibas.
Ne commencez pas que je ne vous avertisse.	Não comece até que eu o advirta.
Jamais on ne le punit, qu'il ne l'ait mérité.	Nunca o castigam sem que o tenha merecido.
Attendez que votre père revienne.	Espere que volte o seu pae.

THÈMES.

238.

M. de Turenne ne voulait jamais rien acheter à crédit chez les marchands, « de peur, disait-il, qu'ils n'en perdissent une grande partie, s'il arrivait qu'il fût tué. » Tous les ouvriers qu'il employait dans sa maison avaient ordre d'apporter leurs mémoires avant qu'il se mît en campagne, et ils étaient payés régulièrement. Vous ne serez jamais respecté, à moins que vous n'abandonniez la mauvaise compagnie que vous fréquentez. — Vous ne pourrez finir votre travail ce soir, à moins que je ne vous aide. — Je vous expliquerai toutes les difficultés, afin que vous ne vous découragiez pas dans votre entreprise. — Supposé que vous perdiez vos amis, que deviendriez-vous ? — En cas que vous ayez besoin de mon assistance, appelez-moi, je vous aiderai. — Un homme sage et prudent vit avec économie quand il est jeune, afin qu'il jouisse (*goze*) du fruit de son travail, quand il sera vieux. — Portez cet argent à M. N. afin qu'il puisse payer ses dettes. — Voulez-vous me prêter cet argent ? — Je ne vous le prêterai pas, à moins que vous ne me promettiez de me le rendre le plus tôt que vous pourrez. — Le général est-il arrivé ? — Il arriva hier matin au camp, las et harassé, mais très à propos ; il donna de suite ses ordres pour engager l'action, quoiqu'il n'eût pas encore toutes ses troupes. — Mesdemoiselles vos sœurs sont-elles heureuses ? — Elles ne le sont pas, quoiqu'elles soient riches, parce qu'elles ne sont pas contentes. Bien qu'elles aient bonne mémoire, cela ne suffit pas pour apprendre quelque langue que ce soit ; il faut qu'elles fassent usage de leur jugement. — Regardez comme cette dame est aimable ; quoiqu'elle n'ait pas de fortune, je ne l'en aime pas moins. — Voulez-vous me prêter votre violon ? — Je vous le prêterai, pourvu que vous me le rendiez ce soir. — Madame votre mère viendra-t-elle me voir ? — Elle viendra, pourvu que vous promettiez de la mener au concert. — Je ne cesserai de l'importuner jusqu'à ce qu'elle m'ait pardonné. — Donnez-moi ce canif. — Je vous le donnerai, pourvu que vous n'en fassiez pas mauvais usage. — Irez-vous à Londres ? — J'irai pourvu que vous m'accompagniez ; et je récrirai à Monsieur votre frère, en cas qu'il n'ait (*tenha*) pas reçu ma lettre.

239.

Où étiez-vous pendant l'affaire ? — J'étais au lit à faire panser mes blessures. Plût à Dieu que j'y eusse (*tivesse*) été ! J'aurais voulu vaincre ou périr. — On évita la bataille de peur que nous ne fussions pris, leurs forces étant supérieures aux nôtres. — A Dieu ne plaise que je blâme votre conduite ; mais vos affaires ne seront jamais faites comme il faut, à moins que vous ne les fassiez vous-même. — Partirez-vous bientôt ? — Je ne partirai pas que je n'aie (*tenha*) dîné. — Pourquoi m'avez-vous dit que mon père était arrivé, quoique vous sussiez le contraire ? — Vous êtes si prompt que, pour peu qu'on vous contrarie, vous vous emportez en un instant. Si votre père n'arrive pas aujourd'hui, et que vous ayez (*tenha*) besoin d'argent, je vous en prêterai. — Je vous suis fort obligé. — Avez-vous fait votre devoir ? — Pas tout à fait ; si j'avais eu le temps, et que je n'eusse pas (*não tivesse*) été si inquiet de l'arrivée de mon père, je l'aurais fait. — Si vous étudiez et que vous soyez attentif, je vous assure que vous apprendrez la langue française en très peu de temps. Celui qui veut enseigner un art doit le connaître à fond ; il faut qu'il n'en donne que des notions précises et bien digérées ; il faut qu'il les fasse entrer une à (*por*) une dans l'esprit de ses élèves, et surtout qu'il ne surcharge pas leur mémoire de règles inutiles et insignifiantes.

Mon cher ami, prêtez-moi un louis. — En voici deux au lieu d'un. — Que d'obligations je vous ai ! — Je suis toujours bien aise quand je vous vois, et je trouve mon bonheur dans le vôtre. —

Cette maison est-elle à vendre ? — Voulez-vous l'acheter ? — Pourquoi non ? — Pourquoi Mademoiselle votre sœur ne parle-t-elle pas ? — Elle parlerait si elle n'était pas toujours si distraite. — J'aime les jolies anecdotes : elles assaisonnent la conversation et amusent tout le monde. — Je vous prie de m'en raconter quelques-unes. — Voyez, s'il vous plaît (*Tenha a bondade de ver*), page cent quarante-huit du livre que je vous ai prêté, et vous en trouverez.

QUATRE-VINGTIÈME LEÇON
Lição octagesima.

DU SUBJONCTIF (*Continuation.*)

Quelque.	Por.
Quelque bon que vous soyez.	Por melhor que o senhor seja.
Quelques riches qu'ils soient.	Por mais ricos que sejam.
Quelque.	*Por muito*
Quelque courage que vous ayez, il en a plus que vous.	Por muita coragem que tenha, elle tem mais do que o senhor.
Quelque patience que nous ayons, nous n'en aurons jamais assez.	Por mais paciencia que tenhamos, não teremos nunca bastante.
Quelques richesses qu'il ait, il en verra bientôt la fin.	Por mais riquezas que tenha, verá logo o fim.
Quelque bonté que j'aie pour lui, je n'en aurai jamais autant qu'il le mérite.	Por muita bondade que eu tenha, para elle, não terei nunca tanta como elle merece.
Quelques fautes que vous fassiez, j'aurai soin de les corriger.	Por muitas faltas que faça, terei cuidado em corregil-as.
Quel que.	*Qualquer que.*
Quelque soit le bonheur que vous ayez, je suis plus heureux que vous.	Qualquer que seja a sua felicidade, eu sou mais feliz do que o senhor.
Quelle que soit la fortune dont vous jouissiez, vous pouvez la perdre en un instant.	Qualquer que seja a fortuna de que goze, póde perdel-a n'um instante.
Quels que soient les efforts que vous fassiez, vous ne pourrez jamais réussir.	Quáesquer que sejam os esforços que faça, não conseguirá nunca.
Quelles que soient les peines que vous preniez, on ne vous en aura aucune obligation.	Quáesquer que sejam as penas que tenha, ninguem por ellas lhe mostrará gratidão.
Aucun; fem. *aucune.*	*Nenhum;* fem. *nenhuma.*
Quelque chose que, ou *quoi que ce soit.*	*Qualquer coisa que.*
Quelque chose que vous fassiez	Qualquer coisa que faça para

pour mon père, il vous en récompensera.	meu páe, lhe recompensará.
Je ne me plains de quoi que ce soit.	Não me queixo de nada.
Qui que ce soit.	*Quem quer que seja.*
De qui que ce soit que vous parliez, évitez la médisance.	De quem quer que seja que o senhor falle, evite de dizer mal d'elle.
Je ne connais personne qui soit aussi bon que vous.	Não conheço ninguem tão bom como o senhor.
Je n'ai rien vu qu'on puisse blâmer dans sa conduite.	Não vi nada que possão reprehender na sua conducta.

Rem. — Le superlatif suivi de *qui, que,* se met en français avec le subjonctif, tandis qu'en portugais il est toujours suivi de l'indicatif.

Vous êtes la dame la plus aimable que je connaisse.	E'a senhora a mais amavel que eu conheço.
C'est l'homme le plus extraordinaire que j'aie jamais vu.	E'o homem o mais extraordinario que tenho visto.
Vous êtes les élèves les plus studieux que j'aie jamais eus.	São os alumnos os mais estudiosos que tenho tido.
La meilleure garde qu'un roi puisse avoir, c'est le cœur de ses sujets.	A melhor guarda que um rei póde ter, é o coração de seus subditos.
C'est le premier homme qui ait osé me le dire.	E'o primeiro homem que ousou dizer-m'o.
Vous êtes la deuxième dame aimable que j'aie rencontrée dans cette ville.	E'a segunda senhora amavel que encontrei n'esta cidade.
Vous êtes le seul sur qui je puisse compter.	O senhor é o unico com quem posso contar.
C'est la plus belle des femmes qui étaient à l'Opéra.	E'a mais bella mulher que estava na Opera.
Je ne connais aucune des personnes qui sont venues chez vous ce matin.	Não conheço nenhuma das pessóas que vierão á sua casa esta manhã.
J'espère que vous ne direz rien de ce que je vous ai confié.	Espero que não dirá nada do que lhe confiei.

J'ai lu le second volume de l'ouvrage que vous m'avez prêté.	Li o segundo volume da obra que me emprestou.
Fasse le ciel que pareil malheur ne vous arrive jamais !	Queira o céo que uma tal desgraça não lhe aconteça nunca.
Plût à Dieu !	Prouvera Deus.
Plût au ciel !	Prouvera o céo.
Plût à Dieu qu'il en fut ainsi !	Prouvera Deus que assim fosse.
Plût à Dieu qu'il l'eût fait !	Prouvera Deus que elle o tivesse feito !
Plût à Dieu que tous les grands seigneurs aimassent la paix !	Prouvera Deus que todos os grandes senhores amassem a paz !
Plût au ciel que nous ne fussions jamais plus malheureux !	Prouvera o céo que não fossemos nunca mais desgraçados.
Puissiez-vous être heureux !	Possa o senhor ser feliz !

Dût-il m'en coûter tout ce que je possède, je saurai me préserver d'un semblable malheur.	Devesse custar-me tudo o que possuo, saberia preservar-me d'uma semelhante desgraça.
Fussent-ils à cent lieues d'ici, j'irai les chercher.	Estivessem elles a cem leguas d'aqui, iria buscar-os.

Je viens pour vous voir.	Venho para vêl-o.
Je ne crois pas pouvoir sortir demain.	Não creio poder sair amanhã.

Rem. — Pour résumer les observations qui précèdent sur l'usage du subjonctif, posons en principe que toute phrase ou tout membre de phrase joint à un autre au moyen d'un relatif a le verbe à l'indicatif, si l'idée est présentée comme certaine ou positive, et au subjonctif, si l'idée est présentée comme douteuse ou simplement éventuelle.

QUATRE-VINGTIÈME LEÇON

Exemples :

J'épouserai une femme qui me plaira.	Casar-me-hei com uma mulher que me agrade.
J'épouserai une femme qui me plaise.	
Voilà un livre que vous pourrez consulter au besoin.	Eis aqui um livro que poderá consultar em caso de necessidade.

Donnez-moi un livre que je puisse consulter au besoin.	Dê-me um livro que eu póssa consultar em caso de necessidade.
Prêtez-moi ce livre dont vous n'avez pas besoin.	Empreste-me este livro do qual não tem necessidade.
Prêtez-moi un livre dont vous n'avez pas besoin.	Empreste-me um livro de que V^ce não tenha necessidade.
Ne quittez pas une place où vous êtes commodément et d'où vous entendez bien.	Não deixe um lugar aonde está commodamente e d'onde ouve bem.
Choisissez une place où vous soyez commodément et d'où vous entendiez bien.	Escolha um lugar aonde esteja commodamente e d'onde ouça bem.

Rem. Dans certains cas l'infinitif *dire* (*dizer*) se rend en portugais par le présent du subjonctif *diga*. Exemple :

| Je ne sais que dire. | Não sei o que *diga*. |

Rem. L'impératif négatif se rend toujours par le subjonctif. Exemple :

| Ne fais pas cela. | Não *faças* isso. |
| Ne viens pas tard. | Não *venhas* tarde. |

Rem. Le futur français se rend en portugais par le futur du subjonctif lorsque la phrase exprime un doute ou une condition. Exemple :

| Quand je lui écrirai je lui dirai. | Quando eu lhe tiver escripto, dir-lhe hei. |
| Quand il m'aura écrit je saurai ce que j'ai à faire. | Quando elle me tiver escripto saberei o que tenho que fazer. |

QUATRE-VINGTIÈME LEÇON

FUTUR DU SUBJONCTIF.

Ce temps, qui n'existe pas en français, se forme, en portugais, de l'infinitif. Dans la première conjugaison les terminaisons sont :

  Ar,   *Ares,*   *Ar,*   *Armos,*   *Ardes,*   *Arem.*

Pour la deuxième et troisième conjugaison les terminaisons sont :

  Er,   *Eres,*   *Er,*   *Ermos,*   *Erdes,*   *Erem.*
  Ir,   *Ires,*   *Ir,*   *Irmos,*   *Irdes,*   *Irem.*

Le futur du subjonctif exprime une action conditionnelle et il est régi par les mêmes conjonctions que le présent du subjonctif, qui le remplace souvent.

Marie ton fils comme tu voudras et ta fille comme tu pourras.	Casa teu filho como quizeres e a tua filha como puderes.
Choisis dans ces raisons celle qui te conviendra le plus.	Escolhe entre estas razões a que melhor te convier.
A tous ceux qui te parleront de moi tu pourras dire que je suis malade.	A todos os que te fallarem de mim poderas dizer que estou doente.

Quelques exemples sur l'emploi du subjonctif.

Voulez-vous me permettre de partager un peu avec lui?	Quer permittir-me que divida um pouco com elle.
Dans ces carrefours, quoiqu'on fasse pour *vaincre* et se tirer des plus dangereuses aventures, il n'y a personne qui nous voie ni qui le sache.	Nestas encrusilhadas por mais que se faça para vencer e evitar as aventuras perigosas; não ha ninguem que nos veja nem que o saiba.
Là, il y aura toujours quelqu'un pour écrire vos prouesses.	Lá haverá sempre alguem para escrever as suas proezas.
Mais je veux absolument qu'on ne le sache qu'après le résultat.	Mas eu quero absolutamente que o não saibam senão depois do resultado.
Que deux religieux ne veuillent ou ne puissent passer les ports, je serai infailliblement appelé.	Que dois religiosos não queiram ou não possam passar os portos, eu serei infalivelmente chamado.
Je suis calme, et je le serai quand même, malgré la victoire complète des Gerundias.	Estou e estarei calmo apezar da victoria completa dos Gerundios.

Afin que les ignorants ne puissent les confondre avec les vrais savants.	Para que as ignorantes não possam confundil-os com os verdadeiros sabios.
Si les règles de la chevalerie s'étaient perdues, on pourrait les retrouver dans votre cœur.	Se se tivesse perdido as regras de cavallaria, poder-se-hia encontral-as no vosso coração.

Il n'existe pas de futur du subjonctif en français; on emploie le présent de l'indicatif ou le futur de l'indicatif pour ce temps et on les fait précéder des conjonctions *quand* et *si*. En portugais ce temps existe et pour sa formation il faut voir le commencement de ce chapitre.

THÈMES.

240.

Il faut que vous ayez patience, quoique vous n'en ayez pas envie, car il faut que j'attende aussi jusqu'à ce que je reçoive *receba*) mon argent. En cas que je le reçoive (*receba*) anjourd'hui, je vous paierai tout ce que je vous dois. Ne croyez pas que je l'aie oublié, car j'y pense tous les jours. Où croyez-vous peut-être que je l'aie déjà reçu? — Je ne crois pas que vous l'ayez déjà reçu; mais je crains que vos autres créanciers ne l'aient déjà reçu. — Vous voudriez avoir plus de temps pour étudier et vos frères voudraient n'avoir pas besoin d'apprendre. — Plût à Dieu que vous eussiez ce que je souhaite, et que j'eusse ce que je désire. Quoique nous n'ayons pas eu ce que nous souhaitons, nous avons presque toujours été contents, et Messieurs B. ont presque toujours été mécontents, quoiqu'ils aient eu tout ce dont un homme raisonnable peut se contenter. — Ne croyez pas, Madame, que j'aie eu votre éventail. — Qui vous dit que je le crois? — Mon beau-frère voudrait ne pas avoir eu ce qu'il a eu. — Pourquoi? — Il a toujours eu beaucoup de créanciers et point d'argent. — Je désire que vous me parliez toujours français, et il faut que vous m'obéissiez, si vous voulez l'apprendre, et que vous ne vouliez pas perdre votre temps inutilement. Je voudrais que vous fussiez plus appliqué et plus attentif quand je vous parle. Si je n'étais pas votre ami, et que vous ne fussiez pas le mien, je ne vous parlerais pas ainsi. — Méfiez-vous de M. N., car il vous flatte. Pensez-vous qu'un flatteur puisse être un ami? — Vous ne le connaissez pas aussi bien que moi, bien que vous le voyiez (*veja*) tous les jours. — Ne croyez pas que je sois fâché contre lui, parce que son père m'a offensé. — Oh! le voilà qui vient; vous pouvez tout lui dire vous-même.

241.

Que pensez-vous de notre roi? — Je dis que c'est un grand homme, mais j'ajoute que, quelque puissants que soient les rois, ils meurent aussi bien que le plus vil de leurs sujets. — Avez-vous été content de mes sœurs? — Je l'ai été, car quelque laides qu'elles soient, elles ne laissent pas d'être très aimables, et quelque savantes que soient les filles de nos voisines, elles se trompent encore quelquefois. — Leur père n'est-il pas riche? — Quelque riche qu'il soit, il peut tout perdre en un moment. — Quel que soit l'ennemi dont vous appréhendez la malice, vous devez vous reposer sur votre innocence; mais les lois condamnent tous les criminels, quels qu'ils soient. — Quelles que soient vos intentions, vous auriez dû agir différemment. — Quelques raisons que vous m'alléguiez, elles n'excuseront pas votre action, blâmable en elle-même. — Quelque chose qui vous arrive dans ce monde, ne murmurez jamais contre la divine Providence, car quelque chose qu'on souffre, on le mérite. — Quelque chose que je fasse, vous n'êtes jamais content. — Quoi que vous disiez, vos sœurs seront punies si elles le méritent, et si elles ne tâchent de s'amender. — Qui est-ce qui a pris ma montre en or? — Je ne le sais pas. — Ne croyez pas que je l'aie eue ou que mademoiselle C. ait eu votre tabatière d'argent, car j'ai vu l'une et l'autre dans les mains de mademoiselle votre sœur, lorsque nous jouions au gage touché. — Demain je partirai pour Douvres, mais dans quinze jours je reviendrai, et alors je viendrai vous voir, vous et votre famille. — Où votre sœur est-elle à présent? — Elle est à Paris, et mon frère à Berlin. — On dit que cette petite femme doit épouser le général K.; votre ami; est-ce vrai? — Je n'en ai pas entendu parler. — Quelles nouvelles y a-t-il de notre grande armée? — On dit qu'elle est entre le Weser et le Rhin. — Tout ce que le courrier m'a dit paraissant très vraisemblable, je me rendis de suite au logis, j'écrivis quelques lettres et partis pour Londres.

QUATRE-VINGT-UNIÈME LEÇON

Lição octogesima primeira.

Tant soit peu.	*Um pouco.*
Voulez-vous me faire le plaisir de me donner un morceau de pain?	Quer o senhor fazer-me o favor de dar-me um pedaço de pão?
En voulez-vous beaucoup?	Quer o senhor muito?
Non, tant soit peu.	Não, um pouco.

Faire valoir.	*Fazer valer.*
Cet homme ne sait pas faire valoir ses talents.	Este homem não sabe fazer valer os seus talentos.
Cet homme fait valoir son argent dans le commerce.	Este homem faz valer o seu dinheiro no commercio.
Comment faites-vous valoir votre argent?	Como faz o senhor valer o seu dinheiro?
Je le fais valoir dans les fonds publics.	Faço valer em fundos publicos.

Se faire valoir.	*Fazer-se valer, gabar-se.*
Je n'aime pas cet homme parce qu'il se fait trop valoir.	Não gosto d'este homem porque se gaba muito.

Ne laisser pas de.	*Não deixar de.*
Cet homme est tant soit peu fripon, mais il ne laisse pas de passer pour un honnête homme.	Este homem é um pouco vivo, mas não deixa de passar por um homem honesto.
Quoique cet homme ne soit pas bien portant, il ne laisse pas de travailler beaucoup.	Ainda que não esteja este homem de saude, não deixa de trabalhar muito.
Quoique cette femme ne soit pas jolie, elle ne laisse pas d'être fort aimable.	Ainda que não seja bonita esta mulher, não deixa de ser muito amavel.

Quoique cet homme n'ait aucun talent, il ne laisse pas de se faire beaucoup valoir.	Ainda que este homem não tenha talento, não se deixa de dar importancia.
Quoique la femme de cet aubergiste soit tant soit peu basanée, elle ne laisse pas de faire valoir le bouchon.	Ainda que a mulher d'este estalajadeiro seja um pouco morena, não deixa de fazer valer o seu negocio.

J'ai reçu votre lettre le cinq.	Recibi a sua carta a cinco.
Le six.	O seis.
Retourner.	Voltar.
Le haut.	O alto.
Le bas.	O baixo.
Jusqu'en haut, en bas.	Até acima, abaixo.

Le frère aîné.	O irmão mais velho, o primogenito.
La sœur aînée.	A irmã mais velha.
C'est l'aînée.	E' o mais velho.

Paraître.	Apparecer.
Je parais, tu parais, il paraît.	Eu appareço, tu appareces, elle apparece.
Entretenir.	Entreter, manter.
Mon entretien.	Meu entretenimento, sustento.
Mon entretien me coûte six cents francs par an.	O meu sustento custa-me seiscentos francos por anno.
Enfoncer.	Metter, mergulhar.
S'entretenir avec.	Entreter-se com.
Un entretien.	Um entretenimento
Épargner.	Poupar.
Épargnez votre argent.	Poupar o vosso dinheiro.
Se lasser.	Cançar-se.
Être las, se.	Estar cançado, a.
Manier.	Manejar.
S'appuyer.	Apoiar-se.
Appuyez-vous sur moi.	Apoie-se sobre mim.
Appuyez-vous contre la muraille.	Apoie-se á muralha.
Coucher en joue.	Apontar.
Court.	Curto.
S'arrêter tout court.	Parar.

QUATRE-VINGT-UNIÈME LEÇON

La vertu est aimable.	A virtude é amavel.
Le vice est odieux.	A vicio é odioso.

Rem. — L'article défini s'emploie en portugais, comme en français, devant les substantifs pris dans un sens général. Exemp. :

Les hommes sont mortels.	Os homens são mortáes.
L'or est précieux.	O ouro é precioso.
Le blé se vend un écu le boisseau.	O trigo se vende por um escudo a fanga.
Le bœuf coûte quatre sous la livre.	A carne de vacca custa quatro soldos a libra.
L'horreur du vice et l'amour de la vertu sont les délices du sage.	O horror do vicio e o amor da virtude são as delicias do sabio.

L'Angleterre est un beau pays.	A Inglaterra é um bello paiz.
L'Italie est le jardin de l'Europe.	A Italia é o jardim da Europa.
Le chien est l'ami et le compagnon de l'homme.	O cão é o amigo e o companheiro do homem.
La Thessalie produit du vin, des oranges, des citrons, des olives et toutes sortes de fruits.	A Thessalia produz vinho, laranjas, limões, azeitonas e toda a sorte de fructos.
Il a mangé le pain, la viande, les pommes et les gâteaux ; il a bu le vin, la bière et le cidre.	Comeo o pão, a carne, as maçãs e os bôlos ; elle bebeo o vinho, a cerveja e a cidra.
La beauté, les grâces et l'esprit sont des avantages bien précieux, quand ils sont relevés par la modestie.	A belleza, as graças e o talento são vantagens preciosas quando são acompanhadas da modestia.

THÈMES.

242.

Où irez-vous l'année prochaine ? — J'irai en Angleterre, car c'est un beau royaume, où je compte passer l'été à mon retour de France. — Où irez-vous l'hiver ? — J'irai en Italie et de là aux Indes occidentales; mais avant cela, il faut que j'aille en Hollande prendre congé de mes amis. — Quel pays ces peuples habitent-ils? — Ils habitent le midi de l'Europe; leurs pays s'appellent l'Italie, l'Espagne et le Portugal, et eux-mêmes sont Italiens, Espagnols et Portugais; mais les peuples qu'on appelle les Russes, les Suédois et les Polonais habitent le nord de l'Europe, et les noms de leurs pays sont la Russie, la Suède et la Pologne. La France est séparée de l'Italie par des Alpes, et de l'Espagne par les Pyrénées. — Quoique l'usage du vin soit défendu aux Mahométans, quelques-uns d'entre eux ne laissent pas d'en boire. — Monsieur votre frère a-t-il mangé quelque chose ce matin? — Il a beaucoup mangé; bien qu'il ait dit qu'il n'avait pas bon appétit, il n'a pas laissé de manger toute la viande, tout le pain et tous les légumes, et de boire tout le vin, toute la bière et tout le cidre. — Les œufs sont-ils chers à présent? — Ils se vendent six francs le cent. — Aimez-vous le raisin? — J'aime non seulement le raisin, mais aussi les prunes, les amandes, les noix et toute espèce de fruits. — Bien que la modestie, la candeur et l'amabilité soient des qualités précieuses, il y a cependant des dames qui ne sont ni modestes, ni candides, ni aimables. — La crainte de la mort et l'amour de la vie étant naturels à l'homme, on doit fuir le vice et s'attacher à la vertu.

QUATRE-VINGT-DEUXIÈME LEÇON
Lição octogesima segunda

Donner lieu.	*Dar lugar.*
Ne lui donnez pas lieu de se plaindre.	Não lhe dê lugar de queixar-se.
S'en rapporter à quelqu'un.	*Referir-se a alguem.*
Je m'en rapporte à vous.	Refiro-me ao senhor.
Un bon marché.	Um bom mercado.
S'en tenir à.	*Ater-se a.*
Je m'en tiens à l'offre que vous m'avez faite.	Atenho-me a offerta que me fez.
Je ne doute pas que vous ne soyez mon ami.	Não duvido que seja meu amigo.
Je ne doute pas qu'il ne le fasse.	Não duvido que o faça.
Essuyer.	*Soffrer.*
Ils essuyèrent tout le feu de la place.	Soffreram todo o fogo da fortaleza.
Tirer les vers du nez à quelqu'un.	Tirar as tripas fóra a alguem.
Je lui ai tiré les vers du nez, et par ce moyen je me suis mis au fait de toutes ses affaires.	Tirei-lhe as tripas fóra e por este meio puz-me ao facto de todos os seus negocios.
En passer par.	*Passar por.*
Vous serez obligé d'en passer par tout ce qu'il voudra.	O senhor será obrigado a passar pelo que elle quizer.

Epais, se.	Espesso, a.
Un nuage épais.	Uma nuvem espessa.
Une barbe épaisse.	Uma barba espessa.
Un éclat.	Um estrepito.
Un éclat de rire.	Uma gargalhada.
Faire un éclat de rire.	Dar uma gargalhada.
Eclater.	Rebentar.
Eclater de rire.	Rebentar de rir.
L'éclat.	Escandalo.
Faire de l'éclat.	Dar escandalo.
Eclairer.	Alumiar.

Se laisser battre.	Deixar-se bater.
Se laisser tomber.	Deixar-se cair.
Se laisser insulter.	Deixar-se insultar.
Se laisser mourir.	Deixar-se morrer.
Se laisser frapper.	Deixar-se bater.
Renvoyer.	Despedir.
Vanter.	Ponderar, gabar.
Se vanter.	Jactar-se, gabar-se.

Aller-y.	Ide.
Allons-y.	Vamos.
Va.	Vá.
Vas-y.	Vá lá.
Va-t-en.	Vá embora.
Qu'il y aille.	Que elle lá vá.
Qu'ils y aillent.	Que elles lá vão.
Allez-vous-en.	Ide-vos embora.
Allons-nous-en.	Vamo-nos embora.
Qu'il s'en aille.	Que elle se vá embora.
Donnez-moi.	Dê-me.
Donnez-le-moi.	Dê-m'o.
Donnez-le-lui.	Dê-lh'o.
Donnez-lui-en.	Dê-lhe.
Faites-vous payer.	Faça que lhe paguem.
Partons.	Partamos.
Déjeunons.	Almocemos.
Qu'il me le donne.	Que elle m'o dê.
Qu'il soit ici à midi.	Que elle esteja aqui ao meio dia.
Qu'il me l'envoie.	Que elle m'o envie.
Qu'il le croie.	Que elle o creia.
Finissez.	Acabe.

QUATRE-VINGT-DEUXIÈME LEÇON 413

Qu'il finisse.	Que elle acabe.
Qu'il le prenne.	Que elle o tome.
Qu'elle le dise.	Que ella o diga.

Le sansonnet.	O estorninho.
Si je vous posais maintenant des questions comme je vous en ai posé au commencement de nos leçons (comme j'avais d'abord l'habitude de le faire), que répondriez-vous ?	Si eu lhe propuzesse agóra questoes, como as que propuz no começo de nossas liçōes, que me responderia o senhor ?
Nous avons d'abord trouvé ces questions tant soit peu ridicules, mais pleins de confiance en votre méthode, nous y avons répondu aussi bien que la petite provision de mots et de principes que nous avions alors pouvait nous le permettre.	Primeiramente nós achámos estas questões um pouco ridiculas; mas, cheios de confiança no seu methodo, respondemos como nos permittia fazel-o a provisão de palavras e de principios que tinhamos.
Nous n'avons pas tardé à nous apercevoir que ces questions étaient calculées pour nous inculquer les principes, et nous exercer à la conversation par les réponses contradictoires que nous étions forcés d'y faire.	Não tardámos em ver que estas questões estavam calculadas para inculcar-nos os principios e exercer-nos na conversação por meio das respostas contradictorias que eramos obrigados a fazer.
Maintenant nous savons presque soutenir une conversation en portugais.	Agóra sabemos quasi sustentar uma conversação em portuguez.
Cette phrase ne nous paraît pas logiquement correcte.	Esta phrase não nos parece logicamente correcta.
Nous serions des ingrats si nous laissions échapper une si belle occasion sans vous témoigner la reconnaissance la plus vive.	Seriamos ingratos se deixassemos escapar uma tão bella occasião para testemunhar-lhe o mais vivo reconhecimento.
En tout cas.	Em todo caso.
L'homme né dans le pays.	O homem nascido no paiz.
La difficulté insurmontable.	A difficuldade insuperavel.

CONJUGAISONS.

Conjugaisons du verbe auxiliaire Haver, Avoir.

PRÉSENT DE L'INFINITIF.	PARTICIPE PRÉSENT.
Haver, *Avoir.*	Havendo, *ayant.*
Haver havido, *avoir eu.*	Havido, *eu.*

INDICATIF PRÉSENT.

J'ai, etc.	*Nous avons,* etc.
Eu hei.	Nós havemos.
Tu has.	Vós haveis.
Elle *ou* elle ha.	Elles *ou* ellas hão.

IMPARFAIT.

J'avais, etc.	*Nous avions,* etc.
Eu havia.	Nós haviamos.
Tu havias.	Vós havieis.
Elle *ou* ella havia.	Elles *ou* ellas haviam.

PRÉSENT DÉFINI.

J'eus, etc.	*Nous eûmes,* etc.
Eu houve.	Nós houvemos.
Tu houveste.	Nós houvestes.
Elle *ou* ella houve.	Elles *ou* ellas houveram.

PLUS-QUE-PARFAIT.

J'avais eu, etc.	*Nous avions eu,* etc.
Eu houvera.	Nós houveramos.
Tu houveras.	Vós houvereis.
Elle *ou* ella houvera.	Elles *ou* ellas houveram.

FUTUR.

J'aurai, etc.	*Nous aurons,* etc.
Eu haverei.	Nós haveremos.
Tu haverás.	Vós havereis.
Elle *ou* ella haverá.	Elles *ou* ellas haverão.

CONDITIONNEL.

J'aurais, etc.
Eu haveria.
Tu haverias.
Elle *ou* ella haveria.

Nous aurions, etc.
Nós haveriamos.
Vós haverieis.
Elles *ou* ellas haveriam.

SUBJONCTIF PRÉSENT.

Que j'aie, etc.
Que eu haja.
Que tu hajas.
Que elle *ou* ella haja.

Que nous ayons, etc.
Que nós hajamos.
Que vós hajais.
Que elles *ou* ellas hajam.

IMPARFAIT.

J'eusse, etc.
Que eu houvesse.
Que tu houvesses.
Que elle *ou* ella houvesse.

Nous eussions, etc.
Que nós houvessemos.
Que vós houvesseis.
Que elles *ou* ellas houvessem.

FUTUR.

Si j'ai, etc.
Se eu houver.
Se tu houveres.
Se elle *ou* ella houver.

Si nous avons, etc.
Se nós houvermos.
Se vós houverdes.
Se elles *ou* ellas houverem.

Conjugaisons du verbe *Ter, Avoir, ou Posséder*.

Présent de l'infinitif.
Ter, avoir.
Passé de l'infinitif.
Ter tido, avoir eu.

Participe présent.
Tendo, ayant.
Participe passé.
Tido, eu.

INDICATIF PRÉSENT.

J'ai, etc. | Nous avons, etc.
Eu tenho. | Nós temos.
Tu tens. | Vós tendes.
Elle ou ella tem. | Elles ou ellas têm.

IMPARFAIT.

J'avais, etc. | Nous avions, etc.
Eu tinha. | Nós tinhamos.
Tu tinhas. | Vós tinheis.
Elle ou ella tinha. | Elles ou ellas tinham.

PASSÉ DÉFINI.

J'eus, etc. | Nous eûmes, etc.
En tive. | Nós tivemos.
Tu tiveste. | Vós tivestes.
Elle ou ella teve. | Elles ou ellas tiveram.

PLUS-QUE-PARFAIT.

J'avais eu, etc. | Nous avions eu, etc.
Eu tivera. | Nós tiveramos.
Tu tiveras. | Vós tivereis.
Elle ou ella tivera. | Elles ou ellas tiveram.

FUTUR.

J'aurai, etc. | Nous aurons, etc.
Eu terei. | Nós teremos.
Tu terás. | Vós tereis.
Elle ou ella terá. | Elles ou ellas terão.

CONDITIONNEL.

J'aurais, etc. | Nous aurions, etc.
Eu teria. | Nós teriamos.
Tu terias. | Vós terieis.
Elle teria. | Elles teriam.

IMPÉRATIF.

Aie. | Ayez.
Tem. | Tende.

SUBJONCTIF PRÉSENT.

Que j'aie, etc.
Que eu tenha.
Que tu tenhas.
Que elle *ou* ella tenha.

Que nous ayons, etc.
Que nós tenhamos.
Que vós tenhais.
Que elles *ou* ellas tenham.

IMPARFAIT.

Que j'eusse, etc.
Que eu tivesse.
Que tu tivesses.
Que elle *ou* ella tivesse.

Que nous eussions, etc.
Que nós tivessemos.
Que vós tivesseis.
Que elles *ou* ellas tivessem.

FUTUR.

Si j'ai, etc.
Se eu tiver.
Se tu tiveres.
Se elle *ou* ella tiver.

Si nous avons, etc.
Se nós tivermos.
Se vós tiverdes.
Se elles *ou* ellas tiverem.

Conjugaison du verbe ser, être.

Présent de l'infinitif.
Ser, être.
Passé de l'infinitif.
Haver sido, avoir été.

Participe présent.
Sendo, étant.
Participe passé.
Sido, été.

INDICATIF PRÉSENT.

Je suis, etc.
Eu sou.
Tu és.
Elle *ou* ella é.

Nous sommes, etc.
Nós somos.
Vós sois.
Elle *ou* ellas são.

IMPARFAIT.

J'étais, etc.
Eu era.
Tu eras.
Elle *ou* ella era.

Nous étions, etc.
Nós eramos.
Vós ereis.
Elles *ou* ellas eram.

PRÉTERIT DÉFINI.

Je fus, etc. | Nous fûmes, etc.
Eu fui. | Nós fomos.
Tu foste. | Vós fostes.
Elle *ou* ella foi. | Elles *ou* ellas foram.

PLUS-QUE-PARFAIT.

J'avais été, etc. | Nous avions été, etc.
Eu fora. | Nós foramos.
Tu foras. | Vós foreis.
Elle *ou* ella fora. | Elles *ou* ellas foram.

FUTUR.

Je serai, etc. | Nous serons, etc.
Eu serei. | Nós seremos.
Tu serás. | Vós sereis.
Elle *ou* ella será. | Elles *ou* ellas serão.

CONDITIONNEL.

Je serais, etc. | Nous serions, etc.
Eu seria. | Nós seriamos.
Tu serias. | Vós serieis.
Elle *ou* ella seria. | Elles *ou* ellas seriam.

IMPÉRATIF.

Sois. | Soyez.
Sê. | Sêde.

SUBJONCTIF PRÉSENT.

Que je sois, etc. | Que nous soyons, etc.
Que eu seja. | Que nós sejamos.
Que tu sejas. | Que vós sejais.
Que elle *ou* ella seja. | Que elles *ou* ellas sejam.

IMPARFAIT.

Que je fusse, etc. | Que nous fussions, etc.
Que eu fosse. | Que nós fossemos.
Que tu fosses. | Que vós fosseis.
Que elle *ou* ella fosse. | Que elles *ou* ellas fossem.

QUATRE-VINGT-DEUXIÈME LEÇON 419

FUTUR.

Si je suis, etc.
  Se eu fôr.
  Se tu fôres.
  Se elle *ou* ella fôr.

Si nous sommes, etc.
  Se nós formos.
  Se vós fordes.
  Se elles *ou* ellas forem.

Conjugaison du verbe auxiliaire Estar, Être.

Présent de l'infinitif.
  Estar, être.
Passé de l'infinitif.
  Haver estado, avoir été.

Participe présent.
  Estando, étant.
Participe passé.
  Estado, été.

INDICATIF PRÉSENT.

Je suis, etc.
  Eu estou.
  Tu estás.
  Elle *ou* ella está.

Nous sommes, etc.
  Nós estamos.
  Vós estais.
  Elles *ou* ellas estão.

IMPARFAIT.

J'étais, etc.
  Eu estava.
  Tu estavas.
  Elle *ou* ella estava.

Nous étions, etc.
  Nós estavamos.
  Vós estaveis.
  Elles *ou* ellas estavam.

PRÉTÉRIT DÉFINI.

Je fus, etc.
  Eu estive.
  Tu estiveste.
  Elle *ou* ella esteve.

Nous fûmes, etc.
  Nós estivemos.
  Vós estivestes.
  Elles *ou* ellas estiveram.

PLUS-QUE-PARFAIT.

J'avais été, etc.
  Eu estivera.
  Tu estiveras.
  Elle *ou* ella estivera.

Nous avions été, etc.
  Nós estiveramos.
  Vós estivereis.
  Elles *ou* ellas estiveram.

FUTUR.

Je serai, etc.	*Nous serons*, etc.
Eu estarei.	Nós estaremos.
Tu estarás.	Vós estareis.
Elle *ou* ellá estara.	Elles *ou* ellas estarão.

CONDITIONNEL.

Je serais, etc.	*Nous serions*, etc.
Eu estaria.	Nós estariamos.
Tu estarias.	Vós estarieis.
Elle *ou* ella estaria.	Elles *ou* ellas estariam.

IMPÉRATIF.

Sois.	Soyez.
Está.	Estai.

SUBJONCTIF PRÉSENT.

Que je sois, etc.	*Que nous soyons*, etc.
Que eu esteja.	Nós estejamos.
Que tu estejas.	Vós estejais.
Que elle *ou* ella esteja.	Elles *ou* ellas estejam.

IMPARFAIT.

Que je fusse, etc.	*Que nous fussions*, etc.
Que eu estivesse.	Nós estivessemos.
Que tu estivesses.	Vós estivesseis.
Que elle *ou* ella estivesse.	Elles *ou* ellas estivessem.

FUTUR.

Si je suis, etc.	*Si nous sommes*, etc.
Se eu estiver.	Se nós estivermos.
Se tu estiveres.	Se vós estiverdes.
Se elle *ou* ella estiver.	Se elles *ou* ellas estiverem.

DES VERBES RÉGULIERS

Nous avons déjà expliqué que les infinitifs des verbes portugais se terminent en *ar*, *er* et *ir*, et que les verbes terminés en *ar* forment la première conjugaison, ceux en *er* la seconde, et ceux en *ir* la troisième.

QUATRE-VINGT DEUXIÈME LEÇON

Première conjugaison en ar.

AMAR, AIMER.

Présent de l'infinitif.	Participe présent.
Amar, aimer.	Amando, aimant.
Passé de l'infinitif.	Participe passé.
Haver amado, avoir aimé.	Amado, aimé.

INDICATIF PRÉSENT.

J'aime, etc.	*Nous aimons*, etc.
Eu amo.	Nós amamos.
Tu amas.	Vós amais.
Elle *ou* ella ama.	Elles *ou* ellas amam.

IMPARFAIT.

J'aimais, etc.	*Nous aimions*, etc.
Eu amava.	Nós amavamos.
Tu amavas.	Vós amaveis.
Elle *ou* ella amava.	Elles *ou* ellas amavam.

PRÉTÉRIT DÉFINI.

J'aimai, etc.	*Nous aimâmes*, etc.
Eu amei.	Nós amamos.
Tu amaste.	Vós amastes.
Elle *ou* ella amou.	Elles *ou* ellas amaram.

PLUS-QUE-PARFAIT.

J'avais aimé, etc.	*Nous avions aimé*, etc.
Eu amára.	Nós amáramos.
Tu amáras.	Vós amáreis.
Elle *ou* ella amára.	Elles *ou* ellas amáram.

FUTUR.

J'aimerai, etc.	*Nous aimerons*, etc.
Eu amarei.	Nós amaremos.
Tu amarás.	Vós amareis.
Elle *ou* ella amará.	Elles *ou* ellas amarão.

CONDITIONNEL.

J'aimerais, etc.	Nous aimerions, etc.
Eu amaria.	Nós amariamos.
Tu amarias.	Vós amarieis.
Elle *ou* ella amaria.	Elles *ou* ella amariam.

IMPÉRATIF.

Aime, etc.	Aimons.
Ama.	Amemos.

SUBJONCTIF PRÉSENT.

Que j'aime, etc.	Que nous aimions, etc.
Que eu ame.	Que nós amemos.
Que tu ames.	Que vós ameis.
Que elle *ou* ella ame.	Que elles amem.

IMPARFAIT.

J'aimasse, etc.	Que nous aimassions, etc.
Que eu amasse.	Que nós amassemos.
Que tu amasses.	Que vós amasseis.
Que elle amasse.	Que elles amassem.

FUTUR.

Si j'aime, etc.	Nous aimerons, etc.
Se eu amar.	Se nós amarmos.
Se tu amares.	Se vós amades.
Se elle *ou* ella amar.	Se elles *ou* ellas amarem.

Deuxième conjugaison en er.

TEMER, CRAINDRE.

Présent de l'infinitif.	Participe présent.
Temer, craindre.	Temendo, craignant.
Passé de l'infinitif.	Participe passé.
Haver temido, avoir craint.	Temido, craint.

INDICATIF PRÉSENT.

Je crains, etc.
Eu temo.
Tu temes.
Elle *ou* ella teme.

Nous craignons, etc.
Nós tememos.
Vós temeis.
Elles *ou* ellas temem.

IMPARFAIT.

Je craignais, etc.
Eu temia.
Tu temias.
Elle *ou* ella temia.

Nous craignions, etc.
Nós temiamos.
Vós temieis.
Elles *ou* ellas temiam.

PRÉTÉRIT DÉFINI.

Je craignis, etc.
Eu temi.
Tu temeste.
Elle *ou* ella temeo.

Nous craignîmes, etc.
Nós tememos.
Vós temestes.
Elles *ou* ellas temeram.

PLUS-QUE-PARFAIT.

J'avais craint, etc.
Eu temera.
Tu temeras.
Elle *ou* ella temera.

Nous avions craint, etc.
Nós temeramos.
Vós temereis.
Elles *ou* ellas temeram.

FUTUR.

Je craindrai, etc.
Eu temerei.
Tu temerás.
Elle *ou* ella temerá.

Nous craindrons, etc.
Nós temeremos.
Vós temereis.
Elles *ou* ellas temerão.

CONDITIONNEL.

Je craindrais, etc.
Eu temeria.
Tu temerias.
Elle *ou* ella temeria.

Nous craindrions, etc.
Nós temeriamos.
Vós temerieis.
Elles *ou* ellas temeriam.

IMPÉRATIF.

Craigne.
Teme.

Craignez
Temei.

SUBJONCTIF PRÉSENT.

Que je craigne, etc.
Que eu tema.
Que tu temas.
Que elle ou ella tema.

Que nous craignions, etc.
Que nós temamos.
Que vós temais.
Que elles ou ellas temam.

IMPARFAIT.

Que je craignisse, etc.
Que eu temesse.
Que tu temesses.
Que elle ou ella temesse.

Que nous craignissions, etc.
Que nós temessemos.
Que vós temesseis.
Que elles ou ellas temessem.

FUTUR.

Si je crains, etc.
Se eu temer.
Se tu temeres.
Se elle ou ella temer.

Si nous craignons, etc.
Se nós temermos.
Se vós temerdes.
Se elles ou ellas temerem.

Troisième conjugaison en ir.

Présent de l'infinitif.
Partir, partager.
Passé de l'infinitif.
Haver partido, avoir partagé.

Participe présent.
Partindo, partageant.
Participe passé.
Partido, partagé.

INDICATIF PRÉSENT.

Je partage, etc.
Eu parto.
Tu partes.
Elle ou ella parte.

Nous partageons, etc.
Nós partimos.
Vós partis.
Elles ou ellas partem.

IMPARFAIT.

Je partageais, etc.
Eu partia.
Tu partias.
Elle ou ella partia.

Nous partagions, etc.
Nós partiamos.
Vós partieis.
Elles ou ellas partiam.

PRÉTÉRIT DÉFINI.

Je partageai, etc.
Eu parti.
Tu partiste.
Elle *ou* ella partio.

Nous partageâmes, etc.
Nós partimos.
Vós partistes.
Elles *ou* ellas partiram.

PLUS-QUE-PARFAIT.

J'avais partagé, etc.
Eu partira.
Tu partiras.
Elle *ou* ella partira.

Nous avions partagé, etc.
Nós partiramos.
Vós partireis.
Elles *ou* ellas partiram.

FUTUR.

Je partagerai, etc.
Eu partirei.
Tu partirás.
Elle *ou* ella partirá.

Nous partagerons, etc.
Nós partiremos.
Vós partireis.
Elles *ou* ellas partirão.

CONDITIONNEL.

Je partagerais, etc.
Eu partiria.
Tu partirias.
Elle *ou* ella partiria.

Nous partagerions, etc.
Nós partiriamos.
Vós partirieis.
Elles *ou* ellas partiriam.

IMPÉRATIF.

Partage.
Parte.

Partagez.
Parti.

SUBJONCTIF PRÉSENT.

Que je partage, etc.
Que eu parta.
Que tu partas.
Que elle *ou* ella parta.

Que nous partagions, etc.
Que nós partamos.
Que vós partais.
Que elles *ou* ellas partam.

IMPARFAIT.

Que je partageasse, etc.
Que eu partisse.
Que tu partisses.
Que elle *ou* ella partisse.

Que nous partageassions, etc.
Que nós partissemos.
Que vós partisseis.
Que elles *ou* ellas partissem.

FUTUR.

Si je partage, etc.	*Si nous partageons*, etc.
Se eu partir.	Se nós partirmos.
Se tu partires.	Se vós partirdes.
Se elle ou ella partir.	Se elles ou ellas partirem.

Avis. Les temps composés des verbes précédents se forment des temps simples des verbes *ter* et *haver*, avoir, et les participes passés de ces verbes.

Rem. Quand un verbe est irrégulier dans la première personne du présent de l'indicatif, il communique cette irrégularité à toutes les personnes du présent du subjonctif. Exemp.: *Medir, mesurer*, fait à la première personne du présent de l'indicatif *meço*, et dans le présent du subjonctif *meça, meças, meça, meçamos, meçais, meçam*.

Quand il est irrégulier dans les secondes personnes du présent de l'indicatif on trouve cette irrégularité à l'impératif. Exemp.: *Fugir, fuir,* fait aux secondes personnes de l'indicatif. *Foge* et *fugis*; et à l'impératif *foge, fugi*.

Quand un verbe est irrégulier dans la troisième personne du pluriel du prétérit de l'indicatif cette irrégularité se trouve dans le plus-que-parfait de l'indicatif et dans l'imparfait et le futur du subjonctif. Exemp.: *Trazer, apporter*, fait à la troisième personne du prétérit défini, *trouxeram*; et au prétérit plus-que-parfait *trouxera, trouxeras, trouxera, trouxeramos, trouxereis, trouxeram*; et à l'imparfait du subjonctif *trouxesse, trouxesses, trouxesse, trouxessemos, trouxesseis, trouxessem*; et au futur *trouxer, trouxeres, trouxer, trouxermos, trouxerdes, trouxerem*. Excepté les verbes *Saber*, savoir. *Querer*, vouloir. *Ser*, estar, être. *Ir*, aller. *Haver*, avoir qui font au présent de l'indicatif, *sei, quero, sou, estou, vou*, et au présent du subjonctif, *saiba, queira, seja, esteja, vá, haja*.

THÈMES.

243.

Voulez-vous prendre une tasse de café? — Je vous remercie, je n'aime pas le café. — Alors vous prendrez un verre de vin? — Je viens d'en boire. — Allons faire un tour de promenade. — Je le veux bien, mais où irons-nous? — Venez avec moi au jardin de ma tante, nous y trouverons une société très agréable. — Je le crois bien; mais c'est à savoir si cette agréable société voudra de moi. — Vous êtes partout le bienvenu. — Qu'avez-vous, mon ami? Comment trouvez-vous ce vin? — Je le trouve excellent; mais j'en ai bu suffisamment. — Buvez encore un coup. — Non, trop est malsain; je connais mon tempérament. — Ne tombez pas. — Qu'avez-vous? — Je ne sais, mais la tête me tourne; je crois que je tombe en défaillance. — Je le crois aussi, car vous avez presque l'air d'un mort. — De quel pays êtes-vous? — Je suis Anglais. — Vous parlez si bien le français, que je vous ai pris pour un Français de nation. — Vous plaisantez. — Pardonnez-moi, je ne plaisante pas du tout. Combien de temps y a-t-il que vous êtes en France? — Il y a quelques jours. — Sérieusement? — Vous en doutez peut-être, parce que je parle français; je le savais avant de venir en France. — Comment l'avez-vous appris si bien? — J'ai fait comme le sansonnet prudent.

Dites-moi pourquoi vous êtes toujours en discorde avec votre femme, et pourquoi vous vous occupez de métiers inutiles? On a tant de peine à obtenir un emploi; vous en avez un bon, et vous le négligez. Ne songez-vous pas à l'avenir? — Maintenant, laissez-moi parler à mon tour. Tout ce que vous venez de dire me paraît raisonnable, mais ce n'est pas ma faute, si j'ai perdu ma réputation; c'est la faute de ma femme : elle a vendu mes plus beaux habits, mes bagues et ma montre en or. Je suis chargé de dettes, et je ne sais que faire. — Je ne veux pas justifier votre femme; mais je sais que vous avez aussi contribué à votre perte. Les femmes sont généralement bonnes, quand on les laisse bonnes.

244.

Dialogue.

Le professeur. Se je vous posais maintenant des questions, comme je vous en ai posé au commencement de nos leçons, telles que : Avez-vous le chapeau qu'a mon frère? ai-je faim? a-t-il l'arbre du jardin de mon frère? etc.; que répondriez-vous?

Les élèves. Nous sommes forcés d'avouer que nous avons trouvé d'abord ces questions tant soit peu ridicules; mais, pleins de confiance en votre méthode, nous y avons répondu aussi bien que la petite provision de mots et de principes que nous avions alors pouvait nous le permettre. En effet, nous n'avons pas tardé à nous apercevoir que ces questions étaient calculées pour nous inculquer les principes et nous exercer à la conversation par les réponses contradictoires que nous étions forcés d'y faire. Mais maintenant que nous savons presque soutenir une conversation dans la belle langue que vous nous enseignez, nous vous répondrions : Il est impossible que nous ayons le même chapeau qu'a votre frère; car deux personnes ne sauraient avoir une seule et même chose. A la seconde question nous répondrions qu'il est impossible que nous sachions si vous avez faim ou non. Quant à la dernière, nous dirions : qu'il y a plus d'un arbre dans un jardin, et quand vous nous demandez s'il a l'arbre du jardin, la phrase ne nous paraît pas logiquement correcte. En tout cas, nous serions des ingrats, si nous laissions échapper une si belle occasion sans vous témoigner la reconnaissance la plus vive des peines que vous avez prises. En arrangeant ces sages combinaisons vous avez réussi à nous inculquer presque imperceptiblement les principes de la langue et à nous exercer sur la conversation. Enseignée de toute autre manière, cette langue présente aux étrangers, et même aux hommes nés dans le pays, des difficultés presque insurmontables.

QUATRE-VINGT-TROISIÈME LEÇON

Lição octogesima terceira.

Il s'en faut d'un quart.	Falta um quarto.
Il s'en faut de la moitié.	Falta a metade.
Combien s'en faut-il?	Quanto falta ?
Il ne s'en faut pas de beaucoup.	Não falta muito.
Il s'en faut de peu de chose.	Falta pouca coisa.
Il s'en faut d'un pouce que je sois aussi grand que vous.	Falta uma polegada para que eu seja tão grande como o senhor.
La moitié.	A metade.
Le tiers.	O terço.
Le quart.	O quarto.
Vous croyez m'avoir tout rendu ; il s'en faut de beaucoup.	O senhor julga ter-me dado tudo ; falta muito.
Le cadet n'est pas si sage que l'aîné, il s'en faut de beaucoup.	O mais moço não é tão tranquillo como o mais velho ; falta-lhe muito.
Il s'en faut de beaucoup que nos commerçants nous donnent l'idée de cette vertu dont nous parlent nos missionnaires : on peut les consulter sur le brigandage des mandarins.	Falta muito para que os nossos commerciantes nos dêem a idea d'esta virtude de que nos fallam os missionarios ; podem consultal-os sobre a rapina dos mandarins.
Il s'en faut de presque rien qu'il ne soit aussi grand que son frère.	Não lhe falta quasi nada para que seja tão grande como seu irmão.
Un discours que rien ne lie et n'embarrasse, marche et coule de soi-même, et il s'en faut de peu qu'il n'aille quelquefois plus vite que la pensée même de l'orateur.	Um discurso livre e não interrompido marcha e corre por si mesmo, e pouco lhe falta para que muitas vezes elle seja mais rapido do que o pensamento do orador.

A tort et à travers.	*Confusamente, sem methodo, inconsideradamente.*
Il parle à tort et à travers comme un fou.	Elle falla d'um modo inconsiderado, como um louco.

En venir aux voies de fait.	Vir ás vias de facto.
Un fait.	Um facto.
C'est un fait.	É um facto.
Ou bien.	*Ou então.*
Se moquer de.	Caçoar de.
Démentir quelqu'un.	Desmentir alguem.
S'il disait cela, je le démentirais.	Se elle dissesse isto, eu o desmentiria.
Ses actions démentent ses paroles.	As suas acções desmentem as suas palavras.
Egratigner.	*Arranhar.*

En être quitte pour.	*Ficar quite com, estar em paz.*
Je suis tombé du haut de l'arbre en bas, mais je ne me suis pas fait beaucoup de mal.	Caí do cume da arvore abaixo, mas não me fiz muito mal.
J'en ai été quitte pour une égratignure.	Com uma arranhadura fiquei em paz.
Le voleur a été pris, mais il en sera quitte pour quelques mois de prison.	Foi preso o ladrão, mas ficará livre depois de alguns mezes de prisão.

A force de.	*A força de.*
A force de travail.	A força de trabalho.
A force de pleurer.	A força de chorar.
A force de pleurer, vous perdrez les yeux.	A força de chorar, perderá os olhos.
J'obtins de lui cette faveur à force de prières.	Obtive d'elle este favor a força de pedidos.

A cela près.	*Fóra isto.*
A ce défaut près, c'est un bon homme.	Fóra este defeito é um bom homem.

A l'envi (l'un de l'autre).	A porfia.
Ces hommes travaillent à l'envi (l'un de l'autre).	Estes homens trabalham á porfia.

Propre.	Limpo, a.
Du linge propre ou blanc.	Roupa limpa ou branca.
D'autant plus que.	Tanto mais que.
D'autant moins que.	Tanto menos que.
Je suis d'autant plus mécontent de sa conduite, qu'il m'a beaucoup d'obligations.	Estou tanto mais descontente com a sua conducta que deve-me muitas obrigações.
Je suis d'autant moins satisfait de sa conduite, que j'avais plus de droits à son amitié.	Estou tanto menos satisfeito da sua conducta, que tinha mais direitos a sua estima.

Je voudrais que.	*Eu quizera que.*
Je voudrais que cette maison fût à moi.	Quizera que esta casa fosse minha.

Rêver.	Sonhar, pensar.
J'ai rêvé longtemps à cette affaire.	Pensei muito tempo n'este negocio.

Etre nu, nue.	*Estar descoberto, a* ou *nú, a*
Avoir la tête nue.	Ter a cabeça descoberta.
Avoir les pieds nus.	Ter os pés descalços.
Être nu-pieds.	Estar descalço.
Être nu-tête.	Estar com a cabeça descoberta.
Aller à poil.	Ir em pello ou nú.

Manquer de ou *penser.*	*Pensar, escapar de.*
J'ai manqué de perdre mon argent.	Pensei perder o meu dinheiro.
J'ai pensé perdre mon argent.	
Je pensai perdre la vie.	Pensei perder a vida.
Nous avons manqué de nous couper les doigts.	Pensámos cortar os dedos.
Il a manqué de tomber.	Pensou cair.
Il a manqué d'être tué.	Escapou de ser morto.
Il a pensé être tué.	Pensou ser morto.
Peu s'en est fallu qu'il n'ait été tué	Pouco faltou para ser morto.
Il a pensé mourir.	Pensou que morria.

A vos trousses.	Ao seu alcance.
L'ennemi est à nos trousses.	O inimigo está ao seu alcance.

Tomber.	Cair.
La foudre est tombée.	O raio caio.
La foudre tomba sur le vaisseau.	O raio caio sobre o navio.
Mon frère étant en pleine mer, il survint une grande tempête ; la foudre tomba sur le vaisseau qu'elle mit en feu, et tout l'équipage se jeta dans la mer pour se sauver à la nage.	Estando o meu irmão em pleno mar, sobreveio uma tempestade ; o raio caio sobre o navio, incendiou-o, e toda a equipagem lançou-se ao mar para salvar-se a nado.

Il fut saisi de frayeur, voyant que le feu gagnait de tous les côtés.	Apoderou-se d'elle o medo vendo que o fogo se estendia por todos os lados.
Il ne savait quel parti prendre.	Não sabia que resolução tomar.
Il ne balança plus.	Não duvidou.
Je n'ai pas encore eu de ses nouvelles.	Não tive ainda noticias suas.
Un ange.	Um anjo.
Un chef-d'œuvre.	Uma obra prima.
Des chefs-d'œuvre.	Obras primas.

Sa physionomie.	A sua physionomia.
Sa taille.	A sua estatura.
L'expression.	A expressão.
L'aspect.	O aspecto.
Le contentement.	O contentamento.
Le respect.	O respeito.
L'admiration.	A admiração.
Les grâces.	As graças.
A ravir.	As mil maravilhas.
Engageant.	Admiravel. Atractivo.
Svelte.	Esvelto.
Supérieurement bien.	Perfeitamente bem.
Son aspect inspire du respect et de l'admiration.	O seu aspecto inspira respeito e admiração.

THÈME.

245.

Voulez-vous manger avec moi? — Bien obligé; un de mes amis m'a invité à dîner; il a fait préparer mon mets favori. — Quel mets est-ce? — C'est du laitage. — Pour moi, je n'aime pas le laitage; il n'y a rien de tel qu'un bon morceau de bœuf ou de veau rôti. — Qu'est devenu votre frère cadet? — Il a fait naufrage en allant en Amérique. — Racontez-moi donc cela. — Très volontiers. Comme on était en pleine mer, il survint une grande tempête. La foudre tomba sur le vaisseau et le mit en feu. L'équipage se jeta dans la mer, pour se sauver à la nage. Mon frère ne savait quel parti prendre, n'ayant jamais appris à nager. Il avait beau rêver; il ne trouvait aucun moyen de sauver sa vie. Il fut saisi de frayeur, voyant que le feu gagnait de tous côtés. Il ne balança plus et se jeta dans la mer. — Eh bien, qu'est-il devenu? — Je n'en sais rien, n'ayant pas encore eu de ses nouvelles. — Mais qui vous a dit tout cela? — Mon neveu qui était présent et qui s'est sauvé. — A propos de votre neveu, où est-il actuellement? — Il est en Italie. — Y a-t-il longtemps que vous n'avez eu de ses nouvelles? — J'ai reçu une lettre de lui aujourd'hui. — Que vous écrit-il? — Il m'écrit qu'il épouse une demoiselle qui lui apporte cent mille écus. — Est-elle belle? — Belle comme un ange; c'est un chef-d'œuvre de la nature. Sa physionomie est douce et pleine d'expression; ses yeux sont les plus beaux du monde et sa bouche est mignonne. Elle n'est ni trop grande ni trop petite: sa taille est svelte; toutes ses actions sont pleines de grâce et ses manières fort engageantes. Son aspect inspire du respect et de l'admiration. Elle a aussi beaucoup d'esprit; elle parle plusieurs langues, danse supérieurement bien, et chante à ravir. Mon neveu ne lui trouve qu'un défaut. — Et quel est ce défaut? — Elle a des prétentions. — Il n'y a rien de parfait en ce monde. — Que vous êtes heureux! vous êtes riche, vous avez une bonne femme, de jolis enfants, une belle maison et tout ce que vous désirez. — Pas tout, mon ami. — Que désirez-vous encore? — Le contentement; car vous savez que celui-là seul est heureux qui est content.

QUATRE-VINGT-QUATRIÈME LEÇON

Lição octogesima quarta.

Démêler.	*Desembaraçar, desenredar, penetrar.*
Démêler les cheveux.	Desenredar os cabellos.
Démêler des difficultés.	Desembaraçar-se das difficuldades.
Je n'ai pas pu démêler le sens de cette phrase.	Não pude penetrar o sentido d'esta phrase.
Un démêlé.	Uma questão embaraçante.
Avoir des démêlés avec quelqu'un.	Ter embaraços com alguem.

Se garder de.	*Guardar-se.*
Je me garderai bien de le faire.	Guardar-me-hei de fazel-o.
Gardez-vous bien de prêter votre argent à cet homme.	Evite emprestar o seu dinheiro a este homem.
Il se garde bien de répondre à la question que je lui ai faite.	Evita responder á questão que lhe fiz.
Faire une question.	Fazer uma questão.
Si vous vous avisez de le faire, je vous punirai.	Se se lembrar de fazel-o, eu castigal-o-hei.

Seoir.	*Assentar.*
Cela me sied-il?	Assenta-me bem isto?
Cela ne vous sied pas.	Isto não lhe assenta bem.
Il ne vous sied pas de faire cela.	Não lhe assenta fazer isto.
Cela vous sied à merveille.	Isto assenta-lhe ás mil maravilhas.
Sa coiffure lui seyait mal.	O seu penteado ia-lhe mal.
Il vous sied bien de me le reprocher.	Assenta-lhe bem lancar-m'o em rosto.

S'ensuivre.	*Seguir-se.*
Il s'ensuit que vous ne devriez pas faire cela.	Segue-se que não devia fazer isto.
Comment se fait-il que vous soyez venu si tard?	Como é que veio tão tarde?
Je ne sais pas comment cela se fait.	Não sei como é.
Comment se faisait-il qu'il n'eût pas son fusil?	Como era que elle não tinha a sua espingarda.
Je ne sais pas comment cela se faisait.	Não sei como era.

Jeûner.	*Jejuar.*
Être à jeun.	Estar em jejum.
Avertir quelqu'un de quelque chose.	Advertir alguem de alguma cousa.
Avertissez cet homme du retour de son frère.	Advirta a este homem da volta de seu irmão.

Eclaircir.	*Esclarecer, aclarar.*
Le temps s'éclaircit.	O tempo se aclara.

Rafraîchir.	*Refrescar.*
Rafraîchissez-vous et revenez tout de suite.	Refresque-se e venha immediatamente.
Blanchir.	Lavar (pintar).
Noircir.	Sujar.
Pâlir.	Empallidecer.
Vieillir.	Envelhecer.
Rajeunir.	Remoçar.
Rougir.	Corar.

Egayer.	*Divertir.*
S'égayer.	*Divertir-se.*
Il s'égaie à mes dépens.	Diverte-se á minha custa.

Feindre.	*Fingir, dissimular.*
Je feins, tu feins, il feint.	Eu finjo, tu finges, elle finge.
Il possède l'art de feindre.	Possue a arte de fingir.

Traîner les choses en longueur.	*Demorar as cousas.*
Je n'aime pas à faire des affaires avec cet homme, parce qu'il traîne toujours les choses en longueur.	Não gosto de fazer negocios com este homem, porque elle os demora.

Une preuve.	Uma prova.
C'est une preuve.	E'uma prova.
S'égarer.	*Perder-se.*
A travers le ou, *au travers de.*	*A travès de.*
Le boulet a passé à travers la muraille.	A balla atravessou a muralha.
Je lui ai passé mon épée au travers du corps.	Atravessei-lhe o corpo com a minha espada.

THÈMES.

246.

L'empereur Charles-Quint, étant un jour à la chasse, se perdit dans la forêt, et étant arrivé à une maison, il y entra pour se rafraîchir. Il s'y trouvait quatre hommes qui faisaient semblant de dormir. L'un d'eux se leva, et s'approchant de l'empereur, il lui dit qu'il avait rêvé qu'il lui prendrait sa montre, et il la prit. Ensuite un autre se leva et lui dit qu'il avait rêvé que son surtout l'accommoderait à ravir, et il le prit. Le troisième lui prit sa bourse. Enfin, le quatrième s'avance et lui dit : « J'espère que vous ne vous fâcherez pas si je vous fouille, » et en le faisant il aperçut au cou de l'empereur une chaîne d'or, à laquelle était attaché un sifflet qu'il voulut lui voler. Mais l'empereur lui dit : « Mon ami, avant de me priver de ce bijou, il faut que je vous en apprenne la vertu. » En disant cela, il siffla. Ses gens qui le cherchaient accoururent vers la maison et furent frappés d'étonnement de voir Sa Majesté dans un pareil état. Mais l'empereur, se voyant hors de danger, dit : « Voici des hommes qui ont rêvé tout ce qu'ils voulaient. Je veux à mon tour rêver aussi, et après avoir rêvé quelques instants, dit : « J'ai rêvé que tous les quatre vous méritiez d'être pendus. » Ce qui fut aussitôt dit qu'exécuté devant la maison.

Un roi faisant un jour son entrée dans une ville à deux heures de l'après-midi, le sénat lui envoya des députés pour le complimenter. Celui qui devait porter la parole commença ainsi : « Alexandre le Grand, le Grand Alexandre... » et demeura court. Le roi, qui avait grand'faim, dit : « Hé, mon ami, Alexandre le Grand avait dîné, et moi je suis encore à jeun. » Ayant dit cela, il continua son chemin vers l'hôtel de ville, où on avait préparé pour lui un dîner magnifique.

247.

Un bon vieillard étant fort malade, fit appeler son épouse qui était encore fort jeune et lui dit : « Ma chère, vous voyez que ma dernière heure s'approche, et que je suis forcé (*obrigado*) de vous quitter. C'est pourquoi, si vous voulez que je meure en paix, il faut que vous me fassiez une grâce. Vous êtes encore jeune, et sans doute vous vous remarierez, je le sais; mais je vous prie de ne pas prendre M. Louis; car j'avoue que j'ai toujours été très jaloux de lui et que je le suis encore. Je mourrais donc désespéré si vous ne me promettiez pas cela. » La femme répondit : « Mon cœur, je vous supplie, que cela ne vous empêche pas de mourir en paix; car je vous assure que quand même je voudrais l'épouser je ne le pourrais pas, étant déjà promise à un autre. »

Frédéric le Grand était dans l'habitude, toutes les fois qu'un soldat entrait dans sa garde, de lui faire trois questions, savoir : « Quel âge avez-vous ? — Combien de temps y a-t-il que vous êtes à mon service ? — Êtes-vous content de votre paie et de votre traitement ? » Il arriva qu'un jeune soldat, né en France, qui avait servi dans son pays, désira entrer au service de la Prusse. Sa mine le fit accepter sur-le-champ; mais il ignorait complètement la langue allemande, et son capitaine, après l'avoir averti que le roi le questionnerait dans cette langue la première fois qu'il le verrait, lui conseilla en même temps d'apprendre par cœur les trois réponses qu'il devait faire. En conséquence, il les apprit le jour suivant; et sitôt qu'il parut dans les rangs, Frédéric s'avança pour l'interroger; mais le hasard voulut que cette fois il commençât par la seconde question, et lui demandât : « Combien y a-t-il de temps que vous êtes à mon service ? — Vingt et un ans » répondit le soldat. Le roi, frappé de sa jeunesse, qui marquait clairement qu'il n'y avait pas si longtemps qu'il portait le mousquet, lui dit tout étonné : « Quel âge avez-vous ? — Un an, n'en déplaise à Votre Majesté. » Frédéric, encore plus étonné, s'écria : « Vous ou moi, nous devons certainement avoir perdu l'esprit. » Le soldat, qui prit cela pour la troisième question, répondit avec aplomb : « L'un et l'autre, n'en déplaise à Votre Majesté. »

QUATRE-VINGT-CINQUIÈME LEÇON

Lição octogesima quinta.

Doubler.	Dobrar.
Le double.	O dobro.
Votre part (*fem.*).	Vossa parte (*fem.*).
Ce marchand surfait du double.	Este negociante ganha o dobro.
Il faut que vous marchandiez avec lui; il vous rabattra la moitié.	E' necessario que o Snr discute o preço com elle; elle haverá de abater a metade.
Vous avez doublé part.	O senhor tem o dobro.
Vous avez triplé part.	O senhor tem uma parte triple.

Renouveler.	Renovar.
Étourdir, étonner, épouvanter.	Aturdir.
Étourdi-e	Aturdido-a.
Franc — Franche.	Franco-a.
Tout ce bruit m'étourdit énormément.	Todo este barulho que estão fazendo me aturde consideravelmente.
De telles prétentions m'épouvantèrent.	Fiquei aturdido ao ouvir semelhantes pretenções.
Il m'épouvanta avec le récit de tant de mauvaises actions.	Aturdió-me com a narração de tantas façanhas.
Serrer la main à quelqu'un.	Dar a mão a alguem.
Je lui dis que oui.	Eu digo-lhe que sim.
Je lui dis que non.	Digo-lhe que não.
Serrer.	Cerrar, guardar.
Serrez votre argent.	Guarde o seu dinheiro.
Aussitôt que j'ai lu mon livre, je le serre.	Guardo o meu livro, logo que acabo de lêl-o.
Je ne me soucie pas beaucoup d'aller à la comédie ce soir.	Não tenho muito interesse em ir á comedia esta noite.
Se rassasier.	Saciar-se.
Il y a une heure que je mange, et je ne puis me rassasier. Je mange depuis une heure et je ne peux pas me rassasier.	Ha uma hora que como e não posso saciar-me.

QUATRE-VINGT-CINQUIÈME LEÇON

Être rassasié.	*Estar sastisfeito, farto.*
Se désaltérer.	*Apagar, matar a sede.*
Il y a une demi-heure que je bois, mais je ne puis me désaltérer.	Ha uma hora e meia que bebo, mas não posso apagar a sede.
Être désaltéré.	*Não ter mais sede, estar desalterado.*
Être altéré.	*Estar alterado, ter sede.*
C'est un homme altéré de sang.	E' um homem que tem sede de sangue.
De part et d'autre.	De uma parte e d'outra
De toutes parts.	De todas as partes.
Bonjour.	Bons dias.
Bonsoir.	Boas tardes.
Bonsoir, ma mère.	Boas tardes (ou boas noites), minha mãe.
Au revoir.	Até á vista.
J'ai l'honneur de vous souhaiter le bonjour, monsieur, madame.	Tenho a honra de dar-lhe os bons dias, senhor, senhora.
Comment se porte madame (monsieur, mademoiselle)?	Como está a senhora (o senhor, a senhora)?
Comment avez-vous dormi?	Como dormio o senhor?
Avez-vous bien dormi?	Dormio bem o senhor?
Comment avez-vous passé la nuit?	Como passou a noite?
Bien sensible à votre attention, un peu mieux qu'hier.	Agradeço-lhe muito a attenção, um pouco melhor do que hontem.
J'ai bien dormi, grâce à Dieu.	Dormi bem, graças a Deus.
Assez bien, très bien, fort bien.	Bastante bem, muito bem.
Présentez mes civilités (mes humbles respects) à Monsieur Madame, Mademoiselle, Messieurs, etc.	Apresente as minhas civilidades (os meus humildes respeitos) ao senhor, senhora ou senhores, etc.
Assurez-le (la, les) de mes respects, de mon estime, de ma haute considération, de mon amitié.	Assegure-lhe dos meus respeitos, estima, da minha alta consideração, da minha amizade.

Donnez-vous la peine d'entrer.	Queira entrar.
Passez, Monsieur, je suis chez moi.	Entre, senhor, eu estou em minha casa.
Vous le voulez?	O senhor o deseja?
Pardon si je vous dérange.	Perdão se o incommodo.
Nullement, je suis à vos ordres.	De nenhum modo, estou ás suas ordens.
En quoi puis-je vous être utile?	Em que lhe posso ser util?
Je viens vous demander votre protection.	Venho pedir-lhe a sua protecção.
Je souhaite qu'elle puisse vous être utile.	Desejo que ella possa ser-lhe util.
Vous m'obligerez infiniment.	Agradecer-lhe-hei infinito.
Comptez sur ma vive reconnaissance.	Conte com o meu vivo reconhecimento.
Disposez de moi en toute occasion.	Disponha de mim em todas as occasiões.
Vous êtes bien bon.	O senhor é bem bom.
Vous me faites honneur.	O senhor faz-me honra.
Je n'ai rien à vous refuser.	Não tenho nada que recusar-lhe.
Je m'en charge avec plaisir.	Encarrego-me com prazer.
C'est un effet de votre bonté.	E um effeito da sua bondade.
Mille remerciements.	Muito obrigado.
Je vous en aurai des obligations infinies.	Agradecer-lhe-hei infinito.
Vous avez bien de la bonté.	O senhor tem muita bondade.
Vous me flattez beaucoup.	O senhor lisonjeia-me muito.
Vos procédés sont très honnêtes.	Os seus procederes são mui honestos.
Je ne saurais assez vous en remercier.	Não saberei como agradecer-lhe.

Permettez, Madame, que je vous présente M. de G. comme ancien ami de notre famille.	Permitta-me, senhora, que lhe apresente o senhor de G. como antigo amigo de nossa família.
Je suis charmée, Monsieur, de faire votre connaissance.	Tenho muito prazer, meu senhor, em conhecel-o.
Je ferai tout ce qui sera en mon pouvoir, pour me rendre digne de vos bonnes grâces.	Farei o que puder para granger-me o seu apreço.
Mesdames, permettez que je vous présente M. de B. dont le frère a rendu de si éminents services à votre cousin.	Senhoras, permetti-me que vos apresente o Sr de B. cujo irmão prestou tantos serviços ao vosso primo.

Ah! Monsieur, que nous sommes enchantées de vous recevoir chez nous!	Ah! senhor, quanto gosto temos em vel-o voltar a nossa casa!
C'est le privilège des grands hommes de vaincre l'envie; le mérite la fait naître, le mérite la fait mourir.	E'o privilegio dos grandes homens de vencer a inveja; o merito fal-a nascer, o merito fal-a morrer.

IDIOTISMES DÉPENDANT DE L'USAGE

Elle a de la grâce dans tout ce qu'elle fait.	Tem graça em tudo o que faz.
Voilà des tableaux d'une grande beauté.	Eis alli quadros d'uma grande belleza.
L'intérêt de l'Allemagne était opposé à celui de la Russie.	O interesse da Alemanha era opposto ao da Russia.
Courage, soldats, la victoire est à nous.	Coragem, soldados, a victoria é nossa.
Dormir la grasse matinée.	Levantar-se tarde.
Être à deux doigts de sa perte.	Estar quasi arruinado.
Jeter de la poudre aux yeux.	Deslumbrar, cegar.
Jeter feu et flamme.	Deitar chispas, encolerizar.
Partager le gâteau.	Dividir o bôlo.
Passer quelqu'un au fil de l'épée.	Passar alguem a fio de espada.
Trouver son maître.	Encontrar o seu mestre.

Quel quantième du mois avons-nous?	Quantos são do mez.
Tous les biens nous viennent de Dieu.	Todos os bens vem-nos de Deus.
Est-ce là votre opinion? — Ne doutez point que ce ne la soit.	E' essa a sua opinião? — Fique certo que é.
Sont-ce là vos domestiques? — Oui, ce les sont.	São estes os seus criados? — Sim, são estes.
Madame, êtes-vous la mère de cet enfant? — Oui, je la suis.	A senhora é a mãe d'esta criança? — Sim, sou.
Mesdames, êtes-vous les étrangères qu'on m'a annoncées? — Oui, nous les sommes.	São as senhoras as estrangeiras que me annunciaram? — Sim, somos.

Mesdames, êtes-vous contentes de cette musique. — Oui, nous le sommes.	Estão as senhoras contentes d'esta musica? — Sim estamos.
Madame êtes-vous vous mère? — Oui je le suis.	E' a senhora mãe? — Sim sou.
Madame, êtes-vous malade? oui, je le suis.	Está a senhora doente? — Sim estou.
Madame, depuis quel temps êtes-vous mariée? — Je le suis depuis un an.	Desde quando está a senhora casada? — Fáz um anno.
Y a-t-il longtemps que vous êtes arrivée? — Je le suis depuis quinze jours.	Fáz muito tempo que o senhor chegou? — Fáz quinze dias.
Cette femme a l'art de répandre des larmes dans le temps même qu'elle est le moins affligée.	Ainda-que esta mulher mostre mais firmeza do que as outras não é por isso menos afflicta.
Quoique cette femme montre plus de fermeté que les autres, elle n'est pas pour cela la moins affligée.	Esta mulher possue a arte de chorar, mesmo quando ella está o menos afflicta.
Cette femme s'est proposée pour modèle à ses enfants.	Esta mulher propoz-se por modelo a seus filhos.
Cette ruse ne lui a pas réussi.	Esta astucia não lhe valeo de nada.
Avoir le cœur sur les lèvres.	Ser franco, dizer as cousas com franqueza.
Avoir des affaires par-dessus les yeux.	Estar cheio de negocios.
Avoir la tête près du bonnet.	Tomar as cousas ao serio.
La sécheresse qu'il y a eu au printemps a fait périr tous les fruits.	A secca que fez na primavera perdeo todos os fructos.
Aller aux voix.	Ir á votação.
Il y va de la vie.	Vái da vida.
Il y va de mon honneur.	Vái da minha honra.
Cela va sans dire.	Suppõe-se.
Aller pas à pas.	Ir passo a passo.
Aller à bride abattue.	Ir a redea solta.
Irez-vous ce soir à l'opéra? — Oui, j'irai.	Irá o senhor esta noite a opera? — Sim, irei.
Iriez-vous avec plaisir à Rome? — Oui, j'irais.	Iria o senhor com prazer á Roma? — Sim, iria.
Se donner du bon temps.	Dar-se boa vida.

Donner sur l'ennemi.	Atacar o inimigo.
Le soleil me donne dans la vue.	O sol dá-me na vista.
Ne savoir où donner de la tête.	Não saber que caminho tomar.
Donner carte blanche.	Dar carta branca.
Donner à pleines mains.	Dar a mãos cheias.
Lucrèce s'est donné la mort.	A Lucrecia deo-se a morte.
Faites-vous des principes dont vous ne vous écartiez jamais.	Tenha principios dos quaes não se afaste nunca.
Faire grâce à quelqu'un.	Fazer graça a alguem.
Faire bien ses affaires.	Fazer bem os seus negocios.
Faire des armes.	Fazer as armas, jogar do florete.
Faire la sourde oreille.	Fazer-se surdo.
Faire quelque chose sous main.	Fazer alguma cousa ás escondidas.
Jouer à quitte ou double.	Jogar á desforra.
Jouer une pièce de théâtre.	Representar uma peça de theatro.
Jouer de son reste.	Jogar o resto.
Je n'en disconviens pas.	Não deijo de convir.
Je ne puis en venir à bout.	Não posso vir ao fim.
En venir aux mains.	Vir ás mãos.
C'est la mer à boire.	E' o mare magnum.
Couper la parole à quelqu'un.	Cortar a palavra a alguem, interrompel-o.
Mettre de l'eau dans son vin.	Ser mais serio.
Mettre une armée sur pied.	Pôr um exercito em pé.
Ce vin porte à la tête.	Este vinho sobe a cabeça.
Ne savoir sur quel pied danser.	Não saber como arranjar-se.
Complètement.	Dos pés até a cabeça.
Mépriser quelqu'un.	Dar de pés a alguem.
Nier avec opiniâtreté une mauvaise action.	Negar aos pés juntos.
Mettre le couteau à la gorge.	Pôr o pé no pescoço.
Parler, prononcer bien une langue.	Cortar bem uma lingua.
Ne pas tenir parole.	Faltar a palavra.
Tenir sa parole.	Cumprir a palavra.
Ne pas accomplir la promesse faite.	Cair a palavra no chão.
Tromper avec de vaines promesses.	Dar palavras.
Recevoir de quelqu'un l'assurance que la chose promise sera faite.	Tomar a palavra a alguem.

Jouer sur les mots, faire équivoque.	Jogar das palavras.
Se mêler d'une affaire.	Pôr pé em algum negocio.
S'obstiner.	Arrimar os pés á parede.
Être inférieur à quelqu'un, par le talent, les capacités, etc.	Não dar pelos pés a alguem.
Avoir une chance inespérée.	Ver a Deos pelos pés.
Sortir d'un mauvais pas.	Cair em pé.
Implorer la pitié, le pardon de quelqu'un.	Lançar-se, deitar-se aos pés de alguem.
Commencer une affaire sous d'heureux auspices.	Entrar com o pé direito.
Sortir du sujet.	Remendar d'outro panno.
Être en mauvais termes avec quelqu'un.	Estar mal com alguem.
Ne prendre aucun parti à une chose, ou n'exercer aucune influence sur elle.	Ficar de fóra.
Être persévérant, ne pas changer d'avis.	Ferrar-se á sua opinião.
Marchander des grâces, des faveurs, des honneurs.	Regatear mercês, favores, honras.
Obtenir quelque chose.	Haver á mão alguma cousa.
Avoir une affaire avec quelqu'un.	Havel-o com alguem.
Être sûr de quelque chose, en être satisfait.	Ter-se a alguma cousa.
Résister à quelqu'un.	Ter-se com alguem.
Désirer faire du mal à quelqu'un, ou s'en venger.	Ter sêde a alguem.
La prospérité le rend orgueilleux.	Altera-se com a prosperidade.
Ne pas respecter une personne.	Não guardar a uma pessoa nenhum respeito.
Être facile ou difficile d'obtenir une chose.	Ser bom ou máu de chegar a uma cousa.
Implorer la protection de quelqu'un.	Chegar-se a alguem.
Chercher son intérêt plutôt que celui d'un autre.	Chegar a brasa a sua sardinha.

Rem. Comme en français, il existe en portugais un nombre de phrases proverbiales; nous allons en donner quelques exemples:

A force de forger, on devient forgeron.	Errando se aprende; a pratica faz o mestre.
Aux grands maux les grands remèdes.	A grandes males grandes remedios.
Beau parler n'écorche pas la langue.	Por fallar como se deve não se perde nada.
Bonne renommée vaut mieux que ceinture dorée.	Cria fama e deita-te a dormir.
L'habit ne fait pas le moine.	O habito não faz o monge.
Ce qui est différé n'est pas perdu.	Não ha prazo que não se cumpra.
Charité bien ordonnée commence par soi-même.	A caridade bem entendida começa por si mesmo.
Chien qui aboie ne mord pas.	Cão que ladra não morde.
Faire d'une pierre deux coups.	Matar dous passaros d'uma pedrada.
Il faut battre le fer tant qu'il est chaud.	A ferro quenta bater de repente.
Il n'est sauce que d'appétit.	A boa fome não dá pão duro.
Il n'est pire eau que l'eau qui dort.	Da agua mansa livre-me Deos que da brava me livrarei eu.
Mieux vaut tard que jamais.	Mais vale tarde do que nunca.
La fin couronne l'œuvre.	O fim corôa a obra.
Bien mal acquis ne profite jamais.	Bens mal adqueridos a ninguem enriquecem.
Le sage entend à demi-mot.	A bom entendedor meia palavra basta.
Les bons comptes font les bons amis.	As boas contas fazem bons amigos.
L'occasion fait le larron.	A occasião faz o ladrão.
Nul bien sans peine.	Não ha atalho sem trabalho.
Hors de vue, hors de souvenir.	Agóra que te vejo, lembro-me.
On oublie bientôt les absents.	Ausencias causão olvido.
Ce qui vient par la flûte s'en retourne par le tambour.	O dinheiro do sacristão cantando vem, e cantando váe-se.
Qui trop embrasse mal étreint.	Quem muito abarca pouco aperta.
Une hirondelle ne fait pas le printemps.	Uma andorinha não faz verão.
A quelque chose malheur est bon.	Não ha mal que por bem não venha.
Dire et faire sont deux.	Do dito ao feito vai grande trecho.
Le moineau pris vaut mieux que l'oie qui vole.	Mais vale um passaro na mão do que dous a fugir.
Qui ne sait accueillir la fortune	Quem bem na mão tem e o deixa

quand elle vient, ne doit pas se plaindre quand elle s'en va.	escapar por mal que lhe venha não se queixe.
Qui prête à l'ami s'en fait un ennemi.	D'um amigo a quem se empresta um inimigo se faz.
Qui se ressemble s'assemble.	Cada ovelha com a sua ovelha.
Il fait bon pêcher en eau trouble.	E' preciso ser bom pescador para pescar em agua turva.
Paris n'a pas été fait dans un jour.	Roma não se fez em um dia.
Point d'argent, point de Suisse.	Sem dinheiro nada se faz.
Promettre et tenir sont deux.	Prometter não é dar.
Qui fera bien, bien trouvera.	Faz bem e não olha a quem.
Qui ne hasarde rien n'a rien.	Quem nada aventura nada perde e nada ganha.
Qui se fait brebis, le loup le mange.	A quem se faz mel as moscas comem.
Tout ce qui brille n'est pas or.	Tudo o que brilha não é ouro.
Toute vérité n'est pas bonne à dire.	Nem toda a verdade é boa a dizer.
Un honnête homme n'a que sa parole.	Um homem honrado não tem senão uma palavra.
Un malheur ne vient jamais seul.	Uma desgraça não vem jamais só.
Un tiens vaut mieux que deux tu l'auras.	Um tens vale mais do que dous te darei.

C'est le plus beau pays de l'Europe.	E' o mais bello paiz da Europa.
Candie est une des îles les plus agréables de la Méditerranée.	Candia é uma das ilhas mais agradaveis do Mediterraneo.

Il vit dans sa retraite en vrai philosophe.	Vive no seu retiro como verdadeiro philosopho.
Vous vivrez en roi.	O senhor vive como um rei.
Il agit en furieux.	Obra como um louco.
Se conduire en étourdi.	Portar-se como um aturdido.

Qui frappe en maître où je suis.	Quem se faz mestre onde eu estou.

THÈMES.

248.

Un homme avait deux fils : l'un aimait à dormir la grasse matinée, et l'autre était très laborieux, et se levait toujours de très bonne heure. Celui-ci étant un jour sorti de grand matin, trouva une bourse remplie d'argent. Il courut à son frère lui faire part de sa bonne fortune, et lui dit : « Voyez-vous, Louis, ce qu'on gagne à se lever de bonne heure ! — Ma foi, répondit son frère, si celui à qui elle appartient ne s'était pas levé de meilleure heure que moi, il ne l'aurait pas perdue. »

On demandait à un jeune fainéant ce qui le faisait rester au lit si longtemps. « Je suis occupé, dit-il, à tenir conseil tous les matins. Le travail me conseille de me lever, la paresse de rester couché; et ils me donnent ainsi vingt raisons pour et contre. C'est à moi d'entendre ce qu'on dit des deux parts; et à peine la cause en est-elle entendue que le dîner est prêt. »

On raconte un beau trait d'une grande dame. Interrogée où était son époux qui s'était caché, pour avoir trempé dans une conspiration, elle répondit courageusement qu'elle l'avait caché. Cet aveu l'ayant amenée devant le roi, ce prince lui dit qu'elle ne pouvait échapper à la torture qu'en découvrant la retraite de son époux. « Et cela suffira-t-il ? » dit la dame. « Oui, dit le roi, je vous en donne ma parole. — Eh bien, dit-elle, je l'ai caché dans mon cœur où vous le trouverez. » Cette réponse admirable charma ses ennemis.

249.

Cornélie, l'illustre mère des Gracques, après la mort de son époux, qui lui laissa douze enfants, se voua au soin de sa famille avec une sagesse et une prudence qui lui acquirent l'estime universelle. Trois seulement d'entre les douze parvinrent à l'âge mûr; une fille, Sempronie, qu'elle maria au second Scipion l'Africain, et deux fils, Tibérius et Caïus, qu'elle éleva avec un soin particulier; et bien qu'on sût généralement qu'ils étaient nés avec les plus heureuses dispositions, on jugeait qu'ils étaient encore plus redevables à l'éducation qu'à la nature. La réponse qu'elle fit à une dame de Campanie à ce sujet est très fameuse, et renferme de grandes instructions pour les dames et pour les mères.

Cette dame, qui était très riche, et passionnée pour le faste et l'éclat, avait étalé ses diamants, ses perles et ses joyaux les plus précieux, et elle engageait sérieusement Cornélie à lui faire voir aussi ses joyaux. Cornélie changea adroitement la conversation, pour attendre le retour de ses fils qui étaient allés aux écoles publiques. Comme ils rentraient et arrivaient dans l'appartement de leur mère, elle dit à la dame de Campanie en les lui montrant : « Voici mes joyaux et la seule parure que je prise. » Et une telle parure, qui est la force et le soutien de la société, ajoute un plus grand lustre à la beauté que tous les joyaux de l'Orient.

QUATRE-VINGT-SIXIÈME LEÇON

Lição octogesima sexta.

DE LA CONSTRUCTION.

En portugais, comme en français et dans les autres langues qui n'ont point de cas, c'est-à-dire où le rôle du nom dans la phrase n'est pas indiqué par une terminaison qui varie, les mots se succèdent généralement dans l'ordre suivant lequel ils viennent se modifier l'un l'autre. Ainsi après le sujet se place le verbe, puis le régime direct, et enfin le régime indirect, et à chacun de ces quatre termes se rattachent les mots divers destinés à le modifier. Le principe de la construction est donc le même dans les deux langues.

1. *De l'Article.* — L'article s'accorde en genre et en nombre avec les substantifs auxquels il se rapporte. Il s'emploie avec tous les mots, phrases ou oraisons pris dans le sens déterminé ; s'il y a un adjectif, ou un adverbe devant le substantif, l'article précède ceux-ci.

2. *Des adjectifs.* — Les mots *um dos, uma das, un des, une des* exigent le verbe au pluriel s'il s'accorde avec le mot auquel se rapporte *dos* ou *das*, et il reste au singulier s'il s'accorde avec les adjectifs *um* et *uma*. Exemp. : Paris é uma das cidades que são consideradas como bellas.

Un ou plusieurs adjectifs peuvent avoir un ou plusieurs compléments communs ; mais, s'ils exigent des propositions différentes on ne peut employer le complément commun.

On place l'adjectif avant ou après le substantif. On le place avant quand les qualificatifs expriment des qualités essentielles ou très connues.

Exemp. : *O piedoso Eneas,* le pieux Enée.

On le place après quand les qualificatifs sont employés pour distinguer des choses semblables.

Il y a des adjectifs qui changent de signification quand ils sont avant ou après le subtantif qu'ils modifient.

Exemp. :

Certa coisa,	certaine chose
Coisa certa,	chose certaine
Pobre homem,	pauvre homme
Homem pobre,	homme pauvre

GRAM. PORTUG.

3. *Des pronoms.* — Le relatif *cujo, cuja, cujos, cujas,* dont le, la, etc. s'accorde en genre et en nombre avec le substantif auquel il est joint, et ne s'accorde pas avec le substantif auquel il se rapporte; sa signification est *de que, de quem, do qual, dos quas, da qual, das quas* qui signifient en français *dont.*

Exemp.: N'esta real academia, cuja alma é a verdade. Dans cette académie dont l'âme est la vérité.

On trouve quelquefois dans les classiques ces pronoms pris dans l'exception interrogative.

Le pronom *que,* qui, que, s'emploie comme sujet et comme complément.

Quand ce pronom est précédé d'une oraison du verbe *ser,* être, dans laquelle l'attribut est substantif, ce pronom ne se rapporte pas au substantif le plus rapproché, mais au sujet; si on désire qu'il se rapporte à l'attribut on emploie le pronom *quem*, que.

Le pronom *o qual, a qual, os quaes, as quaes,* lequel, laquelle, lesquels, lesquelles, s'emploie quand on veut faire ressortir le substantif auquel il se rapporte.

Le pronom *quem,* qui, que, s'emploie seulement pour les personnes, mais il peut être sujet ou complément. Il peut être aussi pris comme adjectif démonstratif; dans ce sens il remplace *este,* celui-ci, *esse, aquelle,* celui-là.

Le pronom *ce* se supprime devant le verbe *être* à la troisième personne; c'est une merveille, *é uma maravilha;* ce sont des fous: *são uns loucos;* c'était lui qui le voulait, *era elle quem o queria;* ce fut lui qui le tua, *foi elle quem o matou.*

Lorsque *c'est, c'était, ce fut,* etc., sont suivis d'un pronom, le verbe *être* doit s'accorder avec ce pronom. Exemp.: C'est toi qui es coupable, *es tu que es culpado*; c'est nous qui fûmes les vainqueurs, *fomos nós os vencedores. Ce,* pouvant se tourner par celui-ci, celui-là, tel, se rend quelquefois par *este.* Exemp.: Ce fut son avis, *este foi o seu parecer*; c'était sa manière de vivre, *este era o seu modo de viver.*

En peut ne pas se traduire en portugais, ou bien se rendre par *o seu, a sua,* etc., ou par *o d' elle, a d' ella,* etc. Exemp.: Quiconque dépense follement l'argent n'en connaît pas le prix: *Quem gasta loucamente o dinheiro, não conhece o seu valor.*

4. *Des verbes.* — Le verbe s'accorde avec le sujet en nombre et personne.

Quand le sujet est composé ou complexe, le verbe se met au pluriel.

Si le sujet est complexe et qu'il soit représenté par les mots *tudo, ninguem,* etc., toute personne, le verbe reste au singulier.

Quand le sujet est composé de différentes personnes, le verbe se met au pluriel.

Il y a des verbes impersonnels qui s'emploient à la troisième personne du singulier et d'autres qui s'emploient à la troisième personne du pluriel.

Les verbes impersonnels *dizer, contar, referir,* dire, compter, référer, s'emploient au singulier et à la passive avec l'aide de la particule *se.*

Les compléments objectifs se lient aux verbes transitifs à l'aide de la préposition *a*. Le complément indirect est régi des prépositions *a* ou *para*.

Les compléments circonstantiels sont régis par les prépositions *por* ou *de*. On supprime le verbe dans les phrases exclamatives, les axiomes, dans les devises, dans les proverbes ; dans les phrases comparatives on supprime le verbe dans le second terme de la comparaison.

5. *Des adverbes.* — L'adverbe *onde*, où, est pris fréquemment comme le pronom relatif ou comme les démonstratifs *este*, celui-ci, *esse, aquelle* celui-là.

6. *Des prépositions.* — La préposition se place devant le mot qu'elle modifie.

7. *De l'interrogation.* — Dans l'interrogation le sujet se met après le verbe.

Est-ce que, N'est-ce pas que, Qu'est-ce que c'est, ne se traduisent pas en portugais.

8. *De la négation.* — On supprime en portugais la négation *não*, ne pas, lorsque le verbe est précédé d'un mot négatif.

Exemp.: Personne ne le lui a dit, *ninguem lh'o disse.*

THÈMES.

250.

Politesse.

Lorsque le comte Stair était à la cour de Louis XIV, ses manières, sa dextérité et sa conversation le mirent fort avant dans l'estime et l'amitié de ce monarque. Un jour, dans un cercle de ses courtisans, le roi, parlant des avantages d'une bonne éducation et de manières engageantes, proposa de parier qu'il nommerait un gentilhomme anglais surpassant à cet égard tous les Français de sa cour. La gageure fut acceptée par plaisanterie, et Sa Majesté devait faire choix du temps et du lieu propres à cette expérience.

Afin de détourner les soupçons, le roi laissa tomber le propos pour quelques mois, le temps de laisser croire qu'il l'avait oublié ; ce fut alors qu'il eut recours au stratagème suivant. Il désigna lord Stair et deux des gentilshommes les plus polis de la cour, pour l'accompagner à la promenade à l'issue du grand lever; en conséquence le roi descendit par le grand escalier de Versailles, suivi de ces trois seigneurs. Arrivé au carrosse, au lieu de passer le premier, comme c'était l'usage, il fit signe aux seigneurs français de monter; ceux-ci, à cette cérémonie inaccoutumée, reculèrent pour refuser humblement un tel honneur. Alors le roi fit signe à lord Stair, qui s'inclina et monta sur-le-champ dans le carrosse; le roi et les seigneurs français l'y suivirent.

Dès qu'ils eurent pris place, le roi s'écria : « Eh bien ! messieurs, je crois que vous avouerez que j'ai gagné mon pari. — Sire, comment cela ? — Comment ? continua le roi, quand j'ai voulu que vous montassiez dans le carrosse, vous l'avez refusé ; mais cet étranger poli (désignant lord Stair) n'eut pas plutôt reçu les ordres d'un roi, qui pourtant n'est pas son souverain, qu'il obéit à l'instant. » Les courtisans baissèrent la tête de confusion, et ils avouèrent que Sa Majesté avait raison.

231.

Douceur.

La douceur du caractère de sir Isaac Newton, pendant le cours de sa vie, excita l'admiration de tous ceux qui le connurent, mais dans aucun cas peut-être plus que dans le suivant. Sir Isaac avait un petit chien favori, qu'il appelait Diamant; un jour, étant obligé de passer de son cabinet dans la chambre voisine, il laissa Diamant seul. Quand sir Isaac rentra, après une absence de quelques minutes seulement, il trouva, à son grand déplaisir, que Diamant avait renversé une chandelle allumée au milieu de papiers ; et le travail presque terminé de tant d'années était en flammes et presque réduit en cendres. Sir Isaac se faisant déjà très vieux, cette perte était irréparable ; cependant, sans même frapper le chien, il se contenta de le reprendre par cette exclamation : « Oh ! Diamant ! Diamant ! tu sais peu le mal que tu as fait ! »

Zeuxis entra en rivalité au sujet de son art avec Parrhasius. Il peignit des raisins avec une telle vérité, que des oiseaux vinrent les becqueter. L'autre traça un rideau si ressemblant, que Zeuxis dit en entrant : « Levez le rideau, que nous voyions ce morceau. » Et reconnaissant son erreur : « Parrhasius, lui dit-il, tu l'emportes. Je n'ai trompé que des oiseaux, et toi un artiste lui-même. »

Zeuxis peignit un petit garçon portant des raisins; les oiseaux vinrent encore et becquetèrent. Quelques-uns applaudissaient ;

mais Zeuxis courut en fureur au tableau en disant : « Il faut que mon enfant soit bien mal peint ! »

Les habitants d'une grande ville offrirent au maréchal de Turenne cent mille écus, à condition qu'il changerait de route et ne ferait pas passer ses troupes par leur ville. Il leur répondit : « Comme votre ville n'est pas sur la route que je compte prendre, je ne puis accepter l'argent que vous m'offrez. »

Un caporal des gardes-du-corps de Frédéric le Grand, qui avait beaucoup de vanité, mais qui en même temps était brave, portait une chaîne de montre à laquelle il attacha une balle de mousquet en guise de montre, qu'il n'avait pas le moyen d'acheter. Le roi, étant un jour en humeur de le railler, lui dit : « A propos, caporal, il faut que vous ayez été bien sobre pour acheter une montre ; il est six heures à la mienne, dites-moi quelle heure il est à la vôtre ? » Le soldat, qui pénétrait l'intention du roi, tira sur-le-champ la balle de son gousset et lui dit : « Ma montre ne marque ni cinq heures ni six, mais elle me dit à chaque instant que c'est mon devoir de mourir pour Votre Majesté. — Tiens, mon ami, dit le roi tout pénétré, prends cette montre, afin de pouvoir dire aussi l'heure. » Et il lui donna sa montre, qui était ornée de brillants.

DU GENRE DES SUBSTANTIFS.

Le genre des substantifs se reconnaît par la signification et par la terminaison.
Les noms propres n'ont aucun genre.
En général, les noms d'origine latine prennent le genre qu'ils ont dans cette langue : il en est de même pour les noms d'origine grecque.

PLURIEL DES SUBSTANTIFS.

Les noms terminés en *ão*, forment leur pluriel en *ões*. Exemp. : *Coração*, cœur, *corações*, cœurs.

Les noms terminés en *k*, *d*, *h*, *b*, prennent un *s*. Exemp. : *Almanak, almanaks; David, Davids; Judith, Judiths; Job, Jobs.*

Il y a plusieurs noms qui n'ont pas de pluriel. Exemp. : *Isto* isso, ceci; *aquillo*, cela; *ninguem*, personne; *alguem*, quelqu'un; *outrem*, autrui; *tudo*, tout; *eu*, je.

Il y a plusieurs substantifs qui n'ont pas de singulier. Exemp. : *As cócegas*, le chatouillement; *as côrtes*, les Chambres (des députés); *as errata*, les errata.

Des mots qui font leur pluriel d'une manière différente aux règles établies.

Deos, *Dieu*.	Deoses, *dieux*.
Allemão, *Allemand*.	Allemães, *Allemands*.
Cão, *chien*.	Cães, *chiens*.
Capitão, *capitaine*.	Capitães, *capitaines*.
Pão, *pain*.	Pães, *pains*.
Irmão, *frère*.	Irmãos, *frères*.
Cidadão, *citoyen*.	Cidadãos, *citoyens*.
Mão, *main*.	Mãos, *mains*.

DES SUBSTANTIFS

Des mots qui forment leur pluriel de deux manières différentes.

Aldeão, *campagnard*, aldeões ou aldeães.
Ancião, *vieillard*, anciãos ou anciães.
Guardião, *gardien*, guardiões ou guardiães.
Simples, *simple*, simples ou simplices.
Calis, *petit verre*, calis ou calices.

Nous avons omis de dire en parlant de l'article qu'il se trouve quelquefois joint aux prépositions *a, de, em, por* et alors il se contracte avec ces particules. Exemp. :

Au lieu de *a, o* on dit *ao*.
— *a, os* — *aos*.
— *a, a* — *á*.
— *a, as* — *ás*.
— *em, o* — *no*.
— *em, os* — *nos*.
— *em, a* — *na*.
— *em, as* — *nas*.
— *de, o* — *do*.
— *de, os* — *dos*.
— *de, a* — *da*.
— *de, as* — *das*.
— *por, o* — *pelo*.
— *por, os* — *pelos*.
— *por, a* — *pela*.
— *por, as* — *pelas*.

TRAITÉ ADDITIONNEL.

DES VERBES PORTUGAIS.

I

Rem. Nous avons déjà donné la conjugaison des verbes auxiliaires et des trois formes des verbes réguliers actifs; mais les élèves doivent conjuguer à haute voix, en les écrivant, chacun de ces verbes de quatre manières différentes : 1° affirmativement, 2° négativement, 3° interrogativement, 4° interrogativement et négativement.

Forme négative de l'auxiliaire haver, *avoir.*

PRÉSENT DE L'INFINITIF.	PARTICIPE PRÉSENT.
Não haver, *n'avoir pas.*	Não havendo, *n'ayant pas.*
Passé de l'infinitif.	*Participe passé.*
Não haver havido, *n'avoir pas eu.*	Não havido, *ne pas eu.*

INDICATIF.

Présent.	*Futur.*
Eu não hei, je n'ai pas.	Eu não haverei, je n'aurais pas, etc.
Tu não has, tu n'as pas, etc.	
Imparfait.	*Conditionnel.*
Eu não havia, je n'avais pas.	Eu não haveria, je n'aurais pas, etc.
Tu não havias, tu n'avais pas, etc.	
	Impératif.
Prétérit défini.	Não ha, n'aie pas.
Eu não houve, je n'eus pas, etc.	Não havei, n'ayez pas.
Plus-que-parfait.	
Eu não houvera, je n'avais pas eu, etc.	

SUBJONCTIF.

Présent.	*Imparfait.*
Que eu não haja, que je n'aie pas, etc.	Que eu não houvesse, que je n'eusse pas, etc.

Forme interrogative.

La forme interrogative ne se distingue de la forme positive que par l'inversion du pronom après le verbe, et ce pronom est omis fréquemment en portugais; mais comme il est des cas où il s'exprime, il est fort nécessaire de se familiariser avec ce mode de conjugaison.

Hei eu? Tenho eu? Ai-je?	Sou *ou* estou eu? Suis-je?
Havia eu? Tinha eu? Avais-je?	Eras *ou* estavas tu? Étais-tu?
Houve eu? Tive eu? Eus-je?	Foi *ou* esteve elle? Fut-il?
Houvereis vós? Tivereis vós? Aviez-vous eu?	Foreis *ou* estivereis vós? Aviez-vous été?
Haverão elles? Terão elles? Auront-ils?	Serão *ou* estarão elles? Seront-ils?
Haveria, teria o vizinho? Le voisin aurait-il?	Seria *ou* estaria a mulher? La femme serait-elle?

Forme interrogative et négative.

Não hei eu? Não tenho eu? N'ai-je pas?	Não sou *ou* estou eu? Ne suis-je pas?
Não havias tu? Não tinhas tu? N'avais-tu pas?	Não eras *ou* estavas tu? N'étais-tu pas?
Não houve *ou* não teve elle? N'eut-il pas?	Não foi *ou* esteve elle? Ne fut-il pas?
Não tivereis *ou* não houvereis vós? N'aviez-vous pas eu?	Não fostes *ou* estivestes vós? N'aviez-vous pas été?
Não haverão *ou* não terão elles? N'auront-ils pas?	Não serão *ou* estarão elles? Ne seront-ils pas?
Não teria ou haveria o vizinho? Le voisin n'aurait-il pas?	Não seria *ou* estaria a mulher? La femme ne serait-elle pas?

Forme négative d'un verbe actif (1).

PRÉSENT DE L'INFINITIF.	PARTICIPE PRÉSENT.
Não amar.	Não amando.
Ne pas aimer.	N'aimant pas.
PASSÉ DE L'INFINITIF.	PARTICIPE PASSÉ.
Não ter amado.	Não amado.
N'avoir pas aimé.	Ne pas aimé.

INDICATIF.

PRÉSENT.	PRÉTÉRIT DÉFINI.
Eu não amo, etc.	Eu não amei, etc.
Je n'aime pas, etc.	Je n'aimai pas, etc.
IMPARFAIT.	PLUS-QUE PARFAIT.
Eu não amava, etc.	Eu não amára, etc.
Je n'aimais pas, etc.	Je n'avais pas aimé, etc.
FUTUR.	CONDITIONNEL.
Eu não amarei, etc.	Eu não amaria, etc.
Je n'aimerai pas, etc.	Je n'aimerais pas, etc.

IMPÉRATIF.

Não ame.	Não amai.
Qu'il n'aime pas.	N'aimez pas.

SUBJONCTIF.

PRÉSENT.	IMPARFAIT.
Que eu não ame, etc.	Que eu não amasse, etc.
Que je n'aime pas, etc.	Que je n'aimasse pas, etc.

Modèle de conjugaison d'un verbe passif.

PRÉSENT DE L'INFINITIF.	PARTICIPE PRÉSENT.
Ser louvado, être loué.	Sendo louvado, étant loué.
PASSÉ DE L'INFINITIF.	PARTICIPE PASSÉ.
Ter sido louvado, avoir été loué.	Sido louvado, été loué.

1. Je donne dans tous les modèles la première personne de chaque temps du verbe; les élèves doivent finir le reste. Quant aux temps composés, on sait déjà comme ils se forment.

INDICATIF.

PRÉSENT.	PRÉTÉRIT DÉFINI.
Eu sou louvado, etc.	Eu fui louvado, etc.
Je suis loué, etc.	Je fus loué, etc.
IMPARFAIT.	PLUS-QUE-PARFAIT.
Eu era louvado, etc.	Eu fôra louvado, etc.
J'étais loué, etc.	J'avais été loué, etc.
FUTUR.	CONDITIONNEL.
Eu serei louvado, etc.	Eu seria louvado, etc.
Je serai loué, etc.	Je serais loué, etc.

Les autres temps se forment des temps simples du verbe *ser*, et du participe passé du verbe en question.

Les temps composés se forment des temps simples du verbe *haver* et *ter*, avoir, du participe passé du verbe *ser*, être, et du même participe du verbe qu'on conjugue, lequel s'accorde avec le sujet en genre et en nombre, comme en français, et le participe passé du verbe *ser* reste invariable.

De la conjugaison du verbe neutre.

Les verbes neutres suivent le modèle de conjugaison à laquelle ils appartiennent dans les temps simples ; dans les temps composés, ils se conjuguent avec le verbe *ter* ou *haver*, avoir, et le participe passé, qui est invariable.

De la conjugaison du verbe réfléchi.

Les verbes réfléchis suivent en tout les autres verbes et ils exigent deux pronoms. Exemp. : *Se flatter, lisonjear-se* fait dans le présent de l'indicatif: *Eu me lisonjeio, je me flatte, tu te lisongeias, elle se lisongeia, nós nos lisonjeamos, vós vos lisonjeais, elles se lisonjeam*, etc.

De la conjugaison des verbes impersonnels.

Ces verbes s'emploient à l'infinitif, et dans tous les autres temps qu'à la troisième personne du singulier et quelquefois au pluriel. Exemp.: *Chover*, pleuvoir; *chove*, il pleut; *chovia*, il pleuvait, etc.

LISTE DE QUELQUES VERBES IMPERSONNELS.

Acontecer, arriver.
Constar, être constant.
Gelar, geler.
Chover, pleuvoir.
Trovejar, tonner.

Anoitecer, commencer à faire nuit.
Parecer, sembler.
Relampejar, faire des éclairs.
Succeder, arriver.

DES VERBES IRRÉGULIERS.

Nous donnons seulement les temps irréguliers dans ces verbes, parce que les autres se conjuguent d'une manière régulière et suivent le modèle auxquels ils appartiennent.

Dar, donner.

Présent de l'indicatif. *Dou*, je donne, *dás*, *dá*, *damos*, *dais*, *dão*.

Préterit défini. *Dei*, je donnai, *deste*, *deo*, *démos*, *destes*, *deram*.

Subjonctif présent. *Que eu dé*, que je donne, *dés*, *dé*, *démos*, *deis dem*.

Arder, brûler.

Présent de l'indicatif. *Arço*, je brûle, *ardes*, *arde*, *ardémos*, *ardeis*, *ardem*.

Impératif. *Arde*, brûle, *arçu*, *arçamos*, *ardei*, *arçam*.

Présent du subjonctif. *Que eu arça*, que je brûle, *arças*, *arça*, *arçamos*, *arçais*, *arçam*.

L'irrégularité de ce verbe, qui d'ailleurs n'existe que dans les vieux auteurs, consiste, comme on le voit, à changer le *d* en *ç* devant *a* ou *o*.

Çaber, tenir dedans, pouvoir être contenu.

Présent de l'indicatif. *Caibo*, je puis tenir, *cabes*, *cabe*, *cabemos*, *cabeis*, *cabem*.

Passé défini. *Coube*, je pus tenir, *coubeste*, *coube*, *coubemos*, *coubestes*, *couberam*.

Impératif. *Cabe*, tiens, *caiba*, *caibamos*, *cabei*, *caibam* (1).

Présent du subjonctif. *Que eu caiba*, que je puisse tenir, *caibas*, *caiba*, *caibamos*, *caibais*, *caibam*.

Crer, croire.

Présent de l'indicatif. *Creio*, je crois, *crés*, *crê*, *cremos*, *crédes*, *crem*.

1. L'impératif est peu usité.

Passé défini. *Cri*, je crus, *creste, creo, crêmos, crestes, créram*.
Impératif. *Cré*, crois, *creia, creiamos, créde, creiam*.
Présent du subjonctif. *Que eu creia*, que je croie, *creias, creia, creiamos, creiais, creiam*.

Jazer, gésir.

La seule irrégularité de ce verbe consiste dans la suppression de la lettre *e* à la troisième personne du singulier du présent de l'indicatif : *aqui jaz*, ci-gît.

Ler, lire.

Ce verbe présente la même irrégularité que le verbe *crer*.

Moer, moudre.

Dans ce verbe, il faut changer *o* en *ô* devant *a* ou *o* ; le passé défini est *moi*, je moulus. Le verbe *roer*, ronger, se conjugue de la même manière.

Perder, perdre.

Présent de l'indicatif. *Perco*, je perds, *perdes, perde, perdemos, perdeis, perdem*.
Impératif. *Perde*, perds, *perca, percamos, perdei, percam*.
Présent du subjonctif. *Que eu perca*, que je perde, *percas, perca, percamos, percais, percam*.

Ver, voir.

Présent de l'indicatif. *Vejo*, je vois, *vês, vê, vemos, vêdes, véem* ou *vem*.
Passé défini. *Vi*, je vis, *viste, vio, vimos, vistes, viram*.
Impératif. *Vê*, vois, *vejá, vejamos, véde, vejam*.
Présent du subjonctif. *Que eu veja*, que je voie, *vejas, veja, vejamos, vejais, vejam*.
Participe passé. *Visto*, vu ; *vista*, vue.
Tous les verbes formés de *ver*, tels que *prever*, prévoir ; *prover*, pourvoir, etc., se conjuguent de la même manière.

Dizer, dire.

Présent de l'indicatif. *Digo*, je dis, *dizes, diz, dizemos, dizeis, dizem*.
Prétérit défini. *Disse*, je dis, *disseste, disse, dissemos, dissestes, disseram*.
Futur. *Direi*, je dirai, *dirás, dirá, diremos, direis, dirão*.

IRRÉGULIERS 463

Conditionnel. *Diria*, je dirais, *dirias, diria, diriamos, dirieis, diriam.*
Présent du subjonctif. *Que eu diga*, que je dise, *digas, diga, digamos, digais, digam.*
Participe passé. *Dito*, dit; *dita*, dite.

Fazer, faire.

Présent de l'indicatif. *Faço*, je fais, *fazes, faz, fazemos, fazeis, fazem.*
Prétérit défini. *Fiz*, je fis, *fizeste, fez, fizemos, fizestes, fizeram.*
Futur. *Farei*, je ferai, *farás, fará, faremos, fareis, farão.*
Conditionnel. *Faria*, je ferais, *farias, faria, fariamos, farieis, fariam.*
Présent du subjonctif. *Que eu faça*, que je fasse, *faças, faça, façamos, façais, façam.*
Participe passé. *Feito*, fait, *feita*, faite.

Poder, pouvoir.

Présent de l'indicatif. *Pósso*, je peux; *pódes, póde, podemos, podeis, podem.*
Prétérit défini. *Pude*, je pus, *podeste, póde, pudemos, pudestes, puderam.*
Présent du subjonctif. *Que eu possa*, que je pusse, *possas, possa, possamos, possais, possam.*

Querer, vouloir.

Présent de l'indicatif. *Quero*, je veux, *queres, quer, queremos, quereis, querem.*
Prétérit défini. *Quiz*, je voulus, *quizeste, quiz, quizemos, quizestes, quizeram.*
Présent du subjonctif. *Que eu queira*, que je veuille, *queiras, queira, queiramos, queirais, queiram.*

Saber, savoir.

Présent de l'indicatif. *Sei*, je sais, *sabes, sabe, sabemos, sabeis sabem.*
Prétérit défini. *Soube*, je sus, *soubeste, soube, soubemos, soubestes, souberam.*
Présent du subjonctif. *Que eu saiba*, que je sache, *saibas, saiba, saibamos, saibais, saibam.*

Trazer, apporter.

Présent de l'indicatif. *Trago*, j'apporte, *trazes, traz, trazemos, trazeis, trazem.*
Prétérit défini. *Trouxe*, j'apportai, *trouxeste, trouxe, trouxemos, trouxestes, trouxeram.*
Futur. *Trarei*, j'apporterai, *trarás, trará, traremos, trareis, trarão.*
Conditionnel. *Traria*, j'apporterais, *trarias, traria, trariamos, trarieis, trariam.*
Impératif. *Traze*, apporte, *traga, tragamos, trazei, tragam.*
Présent du subjonctif. *Que eu traga*, que j'apporte, *tragas traga, tragamos, tragais, tragam.*

Valer, valoir.

Présent de l'indicatif. *Valho*, je vaux, *vales, vale, valemos, valeis, valem.*
Prétérit défini. *Vali*, je valus, *valeste, valeo, valemos, valestes, valeram.*
Présent du subjonctif. *Que eu valha*, que je vaille, *valhas, valha, valhamos, valhais, valham.*
Ce verbe prend un *h* devant *a* ou *o*.

Ir, aller.

Indicatif présent. *Vou*, je vais, *vais* ou *vás, vai, vamos, ides, vão.*
Imparfait. *Ia*, j'allais, *ias, ia, iamos, ieis, iam.*
Prétérit défini. *Fui*, j'allai, *foste, foi, fomos, fostes, foram.*
Impératif. *Vai, vas, vá, vámos, ide, vão.*
Présent du subjonctif. *Que eu vá*, que j'aille, *vás, vá, vamos* ou *imos, vades* ou *ides, vão.*
Futur du subjonctif. *For*, j'irai, *fores, for, formos, fordes, forem.*
Participe présent. *Indo*, allant.
Participe passé. *Ido*, allé.

Vir, venir.

Présent de l'indicatif. *Venho*, je viens, *vens, vem, vimos, vindes, veem.*
Imparfait. *Vinha*, je venais, *vinhas, vinha, vinhamos, vinheis, vinham.*
Prétérit défini. *Vim*, je vins, *vieste, veio, viemos, viestes, vieram.*

Présent du subjonctif. *Que eu venha*, que je vienne, *venhas, venha, venhamos, venhais, venham.*
Participe présent. *Vindo*, venant.
Participe passé. *Vindo*, venu.

Acudir, accourir.

Dans ce verbe, ainsi que dans les autres terminés en *udir*, il faut changer l'*u* en *o*, lorsque la lettre *d* est suivie d'un *e*.
Présent de l'indicatif. *Acudo*, j'accours, *acodes, acode, acudimos, acudis, acodem.*
Impératif. *Acode*, accours, *acuda, acudamos, acudi, acudam.*
Les verbes qui suivent ont la même irrégularité, lorsque les lettres radicales *d*, *l*, *p*, *g*, *m*, *s* et *t* sont suivies de cette même lettre *e* : *Bulir*, remuer quelque chose ; *consumir*, consommer ; *cuspir*, cracher ; *destruir*, détruire ; *engulir*, avaler ; *fugir*, fuir ; *sacudir*, secouer ; *sumir*, engloutir ; *tussir*, tousser.

Advertir, avertir.

Présent de l'indicatif. *Advirto*, j'avertis, *advertes, adverte, advertimos, advertis, advertem.*
Impératif. *Adverte*, avertis, *advirta, advirtamos, adverti, advirtam.*
Comme l'on voit, on change la lettre *e* en *i* devant *a* ou *o*. Il en est de même pour les verbes suivants :
Assentir, être d'avis ; *competir*, rivaliser ; *conferir*, conférer ; *conseguir*, réussir ; *consentir*, consentir ; *deferir*, déférer ; *desconsentir*, ne pas consentir ; *desmentir*, démentir ; *despir*, deshabiller ; *digerir*, digérer ; *dissentir*, différer ; *enxerir*, insérer ; *ferir*, blesser ; *inferir*, inférer ; *mentir*, mentir ; *perseguir*, persécuter ; *preferir*, préférer ; *presentir*, pressentir ; *prevenir*, prévenir ; *proferir*, proférer ; *proseguir*, poursuivre ; *referir*, raconter, rapporter ; *repetir*, répéter ; *resentir*, ressentir ; *seguir*, suivre ; *sentir*, sentir ; *vestir*, vêtir.

Cair, tomber.

Présent de l'indicatif. *Caio*, je tombe, *caes, cae, caimos, cais, caem.*
Passé défini. *Cai*, je tombai, *caiste, caio, caimos, caistes, cairam.*
Impératif. *Cae*, tombe, *caia, caiamos, cai, caiam.*
Présent du subjonctif. *Que eu caia*, que je tombe, *caias, caia, caiamos, caiais, caiam.*

Cobrir, couvrir.

Présent de l'indicatif. *Cubro*, je couvre, *cobres*, *cobre*, *cubrimos*, *cubris*, *cobrem*.
Impératif. *Cobre*, couvre, *cubra*, *cubramos*, *cobri*, *cubram*.
Présent du subjonctif. *Que eu cubra*, que je couvre, *cubras*, *cubra*, *cubramos*, *cubrais*, *cubram*.

Dans ce verbe, comme dans les verbes *descobrir*, découvrir ; *encobrir*, cacher, dissimuler ; *dormir*, dormir, etc., il faut donc changer l'*o* en *u* quand la lettre radicale est suivie de *a* ou de *o*.

Cortir, tanner.

Ce verbe change *o* en *u* lorsqu'il peut être confondu avec le verbe *cortar*, couper ; c'est-à-dire à la première personne du singulier de l'indicatif seulement : *curto*, je tanne.

Ouvir, entendre.

Présent de l'indicatif. *Ouço*, j'entends, *ouves*, ouve, *ouvimos*, *ouvis*, *ouvem*.
Impératif. *Ouve*, entends, *ouça*, *ouçamos*, *ouvi*, *ouçam*.
Présent du subjonctif. *Que eu ouça*, que j'entende, *ouças*, *ouça*, *ouçamos*, *ouçais*, *ouçam*.

Parir, accoucher.

Présent de l'indicatif. *Pairo*, j'accouche, *pares*, *pare*, *parimos*, *paris*, *parem*.
Impératif. *Pare*, accouche, *paira*, *pairamos*, *pari*, *pairam*.
Présent du subjonctif. *Que eu paira*, que j'accouche, *pairas*, *paira*, *pairamos*, *pairais*, *pairam*.

Pedir, demander.

Ce verbe, ainsi que les verbes *despedir*, congédier ; *impedir*, empêcher ; *medir*, mesurer, a la même irrégularité que le verbe *ouvir*.

Reflectir,

Même irrégularité que le verbe *advertir*.

Rir ou rir-se, rire.

La forme pronominale de ce verbe étant la plus usitée, nous le conjuguerons donc sous cette forme.

Présent de l'indicatif. *Rio-me*, je ris, *ris-te, ri-se, rimos-nos, rides-vos, riem-se.*

Impératif. *Ri-te*, ris, *ria-se, riamos-nos, ride-vos, riam-se.*

Présent du subjonctif. *Que me ria*, que je rie, *te rias, se ria, nos riamos, vos riais, se riam.*

Rim est la forme classique de la troisième personne du pluriel ; mais on évite de l'employer pour ne pas la confondre avec *rim*, rein, rognon.

Sorrir ou *sorrir-se* se conjugue comme *rir* ou *rir-se.*

Sair, sortir.

Présent de l'indicatif. *Saio*, je sors, *saies, sàe, saimos, sais, saem.*

Passé défini. *Sai*, je sortis, *saiste, saio, saimos, saistes, sairam.*

Impératif. *Sae*, sors, *saia, saiamos, sai, saiam.*

Présent du subjonctif. *Que eu saia*, que je sorte, *saias, saia, saiamos, saiais, saiam.*

Les verbes suivants se conjuguent de la même manière que le verbe *sair* : *attrahir*, attirer ; *contrahir*, contracter ; *distrahir*, distraire ; *retrahir*, retirer ; *sobresair*, ressortir ; *subtrahir*, soustraire ; *trahir*, trahir, etc.

Seguir, suivre.

Présent de l'indicatif. *Sigo*, je suis, *segues, segue, seguimos, seguis, seguem.*

Impératif. *Sigue*, suis, *siga, sigamos, segui, sigam.*

Présent du subjonctif. *Que eu siga*, que je suive, *sigas, siga, sigamos, sigais, sigam.*

Servir, servir.

Présent de l'indicatif. *Sirvo*, je sers, *serves, serve, servimos, servis, servem.*

Impératif. *Serve*, sers, *sirva, sirvamos, servi, sirvam.*

Présent du subjonctif. *Que eu sirva*, que je serve, *sirvas, sirva, sirvamos, sirvais, sirvam.*

Subir, monter.

Présent de l'indicatif. *Subo*, je monte, *sobes, sobe, subimos, subis, sobem.*

Impératif. *Sobe, suba, subamos, subi, subam.*

Nous plaçons ici le verbe *pôr* qui appartient à la quatrième conjugaison, parce que ce verbe est irrégulier, comme d'ailleurs ses dérivés, dans presque tous ses temps.

Pór, mettre.

Présent de l'indicatif. *Ponho*, je mets, *pões, põe, pomos, pondes, põem*.

Imparfait. *Punha*, je mettais, *punhas, punha, punhamos, punheis, punham*.

Passé défini. *Puz*, je mis, *puzeste, poz, puzemos, puzestes, puzeram*.

Impératif. *Poe*, mets, *ponha, ponhamos, ponde, ponham*.

Présent du subjonctif. *Que eu ponha*, que je mette, *ponhas, ponha, ponhamos, ponhais, ponham*.

Participe présent. *Pondo*, mettant.

Participe passé. *Posto*, mis.

Les verbes terminés à l'infinitif en *ear* prennent un *i* euphonique dans les première, seconde et troisième personne du singulier, et à la troisième du pluriel du présent de l'indicatif, et ils communiquent cette irrégularité aux mêmes personnes du présent du subjonctif. Exemp. : *Semear*, semer, fait au présent de l'indicatif, *semeio, semeias, semeia, semeamos, semeais, semeiam*, et au présent du subjonctif *semeie, semeies, semeie, semeemos, semeeis, semeiem*; *pentear*, peigner, fait *penteio, penteias*, etc.

Si les verbes se terminent en *iar*, ils ne prennent pas l'*e* euphonique avant l'*i*. Exemp. : *Negociar*, négocier, fait *negocio* et non *negoceio*; *alumiar*, éclairer, fait *alumio* et non *alumeio*; *criar*, élever, fait *crio* et non *creio*, etc.

Les verbes terminés en *uir*, n'admettent pas l'*i* euphonique au présent de l'indicatif. Exemp. : *Construir*, construire, fait *construo* et non *construio*.

La conjugaison du présent de l'indicatif dans les verbes dont le radical contient dans la dernière syllabe les lettres *á, é, e, ó, o,* change ces sons en des sons ouverts dans toutes les personnes du singulier et dans la troisième personne du pluriel. Exemp. *Fallar*, parler, fait au présent de l'indicatif *fállo*, je parle, *fállas, fálla, fallamos, fallais, fállam*; *começar*, commencer, fait *coméço, coméças, coméça, começamos, começais, coméçam*; *rolar*; rouler, fait *rólo, rólas, róla, rolamos, rolais, rólam*; *tocar*, toucher ou jouer, fait *tóco, tócas, tóca, tocamos, tocais, tócam*, etc. Exceptions : *Demolir*, démolir, qui fait *démulo, demóles*, etc.; *demóle, seguir*, suivre qui fait *sigo, ségues ségue*, etc.; *receber*, recevoir, qui fait *recebo, recébes, recébe*, etc.

Les verbes terminés au radical par *g, c*, sont irréguliers orthographiquement. Exemp. : *Pagar*, payer, fait *pague, pagues*, etc.; *paguei, pagaste; distinguir*, distinguer, fait *distinguo, distingues*, etc. ; *peccar*, pécher, fait *pequei, peccaste, peccou*, etc.; *obedecer*, obéir, fait *obedeço, obedeces, obedece*, etc.

VERBES DÉFECTIFS.

Les verbes *ser* et *ir*, être et aller, sont verbes défectifs à cause de leur conjugaison qui est formée de différents verbes.

Le verbe *poder*, pouvoir, qui n'a pas d'impératif, et le verbe *morrer*, mourir, qui ne peut être conjugué à la première personne du prétérit défini, sont des verbes défectifs.

DES PARTICIPES

Verbes à double participe passé.

1ʳᵉ *conjugaison.*

Aceitar,	accepter,	Aceitado.	Aceito.
Cegar,	aveugler.	Cegado.	Cego.
Entregar,	rendre.	Entregado.	Entregue.
Escusar,	excuser.	Escusado.	Escuso.
Ganhar,	gagner.	Ganhado.	Ganho.
Gastar,	dépenser.	Gastado.	Gasto.
Ignorar,	ignorer.	Ignorado.	Ignoto.
Manifestar,	manifester.	Manifestado.	Manifesto.
Matar,	tuer.	Matado.	Morto.
Occultar,	cacher.	Occultado.	Occulto.
Pagar,	payer.	Pagado,	Pago.
Professar,	professer.	Professado.	Professo.
Suspeitar,	soupçonner.	Suspeitado.	Suspeito.

2ᵉ *conjugaison.*

Absolver,	absoudre.	Absolvido.	Absolto.
Conter,	contenir.	Contido.	Conteudo.
Convencer,	convaincre.	Convencido.	Convicto.
Corromper,	corrompre.	Corrompido.	Corrupto.
Defender,	défendre.	Defendido.	Defeso.
Eleger,	élire.	Elegido.	Eleito.
Escriver,	écrire.	Escrevido.	Escripto.
Manter,	maintenir.	Mantido.	Manteudo.
Nascer,	naître.	Nascido.	Nato.
Querer,	vouloir.	Querido.	Quisto.
Romper,	rompre.	Rompido.	Roto.
Ter,	avoir.	Tido.	Teudo.

3ᵉ conjugaison.

Abrir,	ouvrir.	Abrido.	Aberto.
Distinguir,	distinguer.	Distinguido.	Distincto.
Imprimir,	imprimer.	Imprimido.	Impresso.
Tingir,	teindre.	Tingido.	Tinto.
Dividir.	diviser.	Dividido.	Diviso.
Concluir.	conclure.	Concluido.	Concluso.

TABLE DES MATIÈRES

LISTE DES TABLEAUX CONTENUS DANS CE VOLUME

DE L'ARTICLE DÉFINI, p. 1.
DE L'ARTICLE INDÉFINI, p. 35.
DU PARTITIF, p. 31.
DU PRONOM PERSONNEL, p. 73.
CONJUGAISON DES VERBES AUXILIAIRES, p. 414, 417.
TABLEAU DES VERBES RÉGULIERS, p. 421.
PARTICIPES IRRÉGULIERS, p. 461.

A

ABANDONAR, s'abandonner, p. 385.
ACABAR DE, venir de, p. 223.
APPROXIMAR, s'approcher, p. 235.
ACONSELHAR, conseiller, p. 379.
ADIANTAR, avancer, p. 363.
ADEUS, adieu, p. 363.
Adjectifs, p. 259.
ADMIRAR, admirer, p. 357.
AONDE, où, p. 63.
ADRESSER (s'), dirigir-se, p. 202.
ADULAR, aduler, p. 196.
ADVERBES, p. 337.
AFFLIGIR-SE, s'inquiéter, p. 366.
ALGUMA (adjectif), quelque. Alguma cousa boa, quelque chose de bon, p. 5.
ALLER, ir, p. 185.
ANNO, année, p. 152.
APAGAR, éteindre, p. 107.
APENAS, (adv.), à peine, p. 146.
APPARTENIR, pertencer, p. 210.
APPORTER, trazer, p. 97.
APPRENDRE, aprender, p. 98.
APRECIAR, estimer, p. 335.
ARRANJAR, ranger, p. 92.
Assez, bastante, p. 40.
Assis, sentado, p. 236.
ASSEGURAR, assegurar, p. 229.
ATRASAR, retarder, p. 363.
ATTACHER, atar, p. 346.
AUPRÈS, junto. — Passer auprès d'un endroit, passar junto de um sitio, p. 242.
AUTANT, tanta, outro tanto, p. 53.
AUSSITÔT, logo que, p. 186.
AVEC, com, p. 148.
AJUDAR, aider, p. 363.

B

BAISSER, baixar, p. 335; se baisser, abaixar-se, p. 325.
BARATO, bon marché. — Vender barato, vendre à bon marché, p. 237.
BASTANDO (part. prés. du verbe bastar) p. 330.
BATIR, édifier, p. 331.
BEAUCOUP, muito, muita, muitos, muitas, p. 39.
BESOIN, necessidade, avoir be-

474 TABLE

soin, ter necessidade, necessitar, p. 87.
BIEN, bem, p. 111 — Fazer bem à alguem, faire du bien à quelqu'un, p. 196.
BOIRE, beber, p. 63; beber a saude de alguem, p. 313.
BON, bon, p. 3; être bon à quelque chose, servir para alguma coisa, p. 224.
BROSSER, escovar, p. 157.
BIEN PORTANTE, bem bôa, p. 311.

C

CA, ici, p. 347.
CACHER, occultar, p. 395.
CADA, chaque, p. 191.
CALOR, chaud. — Faz calor? fait-il chaud? p. 478.
CAR, porque, p. 197.
CARA, mine, p. 312.
CARO, cher. — Vender caro, vendre cher, p. 237.
CAS, caso, p. 335.
CAUSER, conversar, p. 252.
CE, CET, esté, esse, p.
CE, o, ce que, o que, p. 97.
CECI, isto, p. 129.
CÉDER, ceder, p. 314.
CÉLÉBRER, célébrer, fêter, p. 264.
CELUI, este, p. 19.
CESSER, cessar, p. 360.
CHACUN, cada um, p. 191.
CHAUFFER, aquentar, p. 322.
CHERCHER, procurar, buscar, p. 82.
CHEZ, em casa, p. 62.
COMPARAISON (degrés de), Adj. p. 114; irrég., p. 115.
COMPRAR, acheter, p. 57.
COMPTER, contar, pensar, Ter intento, p. 106.
CONCEBER, conceber, p. 298.
CONFIAR, confier, p. 230.
CONJUGAISONS, nombre des conjugaisons, p. 156; conjugaisons des verbes actifs, p. 458; des verbes neutres, p. 459; des verbes passifs, p. 459; des verbes réfléchis, p. 459. Conjugaison des verbes *haver*, *ter*, avoir p. 414. Conjugaison des verbes *ser*, *estar*, être, p. 417. Première conjugaison, p. 421; seconde conjugaison, p. 422; troisième conjugaison, p. 424.
CONHECER, connaître, entendre, p. 187.
CONSEGUIR, parvenir, p. 210.
CONSTRUCTION (de la), p. 449.
CORRER, courir, p. 217.
COUPER, cortar, p. 57.
COUCHER, deitar-se p. 195.
CUSTAR, coûter, p. 347.
CRESCER, croître, p. 336.
CRER, croire, p. 119.
CULPA, faute, p. 362.
CUMPRIR, accomplir, p. 322.

D

DONNER, dar, p. 72.
DE, DE, p. 228, 111.
DEBAIXO, sous, dessous, p. 141.
DEBOUT, em pé, p. 356.
DIZER, dire, p. 184.
DEIXAR, laisser, p. 231.
DEMANDER, pedir, p. 173.
DEMASIADO, trop, p. 120.
DEMONSTRAR, faire voir, p. 106.
DEPENDER, dépendre, p. 356.
DEPENSER, gastar, p. 223.
DEPUIS, desde, depois, p. 172, 324.
DERRETER, fondre, p. 385.
DESCER, descendre, p. 244.
DESCONFIAR, défier, p. 396.
DESEJAR, désirer, p. 102.
DESPERTAR, réveiller, p. 244.
DESENHAR, desenhar, p. 834.
DEVANT, diante, p. 224.
DONT, cujo, cuja, cujos, cujas, de que, do qual, dos quaes, etc. p. 201.
DORMIR, dormir, p. 186.
DUVIDAR, douter, p. 253.
DURANTE, pendant, p. 152.

E

ESTREPITO, éclat, p. 412.
ESCANDALO, éclat, p. 412.
ESCUTAR, écouter, p. 98.
EXCLAMAR, s'écrier, p. 366.
ESFORÇAR-SE, efforcer, p. 385.
EXERCER, pratiquer, p. 352.
EMPLETTE, compras, p. 223.
EMPURRAR, pousser, p. 361.
EN, pronom, o, a, os, as, son emploi, p. 34; em, en, préposition, p. 197.
ENCONTRAR, trouver, p. 97; rencontrer, p. 202.
ENSINAR, enseigner, p. 243; apprendre, p. 243.
ENTENDER, se connaître, p. 334; entendre, p. 334.
ENTRAR, entrer, p. 281.
ENVIAR, envoyer, p. 82.
ESCAPAR-SE, s'enfuir, p. 191.
EQUIVOCAR-SE, se tromper, p. 229.
ESCRIPTO, écrit, 135.
ESPERAR, espérer, p. 248.
ESSAYER, provar, experimentar, p. 173.
ESSUYER, limpar, enxugar, p. 140.
ÉTÉ, o verão, p. 152.
ÉTÉ (part. pass.), sido, p. 124.
ÉTONNER, admirar, p. 357.
EU, tido, havido, p. 128.
EVADER, evadir-se, p. 325.
EXCITAR, faire naître, p. 385.
EXTENDER, étendre; extender-se, s'étendre, p. 249.

F

FÂCHÉ, zangado; être fâché, estar zangado, p. 299.
FALTAR, manquer, p. 224.
FENDRE, partir. — Fendre le cœur à quelqu'un, partir o coração a alguem p. 249.
FÊTER, festejar, p. 264.
FIM, fin, p. 188.

FLATTER, adular, p. 196.
FINGIR, faire semblant de, p. 336.
FLÔR, fleur; — à flor de, à fleur de p. 336.
FORA, hors, p. 288.
FRIO, froid, p. 387.
FUTUR. — Futur présent, sa formation p. 205. Il y a en portugais deux futurs, un à l'indicatif et un au subjonctif.
FAIRE, fazer, p. 93.; voir les parties où le verbe faire est employé et la traduction portugaise.

G

GAGNER sa vie, ganhar a sua vida, p. 288.
GARDE, guarda, cuidado, p. 346.
GARDER, guardar, conservar, p. 212.
GATER, mimar, perder, p. 230.
GAUCHE (à), à esquerda, p. 361.
GOÛTER, provar, p. 179.
GOSTAR, aimer, p. 179.

H

HAVER, avoir, p. 128, 414.
HABITUDE, costume; avoir l'habitude, ter o costume, p. 352.
HORA, heure, p. 67.
HONTEM, hier, p. 129.
HUMEDECER, mouiller, p. 106.

I

ICI, aqui, p. 86.
IDIOTISMES, p. 441.
IL, elle, p. 15.
IMPARFAIT de l'indicatif et du subjonctif, p. 286, 394.
IMPEDIR, empêcher, p. 231.

INQUIETAR, inquiéter, p. 356.
INSTANCIA, instance, p. 375.
INTERROGATION, p. 451.
INTENTO, dessin, p. 372.
INTRODUZIR, introduire, p. 324.

J

JAMAIS, jamais, p. 124.
JETER, lançar, deitar, p. 225.
JOUER, jugar, tocar, p. 98.
JUNTO, à côté, p. 242.
JUSQUE, até, o. 155.

L

LA, y, p. 86.
LAISSER, deixar, p. 231.
LIRE, ler, p. 93.
LARME, lagrima, p. 305.
LONGE, loin, p. 228.
LEVER, levantar-se, p. 195.
LIEU, lugar, p. 411.
LIEUE, legua, p. 275.
LIVRE, livro, p. 18.
LOGRAR, réussir, p. 211.
LONG, largo, longo, p. 361.
LORSQUE, quando, p. 216.
LOGO, bientôt, p. 154.

M

MEU, mon, p. 24.
MADAME, senhora, p. 253.
MADEMOISELLE, senhora, p. 253.
MAINTENANT, agora, p. 337.
MAL (adv.), p. 114.
MANEIRA, manière, p. 145.
MARCAR, marquer, p. 319.
MARCHER, andar, p. 275.
MANHA, matin, p. 180.
MEDIDA, mesure, p. 362.
MELHOR (adv.), mieux de, p. 236.

METER-SE, mêler (se), p. 248.
MERECER, valoir, p. 245.
MEDO, peur, p. 337.
MOLHAR, mouiller, p. 106.
MONTRER, mostrar, p. 106.
MOURIR, morrer, p. 298.
MORTO (part. pass.), mort, p. 298.
MUI, très, p. 178.

N

NASCER, naître, p. 385.
NADA, rien, p. 5.
NADAR, nager, p. 107.
NECESSITAR, falloir, p. 168.
NÉGLIGER, descuidar-se, p. 314.
NET, limpo, p. 337.
NINGUEM, personne, p. 400.
NAO, ne pas, p. 120.
NOMBRE, numéro, p. 300; ordinaux, leur usage, p. 309.
NOTRE (nós) nosso, nossa, p. 260.
NOVO, nouveau, p. 157.
NU, e, nu, nua, p. 431.

O

OBÉIR, obedecer, p. 352.
OCCUPAR, occuper (s) p. 275.
OFFRIR, offerecer, p. 230.
OUVIR, entendre, p. 222.
ON, son emploi et traduction, p. 156.
OTER, tirar, p. 103.
OU, adonde, donde, onde, p. 66.
OUTRO, autre, p. 43.
OUTRER, exagerar, p. 384.
OUVRIR, abrir, p. 93.

P

PADECER, souffrir, p. 363.
PAGAR, payer, 172.
PALPAR, sentir, p. 254.
PARA, pour p. 70.

PARAITRE, aparecer, p. 408.
PARCE QUE, porque, p. 151.
PARDONNER, perdoar, p. 363.
PARLER, fallar, p. 91.
PARMI, entre, p. 311.
PART, parte, p. 67.
PARTAGER, partir, dividir, compartir, p. 318.
PARTICIPE, passé, p. 123.
PARVENIR, alcançar, conseguir, p. 210.
PASSER, passar, p. 224.
PENSER, pensar, p. 431.
PERDER, perdre, p. 370.
PETIT, pequeno, p. 114.
PLACE, sitio, p. 347.
PLAINDRE, compadecer, p. 229.
PLEURER, chorar, p. 356.
POUVOIR, poder, p. 70.
PERGUNTAR, demander, questionner, p. 274.
PREVER, se douter, p. 371.
PRINTEMPS, primavera, p. 185.
PRONOMS en général, p. 73.
POSTO, part. pass. du verbe pôr, p. 134.
PUISQUE, postoque, p. 323.

Q

QUAND, quando, p. 140.
QUE, que, conj., p. 196; pronom p. 19.
QUELQUE, QUELQUES, algum, alguns alguma, algumas, p. 400.
QUELQU'UN, alguem, p. 16.
QUERER, vouloir, p. 463.
QUOIQUE, posto que, p. 395.

R

RANGER, ordenar, p. 92.
RECEVOIR, receber, p. 57.
RECOMPENSER, recompensar, p. 185.
RECORDAR, rappeler, p. 235; souvenir, p. 235.

REDUIRE, reduzir, p. 324.
REGOSIJAR, se réjouir, p. 195.
REMERCIER, agradecer, p. 317.
REMPLIR, encher, p. 282.
REPANDRE, verter, derramar, p. 249.
REPARAR, regarder, p. 381.
RESTER, permanecer, p. 147.
RETENIR, reter, p. 235.
REVENIR, voltar, p. 152.
RIO, rivière, fleuve, p. 283.
RIRE, rir, p. 306.
ROUBAR, voler, p. 161.
ROGAR, prier, p. 283.

S

SABER, savoir, p. 92.
SALIR, ensujar, p. 192.
SANS, sem, p. 186.
SEGUIR, suivre, p. 314.
SEGURO-RA, sûr, sûre, p. 304.
SÉJOUR, morada, demora, p. 371.
SENTAR, seoir, p. 236.
SERVIR, servir, p. 242.
SERVIR, être bon, p. 368.
SOIN (avoir), ter, tomar, cuidado, p. 387.
SOLICITAR, solliciter, p. 375.
SORTE, sorte, p. 202.
SUSPEITAR, se douter, p. 371.
SOUFFLER, soprar, p. 324.
SOUFFRIR, soffrer, p. 313.
SOUVENT, muitas vezes, à miudo, p. 107.
SUBJONCTIF, présent, sa formation, l'emploi de ce temps, p. 389.
SUBSTANTIFS, les règles sur ce genre, le nombre, du féminin, p. 259, 454.
SUCCEDER, arriver, p. 229.
SUFFIRE, bastar, p. 330.
SUPERLATIF, sa formation, règles, p. 115.
SUR, sobre, p. 141.
SURPRENDRE, surprehender, p. 357.
SEU, son, sua, p. 73.

T

Tacher, tratar de, p. 323.
Taire, callar, p. 372.
Tard, tarde, p. 120.
Temer, craindre, p. 192.
Temps, tempo, p. 180.
Ter, avoir, p. 414.
Teu, tien, ton, p. 84.
Tocar, toucher, p. 234.
Tomber, cahir, p. 235, 432.
Tromper, enganar, p. 191.
Tuer, matar, p. 348.

U

User, usar, servir-se, p. 145, en user, tratar. — en user bien avec quelqu'un, tratar bem a alguem, en user mal avec quelqu'un, tratar mal a alguem, p. 374.

V

Varios, plusieurs, p. 52.
Venir (de); vir, acabar, p. 223.
Verbes, réguliers, irréguliers, réfléchis, impersonnel, défectif, pronominal, et leur conjugaison, p. 456.
Verdadeiro, vrai, p. 348.
Vers, com, para, p. 374.
Vespera, veille, p. 320.
Voici, eis aqui, p. 294.
Voir, ver, p. 93.
Voyager, viajar, p. 164.
Vu, visto, p. 370.
Volta, tour, p. 380.

Y

Y, (adv. lieu), ahi, ali, aqui p. 66.
Y, pronom, p. 211.

ANGERS. — IMPRIMERIE BURDIN ET Cⁱᵉ, RUE GARNIER, 4.